法律的
藝術思維

楊榮寬

著

開明書店

序

　　人們認識世界的方法無非就是從感性到理性和從理性到感性這兩種，對法律的認知亦是如此！

　　法律它既有感性的一面，又有理性的一面。我們生活中每日每時都會發生法律糾紛，出現各種不同的訴訟案例，說到底，法律它是一門實踐學科。但法律又有它理性的一面，法律講規則、規律，要把日常生活的規則、規律上升為法律統一的規則、規律，這就是立法活動。把生活中的規則、規律上升為法律統一的規則、規律，這就是從感性到理性的方法，反之則是從理性到感性的方法。

　　立法活動也體現了不同的趨勢。早期的美國法是判例法，一個判例就是法，強調了法律的感性一面。而法國法是高度設計的成文法，強調了法律的理性一面。

　　一個優秀的律師到底優秀在哪裏？我認為它應該體現在兩方面：在「從感性到理性」的認知上優秀，也在「從理性到感性」的認識上優秀。楊榮寬律師就是這樣的一個優秀律師 —— 他把乾巴巴的法律條文變成活生生的具體案例，生動易懂，又把許多具體的案例上升為規則，這本書就是其生動的反映。

　　楊榮寬律師具備這種能力，他從事律師業務許多年，而且獲得了中國人民大學的法學碩士和中國政法大學法學博士學位，曾師從蔡定劍教授。他的法學研究領域頗廣，涉及的文學領域也相當深，這是他已經出版的第四本書，我很高興推薦給讀者，是為序。

中國著名法學家，1930 年 12 月出生，浙江寧波人
中國政法大學終身教授、民商法學博士生導師

自 序

有哲人說「世上最嚴肅的不是法律，而是藝術，但藝術也最不嚴肅。」[1] 但藝術的真正價值不在於美，而在於正確的行動。作為從業 22 年的執業律師，對法律的信仰，已慣常為對藝術的尊重。

案卷的沉積與規則的洗滌充分彰顯：法律和藝術均來自實踐和靈感，反映了人類適應世界和自身定位的水平。藝術是以人的感性思維來構思世界、體悟生活的方式，法律則是以人的理性改造世界、規制生活的方式。[2]

訴訟與非訴，均是一座有了年歲的城牆，「用無數個青翠的日月堆積而成的」。[3] 法律文書是一磚一瓦，程序是一梁一柱。[4] 如果法律一定要將藝術視作人生重要的價值之一，那麼其必須教導人們謙遜、寬容、智慧和慷慨。

2020 年已鐫刻為一蒼涼的側影：受挫的努力，被辜負的信任，凋零的生機，但希望從未黯淡。為此，本書將法律與藝術並行討論時，仍有一種期待：「當記憶的花園逐漸荒蕪，一個人會開始珍愛最後殘存的花草。為了不讓它們枯萎，我從早到晚灌溉澆水，悉心照料。」[5] 本分篇目中出現的樣本和判例，亦是本人及團隊多年耕耘的花草，並非絢爛，但在星河中亦有或明或暗的光影。

藝術並不像法律，法律由國家制定或認可，並由國家強制力保證實施，通過規定權利和義務以維護社會秩序；藝術的影響力沒有法律來得直接和及時，

---

1 ［英］奧斯卡·王爾德：《王爾德文選 鏡子、謊言與瞬間》，耿弘明譯，生活·讀書·新知三聯書店，2021 年 9 月版，頁 233。

2 程財，陳毅清：《法律與藝術的關聯、融合和昇華》，《人民法院報》，2017 年 4 月 7 日。

3 https://www.sohu.com/a/370241206_757479。

4 白落梅：《西風多少恨吹不散眉彎》，雲南人民出版社，2011 年 3 月版，頁 156。

5 ［土耳其］奧爾罕·帕慕克：《黑書》，上海人民出版社，2007 年 7 月版，頁 117。

但藝術比法律更能承載人的情感訴求，它對人們的影響可以轉化為內在的「道德律令」，對規則自覺地服從而不是強制地接受。當然，藝術改造需要長期的過程，而法律重構卻可以利用人們的現有智慧加以解決。[1] 通過直觀的認識來發現法律內在的藝術的秩序，探求這種秩序形成的審美動因，並為法律的構建提供某種可以參照的美學標準和原則。本書研究所要關注的，就是我們在法律認識領域正悄然逝隱退化的直觀想像的能力以及相應的原創力和自由。[2]

法律是一種技術的研磨和推演，法律語言最好是確切的、簡潔的、冷峻的、和不為一種激情所左右的，最好的法律文體是出色的文學作品，它們用精確合適的詞彙模塑出一種世界經驗，並幫助我們通過同樣精確的富有美學意義的語言模式，把人類的共同生活調控到有秩序的軌道上。[3] 正如畢淑敏所說：「菲薄的紙頁和人所共知的文字只是由於排列的不同，就使人的靈魂和它發生共振，為精神增添了新的鈣質。」

用法律方法鑒照繪畫規則，亦是法律進步的必有之路徑。法律方法成為藝術，兼具「形」「勢」，始能直面事實與規範之間的難題，尋求個案中合法、正當的法律決定或判斷，通過專門的法律語言來進行分析、推理、解釋、判斷和論證法律關係與社會生活。[4] 在此角度，法地理學、法人類學、時序法律、法律數學、法律倫理、法律主體、法律關係、法律書法、格律與法律、音律與法律、法律文化、根雕與法律，均具「能量和養分」，經過細心的篩濾和比對後，幾乎都有貴珍的發現、感動和溫暖。

法律與藝術的探索中，充滿挑戰和艱辛。但我相信，法律的本質一如生命的單純與堅韌，我相信所有的光與影的反射和相投。[5]

是為序。

1　程財，陳毅清：《法律與藝術的關聯、融合和昇華》，《人民法院報》，2017 年 4 月 7 日。
2　舒國瀅：《從美學的觀點看法律 —— 法美學散論》，《北大法律評論》，2000 年第 6 期。
3　［德］弗里特約夫・哈夫特：《法律與語言》，載［德］阿圖爾・考夫曼、［德］溫弗里德・哈斯默爾《當代法哲學和法律理論導論》，鄭永流譯，法律出版社，2002 年版，頁 293。
4　焦寶乾：《法律方法與法律統一適用》，《中國社會科學報》，2020 年 12 月 30 日。
5　席慕容：《信仰》，微信公眾號 ID: NO1-qingting。

目　錄

第三章　法律的藝術實踐

第四章　　法律的藝術品格

第五章　　法律的藝術秩序

法律與藝術

　　藝術是生活和存在的社會集合，是所有價值，也包括最大的價值的傳達者和表現者，並且以一種方式來傳達和表現。對於文字的敏感，對於細節意義的把控，仍然是法律的重要技藝。在一定意義上，法律其實一直在尋找一種不會流失的刻度、生命的邏輯。一直致力於尋找到更具理性意識的敘事角度，表達出能為生活、生命理解的語言情感。

一、法律與藝術

藝術本身也是一種語言，一種存在周期遠超出其特定時代的語言。[1]最高的藝術是要把觀念納入形象。二個字應包含元數的思想，一個畫面要概括整套的哲理。[2]尼采曾言：「在藝術裏，我們不懼怕宿命，是因為藝術讓我們從時間的廢墟，從真相和非真相的灰域跳脫。我們擁有藝術，才不會為真實而死。」

法律有生命、有韻律。法律應該是一門藝術，之所以強調法律的感性因素，就是因為要找到法學研究中的審美情趣，把當今中國缺乏創新性的法學研究提高到藝術的高度，進行審美性的創造。法律與藝術，看似截然不同，但非常可能的是，它們有着共同的根源，本來就都是人們對民眾、生活、文化、理想的一種無止境的求索。法律與藝術這兩種不同的文化範疇，均有一種人文情懷，都關心周圍的人和世界。在人文語境中最終殊途同歸。[3]藝術是人類認識世界和表達情感的一種智性方式，為了創造具有審美效應的事物的人類活動。[4]「把某物看成藝術要求某種眼睛不能察覺

---

1 ［美］蘭斯·埃斯普倫德：《如何讓藝術懂你》，楊凌峰譯，未讀·藝術家，北京聯合出版公司，2020 年版，頁 105。
2 ［法］巴爾扎克：《幻滅》，傅雷譯，人民文學出版社，1987 年版，頁 233。
3 《法律與藝術：理性與感性的碰撞》，《法制日報》，2007 年 4 月 29 日。
4 Stephan Witasek, Grundzüge der allgemeinen Ästhetik; Leipzig 1904, S. 383.

的東西 ── 一種藝術理論氛圍，一種藝術史知識：一個藝術界。」[1] 藝術
不是閒來無聊的奢侈品和高級玩具，而是生活和存在的社會集合，是所有
價值，也包括最大的價值的傳達者和表現者，並且以一種方式來傳達和表
現，這種方式並不是冷冰冰地在我們面前，而是我們可以用我們溫暖的、
真摯的感情去感受它。[2]

　　藝術是生活的點綴，是引向生命的一種誘惑。[3] 李日華在《紫桃軒雜綴》
中說：

> 凡畫有三層。一曰身之所容；凡置身處非邃密，即曠朗水邊
> 林下、多景所湊處是也。二曰目之所矚；或奇勝，或渺迷，泉落
> 雲生，帆移鳥去是也。三曰意之所游；目力雖窮而情脈不斷處是
> 也。然又有意有所忽處，如寫一樹一石，必有草草點染取態處。
> 寫長景必有意到筆不到，為神氣所吞處，是非有心於忽，蓋不得
> 不忽也。其於佛法相宗所云「極迴色極略色」之謂也。

　　中國藝術意境的創成，既須得屈原的纏綿悱惻，又須得莊子的超曠
空靈。藝術意境之表現於作品，就是要透過秩序的網幕，使鴻蒙之理閃
閃發光。[4]

　　藝術的價值不是工具性的，而是生命性的，藝術它表達的對人和世界
的理解，還是不朽的。腦袋裏面沒有障礙才是自由。[5] 相比於卷帙浩繁記錄
下的中華文明史，傳統手藝更像是一種微觀的存在。它們在縱向的歷史進

1　Steven M. Cahn and Aaron Meskin eds., *Aesthetics: A Comprehensive Anthology*, London: Blackwell Publishing, 2008, p. 422.

2　［德］埃米爾・烏提茲：《藝術概念的確立》，《藝術學研究》，2019 年第 1 期。

3　［法］羅曼・羅蘭：《托爾斯泰傳》，華文出版社，2013 年版，頁 112。

4　宗白華：《中國藝術的意境》，載《宗白華全集》，安徽教育出版社，1994 年版，頁 253。

5　八月長安：《最好的我們》，長江文藝出版社，2013 年版，頁 96。

程中，總是被寥寥幾筆帶過；又在橫向的遼闊幅員裏，隱身於街頭巷陌。它們看似微小，卻並未缺席每一次文化的演進；它們看似傳統，卻因手藝人的不懈改進而歷久彌新。削切、剪裁；熔鑄、錘煉；打磨、鑲嵌；印染、裝裱，最終呈現出來的作品延續着技藝，融會了巧思，凝結了願望，擁有了靈魂。[1]

法律爭議之解決靠的是技藝，期間必有藝術。司法，是一種適用法律規範裁判糾紛的法律制度，它要求的是法律技藝理性。[2] 敬畏案卷，堅守責任。與案件合融一體，心之所繫，魂之所牽。小野二郎說：一旦你決定好職業，你必須全心投入工作之中，你必須愛自己的工作，千萬不要有怨言，你必須窮盡一生磨練技能，這就是成功的祕訣，也是讓人家敬重的關鍵。「努力向上，直到巔峰，但是沒人知道巔峰在哪裏。即使工作了數十年，我仍然認為不夠完善。」[3]

法律的藝術必須充分認知法律是實踐的理性，並不關心孤立的事件，而是試圖找出社會中的「常規」（regularities），因此他的研究必須藉助一套「從經驗中得來的已經確立的一般性概念和原則」[4]，以判斷「某一類事件反覆發生的可能性。」[5] 一輩子只做一事，一生只磨一鏡。時間的作用才配化學反應，始是加冕，方有通達，這才是手藝人對這個世界最深情的表達。

大抵藝術是荒江野老屋中二三素心人商量培養之事，朝市之顯學必成俗學。[6] 諸如，刑事責任與民事責任是兩種相互獨立的責任形式，行為人未

---

[1] 羅易成：《中國守藝人一百零八匠：傳統手工藝人的詩意與鄉愁》，生活·讀書·新知三聯書店，2018 年版，頁 115。

[2] 劉練軍：《司法與民主的三種關係》，《東方法學》，2011 年第 3 期。

[3] 日本壽司大師小野二郎的紀錄片《壽司之神》。

[4] 轉引自高鴻鈞、馬劍銀編：《社會理論之法：解讀與評析》，清華大學出版社，2006 年 3 月版，頁 221。

[5] Max Weber, *Economy and Society*: *An Outline of Interpretive Sociology*, Guenther Roth & Claus Wittich ed., University of California Press, 1978 (second printing), V. l. p. 11.

[6] 錢鍾書：《圍城》，上海晨光出版公司，1947 年版，頁 56。

在走私廢物犯罪案件中被判處刑事責任，不代表其必然無須在民事公益訴訟中承擔民事責任，是否應當承擔民事責任，需要依據民事法律規範予以判斷，若符合相應民事責任構成要件的，仍應承擔民事賠償責任。[1] 權利衝突指的是同一客體作為不同法律的保護，能夠依法分別獲得不同的權利，由於權利主體的不同而產生的衝突。權利衝突作為法學領域的普遍現象，幾乎是無處不在的，如物權和債權的衝突，抵押權與留置權的衝突等等，益驅動是相當一部分知識產權權利衝突產生的動因，對於著作權和外觀設計專利權之間的衝突也不例外。由於外觀設計專利權不僅是一種法權，而且是一種重要的競爭性資源，具有較高知名度的外觀設計專利權，可以獲得持續而穩定的市場優勢。[2]

對於一個概念的解釋實際上就等同於一種受制於規則的建造活動，其目的主要在於讓該概念進入一個由那些具有精確意義的其他概念構造成的語境中。故而，對於一個概念的解釋總是涉及一個既有的概念框架，該概念框架反過來又為判定人們所給出的解釋是否充分提供了標準。解釋一個概念，就等同於與其鄰近的概念相區分；與此同時，要解釋一個概念，還應當提供一種科學地、正確地使用該概念的建議。[3] 法律的藝術恰在於對「萬物並作」的推演，「吾亦觀復」的打磨。

法律在物質與證據的梳理中潛行。

　　　真實的事情總是包含着豐富的細節，表面上看來微不足道，
完全是雞毛蒜皮，所以常常被那些不幸而又無奈的造謊者所忽

1　郎溪華遠固體廢物處置有限公司與上海市人民檢察院第三分院、寧波高新區米泰貿易有限公司等環境污染責任糾紛二審民事判決書（2019）滬民終 450 號。

2　宋紹青，趙豔：《著作權和外觀設計專利權權利衝突若干法律問題之探討》，https://www.lawtime.cn/info/zhuanli/waiguansjzl/2011041757911.html。

3　張明楷：《刑法學研究不應創制「虛概念」「偽概念」》，《法商研究》，2021 年第 1 期。

略，只要在這些他們連做夢也不會想到的細節上提幾個問題，自鳴得意的編故事現實就會狼狽不堪，原形畢露。[1]

　　我不敢對我們過於龐大的文化有什麼祝祈，卻希望自己筆下的文字能有一種苦澀後的回味，焦灼後的會心，冥思後的放鬆，蒼老後的年輕。讓唐朝的煙塵宋朝的風洗去了最後一點少年英氣。[2]

　　「法律形式主義使得法律制度能夠像一部具有技術理性的機器那樣運轉，因而保證制度內部的個人與群體擁有相對最大的自由度，並使他們得到越來越多的機會去預測自身行為的法律後果。程序變成了一種特殊類型的和平訟爭，只服從不可侵犯的固定遊戲規則。」[3]法律藝術從來非一種文質彬彬的搭建，而是建築於法律規則之上的一種專注、嚴謹、理性、堅韌的自然發展，一種正義社會的規劃，一個面向時時呈現之未來的期望視域。[4]

二、法律美學

　　我的心為四事所佔據了：天上的神明與星辰，人間的藝術與兒童。[5]

　　我們以為自己是理性的，我們以為自己的一舉一動都是有其

---

1 ［俄］陀思妥耶夫斯基：《卡拉馬佐夫兄弟》，浙江文藝出版社，2000 年版，頁 179。

2 余秋雨：《文化苦旅》，中國文學出版社，2009 年版，頁 109。

3 ［德］馬克斯‧韋伯：《經濟與社會》，閻克文譯，上海世紀出版集團，2010 年版，頁 946。

4 ［德］哈貝馬斯：《在事實與規範之間：關於法律與民主治國的商談理論》，童世駿譯，生活‧讀書‧新知三聯書店，2003 年版，頁 474。

5 豐子愷：《如何看懂印象派》，新星出版社，2015 年 8 月。

道理的。但事實上，我們的絕大多數日常行為，都是一些我們自己根本無法了解的隱蔽動機的結果。[1]

　　美麗是平凡的，平凡得讓你感覺不到她的存在；美麗是平淡的，平淡得只剩下溫馨的回憶；美麗又是平靜的，平靜得只有你費盡心思才能激起她的漣漪。[2]

　　法律源於人類生存需求，法律本身存在一種審美意趣，法體現了人的矛盾性，比如正義、邪惡、人情法理等。文學藝術把法律矛盾以戲劇、電影形式展現出來，並且形成契合。法律本身所體現的意趣包括語言制定過程當中一些規則也是一種美。[3] 法是文化構體（kulturgebilde）中最為僵化的一種，而藝術則是變動的時代精神最為靈動的表達形式，兩者處在自然的敵視狀態。那些富於才情的浪漫詩人甚至咒罵法律，把它們看作是「每時每刻折磨人的心靈、令人恐懼的東西」。[4] 法律的語言是冷靜的：它排除了任何情感的聲調；法律的語言是剛硬的：它排除了任何說理；法律的語言是簡潔的，它排除了任何學究之氣（lehrabsicht）。[5]

　　我們轉向對美學的考察是因為社會生活隨着時間展開，實際的社會過程都有自己獨特的時間維度。社會科學與歷史的最佳結合既不是經驗的，也不是方法論的，而是理論的。[6]

1　［法］勒龐：《烏合之眾》，馮克利譯，中央編譯出版社，2014 年版，頁 176。

2　沈從文：《邊城》，中國青年出版社，2010 年版，頁 125。

3　《法律與藝術：理性與感性的碰撞》，《法制日報》，2007 年 4 月 29 日。

4　轉引自舒國瀅：《從美學的觀點看法律 —— 法美學散論》，《北大法律評論》，2000 年 10 月，第 2 期。

5　轉引自舒國瀅：《從美學的觀點看法律 —— 法美學散論》，《北大法律評論》，2000 年 10 月，第 2 期。

6　Paul Pierson, *Politics in Time: History, Institutions and Social Analysis*, Princeton: Princeton University Press, 2004, p. 5.

　　法律美學不是一門「畫地為牢」的學科，而是一種用美學的觀點、方法和態度來把握、審視和判斷法律現象的問學方式及方向。其研究並非像其他藝術門類那樣通過直觀、感性呈現的方式把美的對象物直接展示給受眾（spectator），而是通過直觀的認識來發現法律內在的審美秩序，探求該種秩序形成的審美動因，並為法律的構建提供某種可以參照的美學標準和原則。為此，法律美學從感性的進路拓展法學的生動形象的法律觀察的視角，同時亦將激活被傳統法學長期壓抑的法律認識，使法律研究者們從絕對主義和純粹理性規則主義的法律教義中逐步解放出來，在法學理論中尋求一種「和諧的自由活動」之旨趣。或者，簡括地說，法美學研究所要拯救的，就是我們在法律認識領域正悄然消弭退化的直觀想像的能力以及相應的原創力和自由。[1]

　　審美尺度本身意味着人類自由的生命活動所遵循的內在生產觀念。在講到這一問題時，人們一般都喜歡從馬克思這段名言出發——「勞動是活的、塑造形象的火；是物的易逝性、物的暫時性，這些易逝性和暫時性表現為這些物通過活動而被賦予形式。」[2]

　　馬未都將中國人的審美「金字塔」歸結為四個層次：豔俗，含蓄、矯情、病態。任何病態的東西都將被突然釋放，而成為文人所重視的東西。也只有病態的文人才能夠自我保護，所以會有智者說「難得糊塗」。第一個層次是最大眾的，稱之為「豔俗」。農村的大花牀單、我們聽的流行歌曲，都屬於豔俗一類。豔俗是構成我們民族審美的最基層。第二個層次，就是「含蓄」。典型的就是唐詩、宋詞、元曲。這種美不是直接的，需要你慢慢去體會。第三個層次：「矯情」。諸如畢加索的畫。連英國女王都說她實在看不出來畫上的人臉沖哪邊。矯情是一個過程。第四個層次，

1　舒國瀅：《從美學的觀點看法律 —— 法美學散論》，《北大法律評論》，2000 年 10 月，第 2 期。
2　《馬克思恩格斯全集》，第 46 卷，人民出版社，1979 年版，頁 331。

就是審美的最高等級「病態」，也可以說是「非常態」。比如金魚，它就是一個病態的魚，它肚子很大，眼睛隆起，看不了多遠，一定是近視，腦袋上還頂那麼大一個包，一定挺沉，很不舒服，這是病態的。[1] 其實，在法律層面亦存在這樣的四個等級。

歷史上各個時期法官的判決（判例）也是表達法的審美價值的合適形式。實際上，法律的形式美法則（如法律語言的對稱均衡、邏輯簡潔性和節奏韻律，法律文體的多樣統一，等等）更多地體現在那些獨具個性而又富有審美趣味的法官們的判詞之中。[2] 所謂裁判語言的審美感受主要源自法官自己內心對於公正裁判的確信以及社會公眾對於言說效果的評價。嚴格意義上的法律修辭被認為是一種非邏輯、非科學、非經驗的表達方法而在裁判過程應予適當抑制。但作為感性說服的藝術和訴諸情感的技巧，它又能夠藉助情感、人格或者道德因素而引起聽者的共鳴，提高司法和法律信息傳播的效果。修辭的目的在於語言符號學上的表達美感，既要能勝人口，又要能服人心。一份語言表達既符合法律內涵又有「可讀性」的法律文書應該能給人以「美」的享受，可以讓公眾更感性認識到自己的權利和義務。[3]

法律行為的解釋亦是另一層面的美學，也是不斷地具體衡量對立的當事人間之利益的判斷過程，應該依照意思表示的種類做個別的利益評價。換言之，相較於糾結該由「內在真意」或「外在辭句」角度來解釋當事人意思表示的內涵，解釋契約時更重要的核心毋寧在雙方間利益衝突之權衡。而此須注意的是，由於公平的判斷因人而異，法官在個案中的權衡未必與當事人在契約中追求的效益一致，因此在契約解釋的具體運作中應

---

1 《馬未都老師說過中國人的審美觀有具體哪四個境界》，https://zhidao.baidu.com/question/2262213675033181988.html。

2 舒國瀅：《從美學的觀點看法律 —— 法美學散論》，《北大法律評論》，2000 年 10 月，第 2 期。

3 《談裁判語言的審美性》，《人民法院報》，2013 年 7 月 26 日 05 版。

認真對待以求平衡,而追求平衡的美學。[1]

　　我們對於行動的本質還深思熟慮的遠不夠堅決。人們只知道行動是一種作用在起作用。人們是按照其功利去評價其現實性。但行動的本質是完成,完成就是把一種東西展開出它的本質的豐富內容來,把它的本質的豐富內容帶出來,完成美學的搭建。[2]

　　美學就是藝術哲學,這意味着其範圍是研究藝術美,而非自然美,並驚世駭俗地稱道藝術美高於自然美。藝術的任務總是以感性形式來表現理念。美是理念的感性顯現。藝術的內容就是理念,藝術的形式就是訴諸感覺形象。藝術要把這兩方面調和成一種自由的統一的整體。藝術作品所提供觀照的內容,不應該只以它的普遍性出現,這普遍性須經過明晰的個性化,化成個別的感性的東西。[3]

　　美的性質在根本上由非物理的因素決定物體之為美;另一方面,美感的性質在根本上由非物理的因素決定快感之為美感。這意味着,如何認識客觀之美中和主體美感中的非實體因素,進而如何認識由客體的實體因素和非實體因素互動形成的客體之美和心理中由實體因素和非實體因素互動形成的主體美感。[4]

　　法與美學,與人性中的真善美在當下要有一個相互接受的時間跨度,還要有此長彼消的空間維度,我們要認識到法治是一個偉岸堅固的大廈,這個大廈,美不僅天然地蘊於其中,更要真切地表現其外,而且美應被當

1　崔建遠:《合同法》,法律出版社,2010 年版,頁 374。
2　[德] 海德格爾:《論人道主義存在主義哲學》,商務印書館,1963 年版,頁 87。
3　[德] 黑格爾:《美學》,朱光潛譯,商務印書館,1997 年版,頁 359。
4　張法:《作為藝理基礎和核心的美學》,《藝術學研究》,2020 年第 3 期。

成法治建設整體工程的最先感觸者和感受者。法治與法治建設引入美學思維，只是為我們提供了一種前所未有的理念與角度，一種全新的認識與理解，這對於我們在更為廣大的範圍裏反思與省察法的精神實質具有很大的借鑒意義。[1]

法律的審美價值是哲學體系的有機組成部分，法律與所處的歷史環境和社會現實有着不可分割的關係，或者說，歷史哲學決定了具體法律作品審美價值的高低，歷史哲學決定了法律美學具有不可避免的等級性和層次性；與歷史哲學相對應，法律批評是現代美學的另一重要話語方式，法律批評重視具體法律作品並試圖去總體化，是法律美學發展的另一向度。[2]

三、文字與法律表達

作家群中，有西北作家一系。西北作家有一種刀劈斧鑿的天然深刻感，文字特別有一種古樸的力量。路遙和賈平凹的小說，以及陳忠實的《白鹿原》均有此感。文字作為思想表達的工具，在小說中應是這樣的：

> 需要飽含溫潤的人文關懷，深邃而潔淨，用一個個或溫暖、或堅韌、或友善、或關懷的故事，表達了對有愛作伴、有美相隨的生活態度的讚頌和純淨、沉靜、澄明的人生思索和生命感悟，凝聚了作家對美好生活的祝福及明亮品格的祝願。期待每一位讀者都能找尋到屬於自我的生活態度，能在生活的陰影下堅持閃爍

---

1 安玉超：《論法律與美學之關係》，《法制與社會》，2016 年 12 月 1 日。

2 彭成廣：《美學現代性：阿格妮絲·赫勒美學思想之軸》，http://www.cssn.cn/zx/202006/t20200613_5142692.shtml。

光亮，能從真實不虛的生活中懂得生命的意義。[1]

　　語言是理解的基本工具，詞語和句子的含義常常是多義的、不確定的和變化的，語言的這種特點從科學角度看是缺點。[2]關於古代文字，南懷瑾先生曾言「我們現在不讀書，不懂得中國文字，古書就讀不懂啊。我們當年讀書是要這樣把中國文字背來，背進去了以後，一輩子用之不盡，學問就是這樣讀來的。現在，講儒釋道三家的學問，真難了！因為大家沒有基礎。」[3]錢鍾書對漢朝文字的評價是「漢朝的文章是駢體的逐漸完成，只有司馬遷是站在線外的，不過他的散文，並不是家常體，要到唐人復古的時候，才有人去師法他；在魏晉朝，駢文已成正統文字，卻又橫生出一種文體來，不駢不散，亦駢亦散，不文不白，亦文亦白，不為聲律對偶所拘，亦不有意求擺脫聲律對偶，一種最自在，最蕭閒的文體，即我所謂家常體。」當時的文人，留戀時間的深刻和豐沛，「試圖用文字留住（時間），把它風乾凝固成形。試圖為一個時代留下記錄。文字本身是流動的載體，是水和種子一樣的屬性。」[4]

　　「文字是人和人傳情達意的過程中受到阻隔的產物，在鄉土社會中，不但文字是多餘的，連語言都並不是傳達情意的唯一象徵體系。像石子一般投入水中，和別人所聯繫成的社會關係，不像團體中的分子一般大家立在一個平面上的，而是像水的波紋一般，一圈圈推出去，愈推愈遠，也愈推愈薄。」讀費孝通的《鄉土中國》，字裏行間蘊含着的永遠是一種克制禮貌的美感和同理心。

1　丁立梅：《低到塵埃的美好》，萬卷出版公司，2014 年版，頁 115。

2　［德］魏德士：《法理學》，丁曉春、吳越譯，法律出版社，2005 年版，頁 77。

3　參見南懷瑾：《南懷瑾講演錄》，上海人民出版社，2007 年版，頁 105。

4　安妮寶貝：《春宴》，人民文學出版社，2017 年版，頁 161。

「一個拿文字來呼吸的人，是一個比別人更擅長深呼吸的人。」[1]在此觀點，法律表達是特別強調深呼吸的。《中華人民共和國行政處罰法》（2021 年修訂）第二條規定：

> 行政處罰是指行政機關依法對違反行政管理秩序的公民、法人或者其他組織，以減損權益或者增加義務的方式予以懲戒的行為。

期間的「減損權益」和「增加義務」是深呼吸的標杆。《最高人民法院關於適用〈中华人民共和国民法典〉有關擔保制度的解釋》（2020 年 12 月 25 日）第六條規定：

> 以公益為目的的非營利性學校、幼兒園、醫療機構、養老機構等提供擔保的，人民法院應當認定擔保合同無效，但是有下列情形之一的除外：（一）在購入或者以融資租賃方式承租教育設施、醫療衛生設施、養老服務設施和其他公益設施時，出賣人、出租人為擔保價款或者租金實現而在該公益設施上保留所有權；（二）以教育設施、醫療衛生設施、養老服務設施和其他公益設施以外的不動產、動產或者財產權利設立擔保物權。登記為營利法人的學校、幼兒園、醫療機構、養老機構等提供擔保，當事人以其不具有擔保資格為由主張擔保合同無效的，人民法院不予支持。

在正反往復的穿梭中，表達清晰準確。

---

1 http://k.sina.com.cn/article_2357701491_8c87ab7301900y688.html。

　　法律是以語言為生命的。這不僅因為語言是法律存在的形式，而且因為語言是法律精神的體現。法律的基本功能是通過規範社會成員的行為來維持社會生活的秩序性和穩定性，而這種功能只有藉助語言才能實現。[1]最高人民法院在廣東本草藥業集團有限公司與被告貝斯迪大藥廠（Bruschettini S. R. L.）產品責任糾紛一案中[2]認為：

　　　　從廣義上說，產品召回是指產品提供者按照規定程序和要求，對缺陷產品，通過撤回、退貨、換貨、修理、銷毀等方式，有效預防、控制和消除缺陷產品可能導致損害的活動。狹義的產品召回是指產品提供者按照規定程序和要求，收回已經投入市場的缺陷產品。產品召回制度的意義在於周延地保護廣大消費者的合法權益，確保不因為產品的缺陷導致消費者利益受到傷害。公司及生產廠家作為營利組織，獲取盈利固然係其經營活動的最主要的目的，但其作為市場主體，亦須承擔誠信經營、遵守市場規則、尊重其他市場主體的權利、維護消費者合法權益等社會責任。因此，從公司及生產廠家的角度說，履行產品召回制度規定的義務正是其承擔社會責任的當然要求。

這充分表明了文字是一種能力[3]。正如美國大法官安東尼·肯尼迪在最高法院的一項著名裁決中所表述的，「自由的核心，是定義自己對存在、意義、宇宙和人類生活奧祕的概念的權利。」在信達投資有限公司、北京信達置業有限公司、中國信達資產管理股份有限公司北京市分公司與北京莊

1　何家弘：《論法律語言的統一和規範》，《中國人民大學學報》，2009 年第 1 期。

2　（2019）最高法商初 1 號《民事判決書》。

3　Terrence W. Deacon, *The Symbolic Species: The Co-Evolution of Language and the Human Brain*, New York: W.W.Norton, 1997, p.349.

勝房地產開發有限公司合同糾紛案再審案中，最高法院亦指出「誠實信用是民法的基本原則，當事人在商業交易中應該嚴格遵守。對於重大複雜的商業交易，雙方更應該本着誠實信用的原則，積極履行合同義務，不得濫用合同權利，影響交易的安定性和交易秩序」。[1]

文字和知識積澱為文化。人類用文字來做一切事情（use words to do everything）。所以，人類的存在是文字的存在。[2] 法律語言本質上包含着語義和語用兩個維度，法律較之其他語言形式更為清楚地提供了一個可以做的和不可以做的事情的清單，且這個清單並不包含可變的標準。法哲學領域的研究不能忽視語言哲學的重大作用，語詞的意義能幫助人們分析各種社會情形和社會關係之間的差異，語言哲學的研究進路激勵着法哲學家們走向一個新的方向。[3]

法與法律制度是一種純粹的「語言形式」。[4] 如果平日留心，積學有素，就會如有源之水，觸處成文。否則就會下筆枯窘，想要用一個詞句，一時卻找它不出。語言是要磨練，要學的。[5] 為此，法律表達更是一種品格——

> 一種風格令人讀之但覺其味銳酷而又醇熟，有如陳年好酒。
> 字裏行間，瀰漫一種活現的性靈，樂天自足的氣氛，貧於財貨而
> 富於情感，鑒識卓越，老練而充滿着現世的智慧。可是心地淳

---

1 2017 年 3 月 24 日最高法（2015）民二終字第 61 號民事判決書撤銷北京市高級人民法院（2013）高民初字第 04405 號民事判決。又見王擎宇《百億項目七年糾葛：一審再審 莊勝、信達三上公堂》，中國經濟網，2020 年 9 月 8 日。

2 蔡曙山：《論語言在人類認知中的地位和作用》，《北京大學學報（哲學社會科學版）》，2020 年 1 月，57 卷第 1 期，頁 138–149。

3 ［英］哈特：《法律的概念》，法律出版社，2018 年版，頁 79。

4 王進安，鄭超群：《維護法律語言權威》，《光明日報》，2015 年 5 月 2 日。

5 汪曾祺：《歲朝清供》，生活·讀書·新知三聯書店，2010 年版，頁 63。

樸，滿腹熱情，卻也與世無爭知足無為，而具一雙伶俐的冷眼，愛好樸素而純潔的生活。[1]

四、文字的力量

語言是通路而非壁壘，讀文獻時常常看到莫名的長難複合句和不必要的怪異語彙，統共就一杯熱水，兩個杯子來回倒，連灑帶漏，中文的味兒也晾得冰涼。「行話」不應該成為阻礙理解的東西，學科之間的溝壑已經夠深了。

> 法律文字是以日常語言或藉助日常語言而發展出來的術語寫成的，這些用語除了數字、姓名及特定的技術性用語外，都具有意義上的選擇空間，因此有多種說明的可能。[2]

法律的行話比較多，壁壘是存在的。初入行業的實習者，大多在行話的境界裏，不能自拔。於是，與當事人的溝通成為障礙和困難。譬如，訴訟時效中斷、除斥期間、質權、保證、連帶等莫不如是。專業術語與大眾通路的區別，還在於規律和本質的把控。將深邃的專業翻譯為家長里短，諸如鳩摩羅什、南懷瑾方為大師。魯迅曾經說過：「漢字和大眾，是勢不兩立的，要推行大眾語文，必須用羅馬字拼音」，其間，便是有通俗與門檻的對立。

門檻的必要性在於準確性和限定性。初中語文教科書收有冰心的《荷

1　林語堂：《吾國吾民》，陝西師範大學出版社，2002 年版，頁 76。
2　［德］卡爾・拉倫茨：《法學方法論》，陳愛娥譯，商務印書館，2003 年版，頁 85。

葉・母親》一文，其中有句：「那一朵紅蓮，昨夜還是菡萏的，今晨卻開滿了。」課本上註解「菡萏」為「荷花」，「昨夜還是荷花」與「今晨卻開滿了」之間存在邏輯衝突，不能自洽。漢辭典《爾雅》解釋道：「芙蓉之含敷蒲也。」《說文解字》云：「未發為菡萏，已發為芙蓉。」李時珍也說，芙蓉就是「敷佈容豔之意」。於是，原來冰心那句表述的準確與限定應是昨夜還是花蕾，今晨卻盛開了。可見課本裏的「菡萏」應註釋為「荷花的花蕾」。

通俗的必要性在於受眾和理解。洛夫有詩：

　　當我一次一次拉上窗簾，打開台燈，坐在桌前寫作的時候，我便生出那種巨大的渴望，那就是去擁抱文字，去擁抱這些在文字裏出生又在文字裏死亡的人，如同春花，如同秋葉，如同朝露，如同夕光。

其理念和白居易的詩理是同一的。可惜 ——

　　文字與思想的優柔，恰好是命運的凶器，常常沿着一個人的靈魂鮮血淋漓地自我解剖下去，更不幸的是這樣的犧牲常常在這個冷漠的人世找不到絲毫同情或代償。文字什麼都不是。因為文學就是一切。但這麼多年以來，我明白自己其實還是不曾對經歷過的迷途產生悔意，亦不曾為我內心的質地過於柔軟而感到羞恥。[1]

哲學中的發現與證立二分理論影響着人們對法學知識的認識，人們認

1　七菫年：《塵曲》，浙江文藝出版社，2010 年版，頁 202。

為法學知識的獲得也有發現與證立兩個過程。對於同一法律規範，法官使用不同的方法會解釋出兩個或兩個以上的裁判規範，選擇哪一個又是他必須面對的難題。通過對不同解釋方法進行排序來決定它們在具體個案中的優先順序，或許是一個很好的方案，但到目前為止，人們尚沒有在諸種法律解釋方法之間確立一個如化學元素表一樣固定的位序關係。解釋方法的多元只能幫我們找到多種「可能」的，而非是一種「正確」的答案，學者們所言的通過法律解釋保證法律規範準確適用的想法也只能是一種幻想，最起碼，在發現意義上，經由解釋無法推出「保證法律規範準確適用」這一結論。[1]

> 當你真正愛一樣東西的時候你就會發現語言多麼的脆弱和無力。文字與感覺永遠有隔閡。
>
> 一切可能的文字組合，一切書籍都在其中。然而遺憾的是，哪裏都沒有這樣的保證：保證你能在其中找到自己所期望的書。也許存在這樣的文字組合：「這是你所期望的書」。就像存在於此處的這些文字組合一樣。然而很顯然，它並不是你所期望的書。[2]

法律解釋的目的性完全體現於各種論證理論之中。理由很簡單，這些理論旨在把握實踐話語的實質，而這種話語關係到那些必然跟目的相關的各種實踐問題。因此，論證理論的任務是，對某個解釋性判決給出合理的標準。法律解釋是法律實踐論證的特定形式，因此人們主張對「把權威文本和資料的某一特定理解當作證立法律判決的某種特定理由，法律解釋應

---

1 侯學勇：《解釋能夠保證法律規範的準確適用嗎 —— 傳統法律解釋觀念反思》，《政治與法律》，2011 年第 7 期。

2 [日] 圓城塔：《自指引擎 · 序》，丁丁蟲譯，人民文學出版社，2019 年版。

當在論證，特別是法律論證的框架內」予以理解。[1]為此，法律的行話是專業性與通俗性、準確性與模糊性兩對矛盾的統一體。法律術語來源於日常用語，並有其長期存在的現實合理性。立法語言的通俗化努力值得提倡，但通俗化須以不損及法律表述的準確性為前提。準確性的要求是明確、統一、邏輯嚴謹、中性莊重、簡明凝煉。模糊性是語言的基本屬性，從法律調整的類型化方式來看，立法語言不可避免地具有模糊性。模糊性立法語言具有積極作用和消極作用，並有多種類型。在接受立法語言模糊性的前提下，要重視立法語言的準確性和法律解釋。[2]

要用語言去精確描述一個類型是非常困難的，這種描述只能不斷地接近客觀事實。正如沒有任何一個搶劫犯的行為精確地和任何他人的搶劫行為完全相同，沒有任何人在其事實上的行為能力或責任能力與他人完全一致，因為所有人的知識能力、性格狀況、智力及意志力均不相同。實際上，只有一種或多或少程度的類似性或不類似性。[3]但法律本身具有世俗性，始終是關乎日常事務的，故法律語言無論如何不能脫離實際生活。在各種類型的社會情境之間或社會關係之間，有許多重大的差別通常不是直接顯現出來的。[4]

重要的一點，就是法律的用語，對每一個人要能夠喚起同樣的概念。[5]

即使生命不在了，靈魂仍要拚命拽住那種有創造性的、在萬物裏輪迴的、永恆不變的孤獨，我把這種嚮往都寫成文字。[6]

---

1 ［德］考夫曼：《類推與事物本質》，吳從周譯，學林文化事業有限公司，1999 年版，頁 95。

2 褚宸舸：《論立法語言的語體特點》，《雲南大學學報》（法學版），2009 年 3 月，22 卷第 2 期。

3 ［德］考夫曼：《類比與事情的本性》，吳從周譯，台灣學林文化事業有限公司，1996 年版，頁 97。

4 ［英］H. L. A. 哈特：《法律的概念》，張文顯等譯，中國大百科全書出版社，1996 年版，頁 128。

5 ［法］孟德斯鳩：《論法的精神》（下冊），張雁深譯，商務印書館，1963 年版，頁 339。

6 《半山文集》，http: //k. sina. com. cn/article_2357701491_p8c87ab7302700ugxr. html?from=cul#p=1。

為什麼寫作？詩人 John Ashbery 說：「因為我想寫（Because I want to）」；Flannery O'Connor 說：「因為我擅長寫（Because I'm good at it）」；Anne Lamott 說，也許兩者兼有，既喜歡，也擅長。You cannot will this to happen. It is a matter of persistence and faith and hard work. So you might as well just go ahead and get started.

I just try to warn people who hoped to get published that published is not all that it is cracked up to be. But writing is. Writing has so much to give, so much to teach, so many surprises. That thing you had to force yourself to do —— the actual act of writing —— turns out to be the best part. [1]

「我有了一個想法，現在我所做的一切乃是使每一個原子都達到飽和。我要把所有無用的、沒有生氣的或多餘的描寫統統剔除，全力以赴地去表現那瞬間，不管它包含着什麼樣的內容。比如說，那瞬間是思想、感覺和大海的呼吸的組合。」[2] 文字是我們的宗教，「願我們繼續倒行逆施。不要求兩三年升半職，要求兩三年出一本冷僻的書。心裏一小撮火，身體離地半尺，不做螻蟻，不做神，做個寫字的人。」[3]

為此，法律語言最好是確切的、簡潔的、冷峻的、和不為一種激情所左右的，最好的法律文體是出色的文學作品，它們用精確合適的詞彙模塑出一種世界經驗，並幫助我們通過同樣精確的富有美學意義的語言模式，把人類的共同生活調控到有秩序的軌道上。[4]

1　Anne Lamott, *Bird by Bird: Some Instructions on Writing and Life*, Scribe Publications, 2008.

2　［英］弗吉尼亞·伍爾夫：《海浪》，曹元勇譯，上海譯文出版社，2012 年版，頁 115。

3　馮唐：《如何成為一個怪物》，新星出版社，2011 年版，頁 191。

4　［德］弗里特約夫·哈夫特：《法律與語言》，［德］阿圖爾·考夫曼，［德］溫弗里德·哈斯默爾編：《當代法哲學和法律理論導論》，鄭永流譯，法律出版社，2002 年版，頁 293。

五、美學與法律

「美，美的東西，對於我，是怨敵」，三島由紀夫在《金閣寺》中對美學的一種概括，多少帶着一種衝動與暴烈。美有振幅，時左時右，忽此忽彼，搖擺難定，而在其內核正中，確實存在着真正的美。如果讓振幅變化終止，固守一式，那內核也會消失難覓。在鬥士們的刃口上，美的內核有時會曇花一現，但無人能永遠將其緊握在自己手中。[1] 日本美學中有一重要概念，即侘寂（wabi-sabi），侘是簡樸，寂是古舊。它是日本美學意識的一個組成部分，一般指的是樸素又安靜的事物。一種不刻意突出裝飾和外表，強調事物質樸的內在，並且能夠經歷時間考驗的本質的美。

> 一種由冷靜、謙虛、發自內心智慧所達到的優雅狀態，可能是對侘寂之簡單的最佳描述。這種智慧的主要策略，就是節約：精簡到本質，但不刪除詩意；保持事物乾淨利落，卻又神完氣足。[2]

很多人認為一定要去理解什麼是美。一切藝術的美，以至於人格的美，都趨向於玉的美：內部有光澤，但是含蓄的光彩，這種光彩是極絢爛又極平淡。[3] 文藝本身是一種向美的東西，是精緻設計生活的某個方面，追求精緻的精神生活。代表着一種雕琢的努力，一種抒情之美。它並非迴避真相，而是用更高級的方式陳述真相；它並非忽視現實，而是用鮮美的養料滋潤現實。[4]

1　［日］赤木明登：《造物有靈且美》，浦睿文化／湖南美術出版社，2015 年版，頁 90。
2　［美］雷納德·科倫：《侘寂：致藝術家，設計師，詩人和哲學家》，新星出版社，2019 年版，頁 56。
3　宗白華：《美學散步》，上海人民出版社，2005 年版，頁 105。
4　新世相《我們終將改變潮水的方向》，人民文學出版社，2017 年版，頁 79、105。

美學這東西，「不是一件現成的衣服伸手穿上就行，而是要吸收進體內、用來樹立個性的養料，就如同食物增強發育期孩子的身體一樣；它不是詞藻華麗的修飾，更不是要炫耀你的學問，而是一種豐富靈魂的方式，得來實在不易。」[1]美學是依賴象徵體系和個人記憶而維護着的社會共同經驗。這樣說來，每個人的「當前」，不但包括他個人「過去」的投影，而且還是整個民族的「過去」的投影。歷史對於個人並不是點綴的飾物，而是實用的、不可或缺的生活基礎。[2]

莫奈說：「其實，真正的美無需理解，只要學會去愛惜，就已經很足夠了。」康德認為的美，是「當人們接觸到它的時候，往往感到一種惆悵。意境就是如此。」尼采亦云：「沒有什麼是美的，只有人是美的。在這一簡單的真理上建立了全部美學，它是美學的第一真理。」[3]醜陋的要把它展示出來，這樣它會消散。美麗的東西則需要小心隱藏，讓它進入深處，扎根，成長。[4]新事物的香味太過濃郁，他們虛脫的頭腦受不了，必須靠時光沖淡這一味道。藝術品一定要積滿陳年灰塵後才會有人領悟。[5]

近代美學的最大功用不在於分析事物何以為美，而在於分析人的美感經驗。

> 近代美學所側重的問題是，在美感經驗中我們的心理活動如何？至於「事物如何才能算是美」一個問題還在其次 …… 所以關於美感經驗的問題是較為基本的。[6]

---

1 ［英］威廉・薩默塞特・毛姆：《巨匠與杰作》，李峰譯，上海譯文出版社，2013 年版，頁 55。
2 費孝通：《鄉土中國》，上海人民出版社，2006 年版，頁 159。
3 ［德］尼采：《偶像的黃昏》，衛茂平譯，華東師範大學出版社，2007 年版，頁 35。
4 慶山：《月童度河》，北京十月文藝出版社，2016 年版，頁 113。
5 ［法］司湯達：《紅與黑》，董紅鈞譯，湖北長江出版集團，2007 年版，頁 105。
6 《朱光潛全集》第 3 卷，安徽教育出版社，1987 年，頁 406–407。

　　黑格爾則以藝術為理念回歸絕對精神的感性階段，低於宗教和哲學，具有了初級的超越性。而叔本華、本格森和尼采直至後期海德格爾，都把審美定位於超越現實生存的自由生存方式。[1] 美也是人們協同和選擇的結果，審美觀念的變化是人們在生活上從舊需要到新需要的變化，判斷事物美或不美，應當根據其效用而非某個抽象的原則；無論審美本質論還是審美經驗論，其出發點和歸宿都應當是實際的社會生活。[2]

　　法的時間和空間維度，還包含這樣一層涵義，即我們在歷史上所看到的「法」是具有不同的美學價值和表現形式的。我們不可能以超時間的美學標準來審視歷史上的一切法律，也不能先驗地預設它們的美學意義和價值的同一性。換一個角度說，我們不能籠統地宣稱所謂「一般的法」有什麼樣的美學意義和美學價值，而總是說處在此時此地或彼時彼地的「法」有什麼樣獨特的美學意義、價值或性質。在此，法律的審美態度實際轉換成了一種情境主義（situationalism）的態度。[3]

　　美學的本質還在於秩序。除非為了某些充足的理由，我不想通過引入不連貫性、無關聯性和人為的例外來破壞法律結構的對稱性。[4] 法律的主要作用之一是調整和調和種種相互衝突的利益，無論是個人利益還是社會利益。「這在某種程度上至少是必須通過頒佈一些估價各種利益的重要性和提供調整利益衝突標準的一般規則來加以實現的。」[5] 我們不僅能夠，而且應該努力通過改進我們藉以個別地和共同地追求我們利益和目標之規則框架和制度，來獲致一可欲的社會秩序。為試驗和改良留有充足空間的穩定的法律框架，能夠使一個自由社會更有效地運轉，「無論何時，我們都不

1　楊春時：《論中華美學的詩學化特性》，《學術月刊》，2019 年第 2 期。

2　張清民：《羅蒂後哲學美學思想的兩個維度》，《河北學刊》，2010 年第 1 期。

3　舒國瀅：《從美學的觀點看法律 —— 法美學散論》，《北大法律評論》，2000 年 10 月，第 2 期。

4　［意］維科：《新科學》下冊，朱光潛譯，商務印書館，1989 年版，頁 563。

5　［美］埃德加・博登海默：《法理學 —— 法律哲學與法律方法》，鄧正來、姬敬武譯，華夏出版社，1987 年版，頁 383。

要確定，我們已經知道了最完善的安排或制度。」[1]

　　制度規定了稀缺序列，對空間的秩序構建，形成價值或信用。「制度規定稀缺序列和稀缺範式，賦予商品自然屬性與社會屬性」，「制度確定社會結構，從而確定社會需求。」[2] 法律這樣一種複雜的社會事象所暗含的所謂無意識的「隱祕秩序」（verborgene ordnung），有時也必須通過美「這扇清晨的大門」才能被人們所知覺和認識。即用美學的觀點、方法和態度來把握、審視和判斷法律現象的問學方式及方向。

　　榮格認為，「真正的美，其實是一種消失。」我理解藝術創作的美，更多來自遺憾，譬如在吳哥窟、瑪雅遺蹟、盧浮宮斷臂維納斯面前，你便會切膚體會到藝術「來自生命裏不能長久存在，卻在心靈記憶裏永不消失的一種堅持」[3]，在此意義上，法律之美與藝術之美並無區別，同是對宇宙宏大秩序的敬畏和堅持，同是對微觀結點的反映和修正。另一層面上，美是與自由關聯的語詞，在美的秩序裏，被限制的潛意識可以得到了本真的釋放，尤其在法律關係多重交叉，證據複雜的案件中，方案設計本身，即是藝術創作的過程，幫助當事人釋放掉了「多少平常在現實裏不能忍受的東西」[4]，找到自由。比起存在，人類更關心擁有。正如米開朗基羅所說：「美，就是淨化過剩的過程。」

　　再有，自由不是想做什麼就做什麼，自律者始有自由。「自律的前期是興奮的，中期是痛苦的，後期是享受的。[5] 當你的生活被「情緒」「懶散」和「慾望」佔據的時候，你可能就會生活得毫無秩序，活成一團混亂不堪

1　F. A. Hayek, *The Constitution of Liberty*, Chicago: University of Chicago Press, 1960, p.231.

2　徐晉：《稀缺二元性與制度價值論 —— 後古典經濟學範式的理論架構》，《當代經濟科學》，2016年1月，38卷第1期。

3　蔣勳：《給青年藝術家的信》。

4　https://www.jianshu.com/p/dbab62093a53。

5　https://www.jianshu.com/p/6efbb3a7bd79。

的情緒，爭議與爭議的解決，即是自律。[1]

法律的秩序美學關注於人的生命的流動整體，而根本不存在他的單個行為。生命和人是如此難以由個別行為構成，如同海洋並非由海浪構成一樣。它們是一個整體，是一個不可分割的整體中的單個行為交織在一起的運動。[2]

六、文學、文化與法律

現代人念及法律，大約不會將之與文學聯繫起來。法律條文和法學論著在大眾頭腦中的印象可能是冷靜、有條理、權威、專業，而「文學」意味着人物、情節、虛構、有情感，儘管二者都以文本的形式呈現，但差異極大。不過，若我們探查歷史，觀看法律一路走來、步入現代的足跡，卻可能發現意料之外的景觀。法律未必與文學絕緣，循着文學的線索，或可增強我們對法律的理解，幫助反思。[3] 文學最終不是一門技藝。它是記憶之學、時間之學、想像之學，它永遠面向往昔，然而通向未來。[4] 文學不是勵志的格言，不是非黑即白的答案，文學是對生命現象的真實理解、包容。[5] 卡爾・盧埃林相信：「即使是一個單純的童話故事，也有關於老鼠和南瓜、仙姑和公主正確舉止的一般規範。」

---

1 《著名律師楊榮寬：個案的不公、惡意和冤錯，並非法律表達的全部》，大白新聞官方賬號，2019年 3 月 21 日。

2 陳皓：《拉德布魯赫：法對人的關心》，《人民法院報》，2016 年 9 月 2 日。

3 徐震宇：《對話文體與法律文化的變遷》，《中國社會科學報》，2018 年 6 月 13 日。

4 《讀者》，2020 年第 4 期。

5 蔣勛：《蔣勛説紅樓夢》，上海三聯書店，2010 年 8 月版，頁 359。

　　熱愛文學的人潛意識裏都相信着一件事，就是世界上的一切都可以被描述、命名，都可以被表達。我們通過文字建構意義，我們通過文學從苦惱的、紛亂的日常生活裏提煉美、提煉價值。事情也許並不真的如此。世界的運行有很多我們不知道的規律，人生故事可能是無頭無尾的。[1]

　　文學，其實很了不起，和碼字沒有關係，和年齡沒有關係。一千零五十年前，李煜說：「林花謝了春紅」。一千零五十年間，多少帝王將相生了死，多少大賈富了窮，多少寶塔倒了，多少物種沒了。一千零五十年之後，在北京一家叫「福盧」的小川菜館子裏，靠窗的座位，我聽見一對小男女，眼圈泛紅，說：「林花謝了春紅，太匆匆。無奈朝來寒雨晚來風。」我見青山多嫵媚，料青山，見我應如是。不恨古人吾不見，恨古人，不見吾狂耳。[2]

　　就因為對一切都懷疑，中國文學裏瀰漫着大的悲哀。只有在物質的細節上，它得到歡悅。因此《紅樓夢》仔仔細細開出整桌的菜單，毫無倦意，不為什麼，就因為喜歡細節往往是和美暢快，引人入勝的，而主題永遠悲觀。[3]

文化

　　文化是一個社會中的價值觀、態度、信念、取向以及人們普遍持有的見解[4]。雖然關於文化對社會、政治、經濟的影響究竟有多大，仍存在諸

1　張怡微：《舊日的靜定》，山東畫報出版社，2019 年版，頁 178。

2　馮唐：《活着活着就老了》，萬卷出版公司，2010 年 4 月版，頁 126。

3　張愛玲：《中國人的宗教》，貴州人民出版社，2010 年 4 月版，頁 108。

4　［美］薩繆爾‧亨廷頓，［美］勞倫斯‧哈里森：《文化的重要作用 —— 價值觀如何影響人類進步》，程克雄譯，新華出版社，2018 年版。

多爭論，但不可否認的是，文化是一種特殊的資源，是一種主觀的、靈活的、解釋性的力量，甚至不少學者將文化看作一種「軟權力」「軟實力」加以對待，認為其與軍事實力等強制性權力相輔相成。[1] 文化與人類社會的發展息息相關，它通過高度複雜的過程，藉助於物質的和非物質的混合體傳播，影響人們的思想和行為方式。文化既能夠通過人們選擇的住房類型、吃的食物、演奏和聆聽的音樂，以及人們信仰的宗教等得到反映，也可以通過一個人與父母、孩子、親屬、朋友、陌生人以及其他周圍的物質世界的關係來得到表達。所有這些文化的物質和非物質的方面都與價值融合在一起，傳承給後代。

> 文化塑造我們所有的思維、想像和行為 …… 它是變革、創造性、自由和激活創新機遇的強大源泉。對於群體和社會來說，文化就是能量、靈感和力量源泉。[2]

文化作為符號，有其「靜態」的一面，特別是歷史文化，在人們的頭腦中，常被賦予「過去完成時」的狀態。但是，符號學更注重考察的是「符號在文化中的運行方式」，文化符號只有在「運行」中，被人們所破譯，才具有意義。不僅是觀念層面如此，物化的層面也是如此；不僅是歷史的文化如此，當下的文化更是如此。對過程性的關注，是當代文化研究的一個重要切入口。這一點對法律文化研究有着極為重要的方法論意義。[3] 每個國家的歷史文化傳統、社會經濟條件和風俗道德觀念多有不同，

1　宋念申：《衝突的是權力，建設的是文化 —— 中美博弈中的「文化衝突」》，《外交評論（外交學院學報）》，2010 年 4 月，27 卷第 2 期。

2　王禎軍：《作為權利的文化》，《學習時報》，2012 年 5 月 11 日。

3　林林：《法律文化的社會「過程性」》，《比較法研究》，2010 年 9 月，第 5 期。

法律規範必然體現不同國家的文化差異，從而形成所謂的「文化規則」。[1]

「一切問題，由文化問題產生；一切問題，由文化問題解決。」[2] 文化的天然優勢和無形力量可以被借用在裁判文書中，即以司法文化和其他文化結合的力量來明事理、論法理、講情理、通文理、順條理，以文說解，以文化人。以法文化為內核築牢法理。法律的抽象性和模糊性要求把適用某一法律及某一條文的理由講清道明，論證判決結果的合法性。裁判理由離不開價值權衡取捨，法官要對控辯雙方適用法律意見進行評判，進行一定的價值衡量，並進行價值序位排列。要建立一種有效的服從與被服從的司法信任關係，就必須通過說理論證編織一張「信念之網」，達致一種正當性以獲得受眾的信仰。[3] 時間維度是法院文化引導社會正義實現的關鍵。法院文化在時間維度上與社會政治經濟結構具有共面性，法院文化如果不能順隨時代發展而實現與社會政治經濟結構的同向耦合，任何曾經有效的價值觀念都將成為「古老的傳說」。從系統角度來看，當法院文化對外界的溝通失去時間維度，法院文化乃至司法價值就會失去創造、引導法律規範期望的能力，當法院文化從法律適用的理由中產生出的溝通對法律文本今後將如何適用失去指引時，司法的引導規範功能也就喪失了。[4]

文化生產作為一種特別形式的社會生產，其發展離不開法治保障，而法治本身在促進文化發展的同時也會得到文化的滋養，並構成文化體系的重要內容。文化法治本身的「文化」維度，要求我們不能將文化法治理解成簡單的規制工具，而是要尊崇制度理性，以人（公民）為本，通過打造法治的文化優勢來推動文化的法治建設。[5]

---

1 楊長更：《也說中國侵權法中的文化規則》，《法制日報》，2014 年 2 月 12 日。

2 錢穆：《文化學大義》，台灣中正書局印行，1981 年版，頁 3。

3 張忠斌：《刑事裁判文書如何文化說理》，《人民法院報》，2016 年 10 月 9 日。

4 王濤：《系統分析視角下的法院文化》，《人民法院報》，2016 年 12 月 2 日。

5 王錫鋅：《文化的法治與法治的文化》，《民主與法制》，2011 年 35 期。

　　　法治的含義不只是建立一套機構制度，也不只是制定一部憲法一套法律。法治最重要的組成部分也許是一個國家文化中體現的法治精神。因此，要理解法治在一個國家裏的意義，要有效發揮法治運作的價值和規範功能，最重要的是文化。[1]

　　只有將「法律」與「文化」充分聯結與考量，方能把被邊緣化了的文化重新「主題化」，也許會在某種程度上增加法律的文明外觀，凸顯法律的歷史厚重，弱化法律工具論的庸俗，緩解法律意志論的生硬。稀缺和需求促動追求。如果說現代法律存在着信仰危機，那麼，這種信仰危機不過是文化危機的表徵，而文化危機則是這種信仰危機的深層根源。如果說對於現代的法律而言，文化確實成為了一種「稀缺資源」，那麼，依循「缺什麼補什麼」的思路，重新思考法律的文化情境及其意蘊，則是不難理解的了。[2]

　　法律不惟具有社會規範秩序的規則性以及解決社會問題的組織模式的一種，其同時包含有文化的符號意義。法律文化的闡釋和翻譯最終的目的是建立一套適應中國的法律概念體系，因此引進的外來法律與中國傳統和現實的結合無疑是一個重要而又相當複雜的問題。顯然民族化本土化的過程是對各種文化的民族性、地域性等一系列的特徵做符合自身的溶通。但我們並不能因此就過分片面地強調我們文化的特殊性與中國性，「文化的民族性離不開文化的時代性和世界性，吸收現代文明成就與認同的具有人類性、世界性的民族文化價值，是選擇文化發展道路的雙重參照。」[3]文化的解釋的方法並不奢望能夠解答人類歷史的全部問題，但它確實為我們更

---

1 ［美］詹姆斯·L. 吉布森，［南非］阿曼達·古斯：《新生的南非民主政體對法治的支持》，《國際社會科學雜誌》（中文版），1998 年 5 月，第 2 期。

2 張武婕：《恒藤恭的法律文化論及其現實意義》。

3 郭齊勇：《跨世紀學人文存　郭齊勇自選集》，廣西師範大學出版社，1999 年版，頁 298 頁。

好地認識和理解人類開啟了一條必不可少的路徑 …… 我們掌握的應當不只是一套解釋的理論和技巧，而且應該有一個來源於研究對象並且與之相適應的有啟發力的概念體系。」[1]

法律

一切法的本質是相同的，目標也一致，不同的只是它們的適用範圍或為了達到總目的所選擇的方法。[2] 法律成長本身就是處於不斷地妥協、調整的過程中，「每一合理的主題都會涉及某些曾經不協調的主題，每一不協調的主題也都會涉及某些曾經協調的主題。」[3] 法律理念則是社會文化中極其重要的一部分，是社會文化觀念中有關自由、公平、秩序、效率等基本價值和規則的認知、態度和取向，在所有的社會文化構成中無疑屬於最具解釋性和強制性力量的部分之一。歷史傳承、社會結構、生產方式甚至生存環境等的不同，都將帶來文化和法律理念差異，這也使文化和法律理念差異成為國際交往中必然要面對的因素。[4]

文化和法律理念差異在國際商事仲裁中突出存在，西方法律傳統和背景的仲裁員對非西方傳統和背景的當事人、代理律師及證人所說、所寫、所反應缺乏理解，構成國際商事仲裁中文化和法律理念差異帶來的最大困境。在此基礎上，文化和法律理念差異可能導致西方仲裁員對案件事實，甚至當事人、證人產生誤解和偏見。例如，西方仲裁員對於中國當事人提出的稅務要求可能帶來付款拖延的問題常常無法理解，不僅不給予特殊考慮，甚至會產生當事人不可信的偏見。正如學者所言，文化差異本身可能

1　梁治平：《跨世紀學人文存　梁治平自選集》，廣西師範大學出版社，1997 年版，頁 153–155。

2　［法］霍爾巴赫：《自然政治論》，陳太先等譯，商務印書館，1994 年版，頁 23。

3　［美］本杰明 · N. 卡多佐：《法律的成長法律科學的悖論》，董炯、彭冰譯，中國法制出版社，頁 141。

4　初北平：《「一帶一路」國際商事仲裁合作聯盟的構建》，《現代法學》，2019 年 3 期。

並不是爭議的產生原因,卻可能在爭端解決中具有重要的影響。[1]

　　法律是一個世俗的事業,首先是要解決問題的,否則不僅法律人活不下去,而且作為職業的法律也活不下去,因此法律是非常世故和功利的。但首先並非全部,法律同時也是對人的生活意義的尋求和理解,因此,法律就具有了另外的一面,非常人性的一面。法律與文學可以說就是要凸顯這一面,不僅大量的文學和生活故事中的法律意蘊還有待發掘,而且法律中的大量文學意蘊也有待開拓。[2] 文學是人學,關注人,關注社會生活;法律保障人的權利,也是關注人,關注社會生活。同樣是一種終極關懷,均是在尊重人性,均有着相同的價值取向,當法律解決人的問題、介入社會生活的時候,為什麼不去藉助文學帶給我們的深層次理念和價值觀?研究一下法制史和文藝史會發現,文學中對人性價值的崇尚,其實是同步甚至先於現代法治意識的覺醒。文學名著為法律的各種人文價值提供了最好的倫理描述,將文學帶入對法律和秩序的屬性、正義與非正義、法律的人文背景等問題的分析,有助於法律倫理屬性研究。文學名著是發現法律價值、意義的媒介,[3] 法律關切故事,故事與人類具有密切的關係。故事活動遠遠超越文學活動,故事是文化的內核。故事活動的視野,具有超越文學活動的視野和思維方式的諸多優越性,可以清楚地理解容納故事的文學作品的性質與功用。故事維度的研究由此具有特殊的意義。[4] 對於文字的敏感,對於細節意義的把控,仍然是法律的重要技藝。在一定意義上,法律其實一直在尋找一種不會流失的刻度、生命的邏輯。一直致力於尋找到更具理性意識的敍事角度,表達出能為生活、生命理解的語言情感。

1　Donna M. Stringer, Lonnie Lusardo, "Bridging Cultural Gaps in Mediation", *Dispute Resolution Journal*, 2001, 56(3), pp. 29–39.

2　蘇力:《豐富對法律的理解》,2017 年,http://www.nmql.com/wenji/zhuanjia/zsl/2697.html。

3　李子:《法律與文學的啟示》。

4　劉俐俐:《故事問題視域中的「法律與文學」研究》,《文藝研究》,2015 年 1 月,第 1 期,頁 39–44。

文學需要安靜，文化需要沉澱，法律追求邏輯，三者共同關注故事，在本性上是互通的。文學和法律始終關切去洞穿這個時代，透徹時間與空間，但終需要審視、覺察自己，用時代和時空以及世界去互相辨認，如是便是文化的呈現。

七、茶的底蘊

在歲更的沉思裏，總少不了茶的相伴。有茶，便不會有太多躁氣。喝一杯不涼不燙的清茶。不糾結、少俗慮，隨遇而安，以一顆初心，安靜地慢煮生活。[1] 有一處靠湖的房子，枕木鋪地，房子裏開一家書店，書店與茶館交錯，茶中有書，書邊有茶。樓下，人聲窸窣，各自談着自己的營生，而我，則住樓上，沏茶煮酒，定時閱讀，穿最寬的衣衫，累了，去樓下，聽茶語，觀人生。[2] 茶是一種能夠透徹喧鬧的存在。盧梭曾言：生活過得最有意義的人，不是那些年歲最大的人，而是對生活最有感受的人。茶亦如是。對一盞清茶而言，品味越深刻，就能覺察得越透徹。

茶若相似，味不必如一。但凡茗茶，一泡苦澀，二泡甘香，三泡濃沉，四泡清冽，五泡清淡，此後，再好的茶也索然無味。誠似人生五種，年少青澀，青春芳醇，中年沉重，壯年回香，老年無味。[3] 茶，是時間的澱沉，更是年齡的陳說。

> 一壺清淡的茶，不論暖和涼，品味半世的滄桑。多想寫一
> 封簡潔的信，不留名和姓，寄去未知的天涯。多想愛一個平靜的

1　汪曾祺：《慢煮生活》，江蘇鳳凰文藝出版社，2017 年版，頁 169。

2　李丹崖：《我心素已閑》，山西人民出版社，2017 年版，頁 57。

3　林清玄：《情深，萬象皆深》，國際文化出版公司，2012 年版，頁 191。

人，不問對與錯，攜手亂世的紅塵。[1]

從入水茶葉的浮塵、茶色的空明、茶味的苦澀甘潤，細細體悟浮生得失、起伏、榮辱，品味人世暫恆、苦樂、炎涼。透過半杯水、幾枚葉，洞悉滄海桑田，貫通古今人生，將物質轉化為精神，再把精神轉化為物質，實現茶與禪巧妙而自然的結合。[2]

> 在北平即使不出門去罷，就是在皇城人海之中，租人家一椽
> 破屋來住着，早晨起來，泡一碗濃茶、向院子一坐，你也能看得
> 到很高很高的碧綠的天色，聽得到青天下馴鴿的飛聲。[3]

茶，常以都市為背景，始有真正的底蘊。七等年曾寫道「有人為我們沏了一碗感情深摯的茶，我們卻總說來日方長，來日方長，於是將茶碗擱置，且待花間一遊再回，或他處小酌而歸，以為它仍舊會熱香撲鼻地等在那裏，殊不知這世上回首之間，便是人走茶涼。」其實，茶之薄涼與茶無關，實為心境，萬法為識。

陸羽的《茶經》娓娓於系統的茶葉理論，卻隻字未提（或者說沒有明確提出）茶道為何物。

> 茶之為飲最宜精行儉德之人，若熱渴凝悶腦疼目澀，四支煩
> 百節不舒，聊四五啜與醍醐甘露抗衡也。

趙佶在《大觀茶論》也提出了自己的「茶道」理論：「致清導和」「韻高致

1　白落梅：《你是錦瑟我為流年》，中國華僑出版社，2013 年版，頁 150。
2　袁恆文：《茶禪》，http://blog.sina.com.cn/s/blog_4f1d20140102vti0.html。
3　郁達夫：《故都的秋》，京華出版社，2005 年版，頁 216。

靜」。茶道的本質是修行。在行茶的過程中參悟人生道理和事物法則。藉一盞茶反觀自身、認識世界，也藉這一盞茶在浮世中安頓我們這顆心，達到自我完善。[1]

日本茶道不僅講究茶葉品種、質量，沖茶用的水質，而且還很講究所用的茶具。

茶道所用的茶有綠茶和白茶二種，各又有濃、淡之分。在泡茶前，先將茶葉研磨成粉，然後沖入 60℃ 左右的熱水，並充分攪拌、再分裝到各個茶杯裏，夏天多用漏斗狀的大口杯，冬天為了保溫，則用直筒形的厚壁茶杯。每杯茶只裝到三分之一（大約 25 毫升左右），最少味濃，主要供品嚐，而不是解渴。茶具在茶道中有重要意義，茶具主要由竹、木、漆、器、瓷器或金屬等製成的各種精緻的壺和由陶瓷或石頭製成的各種造型的茶碗。一般說來，茶壺分為「肩壺」「茄形壺」「海壺」等，茶碗則有「主茶碗」和「替茶碗」之分，可根據賓主的愛好選擇不同的茶具，並在品茶的同時，又作為藝術品而共同鑒賞。除此之外，還要備有「風爐」「袱紗」「茶構」「茶憲」「水指」以及「建水」等一應器具。[2]「和、敬、清、寂」蘊含了日本佛學禪宗的品格和審美，日本的茶道，不惟單獨的日常，還是人們在審慎的茶道禮法中養成的認真的、無條件的服從社會公德的習慣，生成為日本生活文化的規範和理想，將生活行為與宗教、哲學、倫理、美學熔為一爐。[3] 所謂「生一爐緣分的火，煮一壺雲水禪心，茶香縈繞的相遇，熏染了無數重逢。」[4]

潮汕工夫茶的終極哲學主要體現在中國傳統文化的圓通之道上。《周

---

1 「漢合茶道」：《「茶道」是什麼》，2018 年 3 月 6 日，https: //baijiahao. baidu. com/s?id=159416 6711117559373&wfr=spider&for=pc。

2 《日本茶道》，2017 年 10 月 31 日，http: //www. 1mag. cn/4687。

3 《日本茶道中的文化精神》，2022 年 4 月 2 日，https://www.lhecha.com/184139.html。

4 白落梅：《世間所有相遇都是久別重逢》，https: //www. mingyantong. com/ju/254377。

易·泰》云:「無平不陂,無往不復。」天地運動從泰到否,從否到泰,乾來坤往,循環往復。天地人事的運轉不息,濃縮為工夫茶杯的反覆滾動。工夫茶在淋杯之後需將一杯側置於另一杯上,中指肚勾住杯腳,拇指抵住杯口並頻頻向上推撥,使側置之杯作環狀滾動,並不時發出清脆的鏗鏘撞擊聲。食指則始終輕按杯身,若即若離,以使滾動着的小杯得到適當調控而保持杯身平衡。這種方式正是典型的「圓道」運動。[1]

茶的本質為一文化符號。文化的方方面面都可以被看作是符號的系統:口頭語言和視覺語言,各種動作、姿態和手勢,建築和傢具,服裝、飾物和菜單等等,都是符號學要破譯的對象。正是基於這一前提,符號學考察了符號在文化中的運行方式。理解一種文化,就意味着對它的符號系統進行探測和解釋。但是,符號本身並不包括明確的意義或者觀念,而只是為我們提供了某些線索,讓我們能夠藉助解釋去發現意義。只有當符號藉助人們有意無意採用的文化慣例和規則得到破譯,符號才會呈現意義。[2] 法律文化可由多種法律符號和載體表現,但本質上它是精神性的,可以說,它是一個民族關於法律生活的心理認知,是人類追求生活秩序化和社會正義性這樣一種精神意向的表達。[3] 個體之間、個體與群體之間以及群體之間,都存在着相互吸引和相互排斥。能量必須得到釋放;能量也必須得到約束。協調這些對立面是法律的重大問題之一。[4]

「用法律去闡明文化,用文化去闡明法律。」[5] 社會不是一個預先給定的客觀現實,而是由社會成員的行動創造的;創造社會的行為必然需要表現出專門的技能;行動者不能自由地選擇如何創造社會,而是受限於他們

---

1 沈瑋瑋:《茶法與禮法:潮汕工夫茶的禮義規訓》,《人民法院報》,2017 年 3 月 30 日。

2 〔英〕丹尼·卡瓦拉羅:《文化理論關鍵詞》,張衛東等譯,江蘇人民出版社,2006 年版,頁 17。

3 張中秋:《法律文化與政治文明和社會發展》,《法學》,2004 年第 3 期。

4 〔美〕本傑明·N. 卡多佐:《法律的成長法律科學的悖論》,董炯、彭冰譯,中國法制出版社,頁 149。

5 梁治平:《用文化來闡明法律》,《法制日報》,2015 年 4 月 22 日。

無法選擇的歷史位置的約束；結構具有制約人類行動和促成人類行動（為其提供資源）的雙重能力，社會學考察的焦點就是結構化過程 —— 通過行動構成結構而行動又被結構性地構成。[1]社會學法學家所關注的是法律運作（即法律秩序的運作，指導審判之權威性原則體的運作，以及司法過程和行政過程的運作），而非權威性律令的抽象內容。[2]

作為一種對社會生活的構想，文化對生活於其中的個體的行為起到潛在的和實際的引導作用。對文化類型的了解（無論是否聯繫具體制度），可以使人們估價傳統的持續，並預見可能的變革形態。[3]人類肯定是在並不理解某種事情為什麼是正確事情的情況下而學會做這種正確事情的，而且習慣也往往會比理解或知識給他帶去更大的幫助。[4]

法律文化現象使我們能夠看到法律本身的存在 —— 法律的持續性、穩定性與傳統性。法律文化的創造凝聚了人類的一種理性能力，即人類能夠作出一種符合自身利益的規範性選擇並形成一種普遍的社會文化形態，從而可以儘量避免相互利益碰撞或者碰撞中的自我毀滅性事件與結果的發生。[5]如此，「朋友中的極品，便如好茶，淡而不澀，清香但不撲鼻，緩緩飄來，似水長流。」[6]沏茶時，重的東西要輕輕放下，輕的東西才要重重放下。我們往往因為用力過度而造成自己與他人的負擔，所以「舉重若輕」才是法律和爭議中，用心而不過度用力的智慧表現。[7]

1　金小紅：《吉登斯結構化理論的邏輯》，華中師範大學出版社，2008 年版，頁 38。

2　［美］羅斯科・龐德：《法理學》（第一卷），鄧正來譯，中國政法大學出版社，2004 年版，頁 295。

3　［美］H. W. 埃爾曼：《比較法律文化》，賀衛方、高鴻鈞譯，清華大學出版社，2002 年版，頁 11。

4　［英］哈耶克：《哈耶克論文集》，鄧正來選編譯，首都經濟貿易大學出版社，2001 年版，頁 605。

5　王利民：《論法律文化與民法文化》，《法治研究》，2010 年第 8 期。

6　三毛：《親愛的三毛》，北京十月文藝出版社，2011 年版，頁 75。

7　［日］森下典子：《日日是好日》，夏淑怡譯，印刷工業出版社，2013 年版，頁 138。

八、格律與法律

　　「詩歌不屬於那些寫它的人，而屬於需要它的人。」[1]「詩歌是藝術的女王」，索菲亞・安德雷森把詩歌定義為一種存在的藝術。她筆下的世界，如同她的故鄉葡萄牙一樣，滿是光照和海風，滿是細膩的砂礫與浪漫的現實。中國詩之令人驚歎之處，為其塑形的擬想並其與繪畫在技巧上的同系關係，這在遠近配景的繪畫筆法上尤為明顯。[2]

　　「在熱望和這首詩之外，無限的宇宙在將我等待。」[3]中國的戀愛詩歌是吟詠些別恨離愁，無限淒涼，夕陽雨夜，空閨幽怨，秋扇見損，暮春花萎，燭淚風悲，殘枝落葉，玉容憔悴，攬鏡自傷。[4]詩是內心情志的一種活動：如果只存在於內心，那就是志；如果你用語言把它表達出來，就成了詩。氣之動物，物之感人，故搖盪性情，形諸舞詠 …… 若乃春風春鳥，秋月秋蟬，夏雲暑雨，冬月祁寒，斯四候之感諸詩者也。嘉會寄詩以親，離群託詩以怨 …… 凡斯種種，感盪心靈，非陳詩何以展其義？非長歌何以騁其情？[5]

　　詩的命脈是節奏，即所謂格律，包括但不限於韻、四聲與對仗等。節奏就是情感所伴的生理變化的痕跡。人體中呼吸循環種種生理機能都是起伏循環，順着一種自然節奏。以耳目諸感官接觸外物時，如果所需要的心力，起伏張弛都合乎生理的自然節奏，我們就覺得愉快。通常藝術家所說的「和諧」「勻稱」諸美點其實都起於生理的自然需要 …… 音樂和詩歌的節奏原來都是生理構造的自然需要。[6]最嚴的格律是最高的自由。因為，格

1　[智利]安東尼奧・斯卡爾梅達：《郵差》，李紅琴譯，重慶出版社，2012 年版，頁 85。
2　林語堂：《吾國吾民》，德華出版社，1980 年版，頁 70。
3　https://new.qq.com/omn/20220211/20220211A076T800.html。
4　林語堂：《吾國吾民》，德華出版社，1980 年版，頁 166。
5　葉嘉瑩：《談中國舊詩之美感特質與吟誦之傳統》，《文學與文化》，2012 年第 2 期。
6　朱光潛：《從生理觀點論詩的「氣勢」和「神韻」》，《大公報・文藝》，1935 年 12 月 23 日，第 65 期。

律如金錢，對於一般人是重累，對於善用的卻是助他飛騰的翅膀。[1]

詩歌通常關注慣例、標準及其在時間發展中的轉變，在較早的唐詩中，慣例是基本的問題，它在暗中引導着創作。一首詩是藝術材料共同體中或多或少帶有個性特點的作品。慣例的生成力量十分巨大，以致在小詩人那裏，詩歌實際上是「自動合成」。對於王維一類大詩人，慣例是詩人可以用來產生個性的「語言」，詩人可以使用慣例，也可以避免它，或把它改造成某種個人的東西，但詩歌慣例始終是賦予所有變體意義的重要標準。甚至連極端個性化的詩人李白，也有通過嘲笑慣例，通過要求否定某些事物的對抗態度，才獲得獨立。藝術基本上是與時間對抗的表示，是與文明的短暫相對抗的千古事；對於文明正在消失的輝煌秩序，藝術力求保留或重現。[2]

主體間性、思想間性、文學間性、文化間性、微細間性和移動間性日趨複雜多元，格律美學思想資源加速匯聚、變異、生成，由此促使跨語境詩學走向了新的階段。[3] 在中國傳統哲學中，個體的人被淹沒在整體之中，沒有獨立的地位和價值。哲學的核心是人和外部世界的關係。天人關係一直是中國傳統哲學的核心問題，也是傳統格律的關鍵問題。中國古代思想家們很少單獨討論天道，其討論天道者大多着眼點在於探討人之道。把「應然的」人之道神化為天道，用天道來檢討批評人道，並致力於將現實社會改造得合乎天道，這一直是中國傳統哲學的熱門話題。因此，在分析介紹了中國傳統的天道觀後，我們應分析介紹中國傳統的人道觀暨天人關係觀。特殊的天道、人道觀及天人關係觀，正是中國傳統法律文化的精神土壤。中國傳統法律觀念和法律制度，均是上述哲學觀念在法律領域的應用或外化。可以說，上述哲學基礎，是中國傳統法律文化的靈魂。我們如

---

1 梁宗岱：《關於音節》，《大公報・文藝》，1936 年 1 月 31 日，第 85 期。

2 ［美］宇文所安：《杜甫：書寫永久、秩序與文明的中國詩人》，選自宇文所安：《盛唐詩》，第十一章。

3 麥永雄：《間性研究：從比較文學到跨語境詩學》，https://m.thepaper.cn/baijiahao_7318101。

果想全面深入地理解中國法律文化傳統，就得首先認識中國傳統哲學中的
「天道觀」「人道觀」，特別應認識中國傳統哲學中的「天人關係觀」。不
理解這些，我們就常常誤解中國傳統法律文化。[1]

> 作為詩人的主體和作為詩人的客體，同時平等而強大地互
> 為鏡像般地存在。詩人主體的強大，不能超越事物作為客體的強
> 大，不能超越事物的客觀性。而事物強大的客觀，亦不能損耗和
> 磨滅詩人的主體性。永恆存在於主觀與客觀的交織、對話、對峙、
> 凝望、束縛、反抗、和解、碰撞、擊打所產生的生命效果之中。[2]

制度規則和行為規則分屬於兩個不同的層面，法學比較關注法律的內
在效力，詩學則傾向於關注主體承認並履行格律的現實。發現並覺察社會
事實，是法律與格律的共同基礎所在。[3]

「主觀與客觀的交織、對話、對峙、凝望、束縛、反抗、和解、碰
撞、擊打」恰是商業社會中，商事交易關注的重點。絕大多數交易是發生
在陌生人之間的，當事人之間對對方信息的掌握有限，一般而言只能是一
些可以通過公開渠道獲得的信息。這類信息主要是商事登記記載的商事
主體的基本情況信息，包括自然人的姓名（法人或組織的名稱）、註冊資
本、住所等信息；再就是在特定群體比如行業內口口相傳的行為人的誠信
記錄、商事信譽等無形的信息。不過，無論如何當事人之間掌握交易對
手的全部信息是不可能的。「在知識搜尋成本高昂而成果又不確定的情況
下，人們只獲得特定的部分信息並保留對其他信息的無知是合乎理性的

1　范忠信：《中國傳統法律文化的哲學基礎》，《現代法學》，1999 年第 2 期。

2　《沈浩波論詩》，https://www.douban.com/note/793527414/?_i=3507317_KxSWwy。

3　張善根：《當代中國法律社會學研究》，法律出版社，2009 年版，頁 193。

（理性的無知）。」[1] 由於商事交易受到諸多因素的影響，因此其結果存在極大的不確定性，對於當事人而言意味着極易可能發生風險。在缺少法律的情況下，機會主義的不確定性以及為改善這些不確定性付出的成本將會對市場的發展造成實質性的阻礙。[2] 導致不確定性的原因紛繁複雜，對於商事交易來說，不確定性主要是由參與者之間的信息不對稱、未來的不可知性以及現有情況的可變性等幾方面導致的。商事活動中的當事人之所以在充滿諸多不確定因素的情況下能夠達成交易，是基於彼此之間的信任。信任包含着與時間有疑問的關係，顯示信任就是為了預期未來，那樣去行動，仿佛未來是確定的。[3]

格律是對天地人情的信任，法律是對規則理性的信任。在商事交易中的信任，即為在一個社團之中，成員對彼此常態、誠實、合作行為的期待，基礎是社團成員共同擁有的規範，以及個體隸屬於那個社團的角色。[4]

九、繪畫的規則藝術

藝術家康定斯基曾說過：「藝術作品的形式本身就是內容，藝術作品的任何表現力都起源於形式。」[5] 在現代繪畫當中，繪畫的材料越來越多，不確定因素也隨之上升，藝術家在與時代同進步的同時，把各種材料運用

1　［澳］柯武鋼，［德］史漫飛，［美］貝彼得：《制度經濟學：社會秩序與公共政策》，韓朝華譯，商務印書館，2000 年版，頁 65。

2　［美］弗蘭克·B. 克羅斯、［美］羅伯特·A. 普倫蒂斯：《法律與公司金融》，伍巧芳、高漢譯，北京大學出版社，2011 年，頁 44。

3　［德］尼克拉斯·盧曼：《信任：一個社會複雜性的簡化機制》，瞿鐵鵬、李強譯，上海人民出版社，2005 年版，頁 12。

4　［美］弗蘭西斯·福山：《信任 —— 社會道德與繁榮的創造》，李宛蓉譯，遠方出版社，1998 年版，頁 35。

5　［俄］康定斯基：《點·線·面》，羅世平等譯，人民大學出版社，2003 年版，頁 121。

到自己的畫中，比如刮擦磨刻等技法，在使用這些材料的過程中，藝術效果都會出現所謂的偶然因素，創作加上偶然因素，繪畫的過程會無限歡樂。偶然現象藝術的效果出現可以與周圍的「刻意」相結合。在下意識狀態下出現的偶然現象要被敏銳的藝術家所注意到，並且配以分析總結，創造出相應的表現形式，從而形成自己的藝術風格。[1] 繪畫作為造型藝術，某種意義上就是一種「看」與「摸」的藝術。然而從古今中外偉大的作品來看，繪畫之最高境界，既非「看」，亦非「摸」，乃是「聽」。[2]

畢加索言：好的藝術家模仿皮毛，偉大的藝術家竊取靈魂。梵高主張：

> 我越來越相信，創造美好的代價是努力、失望以及毅力。首先是疼痛，然後才是歡樂。

席慕蓉說：

> 所有已經過去的時日其實並不會真正地過去和消失。原來，如果我曾經怎樣地活過，我就會怎樣地活下去，就好像一張油畫在完成之前，不管是畫錯了或者畫對了，每一筆都是必須和不可缺少的。我有過怎樣的日子，我就將會是怎樣的人。[3]

法國作家們不斷開拓着對視覺藝術的理解、思考和實踐，文本與圖像的對話一直貫穿法國文化史的各個階段。可讀與可視之間的交流使得作家和畫家成為彼此互補的源泉，他們往往具有共通的創作原型、美學理念、再現技巧和精神內涵，這充分證明了法國文學建構與繪畫藝術之間交匯的

---

1 孫鶯：《抽象繪畫藝術效果中的偶然之美》，《美術報》，2020 年 6 月 20 日。
2 王新論：《繪畫藝術的神性境界》，《中國文藝評論》，2017 年第 8 期。
3 席慕蓉：《池畔》，上海文藝出版社，1997 年版，頁 107。

廣闊性和豐富性，兩者的發展和演變密不可分、相輔相成。[1] 美，是人類一路走來艱難的記憶。在美面前，我們熱淚盈眶又低徊沉思。

「將美好的往事完美地濃縮起來，如同一筆濃墨重彩，塗抹在我們那已經變得灰白單調的生活畫布上。」[2]

屏風可以是一件實物，一種藝術媒材，一個繪畫母題，也可以是三者兼而有之，其打破了圖像、實物和原境之間的界限，把美術史與物質文化研究聯繫起來。不僅給予中國畫家無窮的契機來重新創造他們的藝術，同時也讓作者有機會處理寬廣的主題，包括肖像與圖畫敘事、語詞與圖像、感知與想像、山水畫、性別、窺探慾、偽裝、元繪畫以及政治修辭等等。[3]

繪畫中的「形」與「勢」是畫家所追尋的畫面語言，探究二者之間的關係，造就了形式與精神的合二為一，如何達到形式與精神的完美結合，這對畫家作畫時的心境提出了更高的要求。現代繪畫語言豐富且形式多樣，同一繪畫元素在不同視角下呈現出多重意義，我們能夠從這些語言中感覺到「心」的可能。當視覺藝術形式語言與繪畫作品所要體現的精神相統一時，就會產生更具表現力和感染力的繪畫藝術作品。「心境」是畫家通過描繪客觀景物表達思想感情所構建的藝術境界。畫畫的心境究其根源，則源於對自然的真實情感與切身感受，只有「隨心」，才有「心境」。[4]

社會是一複雜的現象，人類構成了社會並作為社會的主體生活於社會之中，卻往往很難了解這一自身構造物的本質並預見其未來，以致於人類並不能真正清楚或者確切知道究竟是什麼因素規定了社會現象及其相互關係以及它們發展中的變異性和差別性。

1　劉海清：《法國文學與繪畫藝術：對話與融合》，《中國社會科學報》，2019 年 7 月 16 日。

2　［美］卡勒德·胡賽尼：《追風箏的人》，上海人民出版社，2006 年版，頁 133。

3　［美］巫鴻：《重屏——中國繪畫中的媒材與再現》，文丹譯，上海人民出版社，2017 年版，頁 97。

4　王文灝：《繪畫藝術的「形」與「勢」》，《中國藝術報》，2018 年 6 月 6 日。

　　人類受多種事物的支配，就是：氣候、宗教、法律、施政的準
則、先例、風俗、習慣。結果就在這裏形成了一種一般的精神。[1]

　　將空間作為地點、場所、資源等客觀現象或調整對象，既是法學對
於空間的一種固有的概念化方式，也是法律人的「空間常識」。現代性法
律話語由一種自然、同質與統一的空間觀念所主導，在日常生活法律實踐
中，空間的動態性、差異性與多元性被遮蔽。在「時間 — 歷史」的主導
敍事下，現代法律演進造就了法律獲得全球化的「成果」，法律理論的科
學性與國家法的實證性強化了法的「去空間化」特徵。[2]法律文化可以跨越
國家 —— 正如它在很大程度上在組成普遍法世界的不同國家之間以及大
陸法國家之間所作的那樣。不過，法律文化的某些方面也可穿越不同的傳
統，這可從不同法律制度如美國和英國、德國和法國的法律制度所具有的
共同價值中看出來。同時，屬於同一傳統的不同國家內的法律文化在許多
重要方面可能會存在極大的差異，如法國和德國那樣。[3]

　　法律是一個習慣性行為的習得體系，產生並決定個體的行動計劃。
總之，社會結構產生規則，而規則則引發實踐，實踐最終再生產社會結
構。[4]法律文化的物化的過程性與其內在的精神性同等重要。正如後現代對
文本的重視和解釋學的發展一樣，過程本身絲毫不比目的和隱藏在目的之
後的價值更缺少分量和意義。[5]民法制度的一體化直接影響到民法文化的發
展。不過，法律文化之間的替代與改變，並不是以一國法律文化代替另一

---

1 ［法］孟德斯鳩：《論法的精神》（上冊），商務印書館，1959 年版，頁 364。

2 楊靜哲：《法律地理學的問題意識》，《中國社會科學報》，2021 年 1 月 20 日。

3 ［南非］丹尼爾・維瑟：《混合法律制度生成中的文化力量》，朱偉東譯，載何勤華主編：《混合的法律文化》，法律出版社，2008 年版，頁 22。

4 ［英］奈傑爾・拉波特喬安娜・奧弗林：《社會文化人類學的關鍵概念》，鮑雯妍、張亞輝譯，華夏出版社，2005 年版，頁 2。

5 林林：《法律文化的社會「過程性」》，《比較法研究》，2010 年第 5 期。

國的法律文化。[1]

　　現代性的另一特點，即「專業化」，各種知識越分越細，知識共同體日益分裂，知識人格日益矮化與窄化，所以這也成為了現代性的「困境」。如何走出困境重建哈貝馬斯所謂的「公共交往理性」，守護對文明的基本「共識」？顯然，走向傾聽，回歸各大文明淵厚的傳統之源，不失為一條重要路徑。而由藝術開啟的「傾聽之路」，承載的審美公共理性或藝術公賞力應運而生。[2] 為此，法律方法鑒照繪畫規則，亦是法律進步的必有之路徑。法律方法成為藝術，兼具「形」「勢」，始能直面事實與規範之間的難題，尋求個案中合法、正當的法律決定或判斷，通過專門的法律語言來進行分析、推理、解釋、判斷和論證法律關係與社會生活。[3] 如叔本華曾言：我們的生活樣式，就像一幅油畫，從近看，看不出所以然來，要欣賞它的美，就非站遠一點不可。

十、書法與法律

　　書法是以漢字為表現對象，以毛筆線條為表現工具的一門意象藝術。[4]

　　　（書法用筆講究）中鋒、側鋒、藏鋒、出鋒；方筆、圓筆；
　　輕重、疾徐等等區別，皆所以運用單純的點畫而成其變化，來表
　　現豐富的內心情感和世界諸形相，象音樂運用少數的樂音，依據

1　「法律文化的衝突，主要發生於社會經濟的、政治的以及文化的變遷過程之中。在相對穩態的社會結構中，法律文化衝突的表現可能會小些。」參見劉作翔：《法律文化理論》，商務印書館，1999年版，頁213。

2　王一川：《藝術公賞力：藝術公共性研究》，北京大學出版社，2016年。

3　焦寶乾：《法律方法與法律統一適用》，《中國社會科學報》，2020年12月30日。

4　何世劍：《中國書法「源流批評」的承傳與表徵》，《理論與創作》，2010年第1期。

和聲、節奏與旋律的規律，構成千萬樂曲一樣。[1]

　　書法線條不同於繪畫、雕塑等其他藝術的線條，其關切於文字這個前提。前者猶如風箏與線，後者猶如牽線的手。現代書法主張放棄文字，認為文字是限制線條自由表達的障礙，最終引發了書學界關於書法本體以及未來命運的激烈討論。[2]

　　書法是線條的藝術，即在於個體的創新與差異。一百個人用同一根毛筆寫同樣的內容，得到的是一百種不同的樣式風格。北宋書法儘管風格各異，但是沒有晦澀奇險之風，反而是在各自張揚的筆墨之間完整展現了各自的道德境界，背後蘊藏的精神世界的挺拔和書法作品的韻味，無疑是自我世界最好的寫意，也是時代風貌的體現。[3]東漢著名書法理論家蔡邕在《書法九勢》中有這樣的論述：

　　　夫書肇於自然，自然既立，陰陽生焉；陰陽既生，形勢出矣。

　　筆法上，提按使轉，起行收，方圓、曲直、藏露、粗細、正斜、輕重、緩急、頓挫等等用筆技巧都在詮釋着矛盾統一的原則。字法，即結體上，有大小、高低、疏密、正欹、開合等等矛盾關係的存在。結體需要作者去用心總結排佈。點畫呼應，順勢而生，平中寓險方為好。不僅如此，一幅字中出現相同的字一定要有變通，《蘭亭序》裏同樣的一個字，絕沒有相同的寫法，才能千年不朽。[4]書法家能夠卓然獨立，只是在於他把某個字體寫到了極致，從而使它具有典範的意義。人們常常在「永恆」或「超

1　宗白華：《中國書法裏的美學思想》，《哲學研究》，1962 年第 1 期。

2　詹冬華：《審美與文化：理解書法經典時空的兩個維度》，《文藝研究》，2012 年第 12 期。

3　簡滿屯：《書品合人品：「尚意」的北宋書法藝術》，《中國社會科學報》，2015 年 9 月 8 日。

4　支榮慧：《書法與茶》，《文藝報》，2019 年 2 月 28 日。

時空」這個意義上來理解典範，殊不知典範的一個更為素樸的含義卻是
「榜樣」。孔子是人格的榜樣，顏體是書法的榜樣。[1] 晉時有位女書家，世稱
衛夫人，王羲之嘗師事之，她在論述書法時這樣說：

> 善筆力者多骨，不善筆力者多肉。多骨微肉者謂之筋書，多
> 肉微骨者謂之墨豬。多力豐筋者聖，無力無筋者病。[2]

在現代文化語境中，書法的功能主要是對「個性」與「自由」的表達。
中國近代以來，書法與儒學的關係開始被截斷，書法逐漸走向了西學化的
「美術」之路，向「純藝術」「專業化」的方向發展。書法往往不再起到「修
身」與「成人」的功能，而是愈發彰顯創新能力，成為表達情感個性的審
美形式。因此，現代書法的藝術主體性表現為「審美主體」，書法家變成
了職業藝術家，書法的功能在於滿足人們的審美需求，書法創作更確切地
說是一種「藝術生產」。[3]

時間與空間

書法作為審美藝術，本質是對空間和時間的打磨。僅僅關注空間，還
只是觸及書法藝術的表層，作為一種表現力極為豐富的徒手線條藝術，書
法的真正內核為其時間性。書法的線條，捨去了形體、色彩、質地等一切
具象性的元素，在線條的自由遊走過程中展露書者的內心世界，運動性和
時間性是書法更為內在的品格。一種獨特的形式構成，多從書法的藝術本
體、審美特質、形式美感、主體及創作、藝術風格、書法接受等角度展開
研究。其中，時間與空間是所有問題的交匯點，無論是談線條、筆法、結

---

1 陳岸瑛：《從符號學的角度看文字與書法》，《水墨研究》，2016 年第 4 輯。
2 林語堂：《吾國吾民》，德華出版社，1980 年版，頁 223。
3 李國棟：《AI 書法價值反思》，《中國社會科學報》，2021 年 1 月 5 日。

構、墨法、章法、節奏，還是談抒情、表現、意境，甚至談書法的本體、風格和接受等，最終都繞不開時間與空間。[1]

在空間與時間層面，法律亦是章法、節奏、表現、風格的綜合表達。譬如，在普通法系中，法治意味着法律主治。英國普通法是按照「從判例到判例」的路徑逐漸發展起來的，法律發展的重心是法庭。英國法治表現出來的是一種司法型的法治，與立法型國家中法官的裁定依據事先規定的、內容上可以測定的普遍法律規範相比，司法型的國家法治意味着，正確的法、正義和理性在具體的案例裁定中直接表現出來，不用藉助於事先規定的普遍的規範化，法律不是普遍正義的來源，正義體現在法院所作出的一個個具體的司法判決中。[2]而大陸法系，以成文法為核心，以司法解釋為補充，法律的生命在於「邏輯」，而非經驗。又如，財產權的現在呈現，就是法律對作為過去的佔有事實或狀態的繼承。物質領域的不斷進步與人類受益於此的經歷，激勵着人們主要以繼承的方式來看待財產權的過去。在財產權問題上，人類珍視現在，不願回到過去，但是卻對過去充滿感恩。[3]

法律是合作打磨的藝術

從風格視角考察書法，可以察識不同歷史時期審美風尚的流變。所謂六朝尚「意」、唐人尚「法」、宋人尚「韻」、明人尚「趣」、清人尚「樸」，是對各朝書法整體風格的精煉概括。不同朝代書法審美風尚的形成，既受本朝社會政治、經濟、思想文化等方面綜合因素的影響，也與對前代書法的選擇性承傳接受影響分不開。[4]同樣地，正因為歷代法學家

1　詹冬華：《審美與文化：理解書法經典時空的兩個維度》，《文藝研究》（京），2012 年 12 期。
2　牟治偉：《法律蘊含着理性正義自由》，《檢察日報》，2014 年 6 月 3 日。
3　熊賴虎：《權利的時間性》，《現代法學》，2011 年第 5 期。
4　何世劍：《中國書法「源流批評」的承傳與表徵》，《理論與創作》，2010 年第 1 期。

在法律移植、創新、實踐、風範、爭論等方面的合作，才推動了法學生生不息，發展前進。如果我們不懷偏見地翻閱一下藝術史，我們就會看到藝術家之間的合作向來是一條規律。[1]《中華人民共和國民法典》（2020年）的證成，是法律工作者前赴後繼，不懈努力的結果。實踐至上是中國民法典能夠緊緊扣住現實生活需要、有效解決現實生活問題的關鍵。沒有實踐至上的理念和堅持，不會有今天這樣充滿現代化與中國化氣息的中國民法典。忘記或放棄實踐至上的理念和堅持，中國民法典將逐漸失去現代化與中國化，淪為歷史標本或化石。實踐至上是中國民法典的核心價值。[2]

無論是現代司法審查中的「審查說」，還是堅持柯克只是闡釋法律解釋原則的「解釋說」，都共同表明：在對待制定法的問題上，英國的普通法法庭扮演了重要的角色。不同之處只是前者強調普通法法庭已經具備了宣告法律無效的權力，而後者堅持法庭的職能只是對於制定法的解釋；只不過，這種解釋同樣是自由的，它不取決於法律制定者的立法意圖，而取決於普通法法律人對於「普遍權利和理性」的理解。因此，兩者都旨在追求制定法與普通法的一致性，也共同預示了以普通法法庭作為制定法審查機關的可能。[3]

文字是書法家所利用的質料，但是好的書法作品非但「不會使質料消失，倒是才使質料出現。」[4]實踐和判例是法律的質料，糾紛、爭論不是法律衰微的原因，恰是其發展、創新的基礎所在。書法代表的是書寫者的精神世界和審美世界，欣賞者的審美樂趣在於以「知人論世」的方式來闡

1　王至元：《藝術原理》，陳華中譯，中國社會科學出版社，1985年版，頁18。

2　孟勤國：《中國民法典的歷史價值》，《甘肅政法學院學報》，2020年第5期。

3　于明：《法律應遵從「普遍的權利和理性」》，《法制日報》，2016年12月14日。

4　［德］海德格爾：《藝術作品的本源》，載海德格爾：《林中路》，孫周興譯，上海譯文出版社，2004年版。

釋書法背後的人格、品性。古代知名書法家之所以被後世效仿，是因為他們的德性與心境融匯於字裏行間，值得我們去觀臨與體味。書法作為一種古典藝術，已與古人的書畫與精神世界融為一體。學習書法就是在體味和洞察古人的精神世界，藉此陶冶和提升自身的精神境界。[1] 在某種意義上，中國民法典將之獨立成編，或許更是一種姿態，而非一種實際的措施，在梁慧星教授看來，人格權的保護最終還是要藉助其他編的規定去實現，人格權編中大部分的規定無法進入司法實踐之中。而信息社會、大數據、知識經濟、環境問題、風險社會乃是所有國家在進入 21 世紀都會遇到的問題，因此也難以成為中國民法典的標籤。[2] 法律的立法、適用和解釋，需要融匯更多的德性與品格。

「圓是中國文化中的一個重要精神原型」[3]，圓給書法家以流動不息的創作靈感和生命精神的同時，一定程度上也從意識深處規範着其藝術品造型。[4] 但書法不能成為商品的一種表現，猶如法律可以調整商品，但非商品的表達。

書法與法律

書法是一門很深的學問，書寫只是其中表現的一個方面。行文是為了載道，電腦、碑刻也都可以載道，為什麼還要書法？因為書法能使「文以載道」的「文」煥發出更好的光彩，書法還應追隨時代，為時代服務，做到「切時如需」。[5]

書法與法律，赫然獨立，但意境相同。欣賞、研究中國書法，意義

1　李國棟：《AI 書法價值反思》，《中國社會科學報》，2021 年 1 月 5 日。
2　邵六益：《民法典編纂的政法敍事》，《地方立法研究》，2020 年第 5 期。
3　https://kknews.cc/culture/294gxby.html。
4　朱良志：《中國藝術的生命精神》，安徽教育出版社，1995 年版，頁 93。
5　石彧：《也談文學與書法的關係》，《光明日報》，2016 年 10 月 31 日。

存在於忘言之境，它的筆畫，它的結構只有在不可言傳的意境中體會其真味。在這種純粹線條美與結構美的魔力的教養領悟中，中國人可有絕對自由貫注全神於形式美而無庸顧及其內容。[1]「法律」作為「法律」的特殊之處，正在於它的規範性運作過程中，存在一個必須作出規範決斷的「臨界點」。法律作為一種超越日常「實踐」的規範性力量，天然具有某種「反日常實踐」的特殊色彩；正是通過這種反對和抗拒「日常實踐」的姿態，來承擔其作為法律系統的特殊功能。法律作為維護規範性期望於不墜之地的一種特殊實踐形態，本身就要求以一種「不學習」和「不順從」實踐的態度來維持這種規範性期望的持續穩定。即使破壞這種規範性期望很有可能帶來某種「實踐」上的好處，它也要求必須採取一種看似愚笨的非實用主義態度來維繫所謂「法律的信仰」；以此來安定一個更高層次和更大範圍意義上的歷史實踐的可持續性。[2]

中國藝術上這種善於運用舞蹈形式，辯證地結合着虛和實，這種獨特的創造手法也貫穿在各種藝術裏面，包括書法。大而至於建築，小而至於印章，都是運用虛實相生的審美原則來處理，而表現出飛舞生動的氣韻。《詩經》裏《斯干》那首詩裏讚美周宣王的宮室時就是拿舞的姿勢來形容這建築，說它「如跂斯翼，如矢斯棘，如鳥斯革，如翬斯飛。」[3]書法不僅展露原始生命個性，而且展示書法家的文化內藏：才華、學識、思想。在某種程度上，可以說決定藝術作品的趣味和品格高下，所以中國文人書畫家歷來重視進學修德，薛雪在《一瓢詩話》中認為：「詩文與書法一理，具得胸襟，人品必高。人品既高，其一聲一欬，一揮一灑，必有過

---

1 林語堂：《吾國吾民》，德華出版社，1980 年版，頁 116。

2 余盛峰：《歷史社會法學視野下的中國法律與中國法學 ── 讀〈實踐與理論：中國社會、經濟與法律的歷史與現實研究〉》，《中國法律評論》，2016 年 7 月 15 日，第 3 期。

3 宗白華：《中國藝術表現裏的虛和實》，《文藝報》，1961 年第 5 期。

人處。」**1**

　　在此角度，法律原則使法律具有道德的屬性，正是法律的這種由法律原則所給予的道德特徵，給予了法律特別的權威，也給予了我們對法律的特別的尊敬。在房屋的建築結構中，與呆板、僵硬、封閉的牆壁不同，窗戶是生動、靈活、開放的裝置。窗戶開啟可以調節與改善室內的空氣、溫度、光亮，使人的感覺更加愜意。與此相類，法律原則作為法的要素，是聯繫法外價值的窗口，它協調着實然與應然、穩定與變動、法內與法外的關係，能使法律自身更加健全完善，更有效地調整社會關係。**2**

十一、瓷的格調與法律

　　陶瓷藝術來源於客觀物質世界，藝術美源於生活且高於生活，具有很濃厚的文化氣息，陶瓷藝術品並不是對客觀世界的簡單模仿和直接反映，是對原始自然形態的審美加工，滲透了人們的主觀認識和情感，實現了對客觀事物的深度藝術昇華，具有很強的概括性，從而實現了主觀和客觀的統一，這比自然更美。**3**

　　為此，「宋瓷」惟能產生於特定的歷史時期。其應是那一時代及至此前人類有史以來的文明的綜合產物。它充分體現了一種表現性、概括性、抽象性、誇張性的審美情趣。體現了時代的趣味和格調，帶有深刻的時代烙印。其審美並不是明確的、具體認識的再現，而是洋溢着寬泛的、含蓄感情的表現的美。以其外在形式烘托氣氛、格調、韻律，具有不同的影響力、感染力。同時，宋瓷的美感是寬泛的，普遍的，是跨越時代、空間

1　轉引自鄭曉華：《文化對書法的滋養》，《文藝報》，2017 年 2 月 17 日。

2　劉風景：《法律原則的結構與功能》，《江漢論壇》，2015 年第 4 期，頁 114–121。

3　洪梓樺：《在陶瓷雕塑創作中感受藝術美》，《陶瓷科學與藝術》，2016 年第 2 期，頁 98。

的，其契合於人們共常的審美習慣，博採眾長，體現着時空的流變。[1] 古瓷器的藝術主要體現於兩個方面：其一，造型。古瓷之器型是否完整、端正，是否能蘊含以堂堂大氣或秀麗典雅的美感；其二，裝飾。判斷古瓷是否優質還在於它的刻劃、模印、貼塑、施釉、繪畫、題詞等裝飾手法是否得當，裝飾效果是否能產生相應的藝術美感。[2]

抽象與概括

「時間在普羅旺斯是個極富彈性的商品。從現在開始，一定得學會對寄予無限希望的事情不抱任何期望，如此，哪怕一點點進展都是欣喜。」[3] 真正的陶瓷必須有靈魂的參與，「它是一個人的靈魂在一個藉形體符號構築的精神世界裏的漫遊，是在這漫遊途中的自我發現和自我成長，因而是一種個人化的精神行為。」[4]

> 美是符合人類社會生活向前發展的歷史規律及相應的理想的那些事物底，以其相關的自然性為必要條件，而以其相關的社會性（在有階級的社會時期主要被階級性所規定）為決定因素。矛盾統一起來的內在好本質之外部形象特徵，訴諸一定人們感受上的一種客觀價值。[5]

陶瓷致力於抽象與概括的建設，諸如寒蟬算是深秋時節的產物，以

---

1 《宋瓷藝術的格調是高雅的》，《茗嘴》，2020 年 7 月 9 日。https://baijiahao.baidu.com/s?id=1671524004961228745&wfr=spider&for=pc。

2 《古陶瓷收藏的格調》，《今晚經濟周報》，2014 年 3 月 19 日。

3 ［英］彼得‧梅爾：《普羅旺斯的一年》，陝西師範大學出版社，2004 年 4 月版，頁 162。

4 周國平：《思想的星空》，人民文學出版社，2009 年 5 月版。

5 朱光潛：《從現實生活出發還是從抽象概念出發？》，載朱光潛《談美書簡》，中華書局，2012 年版。

及落葉本身也有一些蕭瑟的寓意，所以釉面多附着枯枝和落下的楓葉進
行點綴。

　　　　正像善於觀察的經濟學家從經濟世界中抽象出一個作為交換
　　的秩序一樣，法律學家通過理智的重塑過程從法律現象抽象出它
　　的確切要素，並重新產生法律的秩序。例如，普通法體系就不能
　　僅僅被視為一個可見的法律裁決的集合，而只能是一個抽象的法
　　律體系。[1]

　　法律定義的消費不單是一種為滿足需要而採取的購買行為，它還暗含
了某種權力話語，賦予消費者一種選擇權和支配感，最終指向的是滿足、
尊嚴、榮譽、地位、幸福、自由、解放和自我實現。[2]

　　法律的概括與抽象比比皆是，又如基於比例原則，刑法和行政法中的
違法判斷標準程度要求不同。比例原則的要求之一是法益衡量，即對刑罰
處罰所喪失的利益和所獲得的利益進行整體性的衡量。[3]刑法中的犯罪行為
與行政法中的行政違法行為作橫向比較，刑罰要比行政處罰嚴厲，那麼刑
事違法的標準自然要比行政違法的標準高，以此標準在司法實踐中才能
得出妥當的結論。刑法中違法性的判斷具有相對獨立性，但是應當堅持
法秩序統一作為基本前提。一方面，某一行為在民法、行政法中被認定
為合法行為應當作為排除犯罪性的事由，在合法性的判斷層面不能得出
矛盾的結論。[4]

1　高全喜：《法律秩序與自由正義 —— 哈耶克的法律與憲政思想》，北京大學出版社，2003 年版，
　　頁 139。

2　任曉晉、侯鐵軍：《兩性審美和慾望的焦點》，《外國文學研究》，2013 年第 6 期。

3　張明楷：《法益保護與比例原則》，《中國社會科學》，2017 年第 7 期。

4　吳鏑飛：《法秩序統一視域下的刑事違法性判斷》，《法學評論》，2019 年第 3 期。

法律與其他行動類型的不同之處在於它有外在的強制機構保障，但是，

> 法秩序在現實裏之所以為經驗妥當性，並不是由於強制機構
> 存在的緣故，而是因為其妥當性已被視為習俗般的習以為常且耳
> 熟能詳了，而且，習律對於明顯背離法秩序所規定的行為多半會
> 加以非難之故。[1]

違法的概念，並不為刑法所獨有，所有的法領域都有違法
的概念。但是，刑法上的違法性，是在量上達到了一定的嚴重程
度，在質上值得科處刑罰的違法性。[2]

實用

陶瓷製品具有審美性和功能性的高度統一屬性，這是與繪畫、雕塑
等藝術形式有着特殊區別的，實用的功能性是陶瓷的固本特徵。陶瓷的生
成，顯然會受到日常生活情趣和適用的影響，工匠的內心狀況、對美的審
視、風俗習慣對陶瓷的塑造均具量度，所以不同地區的陶瓷製品表達出不
同的風貌，體現出不同的生活習慣及文化特徵。[3] 陶瓷是實用美學的直接產
物，不同於建築、雕刻、繪畫、風景、普通花園和文學等各種藝術門類，
陶瓷在其審美功能和精神理想上與詩歌具有明顯的相似之處。古典的語音
學是早期近體詩的技術準備，而早期近代繪畫則是陶瓷的藝術準備。除
了實用的目的外，陶瓷藝術的設計師也同畫家一樣追求審美趣味和審美氛
圍。然而由於創製陶瓷在技術上的困難以及陶瓷所需質料的物質性，以及

1　[德] 馬克斯·韋伯：《經濟行動與社會團體》，康樂、簡惠美譯，廣西師範大學出版社，2011 年
　　版，頁 343。
2　張明楷：《外國刑法綱要》，清華大學出版社，2007 年版，頁 148。
3　楊柳青，吳丹妤：《對陶瓷藝術的科學美、生活美、藝術美研究》，《現代裝飾（理論）》，2014 年
　　第 8 期，頁 56。

成品的易脆性，成功的陶瓷稀缺性普遍存在。[1]

　　法律的實用性在於其實踐性，為此必須具備體系性和穩定性，而法律制度蘊含的倫理學依據會在諸多法律規範中貫徹同樣的倫理觀念，從而形成「（法律）規範內在的一體性及其一貫的意義關聯」。[2]法律制度中一以貫之的倫理學依據乃是維護法律的體系性和穩定性的保障。同時，法律制度在發展過程中應該保持其倫理學依據的一致性，就成為法律制度保持其體系性和穩定性的必然要求。據此，在私法主體範圍擴張的進程中，如果私法中確立了某一種新型主體，那麼就應該是尊重和維護某一種理性實體的自由意志（從而將其確立為新型私法主體）的結果，也就是貫徹私法主體制度之倫理學依據的結果，這一點在現代私法主體範圍的擴張中也得到了驗證。[3]

　　正因為法律的實踐性，所以法律知識的主體不同於自然科學知識的主體：自然科學知識的主體只能是專家精英，但法律知識的主體是日常生活中的芸芸眾生，法律不能出自任何一人，只能出自所有的公民，所以哈貝馬斯強調，每一個公民不僅把自己當作法律的遵守者，還要把自己當作法律的制定者。[4]司法規律生成於司法實踐之中。司法實踐是一種主觀性因素作用於客體的社會活動，是一個由諸多主客體要素相互作用的歷史過程。從這個意義上說，司法規律的生成過程是一個主觀性因素作用於客體的過程。[5]司法主體在實踐過程中隨着對自身需要和外界客體的日益正確的反映，所擬定的目的會越來越切合實際，能夠從長遠利益、整體利益而不是眼前利益、局部利益出發來確定自己司法活動的目的和計

1　李幼蒸：《從符號學看中國傳統文化》，《史學理論研究》，1995 年第 3 期。

2　［德］卡爾·拉倫茨：《法學方法論》，陳愛娥譯，商務印書館，2003 年版，頁 120。

3　崔拴林：《私法主體範圍擴張背景下的動物主體論批判》，《當代法學》，2012 年第 4 期。

4　聶長建，李國強：《實踐法治優於理論法治》，《法制日報》，2013 年 6 月 24 日。

5　江國華：《論司法規律的三重屬性》，《中州學州》，2017 年第 1 期。

劃。[1] 信用不僅要靠個人內在的崇高心靈與人類的共同價值來培育，而且要依賴於外在的教化與教育；而財產權利觀念的養成，不但要靠人與人之間的相互尊重，更要靠公權力對私權的基本認同。「私權保護」亦是表徵一個國家法治完善程度的重要標準與體現，其至少應與公共財產的保護同等重要。[2]

技藝

對於陶瓷的製作，從其原料的鑒別、成型、燒成、裝飾、彩料和釉料的選擇、加工和組合等一切工藝流程，都要依靠高超的科學技術水平及其技藝。正如朱琰《陶說》所論：

> 畫器調色，與畫家不同，器上諸色，必出火而後定。

釉彩的成色，對於窯爐結構、燒成溫度、冷卻方法、窯內氣體成分及其濃度的變化極為敏感，同一配方在不同燒成條件和氣氛下，可以得出各種不同的色調。[3]

法律是服務於共同體成員更好地承擔對彼此負有的基本道德責任的中介性規範體系。[4]

> 由於對社會法的追求，私法與公法、民法與行政法、契約與法律之間的僵死劃分已越來越趨於動搖。[5]

---

1 黃勇青：《馬克思主義實踐目的觀的闡釋》，《福州大學學報》，2014 年第 1 期。

2 彭誠信：《民法典物權編的進步、局限與未來》，《法制與社會發展》，2020 年第 4 期。

3 林榮朝：《淺析現代陶藝的美感表現方式》，《藝術科技》，2017 年第 2 期，頁 41–42。

4 See Joseph Raz, *The Morality of Freedom*, Oxford University Press, 1986, p.72.

5 ［德］拉德布魯赫：《法學導論》，米健、朱林譯，中國大百科全書出版社，1997 年版，頁 77。

　　私法調整的是市民社會內市民與市民之間的關係，公法則是調整政治國家與市民社會之間的關係，並由此進一步推導出以民法為主體的私法就是市民社會法的結論。[1] 法官可以因案而異地靈活運用文義解釋、體系解釋、目的解釋等不同方法。而這導致的結果是將案件交由法官的正義觀來決定，諸種法律解釋方法不過是起到了事後裝點的作用，來表明判決是「依據法律」做出的。[2] 無論法官以何種方法進行道德判斷，文義解釋、目的解釋等法律技術都不再是決定案件結果的約束性力量，而只是對法官事實上如何解釋法律的一種描述。[3]

　　馮倫曾言：「如果一個人喜歡歷史和哲學，心就會變得強大無比。因為歷史講永恆，時間上的永恆；而哲學講無限，範圍的無限。有了永恆和無限，別人無奈時，你就會釋然；別人恐慌時，你就會勇敢；別人無知時，你就會清醒。」在此角度，陶瓷與法律均是歷史與哲學的蘊含體，在時間和體系的範疇中，表達清醒和勇敢。

十二、剪紙藝術與法律

　　兒時，在鄉村，目染於太多的剪紙藝術。那是逢年過節喜慶的饋贈。人類面臨着四大基本約束：東西不夠、生命有限、互相依賴、需要協調。人類社會的種種現象和制度安排，無一不是為了適應這四種基本約束而衍生出來的。[4] 在一定意義上，剪紙亦是社會限定的產物。

1　王湧：《私權的概念》，載夏勇主編：《公法（第一卷）》，法律出版社，1999 年版，頁 223。

2　蘇力：《解釋的難題：對幾種法律文本解釋方法的追問》，《中國社會科學》，1997 年第 4 期；桑本謙：《法律解釋的困境》，《法學研究》，2004 年第 5 期。

3　王琳：《道德立場與法律技術關係的法哲學分析》，《交大法學》，2017 年第 2 期。

4　薛兆豐：《薛兆豐經濟學講義》，中信出版社，2018 年 7 月版，頁 152。

剪紙藝術是我國城鄉勞動人民在農耕社會民俗生活中創造、流傳、享用的民間藝術載體，至今已有三千多年的演變歷史。它承載了中華民族美好的思想感情和人文內涵，具有原發性、集體性、民俗性、意象性、象徵性、吉祥性等特徵。[1] 民間剪紙作為民俗文化的重要類別，它從古到今，伴隨着民眾的生活而發展，與我國其他傳統文化一樣，民間剪紙文化也具有多元共生的特點。南方民間剪紙與北方民間剪紙，分別在不同的地域環境生長發育，受不同地域文化的影響與制約，以不同的風格面貌代表着我國民間剪紙的兩大流派。[2]

紙是中國人的發明。國人用它來記錄文明，傳播文化與書寫日常，還用它來創造藝術與表達思想。剪紙就是中國民間民俗中一種優秀的手工藝，它不僅剪出了手工藝術，還剪出了日常時間，更剪出了社會文化。被「剪紙」組織起來的生活知識表徵形成了國人獨特的日常圖式，它包括自我圖式、角色圖式、策略圖式、交往圖式、勞動圖式、語言圖式、情感圖式、剪紙圖式等。在這些圖式中，「情感圖式」是最為核心的圖式，也是最為本質的圖式。[3]

文化

一般認為，文化指的是後天、歷史地形成的群體成果和行為方式。文化涉及的「主要是行為模式，人類行為的方式」（屬於行為類型），還包括「思想以及情感模式」（涉及觀念、知識、信仰、規範、價值和其他一些通常不能被稱為行為的東西，屬於非行為類型）[4]。文化包含外在表現和內在

1　陳竟：《從傳統起步與時代同行 剪紙藝術蓬勃發展》，《文匯報》，2016 年 9 月 20 日。

2　何紅一：《我國南方民間剪紙的文化生態環境》，《中南民族大學學報（人文社會科學版）》，2004 年第 11 期。

3　潘天波：《剪紙：「刀味」與「紙感」》，《中國社會科學報》，2018 年 10 月 18 日。

4　張建偉：《為「法律文化」勾勒輪廓》，《人民法院報》，http://rmfyb.chinacourt.org/paper/html/2014-09/05/content_87244.htm?div=-1。

蘊藉兩部分。外在表現是行為方式和文化的各種物質呈現，內在蘊藉是各種思想觀念。[1] 在本質上，文化為一個空間的現象，不同的空間區域中，有不同的生活方式，於是有了不同的法律文化。文化是一個時間的現象，只有經過歷史長河的洗禮，一個特定的文化才得以形成。沒有時間的積澱，文化無法成為傳統。如果以時間與空間的維度來探討法律與文化的關係，那麼我們就可以清晰地發現文化決定法律內容、法律完善文化品質的動態特質。如果以空間為主要維度，輔之以時間概念，法律文化在空間上呈現靜態特徵：文化背景決定了法律特質。如果以時間為主要維度，輔之以空間的概念，法律文化在時間上呈現動態特徵：時間既可以固化傳統，也可以改變傳統中的痼疾，法律同樣可以助力文化的變遷。[2] 所有法律的發展都以社會發展為基礎，社會發展存在於人們以及他們的關係隨着時間的推移而發生的變化。[3]

　　文化生態環境是指某一文化生存背景與生存狀態。舊時，剪紙主要用途是節日禮品的裝飾、刺繡雕刻圖樣、產品商標等。隨着社會的發展，剪紙在傳統的基礎上，以其構圖嚴謹、裝飾性強、剔透雅緻、金碧輝煌的特點，反映時代生活，開創了傳統藝術創新之路。譬如，佛山剪紙按其製作原料和方法分別有銅襯、紙襯、銅寫、銀寫、木刻套印、銅鑿、純色等大類。其利用本地特產的銅箔銀箔，用剪、刻、鑿等技法，套襯各種色紙和繪印上各種圖案，形成色彩強烈、金碧輝煌，富有南方特色的剪紙。佛山剪紙的表現手法既有纖巧秀逸、又有渾厚蒼勁，按使用的需要而選材施藝。[4]

1　張建偉：《為「法律文化」勾勒輪廓》，《人民法院報》，2014 年 9 月 5 日。

2　徐愛國：《法律文化的空間與時間維度》，《光明日報》，2017 年 5 月 1 日。

3　［奧］尤根・埃利希：《法律社會學基本原理》，葉名怡、袁震譯，九州出版社，2007 年版，頁 877。

4　《佛山民間剪紙文化》，https://baijiahao.baidu.com/s?id=16113222216490451766&wfr=spider&for=pc。

作為一種對社會生活的構想，文化對生活於其中的個體的行為起到潛在的和實際的引導作用。對文化類型的了解（無論是否聯繫具體制度），可以使人們估價傳統的持續，並預見可能的變革形態。[1]

民間文藝的特徵之一就是群體性或集體性，即創作主體具有不特定性。民間文藝既然是口口相傳，不論它是某一地區中某個人還是某些人首先創作出來的，只要能夠傳開出去，流傳下來，在流傳的過程中就一定會經過無數傳講者的加減修飾，然後才逐漸趨於為眾人、為傳統所接受的樣態。也就是說民間文藝能夠傳承下來，一定不會是當初的原樣，而是經過不知多少人的加工、渲染而成的結果，因此它代表的就不是某個個人的思想，而是傳統群體中的集體認知或情感。民間文藝的集體性主要是在它的流傳過程中突顯出來的。[2]

法律文化

法律文化是一個極其重要的變量。從某種意義上說，它就是驅使法律機器運轉、工作的燃料，它決定法律制度的需求模式。[3]

法律，與英國上院議長修辭中那種密碼式的矯飾有所歧異，乃是一種地方性知識；這種地方性不僅指地方、時間、階級與各種問題而言，並且指情調而言 —— 事情發生經過自有地方特性並與當地人對事物之想像能力相聯繫。我一向稱之為法律意識者

---

1 ［美］H. W. 埃爾曼：《比較法律文化》，賀衛方、高鴻鈞譯，清華大學出版社，2002 年版，頁 11。

2 參見胡萬川：《論民間文學集體性之質變與發展》，台灣「清華大學」，http: //www. hss. nthu. edu. tw/~tl/wu's%20full-text%20essay-6. htm。

3 米健等：《當今與未來法律體系》，法律出版社，2010 年版，頁 19。

便正是這種特性與想像的結合以及就事件講述的故事，而這些事件是將原則形象化的。[1]

　　法律作為調整社會關係，規範人類社會生活的手段，是一個民族文化的重要部分。由於不同民族的法律文化產生的社會環境和歷史條件不同，價值取向不同，因而不同法律文化間的差異是客觀存在的。[2] 人類漫長的法制發展歷程始終交織着不同法律文化間的傳承、交流與融合，並逐漸形成不同的法系或法律傳統。然而，由於諸多複雜的因素，某些國家或地區的法律往往兼具兩個甚至更多法系或法律傳統的特徵，很難歸於某個特定類型的法系或法律傳統，於是比較法學家們在困惑與思考中獲得了新的啟示，「混合法律文化」「混合法律體系」「混合法」等概念由此應運而生，並不斷在理論和實踐中被認知和發展。[3] 與農村婦女單純使用剪刀鉸花大不相同，剪紙工匠為追求效益，往往利用刻刀小批量加工複製。有觀點對他們的這類作品「流俗」或過於「工巧」提出批評，但這並不能取代他們在剪刻工具的改進上、刀法剪技和使用材料的創新上的傑出貢獻。此外，剪紙工匠的參與還改變了民間剪紙固有的傳承機制，形成家庭傳承、村落傳承、江湖傳承、民間幫會傳承的多元格局。[4]

剪紙與法律文化

　　人類社會之所以需要規則，是因為社會存有衝突，包括身體、精神、利益和價值等衝突。然而，存在衝突僅僅是規則產生的動因，並不必然會

1　王啟梁：《法律 —— 一個安排秩序的分類體系》，《現代法學》，2004 年第 4 期。
2　蔣傳光：《當代中國特色先進法律文化的創建及其路徑》，《人民法院報》，2012 年 7 月 6 日。
3　葉秋華，王雲霞：《混合法律文化研究與外國法律史學科的發展》，《法學家》，2008 年第 1 期。
4　何紅一：《我國南方民間剪紙的文化生態環境》，《中南民族大學學報：人文社會科學版》，2004 年 11 期。

導致規則的形成，只有人們對於如何解決衝突形成了應然的價值判斷標準，規則才能形成。文化恰是這種應然價值判斷標準得以形成的基礎和源泉，在傳統社會尤其如此。這樣，作為規則的法律便與文化存有內在的關聯。[1]

「剪紙不僅是一項技藝，更蘊含着一種土生土長的文化自信。」[2] 剪紙藝術善於在空間中表現時間，普通人的日常在時間維度上被剪紙藝術所捕獲與傳達。抑或說，時間成為匠人剪紙生活的核心本質。「剪民俗民風」是對生活的熱愛，試圖「留住時間」；「剪美好生活」，試圖「延長時間」；「剪痛苦場景」，試圖「緩解時間」；「剪故事」，試圖「說明時間」。總之，時間成為剪紙生活的核心本質。[3] 對更多剪紙素材、圖案的解讀、闡釋，不僅是對傳統文化「華冠殿堂的瞻仰、穿行與歡服，且藉之走入自己正被湮沒的記憶閘門和心靈角落，整理歲月損蝕的過往，打撈沉入時間的物事，審思人世滄桑的禪機。從敍事物象和陳述議題出發，騰挪閃躍於古與今、物與我的各個場域，感受剪紙藝術的現世處境、探幽生活經驗的突圍之徑、開掘精神堅守的生命動力、展示人文精神的艱難存續。」[4]

剪紙在一定意義上是生活、文化的承載和符號，而法律本身以語言為載體，因此法律的解釋首先是一種語義的解釋。我們在學習法律時，首先要有語言的敏感性，在某種意義上我們是實踐着的語言學家，我們是在處理語言問題。語言本身具有發聲的規律，它是一種符號，是用來描述某種事物存在的，因此，語言和它所表述的客觀事物存在着某種對應性，是一種詞與物的關係。社會生活發展是迅速的，而語言的發展相對滯後。因此，社

1　高鴻鈞：《法律文化的語義、語境及其中國問題》，《中國法學》，2007 年第 4 期。

2　《方正剪紙：在傳承創新中「剪」出文化自信》，《新華網》，2018 年 5 月 31 日。

3　潘天波：《剪紙：「刀味」與「紙感」》，《中國社會科學報》，2018 年 10 月 22 日。

4　金春平：《讀文品人見智情 —— 讀汪曾祺的味道》，《人民日報》，2017 年 10 月 10 日。

會生活改變了，語言仍然存在，在這種情況下，我們可以通過語言的考古發現曾經存在的事物。[1] 刑法規定亦是以文字形式呈現的，因此，對刑法文本的處理首要的就是對條文含義的理解。在刑法的立法中，如何表述條文內容是一個值得研究的問題。條文是法律規定的載體，條文要把法律規定的內容準確地表達出來。但法律規定畢竟不是法學教科書，在對法律規定的內容進行表達的時候，如果過多地採用定義式的表達，則每個法律概念都需要加以定義，這樣的法律在表達上就顯得有所窒礙而難以暢快。[2]

如同剪紙藝術，法律成長本身就是處於不斷地妥協、調整的過程中，「每一合理的主題都會涉及某些曾經不協調的主題，每一不協調的主題也都會涉及某些曾經協調的主題。」[3] 法律文化，是隨社會文明發展而產生的法律運行過程的總稱，它包括內部法律文化和外部法律文化兩個組成部分，內部與外部法律文化相互作用，共同促進法律文化的文明進程。而過程性，是法律文化的特質之一。它表明法律文化不是一種靜態的、傳統的文化，而是一種行動的、當下的文化；不是一種觀念性的文化，而是一種價值觀念與司法運行本體相結合，共同實現司法進步的文明形態。[4]

法律文化傳統是動態的、鮮活的，而傳統法律文化則安靜地待在歷史中。它們不完全是所謂的「道」與「器」的關係，當然也不是對中國法律文化所作的非此即彼的、對稱的、相互矛盾的兩分法，毋寧說，兩者都屬於法律文化，都只反映了法律文化的一個側面，把兩者結合在一起進行比較研究，有助於更進一步挖掘「法律文化」命題的學術意義和現實意義。[5]

另一方面，諸如剪紙藝術等，傳統文化表達的本質與現有其他知識產

1　陳興良：《刑法方法論，從法律解釋、推定、演繹說開去》，《法學中國》，2019 年 3 月 26 日。

2　陳興良：《刑法指導案例裁判要點功能研究》，《環球法律評論》，2018 年第 3 期。

3　［美］本傑明·N. 卡多佐：《法律的成長法律科學的悖論》，董炯、彭冰譯，中國法制出版社，頁 141。

4　林林：《法律文化的社會「過程性」》，《比較法研究》，2010 年第 5 期。

5　喻中：《法律文化傳統與傳統法律文化》，《現代法學》，2003 年第 1 期。

權保護客體、尤其是著作權的客體十分近似，是可以無限複製的人類創造的思想感情表達方式（幾乎所有的表達形式在版權作品類別中都能找到對應項），對喜好不同風格的文化消費者來說具有明顯的標識意義。在民間文藝成為商品後，對其提供知識產權保護的需求日漸迫切。就目前來說，在系統的法律保護建立起來之前，借鑒和利用現有的知識產權法律資源不僅是可能的，而且是必要的。[1]

1　管育鷹：《民間文藝的知識產權保護問題》，載《知識產權文叢》第 13 卷，中國方正出版社，2006 年 7 月。

藝術思維

　　阿蘭·德波頓曾在《藝術的慰藉》中説，要把藝術視為工具。如同其他工具，藝術也能夠擴展上天賦予我們的能力。藝術彌補了我們與生俱來的部分弱點，只不過這弱點是心智上的而不是肉體上的，我們可以將這些弱點稱為心理上的缺陷。

一、法律與歷史

　　法律的歷史實踐必然包含目的、原則和道德的維度。再小的個子，也能給沙漠留下長長的身影；再小的人物，也能讓歷史吐出重重的歎息。[1]「歷史」一詞本身模棱兩可。它包括過去人類各種活動的全體，以及我們現在用它們構造的敘述和說明。[2]

　　　　歷史從哪裏開始，思想進程也應當從哪裏開始，而思想進程的進一步發展不過是歷史進程在抽象的、理論上前後一貫的形式上的反映。[3]

　　歷史運動總是發生在由多個活躍的介入者相互界定的地帶，就這些地帶而言，所有介入者同時作用於其概念環節。但無論是社會史還是政治史都不會認同其概念的自我表述。歷史只能在那些被概念所解釋的材料與實際的素材（從方法論的角度說，這些素材是從前者衍生出來的）相互一致時才能被寫出。[4]

　　理解的社會歷史局限性是一種關係性的建構。然而強調理解的解釋學

1　余秋雨：《文化苦旅》，長江文藝出版社，2014 年版，頁 51。

2　［英］沃爾什：《歷史哲學導論》，何兆武、張文傑譯，廣西師範大學出版社，2001 年版，頁 7。

3　《馬克思恩格斯選集》第 2 卷，人民出版社，2012 年版，頁 122。

4　Reinhard Kosellek, *Futures Past*, trans. Keith Tribe, New York: Columbia University Press, 2004, p.180.

思路卻陷入一種主觀主義的困境之中，似乎法學的研究只能是基於主觀理解的片面的遊戲，與此同時，對特定對象的理解因為意義的時空性而喪失了普遍推論的價值，於是法學似乎只能研究韋伯所謂的「歷史的個體」。[1]歷史並不是一種無生命的流動，而是一種有生命的成長。歷史是經驗的，也是實踐的。歷史是人類活動的結果，歷史的物質實在性源於人的實踐。

> 考古學研究物質世界由人類活動引起的所有變化 —— 當然只要他們存留下來。考古資料是由化石化的人類行為結果構成的。考古學家的工作就是重組人類可以實現的行為，並且以此重新提取這些行為所表達的思想。只要一個考古學家可以做到這樣，他就成為一個歷史學家。[2]

　　文明的興衰、戰爭與和平的交替、國家之間的攻守易勢，均處在無盡的循環往復之中。變化是必然的，但進步卻既不是自然的，也不是必然的。循環往復就是一個過程，就像盛極必衰，就像王朝更替，它們是相同的，只是在某些條件下，看起來有所不同。任何時候，人對於事物的理解都需要有一個理論框架，因為理解需要理論，而理論則需要總結。[3]

　　歷史形成了一種秩序，儘管從歷史內部的發展來看，歷史有如此多的偶然性。歷史是一個有序的序列，歷史事件按其發生的順序排列。在這一秩序中，歷史事件的細節並不僅是一個繼承另一個，而是必定會一個繼承另一個，並且所有的事件都朝着一個可辨認的方向發展。柴爾德以技術為基礎對歷史的秩序進行探索，認為人類歷史經歷了舊石器時代、新石器時

1　鄭震：《社會學方法論的基本問題》，《天津社會科學》，2019 年第 4 期。
2　[英] 戈登・柴爾德：《重建過去：考古資料的闡釋》，倫敦：勞特利奇保羅出版社，1956 年版，頁 1。
3　[美] 塞繆爾・亨廷頓：《文明的衝突》，周琪譯，新華出版社，2013 年版，頁 172。

代、青銅時代、鐵器時代、煤炭以及電力時代等依次進步的時代。[1] 歷史是坎坷，歷史是幽暗，歷史是旋轉的恐怖，歷史是祕藏的奢侈，歷史是大雨中的泥濘，歷史是懸崖上的廢棄。[2] 歷史不是過去的東西。它存在於意識內部，或者潛意識的內部，流成有溫度、有生命的血液，不由分說地被搬運到下一代人那裏。[3] 歷史無暇記住一個人的苦難，因為多數人的利益和慾望才是歷史的主人。[4]

法律是現實生活的表達，沒有任何一個人為現實生活設定一個既定的目標，所以表達生活的法律也沒有目標，法律只是我們生活中間發揮效力的一種東西。法律歷史社會學有一個基本觀念：法律的歷史不存在一種普遍史，只有特殊的一種法律史。[5]

歷史、習俗、現實利益所糾合成的歷史背景與現實需要在影響着法律的進步；進一步說，不論從廣義還是狹義的觀念看，諸種文化的因素在影響着法律的進步，而法律文化本身的價值體現在進步性上。[6] 中國人今天的生活環境是以往全部歷史共同作用的結果。在這層意義而言，欲知今日，不能不先知過去。未來亦是如此，既然它直接取決於我們今天的認識和努力，它就不能不帶有歷史的印記。在我來說，過去、現在、未來的界限總是相對的。一切都是歷史，一切都是當代史。傳統之於我，「不僅僅是一個歷史上曾經存在的過去，同時還是個歷史地存在的現在。」[7]

在所有社會中，私法問題具有同一性，其同一性表現在商品被生產出

---

1 ［英］戈登·柴爾德：《歷史》，倫敦：柯貝特出版社，1947 年版，頁 45–47。
2 余秋雨：《行者無疆》，華藝出版社，2001 年版，頁 39。
3 ［日］村上春樹：《棄貓》，花城出版社，2021 年版，頁 126。
4 史鐵生：《務虛筆記》，上海文藝出版社，1996 年版，頁 37。
5 謝鴻飛：《法律的歷史社會學 —— 以基爾克、赫斯特與霍維茨為例》，中國法理網，2009 年 8 月 2 日。
6 林林：《法律文化的社會「過程性」》，《比較法研究》，2010 年第 5 期。
7 梁治平：《用文化來闡明法律》，《法制日報》，2015 年 4 月 22 日。

來之後通過貨幣被出賣至市場，還表現為這樣一個事實：此種經濟結構早已打破時間限制。[1] 從工具主義或功能主義的角度進行解讀，中國古代成文法律中對於利率上限的規定，毋庸諱言，主要在於限制高利貸等不當或者非法得利的行為發生；而在現代社會，按照凱恩斯主義的教條，利率屬於貨幣政策的一個組成部分，貨幣政策與財政政策一道，皆是一國調整宏觀經濟的有效工具。[2]

法律歷史社會學關注法律的過去與現在、事件與運行、行動與結構，強調法學研究應並重社會意識與歷史意識。它將法律置於社會、經濟、政治、文化等背景中，通過移情與理解說明歷史與現實中法律的實際運行情況，發現歷史與現實中的「活法」。

法律歷史社會學對人性可謂洞若觀火：人在歷史中生成，被歷史網羅；但人又創造歷史，創造法律，有無限可能性。人的有限性與可能性的交織與糾纏，構成了人類法律發展的主題。體系化法史學的目標是從歷史材料中提煉出普遍的法律規則。它對應於歷史法學的體系方法與歷史方法，即以歷史中的法律素材為基礎，建構法學與法律體系。[3]

歷史法學的根本思想在於：任何制度與法律都是人類對意義世界的建構，其中，體現民族文化觀念、價值體系、人倫秩序、世俗理性的「民族精神」對法的形成起着決定性作用。此外，任何制度與法律的正當性都是歷史的和具體的，不存在永恆的、普適的正當性。所以，法律歷史並非朝着預定的目標直線發展，「社會法則」「社會規律」或「發展的必然性」若非妄語，其唯一的意義也只是表明某一部法律契合了某個時空、某個民族的真切需求。法律歷史社會學強調法律的時間維度與社會維度，前者是指

1　[德]羅爾夫・克尼佩爾：《法律與歷史》，朱巖譯，法律出版社，2003 年版，頁 10–11。

2　孫家紅：《利息・歷史・法律》（《中國歷代利息問題考・序》），北京大學出版社，2012 年版，頁 3–5。

3　謝鴻飛：《法律與歷史：體系化法史學與法律歷史社會學》，北京大學出版社，2012 年版，頁 53。

過去、現在和未來的關係，後者是指法律系統與其他系統的關係。歷史與社會兩個維度必須並用。[1] 亦即歷史不是冷冰冰的。看似由時間、地點和一連串數據組成的歷史事件，背後的主角是一個個活生生的人，有血有肉、有人性、有故事、有真性情。對歷史的親近、想像和穿透，從回望歷史、撫摸歷史到走出歷史，應以悲憫之心覺察歷史人物、歷史事件和歷史遺蹟的感懷和反思。[2]

應該指出，先秦秦漢金石、簡牘類文獻的發現、研究和整理，填補了古史文獻和以往認知上的諸多空白。同時，藉助現代出版和網絡技術，系統刊佈歷代法律文獻，建立規模龐大的專業數據庫，不僅為法律歷史學研究方法帶來極大便利，更使中國法律史學的研究樣材突破了官方史書的局限。再如，海量基層司法檔案、法律文書的發現，引起國內外法史學界的關注，再藉助歷史學、社會學、人類學等領域相關理論方法，中國法律史學的深耕細作獲得難得的發展機遇。[3]

二、法律與可信賴利益

張德芬在《遇見未知的自己》中曾言「親愛的，外面沒有人，只有你自己。」「外面的人事物都是你內心的投影，你帶着偏激，消極的情緒，那你投射在外面的人事物也將是一樣的偏激，消極的情緒。外界就像一面鏡子，最真實地反射出你的本心是什麼樣子的。」[4] 世界會變，但是我始終

---

1 謝鴻飛：《歷史法學的思想內核及其中國復興》，《中國法律評論》，2015 年第 2 期。

2 趙曉夢：《釣魚城》，《草堂》詩刊，2019 年第 1 期。

3 孫家紅：《構建具有中國風格的法律史學》，《人民日報》，2017 年 7 月 17 日。

4 情感：《外面只有你自己，沒有別人》，《情感課堂》，2018 年 5 月 19 日，https://baijiahao. baidu. com/s?id=1600858228715774017&wfr=spider&for=pc。

如一，我帶着悲哀的自負想道。[1]

　　有人說，世界是值得信賴的，猶如信賴我們自己。然而對世界的信賴是不可動搖的嗎？諸如報載重慶一39歲的小夥子因為受傷選擇進駐養老院[2]，湖南省高級法院一副庭長因秉公辦案、不徇私情，被同學在地庫砍殺[3]，太多的電信詐騙、金融詐騙，不一而足。

　　弗洛伊德說人格由本我（id），自我（ego），超我（superego）[4]三部分構成。本我是由一切與生俱來的本能衝動組成、自我是人格中的意識部分、超我是道德化的自我。不同的人，具有不同的行為選擇，或選擇遵從最原始的慾望，或選擇克制慾望，猶如電影《臥虎藏龍》中的一句台詞「江湖裏臥虎藏龍，人心裏何嘗不是？」選擇莫衷一是，人心變幻莫測。

　　所謂「心外無物，境由心造」，不同的心投射不同的世界。魯迅筆下的祥林嫂，她的世界充滿恐懼；曹雪芹筆下的林黛玉，她的世界充滿不安；施耐庵筆下的武松，他的世界只有復仇。「我是人間惆悵客，知君何事淚縱橫，斷腸聲裏憶平生」[5]與「光榮屬於希臘，偉大屬於羅馬」[6]所反映的世界本質懸殊，納蘭性德與艾倫坡之間的差異，並非基於地理或地域，更在於主觀鏡像。「昨日入城市，歸來淚滿巾，遍身羅綺者，不是養蠶人」[7]——養蠶人「淚滿巾」的原因是根本看不到城市商品經濟對農村社會發展的促進

1　［阿根廷］豪爾赫‧路易斯‧博爾赫斯：《阿萊夫》，王永年譯，浙江文藝出版社，2008年版，頁93。

2　《早6晚9的作息、和老人一起追劇，重慶39歲男子入住養老院》，《都市熱報》，2021年1月14日。

3　《湖南高院女副廳長不肯辦人情案，地庫遇害，兇手是其閨蜜》，《視野新聞周刊》，2021年1月13日。

4　［奧地利］西格蒙德‧弗洛伊德：《自我與本我》，林塵、張喚民、陳偉奇譯，上海譯文出版社，2011年版，頁121。

5　［清］納蘭性德：《浣溪沙‧殘雪凝輝冷畫屏》。

6　https://www.sohu.com/a/471699097_121116754。

7　［宋］張俞：《蠶婦》。

作用。面對荒漠憂愁的人，不會見識到沙漠綠洲鄂爾多斯。[1]

　　信念和信賴，才是每一個體與己和解和與他人、自然和諧相處的根本。

　　在民事活動中，一方民事主體基於社會的一般認識觀念和權利外觀的影響，形成了一種善良的信賴心理，這種善良的信賴心理我們稱之為「合理的信賴」。當民事主體一方在「合理的信賴」心理趨使下，為或不為某種行為時，其作為合理信賴人的利益應當受到法律的保護，這種保護就是信賴利益的保護。[2]在私法領域，信賴保護原則往往隱沒在誠實信用原則的光輝之下，人們在研究相關責任過程中，往往將信賴和誠實信用原則必然聯繫在一起。但實際上誠信原則作為上位原則，不只包含信賴因素，其內涵並不僅限於對信賴的保護。而信賴保護原則作為一個具體原則，是誠實信用原則具體化的表現，實際上是從誠實信用原則中開發出一種「信賴保護」義務。許多國家在理論和判例中，也都類似地根據誠實信用原則，開發出眾多「附隨義務」，來彌補法律或合同規定的缺漏。[3]信賴法則作為規則的聚合，它承載着聚合所有規則的共同使命、共同特徵與共同的本質屬性。隨着勞動分工的不斷細化和知識經濟的不斷滲透，信賴法則聚合下的規則將無限擴張，深入到法律制度的各個角落。[4]

　　保護信賴往往只是一種旨在提高法律行為交易穩定性的法律技術手段。[5]孟子倡導人性本善（《孟子·告子上》），荀子強調人性本惡（《荀子·性惡》）。其實，這個世界上並不存在惡，只有「扭曲的善」。我們要對這個世界抱持足夠的諒解和寬容，這個世界不是用來埋怨的，而是用來提升與體驗的。刑法的目標和任務在於「懲惡」，是以懲惡為手段來糾正扭曲

1　《全球樣本從沙漠到綠洲的滄桑巨變》，央視網，2018 年 8 月 9 日。

2　姜淑明，梁程良：《構建信賴利益損害賠償責任的思考》，《時代法學》，2012 年第 6 期。

3　葉溫平：《合同中的保護義務研究》，法律出版社，2010 年版，頁 172。

4　馬新彥：《信賴原則指導下的規則體系在民法中的定位》，《中國法學》，2011 年第 6 期。

5　［德］卡爾·拉倫茨：《德國民法通論》（下冊），王曉曄等譯，法律出版社，2003 年版，頁 60。

的善。信賴原則亦旨在保護信賴，使賦予信賴的當事人的利益最大程度上得到滿足，從而維護整個社會的交易安全。善意第三人利益的最大滿足便是得到標的物的所有權，因此，依據信賴原則，原所有權人的所有權必定因善意第三人所有權的獲得而喪失。善意取得制度之所以確立，是法的「動的安全」價值無限擴大的結果，而信賴原則恰恰是這一價值的有形載體。[1]

　　這個世界是物質的世界，以波粒二象性[2]為表現形式，亦是能量的存在。這世界不存在問題，只存在挑戰。挑戰過程可能漫長，但須依賴內心堅定的信念。艾青曾言「我們愛這日子，是因為這日子給我們帶來了燦爛的明天的最可信的音訊。」傳統上的授權理論建基在熟人之間或信賴關係基礎之上，而至數字時代，此種熟人生態似不復存在，人們不僅可能會與陌生人打交道，甚至可能完全是與程序或機器打交道。然而，既為授權，就應當具有信賴與信任之意。如同有論者所言，個體知情同意所決定的事情不僅僅是個人自決權、自我負責之體現，也在相當程度上體現一種「涉他性」。此種個人決定及知情同意從「涉己」轉換成「涉他」是大數據技術的本質及其應用結果的要求，係基於大數據技術的設計和運作方式以提升人們在作出個人決定與知情同意之時，同時考慮對他人的影響的可能性。[3]

　　信任是一種有生命的感覺，信任亦是一種高尚的情感，信任更是一種連接人與人之間的紐帶。我們有義務去信任另一個人，除非證據鏈條證實那個人不值得信任；我們也有權獲得別人的信任，除非我們已被證實不值得獲得信任。我們所經驗到的風險假設了一種有關安全感喪失和信任崩潰

1　馬新彥：《信賴原則指導下的規則體系在民法中的定位》，《中國法學》，2011 年第 6 期。

2　由路易·維克多·德布羅意於 1924 年提出，指的是所有的粒子或量子不僅可以部分地以粒子的術語來描述，也可以部分地用波的術語來描述。波粒二象性是人類對物質世界的認識的又一次飛躍，這一認識為波動力學的發展奠定了基礎。

3　黃柏恒：《大數據時代下新的「個人決定」與「知情同意」》，《哲學分析》，2017 年，第 6 期。

的一般化的視角。[1] 有人說，這個世界「沉浸在罪惡之中：野蠻人互相吞吃對方，文明人則互相欺騙對方，這就是所謂的世道方式」[2]，但事實並非如此 —— 這個世界可以有毫不動搖、堅定不移的信賴。信賴，無盡的信賴，信任取決於先前存在的關係嵌入、結構嵌入以及群體認同。[3] 從全社會而言，信任關係如果被分散在一個大型社會結構中將發揮比只是在小範圍或地區內的信任遠遠重要的作用。[4]

三、輿論監督與利益平衡

最讓人動心的是苦難中的高貴，最讓人看出高貴之所以高貴的，也是這種高貴。憑着這種高貴，人們可以在生死存亡的邊緣上吟詩作賦，可以用自己的一點溫暖去化開別人心頭的冰雪，繼而，可以用屈辱之身去點燃文明的火種。[5] 新聞監督，係指「通過報紙、廣播或其他適當的工具報道關於最新事件或事實的信息表達。」[6] 現實生活中所謂的「輿論」監督，並非民眾的口頭言論，而是特指由新聞工作者採編的，並通過大眾傳媒（報紙、廣播、電視等信息載體）向社會受眾發佈的有關社會經營生活方方面面的報道與評論。其內容不僅包括對事實的客觀報道，而且還應包括建立在事實報道基礎上的評論與批判。具體關於評判的標準，決定於如下要

---

1 [德] 烏爾里希·貝克：《風險社會》，何博聞譯，南京：譯林出版社，2004 年版，頁 27。
2 [德] 阿圖爾·叔本華：《人生的智慧》，韋啟昌譯，上海人民出版社，2008 年版，頁 132。
3 [美] 馬克·格蘭諾維特：《社會與經濟：信任、權力與制度》，王水雄、羅家德譯，中信出版集團，2019 年版，頁 130。
4 [美] 馬克·格蘭諾維特：《社會與經濟：信任、權力與制度》，王水雄、羅家德譯，中信出版集團，2019 年版，頁 40。
5 余秋雨：《山居筆記》，中國文學出版社，2009 年版，頁 117。
6 沈仁幹：《國際版權手冊》，四川人民出版社，1984 年版，頁 58。

素：其一，基於新聞工作者自身的知識水平與理解能力；其二，根據新聞工作者對客觀事實的掌握程度；其三，依賴於新聞工作者和新聞機構「自負其責」的責任感。[1] 輿論監督，即新聞正義，對社會具有危機預警、維護規範的重要價值，堪稱媒體的天職。輿論監督的原理在於大眾傳媒的「公開性」。[2] 新聞正義承載着公眾的巨大利益和高度期待。從新聞工作者的職業理念來說，監督權貴、為民請命、捍衛社會公正從來都是一種值得追求的目標。權力 —— 尤其是最高行政權力和現代巨無霸企業的商業權力 ——的濫用必然損害某個社會、甚至國際社會的許多成員，一個有公信力的新聞界承載着整個社會、尤其是可能被權力侵害的弱勢群體的高度期待。[3]

　　新聞正義與新聞監督間的利益平衡，為《中華人民共和國民法典》（2020 年）人格編調整之重點。一方面，民事主體之人格權是民事主體享有的生命權、身體權、健康權、姓名權、名稱權、肖像權、名譽權、榮譽權、隱私權等權利。人格權受到侵害的，受害人有權依照法律的規定請求行為人承擔民事責任。受害人的停止侵害、排除妨礙、消除危險、消除影響、恢復名譽、賠禮道歉請求權，不適用訴訟時效的規定。[4] 另一方面，為公共利益實施新聞報道、輿論監督等行為的，可以合理使用民事主體的姓名、名稱、肖像、個人信息等；使用不合理侵害民事主體人格權的，應當依法承擔民事責任。

新聞正義

　　「我從來不屑於做對的事情，在我年輕的時候，有勇氣的時候。年輕時並不知道自己要過什麼樣的生活，但一直清楚地知道我不要過什麼樣的

1　高少勇：《試論輿論監督》。
2　姜德鋒：《論建設性的輿論監督》。
3　展江：《輿論監督的期待與展望》。
4　《中華人民共和國民法典》第 990、995 條。

生活。那些能預知的，經過權衡和算計的世俗生活對我毫無吸引力，我要的不是成功，而是看到生命的奇蹟。」[1] 新聞正義是以公開方式傳播短期內發生的重要事實，將該行為和信息傳播到社會受眾中。各國立法均對新聞報道相關權利進行規制，寫入本國法律規定。譬如法國《人權宣言》《出版自由法》，美國《獨立宣言》《美國憲法》，日本《廣播法》等。我國《憲法》第 35 條亦將言論自由與出版、集會、結社等表達自由權並列，言論自由與新聞自由密切關聯，新聞報道權是言論自由的重要表現形式，是言論自由的延伸。在憲法上，新聞報道對應於公民對公權力的監督權和知情權。正如亞里士多德指出，城邦在本性上先於個人和家庭。[2]

新聞具有四大功能：滿足大眾的知情權，教育公眾，提供大眾對公共事務的討論平台，作為公共權力的監督者，避免公權力脫離大眾的視線。[3] 新聞報道具有公權力性質。新聞報道所涉及領域係國家利益與公共利益時，媒體機構因其職業行為正當性而部分獲得公共權力角色，並依據憲法授權而擁有特定範圍的權力主體身份，或可稱之為「新聞權力」。[4] 而且，新聞報道主體附有政府行政許可特徵，均為新聞報道公權力的色彩。合理必要情況下，為維護公共利益，滿足受眾的知情權和完成對公權力的監督，與「私法自治」原則並行不悖的是「適度干預」原則。

為此，新聞正義成為獨立於國家權力的職業，意味着新聞從業者在遵循職業倫理和技術規範的前提下，有權依循內心的良知和善意自由報道。在現代社會中，新聞逐漸成為國家權力之外的「第四種權力」。[5] 同時，新

1 廖一梅：《像我這樣笨拙地生活》，中信出版社，2011 年版，頁 95。

2 ［古希臘］亞力士多德：《政治學》，吳壽彭譯，商務印書館，1998 年版，頁 8。

3 轉引自謝鴻飛：《使用匿名信息源新聞報道侵權案中的舉證責任、報道者特權和利益平衡 —— 評世奢會（北京）國際商業管理有限公司訴〈新京報〉等名譽權侵權責任糾紛案》，中國法學網。

4 顧理平：《新聞權利與新聞義務》，中國廣播電視出版社，2010 年版，頁 45。

5 卡萊爾指出，伯克第一次提出了這一觀念。參見［英］卡萊爾：《論英雄、英雄崇拜和歷史上的英雄業績》，周祖達譯，商務印書館，2007 年版，頁 186。

聞自由也是一種傳播信息、發表意見、交流思想、監督政府的自由。這一
權利的保護不僅在於新聞出版界本身,而且還在於公眾「獲得信息和思想
的權力」。從憲法的立法目的來說,新聞自由的保護是以社會公眾的利益
而不是新聞出版界的利益為價值取向的。[1]

《中華人民共和國民法典》(2020 年)第 1025 條明確規定:

> 行為人為公共利益實施新聞報道、輿論監督等行為,影響他
> 人名譽的,不承擔民事責任。

第 1026 條補充規定:

> 認定行為人是否盡到前條第二項規定的合理核實義務,應當
> 考慮下列因素:(一)內容來源的可信度;(二)對明顯可能引發
> 爭議的內容是否進行了必要的調查;(三)內容的時限性;(四)
> 內容與公序良俗的關聯性;(五)受害人名譽受貶損的可能性;
> (六)核實能力和核實成本。

新聞正義以事實為基礎,合理注意義務的關鍵,以不使用侮辱性言辭等貶
損他人名譽為原則。《中華人民共和國民法典》(2020 年)第 1028 條,實
際為新聞正義內涵的加強,即民事主體有證據證明報刊、網絡等媒體報道
的內容失實,侵害其名譽權的,有權請求該媒體及時採取更正或者刪除等
必要措施。[2]

---

1 Harry N. Rosenfield, *Free Inquiry, and the Law, Fair Use and Free Inquiry*, Ablex Pub, Corp, 1980, pp. 296–297.

2 《中華人民共和國民法典》第 1025、1026 條。

新聞侵權

如果視覺的鏡頭慢慢拉長，一眼望去窮盡一生，那種及生至死的緩和感就會令自己覺醒，原來許許多多痛徹心扉不堪回首的感受，在時間的洪波裏全都不足掛齒，總會被片片沖蝕掉，總會被帶走，只有生活着的過程才是永恆。[1] 新聞報道侵權案要處理的絕不僅是民事侵權領域行動自由與權利保護的衝突，而是社會權力與國家權力、民法權利，公共領域與私人領域之間的平衡。在現代社會中，新聞是「公共善」的重要組成部分，同時又必須受「公共善」的約束。實體法如何設置新聞報道侵權的構成要件，司法中如何實現個案的情境正義，都需要對我國社會作出全面的省思和敏銳的觀察。[2]《中華人民共和國民法典》（2020 年）第 1025 條規定，有下列情形之一的構成新聞侵權：（一）捏造、歪曲事實；（二）對他人提供的嚴重失實內容未盡到合理核實義務；（三）使用侮辱性言辭等貶損他人名譽。

個體人格尊嚴，是生而為人最基礎的權利，《中華人民共和國民法典》人格權編的立法目的即在於落實憲法關於公民的人格尊嚴不受侵犯。[3] 人格權獨立成編，亦在於平衡人身與財產關係，改變了傳統民法存在的重物輕人的體系缺陷。[4] 關於人格權保護中新聞報道、輿論監督對人格權適度突破即免責事項之規定，係媒體新聞報道的根本法律依據，充分體現了新聞正義與新聞侵權二者之間的平衡原則。

法律上解決新聞正義與新聞侵權的衝突，最簡單的方案當然是「密爾

---

1 ［哥倫比亞］加西亞·馬爾克斯：《霍亂時期的愛情》，楊玲譯，南海出版公司，2012 年版，頁 225。

2 謝鴻飛：《使用匿名信息源新聞報道侵權案中的舉證責任、報道者特權和利益平衡 —— 評世奢會（北京）國際商業管理有限公司訴〈新京報〉等名譽權侵權責任糾紛案》，《人民司法（案例）》，2016 年第 29 期。

3 參見沈春耀：《關於〈民法典各分編（草案）〉的説明》。

4 參見王利明：《民法典人格權編的亮點與創新》，《中國法學》，2020 年第 4 期。

規則」，即權利的行使不能妨害他人。[1] 根據《中華人民共和國民法典》第999 條之規定，新聞報道在滿足如下兩條件時可以突破人格權保護界限，即不存在「妨害他人」情形：其一，為公共利益而使用；其二，合理使用。具體言之，新聞報道中的採訪、收集、公開新聞報道的過程中所涉及的並未被公開獲知的信息以合理性為限度；新聞報道係出於維護公共利益目的，並非為一己私利或某特定少數人利益，但不限於對某一特定群體，譬如有關孕婦群體、失業群體的專門報道可以視為維護公共利益；新聞報道行為使用對象限於姓名、名稱、肖像、個人信息等標表性信息，對於其他非必要公開信息及個人隱私信息不得擅自公開，《中華人民共和國民法典》第1034 條將個人信息區分為私密信息和非私密信息，「個人信息中的私密信息適用有關隱私權的規定」。新聞侵權，以對相關信息的使用方式、範圍在合理限度為標準，超過合理限度，譬如嚴重干涉正常經營生活即構成侵權；同時，無論傳統新聞媒體機構還是新興互聯網媒體平台，從事新聞業務必須取得相應媒體監管機構行政許可，否則，即不存在公共利益基礎。如果媒體實施新聞報道、輿論監督中存在捏造事實、歪曲事實，對他人提供的失實內容未盡到合理審查義務，使用侮辱性言辭等貶損他人名譽則構成新聞侵權，承擔包括但不限於賠償損失、賠禮道歉等民事責任。

應該指出，《中華人民共和國民法典》第999 條調整了對人格標識或個人信息的使用，對姓名等信息的合理使用基於公共利益的考量，也基於對新聞報道公權力的色彩，還基於姓名權、名稱權的客體屬性，該等信息以使用為其價值。在純粹的私人空間，隱私權無疑應獲得很高程度的保護，公益或其他主體權利在該空間內會受極大壓制；反之，在純粹的公共空間，隱私權所獲保護的程度自然很低，原因在於它受到公益或其他主體

1　［英］密爾：《論自由》，許寶騤譯，商務印書館，1999 年版，頁66。

權利的強大排斥；在兼具私人空間與公共空間性質的「半公共空間」，隱私權受保護的程度則應介於前兩者之間。[1]

結語

《中華人民共和國民法典》人格權編以維護人格權為原則，同時為平衡人格權保護與新聞媒體公開權利益，針對新聞報道、輿論監督規定了免責與突破條款，儘管在司法實踐中，相關細節尚需進一步推敲和檢驗，諸如公共利益、合理使用等邊界界定等，但它依然是人格權保護與新聞報道公開權利益平衡的重要舉措與進步。應該指出，具體新聞侵權個案中，任何民事案件關鍵事實的認定和選擇均取決於原告的訴訟請求，法院通過界定其訴訟請求權的性質和範圍，尋找支持其訴訟請求的法律規範，進而判別其請求權成立所需的構成要件，認定其是否成立。最高人民法院《關於審理名譽權案件若干問題的解答》第七條第四款明確規定，新聞報道侵害名譽權的關鍵構成要件為「新聞報道嚴重失實，導致他人名譽受到損害」。該規定與民法典具體規定相一致，應該受到充分關注。[2]

大師們能夠將平凡無奇的對象通過主觀創造展現得異彩紛呈，面對醜惡得催人作嘔的對象依舊能夠興味不減地沉浸於表現的喜悅之中。換言之，他們在表現客體的時候能夠做到「不以物喜，不以己悲」[3]。

---

1 蒙曉陽：《公共空間隱私權視角下的新聞報道侵權》，《西南政法大學學報》，2018 年第 3 期。
2 謝鴻飛：《使用匿名信息源新聞報道侵權案中的舉證責任、報道者特權和利益平衡 —— 評世奢會（北京）國際商業管理有限公司訴〈新京報〉等名譽權侵權責任糾紛案》，《人民司法（案例）》，2016 年第 29 期。
3 ［宋］范仲淹：《岳陽樓記》。

四、關於選擇

　　什麼是路？就是從沒有路的地方踐踏出來的，從只有荊棘的地方開闢出來的。[1]每一條路徑都有它不得不這樣跋涉的理由，每一條要走上去的前途，也有它不得不那樣選擇的方向。[2]沒有一個人的生活道路是筆直的、沒有岔道的。有些岔道口，譬如政治上的岔道口，事業上的岔道口，個人生活上的岔道口，你走錯一步，可以影響人生的一個時期，也可以影響一生。[3]其實當站在人生岔路口的時候，每個人都會做出最終抉擇。無論選擇哪條路，多年之後回頭再看，都會覺得後悔。因為沒有人知道選擇另一條路會有什麼結果，也不可能知道。[4]

　　「他不懂得在人生的旅途上，非得越過一大片乾旱貧瘠、地形險惡的荒野，才能跨入活生生的現實世界。」[5]安於規，一生安穩；闢新軌，一生顛簸。人的一生，可以有截然不同的過去。[6]如果你在飛雪中行進在街頭，看着枝條濡着雪絨的樹，看着教堂屋頂的白雪，看着銀色的無限延伸着的道路，你的內心便會洋溢着一股激情：為着那無與倫比的壯麗或者是蒼涼。[7]在這樣一個夜晚，我們的臉和手都被火烤得滾燙，我們相信明天會看見天使從罐子裏冒出來，而那片熟悉的樹林裏會突然出現一條全新的道路」。[8]

　　從某種意義上講，現代社會是發展日益成熟的契約社會，人類的生活

---

1 魯迅：《生命的路》，江蘇鳳凰文藝出版社，2017 年版，頁 203。

2 席慕蓉：《生命的滋味》，台聲出版社，1990 年版，頁 113。

3 路遙：《人生》，中國青年出版社，1982 年版，頁 262。

4 玄色：《啞舍》，長江出版社，2017 年版，頁 302。

5 ［英］威廉・薩默塞特・毛姆：《人生的枷鎖》，黃水乞譯，作家出版社，2016 年版，頁 171。

6 摘自《讀者》，2019 年第 15 期。

7 遲子建：《泥濘》，浙江文藝出版社，2017 年版，頁 37。

8 ［英］珍妮特・溫特森：《激情》，李玉瑤譯，新星出版社，2011 年版，頁 115。

離不開契約，契約社會成為現代社會生活不可分離之命脈，其構成了人與人之間的自由、平等交流的基礎，使得社會秩序井然而有序。[1] 合同准據法的確立，在國際上已經形成了一系列普遍公認的原則，其中又尤以意思自治原則最為基礎和首要。「意思自治原則」，又稱「意思自治論」，指涉外合同的當事人有權在協議一致的基礎上選擇某一國家或地區的法律來支配期間的權利義務關係，一旦當事人之間發生爭議，受案法院或仲裁機構應當以當事人選擇的法律作為合同的准據法，確定期間的權利義務關係。[2] 法律適用（不管是實體規範的適用，還是衝突規範的適用）都有正義、安全、效率、靈活、簡練等多種價值取向，立法者與司法者都期望每種價值取向的最大化。然而，法律諸價值之間又存在互剋性，其中一項價值得到充分實現，勢必在一定程度上犧牲、否定或侵蝕其他價值。在國際私法的法律選擇中，即適用衝突法的過程中，同樣遇到這一問題。[3] 選法理論的多元化成為當代衝突法發展中的一種客觀現象。儘管美國衝突法革命削弱了傳統衝突法所追求的一致性目標，但當今衝突法的主流仍然是普遍主義，同時特殊主義也佔得一席之地。人們愈來愈認識到，經濟、社會和科技的飛速發展，使得衝突法並不是總能實現一致性目標。在該目標外，衝突法也應該同時追求一些與之相並列的目標。表現在成文立法上，沒有任何國家的衝突法立法全盤以普遍主義的立場來構建具體的衝突規則。在涉及一國重要的立法政策和利益的領域，總是或多或少地存在着特殊主義的影子。[4] 在確定准據法時應考慮以下連結因素：不動產所在地，當事人的住所、居所、國籍、公司所在地及營業地、涉及相關不動產交易的發生地。

1　徐偉功：《法律選擇中的意思自治原則在我國的運用》，《法學》，2013 年第 9 期。

2　許軍珂：《從法律適用條款看衝突法對國際格式合同的規制》，《政法論壇》（中國政法大學學報），2005 年第 1 期。

3　李金澤：《關於美國現代國際私法中法律選擇方法的法哲學思考》，《江蘇社會科學》，1996 年第 3 期。

4　梁艷艷：《衝突規則的重構》，《現代法學》，2017 年第 6 期。

此外，在該當事人已經合理地信賴不動產所在地法，並據此對不動產所有權進行了調查或對結果作出了評估，或者，如不適用不動產所在地法，法院的判決將得不到執行的情況下，應適用不動產所在地法。[1]

國際性仲裁協議的准據法確定關係到仲裁協議的有效性，因而在國際商事仲裁實踐中具有重要意義。傳統上，由於得到《紐約公約》第五條第一款甲項的間接認可，確定國際性仲裁協議准據法的方法主要有二：其一是適用雙方當事人所明示或默示地選擇的、適用於仲裁協議本身的法律體系；其二是在無法律選擇的情形下適用仲裁地國家的法律體系。在雙方當事人已明示或默示地選擇仲裁協議准據法的場合，當事人的意思自治應得到尊重，故當事人意思自治原則已成為確定國際性仲裁協議准據法的首要原則。在雙方當事人無明示或默示法律選擇的場合，仲裁地通常被認為是與仲裁協議有最密切聯繫的地方，故經常被適用的是仲裁地國家的法律體系。[2]各國的仲裁立法對仲裁協議形式有效性的要求仍不盡一致，有時會提出到底應依何國法律體系判斷國際性仲裁協議在形式上是否有效的問題。在國際商事仲裁實踐中，曾經有人主張國際性仲裁協議的形式有效性只需任擇性地符合仲裁協議締結地國家的法律體系或合同（包含仲裁條款的合同或單獨的仲裁合同）的准據法所屬國家的法律體系對形式的要求即可。[3]

「那輪軌交磨的聲音，遠時哀沉，近時壯烈，清晨將我喚醒，深宵把我搖醒，已經潛入了我的脈搏，與我的呼吸相通」。[4]梅因在其名著《古代法》中所作出的「從身份到契約」的論斷，至今仍然具有旺盛的生命力，契約社會的形成與發展、開拓與成熟正是「從身份到契約」的不斷深入運

1　See Symeon C. Symeonides, W. Perdue & A. von Mehren, *Conflict of Laws: American, Comparative, International*, 2d ed, Thomson-West, 2003, pp. 354–356.

2　陳衛佐：《國際性仲裁協議的准據法確定》，《比較法研究》，2016 年第 2 期。

3　黃進等：《國際商事仲裁的法律適用》，《法學評論》，1993 年第 4 期。

4　余光中：《記憶像鐵軌一樣長》，洪範書局出版，1987 年版，頁 191。

動的表現。而在此發展進程中，「從契約到身份」反方向的運動也悄然出現。其出現的目的並不是對「從身份到契約」運動的否定，而是作為「從身份到契約」的有益補充，彌補契約社會有時無暇顧及人與人之間事實不平等的缺陷，彌補契約社會過分強調私人利益保護，忽視社會公共利益保護的缺陷。由此說來，二者之間是並行不悖的，共同勾勒出現代社會的發展圖景。[1]

　　法律應對各種行為的法律後果加以明確預示從而使法律有可預見性，使人們在行為之前即可預料法律對自己行為的態度，不必擔心來自法律突如其來的打擊，從而起到防範其權力階層人性的弱點的作用。[2]

五、根雕與慎思

　　根雕是一門古老的技藝，根雕藝術品最大的特點是獨一無二，世界上不會有完全相同的兩件根雕。每一件作品都是依據根料的自然形態、質地、色澤等確定題材內容，依形賦意的。其取材於樹木砍伐之後遺留下來的根基。直觀上而言，材質醜俗不雅，盤根錯節，疤瘤節結，蟲蛀洞孔，蟠虯殘缺，令人不屑。可是一旦遇慧眼有識和靈犀相通者，即會創造出佳品。正是這種由醜到美的奇妙變化，激發了藝術家的創作靈感。或山水或風景，或花鳥或魚蟲，或歷史人物，或走獸物成，皆橫生妙趣、審美天成。[3]

1　余煜剛：《「從契約到身份」命題的法理解讀》，《中山大學法律評論》，2012 年第 10 卷第 1 輯，頁 37。
2　徐國棟：《民法基本原則解釋》，中國政法大學出版社，1992 年版，頁 328。
3　《根雕藝術的精髓：三分人工 七分天成》，《西安晚報》，2016 年 3 月 31 日。

藝術「生來孤獨，無數的往日和無限的時間因破碎而成片斷，互相埋沒的心流，在孤單中祈禱，在破碎處眺望。」[1]「在這個世界上，沒有一樣東西是恆久不變的，沒有一樣東西是永遠固定的。一切都在波動，一切都在跳盪；一切都顯得短暫匆忙，狂歡得意。」[2]

雕塑屬於美術的範疇，是一種造型藝術，是雕、刻、塑三種創製方法的組合總稱。指用各種可塑材料（如石膏、樹脂、黏土等）或可雕、可刻的硬質材料（如木材、石頭、金屬、玉塊、瑪瑙、鋁、玻璃鋼、砂巖、銅等），創造出具有一定空間的可視、可觸的藝術形象，藉以反映社會生活和表達藝術家的審美感受、審美情感、審美理想的藝術。雕、刻通過減少可雕性物質材料，塑則通過堆增可塑物質性材料來達到藝術創造的目的。[3]

法律作為一種制度，與其實例在時間上的存在並不一致，任何法律制度在邏輯上都早於它的具體實例而存在。我們知道，依據具備特定邏輯關係的系列規則而存在的制度，只要這一系列規則通過某種方式被創設出來，該制度就開始存在，而符合這一系列規則的事件的出現或行為的發生必然要或長或短地滯後一段時間。這一點在制定法國家，特別是在超前立法的情況下，表現得尤其明顯。當然，嚴格說來，法律制度的這一特點普遍存在，畢竟任何立法從其頒佈生效到任何實例的存在都要經歷或短或長的一個時間間隔。[4]

1　史鐵生：《我與地壇》，人民文學出版社，2011 年版，頁 127。

2　［英］弗吉尼亞・伍爾芙：《海浪》，曹元勇譯，上海譯文出版社，2019 年 04 月版，頁 198。

3　《吳遠保雕塑作品的著作權保護 ── 從一起「彌勒佛像」著作權侵權案説起》，中顧法律網，2012 年 2 月 24 日。

4　賈煥銀：《法律制度的慣例實踐》，《廈門大學法律評論》，2016 年第 1 期。

慎思

　　生活是一場變幻多端的旅行，不可能不發生變化。面對多變量、信息繁雜的現代社會，你要懂得分門別類，建立起系統化的思考框架，形成一套良好的思維方式，減少信息的「陌生感」，[1] 當我們用理性直面每一案件時，一個預設前提 —— 證據是不變的，事實是凝固的。法律從來不等同於制定一勞永逸的執行方案。[2] 法律程序最重要的特徵在於通過無知之幕的設置來屏蔽自然的和社會的偶然因素對當事人選擇正義原則的影響。在法律實踐中，當事人所受到的制度性約束通常將判斷的好壞與當事人的個人職業利益聯繫在一起，促使其做出一定必要的應對，[3] 但應對的限制性和局限性，較大時間是不存效率的。

　　只有那些從一開始就是由你內心指導而進行的思考，才具有價值。思想家，可以被分成以下兩種情形：那些由其內心的指導而進行思考的思想家，和那些受他人指導而進行思考的思想家。前者是真正為其自身的思想家，他們是真正的哲學家。他們內心之中本身就充滿了熱情。他們生存的快樂和幸福全在思考活動之中。後者是雄辯家，他們把自己表現為思想家，進而從他們自他人那裏企求得來的東西中去尋找幸福。[4] 經驗不只是感知，成為引發理論知識的資料，經驗也是人的意志與情感的經驗，在反思中也成為引發意志與情感的自覺資料，並因之具有引發人之心性主體之知與自覺的力量。人的追求自由必須透過價值的創造，自由既是價值創造的先天形式又是價值創造的後天成果。同理，我們也可相應地說，價值創

---

1 劉擎：《獨立思考，為什麼這麼難？》，載《劉擎西方現代思想講義》，新星出版社，2021 年版，頁 221。

2 See John Rawls, *A Theory of Justice* (*Revised Edition*), The Belknap Press of Harvard University Press, 1999, p. 118.

3 參見季衛東：《法治構圖》，法律出版社，2012 年版，頁 129–131。

4 [德] 阿圖爾‧叔本華：《論獨立思考》，載《意慾與人生之間的痛苦 —— 叔本華隨筆和箴言集》，李小兵譯，上海三聯書店，1997 年版，頁 48–58。

造既是自由的充分表現，又是實現自由的必要過程，兩者互為表裏、互為因果，不但因為兩者都是人的本體創造能力的表現，更因為兩者的互為表裏、互為因果的關係正是人的本體創造能力實現的根本方式。[1]

任何思考上的問題，是一定可以用多個不同的角度來推想的，換言之，同樣的問題，可用不同的預感來試圖分析。以預感而起，加上想像力去多方推敲，有了大概，再反覆以邏輯證實，是最有效的思考方法。只要得到的理論或見解合乎邏輯及方法論的規格，它是怎樣想出來的並不重要。那些主張「演繹法」（deductive method）或「歸納法」（inductive method）的紛爭，不宜盡聽。法律是以邏輯組合而成的一種語言，嚴格來說，任何語言文字都是符號；思想是抽象的，要證實抽象思想的正確性，邏輯就大有用途，因為它是最嚴謹的語言。但有效的思考方法卻是要將抽象現實化。[2]

具體案件的代理，具有根雕的特性，亦具藝術和堅韌的特性。「根雕藝術是『發現的藝術』『天人合一的藝術』」。[3]與木雕、泥雕不同，根雕具有不可複製性，而創作一件成功的根雕作品關鍵是要取根之自然、因材施藝、巧作加工，儘量多地保留樹根的自然形態與天然神韻，然後融自然美與藝術美於一體。將料材去髒、去皮、打磨、防腐之後，[4]或成荷花、梅花，或成雄雞、飛鷹，或成朝官、村夫，寓意深遠，形象生動。根雕創作要有堅韌不拔的精神，有甘於寂寞的耐心，有淡泊寡慾的心性，[5]樹根必須經過工匠藝術推演才始成為根藝作品，作品需要打磨，「在打磨作品的同

---

1 成中英：《馮契先生的智慧哲學與本體思考：知識與價值的邏輯辯證統一》，《學術月刊》，1997年第 3 期。

2 張五常：《思考的方法》，《法制資訊》，2014 年第 8 期。

3 任文、魯婧：《精雕太行根藝：打磨藝術人生》，《燕趙晚報》，2013 年 4 月 18 日，http://art.people.com.cn/n/2013/0418/c226026-21181234.html。

4 《精雕太行根藝：打磨藝術人生》，《燕趙晚報》，2013 年 4 月 18 日。

5 《根雕藝術大師彭勇失傳已久的雕刻手法在他手中重現》，《華龍網－重慶日報》，2017 年 7 月 25 日。

時，覺察自己的性格亦在不斷進行打磨，變得越來越沉穩、圓潤」。[1]

根雕與踐行

關於與根雕相似的法律服務，我們應當盡思之，踐行之。團隊律師代理北京吉野家快餐有限公司與相關方的房屋租賃合同糾紛疑難商事訴訟案件，歷時四年，最終勝訴。委託人訴求獲得全部支持，相對方訴訟請求被全部駁回。該商事爭議涵蓋房屋租賃合同履行、租賃標的賣買、租賃標的優先購買權、賣買委託、買受人違約責任、租賃權之物化、買受人與原出租人之連帶責任、司法鑒定、司法判例、租賃公示研究等疑難商事訴訟諸多環節，代理團隊終憑專業、扎實的法律方技，獲得充分肯定，最大限度實現法律事實與客觀事實的彌合，為當事人挽回巨額經濟損失，充分維護了當事人的合法權益。「《委託出租函》及《產權人承諾函》同時約束出租人、代理人，產權人與代理人對《租賃合同》的履行承擔連帶責任。租賃物在租賃期間發生所有權變動，不影響租賃合同之效力。」「後手買受人不能舉證其在交易時盡到審慎注意和核實，理應承擔相關責任」等相關代理觀點被爭議機構充分採納。[2]

律師團隊代理的委託人北新建材（集團）有限公司與相對人系列進出口、大宗貨物買賣、保證合同爭議訴訟及執行，歷時 12 年，歷經兩審、再審、申訴、抗訴、執行等艱難程序，最終實現了委託人的根本訴求。該次爭議涵蓋進出口代理、大宗工礦產品購銷、合同履行保證責任、商標權利可執行性及拍賣、分紅非股權可執行性及交割、股東連帶賠償責任、國際商事仲裁、刑民交叉、信誠實原則、法人人格否定、司法判例、專家意

1《多年根雕情結 成就創業夢想》，《燕趙晚報》，2014 年 1 月 17 日。

2 北京吉野家快餐有限公司，由中國香港洪氏集團成功引進國際專利，旗下擁有吉野家和 DQ 冰淇淋等數個國際餐飲連鎖品牌，共有 210 多家連鎖餐廳，遍佈中國香港、北京、天津、石家莊、廊坊、內蒙古、瀋陽、大連等地區。

見等疑難訴訟爭議諸多環節。「涉案委託《代理進口合同》《保證合同》，為當事人真實意思表示、應屬合法有效。受託人已實際履行代理購買貨物進口的合同義務，合同相對方應依據合同約定支付款項，承擔違約責任。」「所涉《保證合同》係無條件不可撤銷的保證合同，結合本案證據，保證人應承擔連帶責任。受託人訴求並無超過約定之保證範圍及擔保額度。」「債務人不履行支付貨款義務，保證人即應承擔連帶清償責任。關於擔保人所謂債務人違反反擔保之責任，各項辯稱不予採納。」「被執行人無財產清償債務，其股東存在資金不實或抽套註冊資本，可以裁定追加為被執行人，在法定範圍內承擔連帶責任。」以上代理觀點被各級審判機關、抗訴機關、申訴機關和執行法院所採納，代理團隊長期勤勉的工作態度，優秀的專業素養亦被委託方所認可。[1]

　　律師團隊代理中信國安第一城國際會議展覽有限公司與相關方拍賣合同糾紛疑難商事訴訟案件，經北京市三級法院審結，再獲佳績。委託人訴求獲得全部支持，相對方訴訟請求被全部駁回。本次商事爭議涵蓋委託拍賣合同、拍賣規則考量、間接代理與委託人介入權、拍賣人損害賠償責任與買受人違約責任之競合、最高法院認定、司法判例、間接代理制度研究等疑難商事訴訟諸多環節，代理團隊不畏艱難，通過精嚴演練、判例研討、專家推研、克服重重困難，終憑專業、扎實的法律技術，在兩級法院獲得肯定，最大限度實現法律事實與客觀事實的彌合，為當事人挽回巨額經濟損失，充分維護了當事人的合法權益。「拍賣法律關係中，委託人與買受人形成事實上的買賣合同關係，委託人與拍賣人形成有償的委託合同關係，委託人既可直索買受人違約責任，買受人亦可以標的物存在瑕疵為

---

[1] 北新集團隸屬於國務院國有資產監督管理委員會直屬管理的中央企業，為超大型建材領袖企業，及國家 520 家重點企業之一。於 1979 年由國家投資建設的國內最大的新型建材產業基地，現已發展成為集建材產業投資、木製品開發、物流貿易以及集成房屋業務為一體，總資產逾 600 億元，銷售額超 300 億元的綜合性大型企業集團。

由追索委託人違約責任。拍賣人存在過錯的，應當對委託人遭受的經濟損失承擔損害賠償責任。《拍賣規則》同時約束委託人、拍賣人及買受人，《拍賣規則》中關於拍賣人對是否追究買受人違約責任享有的「最終決定權」之規定並不能排斥和免除委託人以自己名義對買受人違約責任的追索權。《拍賣規則》為拍賣公司制定的格式合同，若存在不同理解的，應作出不利於拍賣公司的解釋；若存在排除和免除委託人主要權利的條款，應依據《中華人民共和國合同法》第 40 條規定確認無效等相關代理觀點為各級法院充分採納。[1]

律師團隊代理的知名珠寶鑽石企業恆信璽利實業股份有限公司股權投資、委託設計等系列複雜商事爭議案件，在中國國際經濟貿易仲裁委員會、北京市第一中級人民法院、北京市高級人民法院陸續塵埃落定，委託人訴求獲得全部支持。本次系列爭議涵蓋 A 股上市公司股權投資、資產重組、違約賠償、委託設計合同履行、設計費用支付、產品同一性比對、專利認定等商事訴訟、知識產權爭議諸多環節，代理團隊不畏挑戰，通過精準的法律和判例研究，模擬對抗，嚴密推理，邏輯求證，周嚴組織證據，提出系統代理意見，最終獲得相關仲裁庭、法院高度認可，委託人利益獲得最大程度上維護。代理團隊實現了法律技術、公司經營、資本市場之間創造性的聯結，為律帥處理類似複雜連鎖爭議提供了經驗。[2]

---

1 中信國安第一城國際會議展覽有限公司係中信國安集團一級子公司，中國中信集團公司子公司二級子公司，在國際會展領域成績卓著，先後舉辦金磚國家財長會議，世界醫療大會，中美戰略經濟對話會議等。中信國安集團公司係信息產業、旅游房地產、高新技術及資源開發等領域，具備可持續發展能力的大型綜合性企業集團，為亞太經合組織（APEC）中國企業聯席會議成員企業，中國企業聯合會、中國企業家協會成員企業。

2 恒信璽利實業股份有限公司成立於 1999 年，目前旗下共有三個獨立品牌：I DO, Ooh Dear, 恒信鑽石宮殿，銷售覆蓋近 140 多個城市，擁有 500 餘家門店，其中 I DO 是中國消費者推崇的情感珠寶品牌，為眾多一線明星爭相代言。

藝術的鍛造

「彼時我已陡然開悟，明白人生和世事大抵如此，靠近了，都不壯觀。」[1]對於不壯觀的商事爭議，我們堅信：案卷通過實在化能量流動，通過跨越複雜程序的、文化的、溝通的網絡系統的活力信息符碼來表現自身，[2]定義法律系統邊界以及選擇類型的結構的法律，亦「具有為那些在社會內部形成的諸社會系統減輕負擔的功能」。[3]根雕與慎思，團隊通過「私法自治給當事人以法律保護的自由，使個人獲得自主決定的可能性。這是堅韌、堅守的價值所在。」[4]

六、色彩與法律

我們每個人都有十種情緒，就像十種不同的顏料，喜、怒、怕、悲痛、厭惡、驚奇、輕蔑、內疚、羞、興奮，每時每刻的情緒千變萬化，都是基本情緒粒子調成，就像用顏色塗抹出各種圖畫，萬變不離其蹤。[5]

法律如果有顏色，會不會看上去就像梵高的《向日葵》和《星空》？法律如果有態度，是不是聽上去就是貝多芬的《田園》和《英雄》？法律的意義是如此厚重，無論我們怎樣全力以赴都不為過，因為我們生而為人，生而為眾生。[6]

1　鄭執：《生吞》，浙江文藝出版社，2017 年版，頁 118。
2　［意］羅西·布拉伊多蒂：《後人類》，宋根成譯，河南大學出版社，2016 年版，頁 279。
3　［德］尼克拉斯·盧曼：《法社會學》，賓凱、趙春燕譯，上海人民出版社，2013 年版，頁 183–184。
4　［德］迪特爾·梅迪庫斯：《德國民法總論》，邵建東譯，法律出版社，2000 年版，頁 43。
5　畢淑敏：《紅處方》，譯林出版社，2011 年 11 月版，頁 109。
6　董卿：《朗讀者》，人民文學出版社，2017 年 7 月版，頁 115。

「在黑白裏溫柔地愛彩色，在色彩裏朝聖黑白。」[1] 色彩是一個抽象而神祕的概念，它必須依附於具體的形態而存在，色彩在繪畫藝術中是表達情感的重要手段，在生活中它又是裝點生活的重要元素，生活在不同空間中的人們，對於色彩的理解也各不相同，對於不同顏色的鍾情程度也有着很大的差異。

> 色彩作為人類的一種共同語言而存在着 …… 色彩在具備物質的一種屬性的同時，又具有作為共通語言的象徵性和邏輯性。[2]
>
> 我一邊散步，一邊留心着葉子的色澤和特徵、山巒那迷夢一樣的紫色、冬天的枝幹的絕妙的邊線，以及遙遠的地平線的暗白色的剪影，那時候，我便本能地意識到了自己。[3]

顏色

「顏色的相同性概念的不確定性」是維特根斯坦《論顏色》闡述的核心。在傳統感覺和知覺理論中，顏色被視為簡單的二維性質，但是白色的不透明性使得我們認識到顏色分為透明的顏色和不透明的顏色，灰色的不發光性進一步讓我們認識到顏色的三維性。構成顏色空間的概念也不是均質的，而是包括不同的類型：原色和混合色的用法不同；相反的顏色沒有混合色；白色不是其他顏色的混合等。顏色相同性的不確定性使得顏色八面體語法空間變得不再可靠。[4]

在色彩譜系中，白色是大自然中最簡單的素色，融於天地萬物之中，與《莊子·應帝王》「順物自然」的觀念不謀而合。《莊子·人間世》云：「虛

1　汪曾祺：《人間草木》，中國文聯出版社，2009 年 5 月版，頁 129。
2　《藏族的色彩藝術觀》，《中國西藏網》，2015 年 8 月 27 日。
3　［英］溫斯頓·丘吉爾：《我與繪畫的緣分》，王漢梁譯，《中文自修》，2005 年 Z1 期。
4　姚東旭：《維特根斯坦顏色學說演進歷程》，《中國社會科學報》，2019 年 7 月 23 日。

室生白，吉祥止止」，空明的心境發出純白的自然之光，吉祥就會集於虛明之心。白色在莊子看來不僅是澄明清虛的自然之光，更是虛靜空靈的自然心境和純真樸素的自然本性。白色所寓意的空明純淨的心境，是人走出現實的限制，參透生命的局限，自由遨遊於天地而達到超脫的精神境界。莊子對事物顏色的深淺、明暗、變化等，進行細緻觀察，不僅關注顏色的屬性，還在意其深淺明暗的層級差異。在他獨特的審美趣味和形象的藝術創作中，萬物鏡像般生動呈現在讀者眼前。[1]法家對黑色的關注，流露出一種對人性與生俱來的幽暗意識，認為天下之人皆自私自利，互用計算之心以相待。法家正是從人性惡的角度出發，主張應針對人之「趨利避害」心理運用賞罰之道。可見，顏色表徵於特定的觀點與洞察。韓非子認為「夫聖人之治國，不恃人之為吾善也，而用其不得為非也 …… 夫必恃自直之箭，百世無矢；恃自圓之木，千世無輪矣。」法家對人通過自我修養達至道德完善不抱太多期望，亦對民眾的道德素質不做過高估量。[2]

　　色彩在一定意義上即為象徵，象徵即自然地代表具有類似性質的或在思想上或在實際上有關聯的事物。特納同意榮格關於符號與象徵之間的區別觀點：符號是一種已知事物的類似代表，象徵相對地講是一種對未知事物的表達。特納認為，人類學者的任務是揭示這些未知事物的含義。象徵的本質屬性是它的兩極性：一極是自然的、感覺的和慾望的，另一極是社會規範的、思想的和道德的，二者統一於象徵。象徵還具有多義性和統合性的性質。[3]

　　人生總要有些灰暗的事，有些光亮的事。過去了，就通通掃進記憶的深層，任他落灰。再翻出來回頭看看時，就分出了五彩斑斕的顏色。[4]「總

1　仲豔青：《莊子眼中的顏色》，《光明日報》，2020 年 4 月 3 日。

2　張文波：《法律史視野下的儒家倫理與法家文化》，《人民法院報》，2017 年 10 月 16 日。

3　巫達：《顏色、象徵與國家權力》，《中國彝學》第 2 輯，2019 年 4 月 12 日。

4　向京：《我看到了幸福》，文化藝術出版社，2011 年版，頁 57。

有一天，他會有柔軟得像麻雀翅膀、溫暖得像鴨子絨毛、顏色如曙光、色彩如大海的衣裳。總有一天，他會有雙乾乾的腳。總有一天，陰影會消散，冰霜會融化，太陽會回來，星星會再閃耀，總有一天。」[1]

部門法、法律研究方法與顏色

法律體系是一個整體性、系統性的概念，其中必然存在某種整體和部分之間的關係，從而涉及法律分類的問題。法律分類也是法理學的一個基本概念，按照不同的標準，法律可以歷史或邏輯地劃分為不同的種類。法律是調整社會生活關係的，從將社會生活關係定型化、規範化的意義上說，法律在調整社會生活關係過程中所形成的法律關係，只是社會生活關係的法律外殼。因此，從法律調整和法律秩序形成的原理來說，在社會生活關係生成之前，法律調整無從談起；在社會生活關係變動不居的情況下，法律調整和法律關係也難以成型。[2]社會關係的調整不可能光靠法律，這是肯定的。就規範而言，有很多種，比如道德規範、紀律規範、法律規範等等。法律規範又包括公法、私法。公法當然是強制性的，私法（比如民法、商法）就不能簡單地理解為是強制性的。我個人認為應該這樣表述：法律是帶着強制的特點或者是強制的可能性。[3]

「你未看化時，此花與汝心同歸於寂。你來看此花時，則此花顏色一時明白起來，便知此花不在你的心外。」[4]法律部門不一定要鮮豔，但一定要有自己的顏色 ——

1. 綠色。《中華人民共和國環境保護法》（2014 年修訂）第二條規定：

1　[意]希瓦娜·達瑪利：《最後的精靈》，景翔譯，湖南文藝出版社，2017 年版，頁 179。

2　張志銘：《轉型中國的法律體系建構》，《中國法學》，2009 年第 2 期。

3　王保樹：《商事法律規範編纂模式的選擇》，法律出版社，1999 年 9 月版，頁 107。

4　《傳習錄》卷下，載《文淵閣四庫全書》本《王文成全書》卷 3。

環境，是指影響人類生存和發展的各種天然的和經過人工
改造的自然因素的總體，包括大氣、水、海洋、土地、礦藏、森
林、草原、濕地、野生生物、自然遺蹟、人文遺蹟、自然保護
區、風景名勝區、城市和鄉村等。

《中華人民共和國民法典》（2020 年）第九條規定：

民事主體從事民事活動，應當有利於節約資源、保護生態環境。

綠色原則着眼於人與自然的「天人合一」，講求的是可持續發展，其調整
範圍已從人與人之間延伸至人與自然之間。[1] 在此角度，上述兩部法律之綠
色定位應為實至名歸。
　　2. 黑色。《中華人民共和國礦產資源法》（2009 年修訂）第十六條規定：

開採通常礦產資源的，由國務院地質礦產主管部門審批，並
頒發採礦許可證；開採石油、天然氣、放射性礦產等特定礦種的，
可以由國務院授權的有關主管部門審批，並頒發採礦許可證。

依賴高耗能、高污染產業推動經濟高速增長，隨着城鎮化和工業化進程的
加快，人口的持續集聚，土地、能源等資源供需矛盾和環境污染等問題逐
漸出現。依賴黑色金屬加工的「黑色發展」道路，到頭來仍會回到「用資
源投入換短期效益」「先污染後治理」的老路，實踐證明是走不通的。[2]
　　那是碎石的聲音，黑色的碎石聚攏、分散，閃爍着天外來客隕石一樣

1　侯國躍，劉玖林：《民法典綠色原則：何以可能以及如何展開》，《求是學刊》，2019 年 第 1 期。
2　蔡玉勝：《從「黑色發展」到「綠色發展」》，《光明日報》，2018 年 12 月 24 日。

的美。[1] 減少鋼鐵煤炭「黑色產業」比重，擴大裝備製造業、高新技術產業等「白色產業」的總量，從根本上提升經濟發展的後勁。[2]

　　同時，刑事制裁，懲惡揚善，亦是黑色之利劍。犯罪學是進行經驗研究的事實學。

> 犯罪學是一門歸納型科學 …… 如同其他的歸納型科學那樣，它用有可能最準確的方法觀察事實，利用一切可能的方法探討這類現象的原因。[3]

　　3. 灰色，本身就蘊含着白色和黑色，正是這兩種基本色調，變幻出世間的諸多色彩。灰色系統理論方法具有獨特性與實用性。灰色系統理論方法的獨特之處，在於所需數據和信息較少。其研究對象是「部分信息已知，部分信息未知」的「小樣本」「貧信息」的不確定性系統。為實現對系統運行行為、演化規律的正確描述和有效監控，此方法主要通過對「部分」已知信息的生成和開發，採取有價值的信息。其具體研究範式，是對不確定性系統（比如經濟社會系統）進行分析、建模、預測、決策和控制。[4] 在此角度，法律推理為灰色的典型代表。法律推理所蘊涵的司法實踐理性，是與法官的智慧、審慎、深思熟慮聯繫在一起的以司法程序技術為依託的實踐推理能力。從本質上來說，法律推理是一種行為選擇，而行為選擇的靈魂則是價值判斷與目標實現。無論是法律漏洞的填補、規則歧義的消除、抽象規則的具體化還是推理的後果評價，都需要推理主體藉助於價值論和目的論評價在多種可替代的規則解釋方案中作出選擇。法律推理

1　蒲波：《地層深處的「黑色力量」》，《中國藝術報》，2018 年 7 月 4 日。

2　《「黑色產業」嬗變的邯鄲答卷》，《光明日報》，2017 年 1 月 13 日。

3　張明楷：《刑法學中的概念使用與創制》。

4　李群：《把握灰色系統理論方法》，《中國社會科學報》，2021 年 1 月 12 日。

實質上是在一定原則指導下的價值判斷與行為選擇。價值判斷與利益權衡使得法律推理不再是一種機械性操作，而是作為一種有目的的實踐活動，正是由於實踐理性的作用，才有可能防止司法專橫。[1]

　　4. 白色，是赤橙黃綠藍靛紫的集合體，這些光鮮奪目的顏色，代表着現今社會所追求的紛繁複雜的利益、權利，法律為人民的日常生活提供相應的指引和規範，給人們樹立正確的導向，充分尊重「自主選擇」的權利，不輕易插手各類活動，讓民事行為在正常、有序的狀態下平穩運作，因此顯得極其「低調」，甚至「黯淡無光[2]」。就具體生活事實而言，它對一項基本權利規範而言可能是其核心領域事項，但對另一項基本權利規範而言則可能是其邊緣領域事項。[3]

　　顏色是人們藉助視覺感觀認識世界的基礎，我們掌握了紅色、黑色、白色、灰色等顏色的不同認知特點後，將理解的顏色文化、顏色心理等與法律思維相結合，並將其投射於對法律文本的理解與認知上。儘管中英文法律文本的形成有其獨特的法律認知語境，但顏色與特定法律現象之間的「相似」更側重於內在的社會心理層面的聯繫與把握。[4]

小結

　　是誰說過，生命是一片純白的空地，孤獨的人們反覆徘徊。在這一片純白之上，我哭了又笑了，一點點明白人世所謂的道理。[5] 草、雲、海，是綠色、白色、藍色的自然。這潔淨的色彩，抹去了鬧市的浮沉，使我的心恢復了感知。[6] 規則「吸收着水分，越來越藍，藍得醉人，那是畫家調不出

1　韓登池：《論法律推理與司法理性》，《光明日報》，2010 年 7 月 20 日。

2　孫啟斌：《法律的顏色》，《中國法院網》，2016 年 6 月 8 日。

3　轉引自柳建龍：《論基本權利競合》，http://www.aisixiang.com/data/108365-3.html。

4　劉風景，張翼：《顏色的法律隱喻》，《法制文明》，2014 年第 5 期。

5　田維：《花田半畝》，崑崙出版社，2011 年版，頁 171。

6　顧城：《學詩筆記》，選自《給孩子的散文》，海燕出版社，2016 年 12 月版，頁 115。

來的顏色。」[1]

　　法律文本中顏色隱喻的形成機制 ── 映射 ── 也值得一提。隱喻是利用事物間的相似性或關聯性實現源域到目標域的映射，人們進而在認知領域對其相似性產生聯想，藉助概念間的這種聯繫形成了一種認知。如 white（白色）在中英文中有一些共同的語義特徵，都有高尚、純潔、聖潔、明亮的隱喻意義。這種色彩以白色對人們心理及生理的影響及人們大腦中已有的各種文化因素對白色的影響為基礎，通過刺激認知主體的感官，進而幫助人們做出感知處理、認知辨別及認知選擇。通過映射，白色的語義由顏色領域投射到了法律領域，形成了正式、合法、清白、公正等新的法律語義。White 與 black 相對，相應的 white market 與 black market 的意義剛好相反，前者即指「合法市場」。Black and white（白紙黑字），強調契約雙方一旦達成了協議，簽訂了文書，就要受其約束而不得反悔。White paper（白皮書），很好地表達了政府官方正式發佈這一公告的效力。又如 white light 喻指「公正無私的裁判」，white list 喻指「經合法審批的名單」，white-shoe law firm 喻指這一公司是合法成立的。[2]

七、鏡像與覺察

　　　我越是逃離，卻越是靠近你，我越是背過臉，卻越是看見你。我是一座孤島，處在相思之水中，四面八方，隔絕我通向你。一千零一面鏡子，轉映着你的容顏。我從你開始，我在你結束。[3]

1　北島：《藍房子》，江蘇文藝出版社，2009 年 4 月版，頁 206。
2　朱敏冠：《法律文本中顏色詞的隱喻認知研究》，《法制博覽》，2019 年第 11 期。
3　〔伊朗〕埃姆朗・薩羅希：《一千零一面鏡子》，穆宏燕譯。

用鏡子描摹着慾望，用時間改寫長路上的憂傷，用沉默去掩埋一生的錯愕，用漂泊來彰顯故鄉。[1] 一個人面對外面的世界時，需要的是窗子；一個人面對自我時，需要的是鏡子。通過窗子才能看見世界的明亮，使用鏡子才能看見自己的污點。其實，窗子或鏡子並不重要，重要的是你的心，你的心廣大，書房就大了，你的心明亮，世界就明亮了。[2] 邏輯的理念類型，雖然也是由經驗中得來，但以其純粹的形態而言，經驗現象中未必有其適例。較諸迄今考察過的類型，此種類型比較是思考的創作，於此涉及的是一種模型的觀念，其係藉強調個別的 ── 實際觀察而得的 ── 特徵以及，摒棄其他的特徵而得者，其目的在於供作比較的標準。「藉助模型使其各該『典型』流程更為清晰，藉着與『純粹的』類型相比較，更能理解現實生活中遭遇到的混合形式。」[3]

鏡像（I'image spéculaire）

「自我」的建構離不開「自身」，也離不開「自我」的對應物 ── 鏡中「自我」的影像，而「自我」只有在與他者認同的辯證過程中，才被客觀化。[4]

> 不是自我意識面對另一個自我意識，一個實體的主人對另一個實體的奴隸的征服，而是幻象與空無的映射關係對「我」的奴役。[5]

1　席慕蓉：《顛倒四行》，載《席慕蓉詩集》，作家出版社，2010 年版，頁 105。
2　林清玄：《人生最美是清歡》，北京十月文藝出版社，2016 年版，頁 93。
3　［德］卡爾·拉倫茨：《法學方法論》，陳愛娥譯，商務印書館，2003 年版，頁 338–339。
4　廖宏勇：《咖啡的現代性與媒介鏡像》，《廈門大學學報（哲社版）》，2014 年第 1 期。
5　張一兵：《不可能的存在之真 ── 拉康哲學映像》，商務印書館，2006 年版，頁 123。

我們正處在一個技術壟斷（technopoly）的世界，視像技術為我們營造的幻象，左右着我們的思維方式和行為模式，使得我們在不斷比照中發現與另一個「我們」的差距。[1]

鏡子所類比的身體經驗不單單是自我向世界的開放，而是超越了感知主體與被感知世界的區分，更多地指示「我」與自己的身體在感知經驗上的交互現象：「肉身是鏡子現象，而鏡子是我與我的身體的關係的延伸。」[2]

必須明白，法律乃是一種特殊的人文學知識，而所謂人文學知識不是現代知識意義上的「科學技術知識」，或者用時下的技術語言來說「可編碼化的知識」，而是一種最切近人類自身生活經驗的學問或生活智慧。[3] 訴訟逐漸從封閉走向開放，超越靜態的法律條文和單一的法律邏輯思維，正視法律文本的開放性，主動關注法律所調整的社會生活事實的變化，將法律置於整個社會整體運行狀況中去考察和理解，促使公共政策與法律法規之間實現有機銜接，使得法律與不斷變化的社會事實之間保持動態的適應，在改革和穩定之間維持平衡。[4]

覺察

文明的傷心處在於：社會的迅猛發展並沒有催生出更為燦爛，更具包容性的集體人格。人們的身心始終生活在兩個存在「時差」的世界裏，經歷着雙重的歷史，在兩者的縫隙中表演自身的醜陋與無聊。而這一切的救贖還有待於一場歷史性的精神引渡。[5] 具體個案的考察，必然論及多元法條主義，即法律規範的適用問題。法律人當然包括社會各類人，最易想到其

1 Neil Postman, *Technology: Surrender of Culture to Technology*, New York: Vintage Books, 1993.

2 Le Visible et l'invisible, Paris, Gallimard, 1964, p.309.

3 萬俊人：《道德譜系與知識鏡像》，《二十世紀西方倫理學經典》（四卷本），中國人民大學出版社，2004 年版，頁 209。

4 王敬波：《行政審判理念變化的微觀鏡像》，《人民法院報》，2018 年 9 月 25 日。

5 戴濰娜：《鏡像人格與規定氣質：余秋雨現象二十年重審》，《小說評論》，2013 年第 6 期。

中是否存在「正確的法條適用」。如果承認「各有道理」，甚或認可「取其較佳為宜」，即或明確或含蓄地不承認存在「正確」，則在一般人們思維中均與法治意識形態，以及更具體的法律的穩定性、明確性、可預測性觀念，包括法律實踐者的職責及義務的理解，形成矛盾。故「正確」的追問及尋覓，易成為多元中不同法條適用主張者的重要期待，也易成為社會普遍性的願望。[1]當然，一些法條亦暴露出了無法適應甚至阻礙現實發展的問題。「註釋法學」包含其問題，即常沒有或不能反思法條的知識理由活動與之外各種類型理由活動的互動關係，並對「註釋」過程中「法律社會」複雜因素，如法條最終適用的實踐決定權力及「註釋者身份」的影響，缺乏小心；「註釋法學」參與者，常如執法司法實踐中多元法條主義的內在視角參與者，僅存純粹法條的知識理由上的「自我正確」的認定。[2]

　　例如，史純敏與湖北省武漢市人民政府、湖北省武漢市國土資源和規劃局行政再審案，即最高人民法院（2016）最高法行申 4546 號案中，再審法院認為：武漢市政府基於拆遷管理部門出具的《建設項目拆遷完畢確認書》，根據土地儲備中心的申請、情況說明等資料，為土地儲備中心辦理國有土地使用權註冊登記，並核發國有土地使用證的行為，是其依法履行法定職責的行為，不存在侵害史純敏合法權益的問題，原審以核發證件行為對史純敏的合法權益不產生實際影響為由裁定駁回其起訴並無不當。如果史純敏認為本案之外的拆遷行為侵害其合法權益或者對安置補償存在爭議，可以針對拆遷或補償行為依法另行尋求救濟。為當時尋求多重法律救濟固本為法律的應有之一。亦如叔本華有言：

1　劉星：《多元法條主義》，《法制與社會發展》，2015 年第 1 期。
2　參見［法］勒內‧達維德：《當代主要法律體系》，漆竹生譯，上海譯文出版社，1984 年版，頁 96–99。

就算是一件有危險的事情，只要它的結局仍然懸而未決，只要還存在得到一個更好結局的可能，那我們就不要膽怯、猶豫，而應該努力抗爭，正如我們只要還看到一小片藍色的天空，我們就不應對天氣感到絕望一樣。

律師團隊在代理的知名縫紉企業浙江中縫重工縫紉機有限公司、四川精上縫紉機有限公司控制人與相關方股東出資刑民交叉、執行、再審等系列重大疑難商事訴訟案件，歷時八年，在經多重法院訴訟、多重案件、多重救濟，委託人訴求終獲支持。本次系列爭議涵蓋中外合作企業出資方式、董事會訣議無效、抽逃出資刑事責任追究、工商行政處罰、股權否定、股東權利限制、企業資產審計、股權轉讓、公司解散、出資追繳、資產評估、股東知情權、債權追訴等連鎖疑難商事訴訟，代理團隊不畏挑戰，通過精準的法律和判例論研，模擬對抗，嚴密推理，邏輯求證，卷宗查閱，調查取證，克服重重困難，撰寫數十萬字各類法律意見，生成程序文書數十件，終憑專業、扎實的法律技術，突破地域保護壁壘，在對比嚴重失衡的情況下，最大限度還原案件客觀事實，充分維護了當事人合法權益。[1]

最高人民法院（2004）民二終字第 16 號案，同樣為一疑難、複雜案件，最高法院認為，雙方當事人簽訂的本案訴爭合同，均名為「包銷債券合同」「購買債券合同」，實際上雙方當事人均明知沒有發行任何債券，雙方的行為屬於名為買賣債券，實為資金拆借。該拆借行為違反了《中華人民共和國商業銀行法》、中國人民銀行《信貸資金管理暫行辦法》的有關

---

[1] 浙江中縫重工縫紉機有限公司、四川精上縫紉機有限公司係縫製行業領袖企業，其生產的電腦圓頭鎖眼機、電腦套結機、平頭鎖眼機和釘扣機等系列產品均具極高市場佔有率和極高美譽度。在縫紉機配件生產、加工、產品進出口、技術進出口方面，業績卓著。該案代理期超越八年，在眾多疑難複雜案件中，亦屬罕見。

規定，應認定為無效合同。對於無效的拆借行為，法律不予保護雙方約定
的利率，亦不應按照同業拆借利率計算合同期內的利息並計算逾期罰息。
根據本案查明的事實，江門公司佔用營口公司的款項，未及時歸還本金及
支付利息，應承擔償還本金及賠償損失的責任。由於江門公司和營口公司
在簽訂合同的行為中均有過錯，江門公司支付利息及賠償損失，應按照
中國人民銀行規定的同期貸款利率為計算依據。本案雙方當事人約定「包
銷」「購買」的並非國庫券或其他市場流通的有價證券，而是所謂「江門
證券公司融資債券」，且合同雙方並沒有回購的約定。故原審法院將本案
定性為證券回購合同糾紛，並參照《國務院批轉中國人民銀行〈關於進一
步做好證券回購債務清償工作請示〉的通知》（國發 [1996]20 號）和《最
高人民法院關於審理證券回購糾紛案件座談會紀要》的精神，按同業拆
借利率計算利息損失並計算逾期罰息，沒有事實和法律依據，應予糾正。
關於江門公司支付的手續費如何充抵問題，雙方當事人簽訂合同之後，江
門公司即按照合同的約定向營口公司支付了手續費，由於雙方簽訂的合同
違反了法律的規定，營口公司收取的各筆手續費沒有任何法律依據，故江
門公司支付的手續費應充抵本金。原審判決將手續費充抵利息沒有法律依
據，應予糾正。關於江門公司 1998 年 12 月 2 日以後歸還的九筆款項，在
匯款憑證上分別註明了還款用途，營口公司在收到每筆款項後對註明的用
途未提出過異議，應視為對所還款項用途的認可。原審判決認定這些款項
沒有確定是用於償還哪筆債務，也沒有約定是用於償還本金，還是償還利
息，該認定與事實不符。故原審判決對該九筆款項的認定和處理，缺乏事
實依據，應予糾正。根據本案所涉合同性質和中國人民銀行有關利率的規
定，中磊事務所對江門公司不同時期償還營口公司款項做出的鑑定，符合
本案事實和法律規定，亦充分體現了對雙方當事人民事權益的平等保護，
對該鑑證結論，華林公司沒有異議。營口公司對該鑑證結論適用的計算原
則提出異議，其提出異議的理由與本案確定的合同性質相悖，該理由不能

成立，本院不予支持。對中磊事務所提交的鑒證報告，本院予以採納。

在（2020）最高法民申 2060 號案中，最高法院認為，根據《中華人民共和國民事訴訟法》第十條的規定，我國實行的是兩審終審制度，如當事人對一審不服，應當在法定期限內提起上訴，通過二審程序尋求權利救濟，該程序是民事當事人尋求權利救濟的常規途徑。民事再審審查程序是民事訴訟法在特定情形下賦予當事人的特殊救濟渠道，也即當事人窮盡常規途徑後的救濟程序。鑒於該程序的特殊性，當事人申請再審程序的條件應依法予以嚴格把握，否則可能導致申請再審權利的濫用。根據案涉合作合同及補充協議，基本內容是天創偉業公司出地並以其名義辦理相關的建設開發手續，一方提供項目資金並按約取得房屋的「永久產權和處置權、經營權」，即收益，上述約定實際上構成了集體土地的非法轉讓，違反了《中華人民共和國土地管理法》的相關規定，認定所涉合同及補充協議無效，並無不當。

小結

感性使用的日常語言，是有「遊戲」特性的。

> 它們可以看作是古代的城市，是由錯綜複雜的狹小街道、廣場、時新時舊的房屋以及在不同時期作了添補的房屋組成的迷宮。[1]

> 這是一個急躁而喧囂的時代，我們就像住在一個鬧騰騰的房子裏，每一個人都放大了喉嚨喊叫。為了讓他們聽到我說的話，我只好比他們還大聲。於是沒有任何一個人知道別人到底在講什麼。[2]

1　［奧］維特根斯坦：《哲學研究》，李步樓譯，陳維杭校，商務印書館，1996 年版，頁 12。
2　梁文道：《常識》，廣西師範大學出版社，2009 年版，頁 152。

覺察不僅是先於法律條文，而且是重於法律條文。「帶着問題」思考總還是對的，唯不必「立竿見影」。[1] 在案卷和疑難爭議中，「你內在有什麼，都會投射到外在，投射到世界。你是什麼樣的人，你想什麼，感受到什麼，你日常生活的所作所為，都會投射到外在。這一切就構成了這個世界。」[2]

在人與人之間，在靈魂與靈魂之間，在天和地之間，在那個世界和這個世界之間，要在不同的對象之間建立聯繫，除了語言，的確還有其他許多可供交流的工具。[3] 而我堅信，法律以及對法律的理解，以及覺察與鏡像，也是其中的一種。

八、音律與法律

音樂是一系列音高不同、音色和強度各異的聲音按照一定規律形成的組合。在流動性層面，音樂更甚於文學、美術等其他藝術形式。[4] 作為一種普遍的文化現象，音樂是人類藉助人的器官或外部器械（樂器）創造音響，通過抒情敍事，以獲得審美、倫理教化等功能的主體性活動。現實生活中，人們往往是通過歌曲、鋼琴曲、歌劇等具體作品的現場或錄製表演來感受音樂的影響。從心理學角度看，音樂作品的要素（如節奏、音高）和結構（如旋律、調式）與人體血液循環、神經系統等生理運動機制具有很強的相關性，不同類型的音樂作品會引發聽者不同的情緒反應，進而影

1　史鐵生：《扶輪問路》，人民文學出版社，2010 年版，頁 213。

2　[印] 克里希那穆提：《謀生之道》，九州出版社，2010 年版，頁 203。

3　[日] 小松美羽：《神獸引領的使命》，伍能位、潘鬱靈譯，湖南文藝出版社，2021 年版，頁 157。

4　陳玉聃，[赤道幾內亞] 何塞·穆巴恩·圭瑪：《國際關係中的音樂與權力》，《國際經濟與政治》，2012 年第 6 期。

響其意念和行為。[1]

　　節奏和樂調是一種最接近現實的摹仿，能反映出憤怒和溫
和、勇敢和節制以及一切互相對立的品質和其他的性情。[2]

作為一種具有高度專業技術要求的特殊藝術門類，音樂並非可以或缺的附庸、娛樂和工藝，而是存在之真的秩序顯現。[3]由於法的概念蘊含了秩序的理念和原則，所以和法的概念相比，秩序即為一更具普遍性的概念。因為有了秩序這一更具普遍性的概念，我們就能夠在法和音樂之間建立起聯繫。正如當音調處於無序狀態時，就只有噪聲和雜音而沒有音樂一樣，當規範人們如何相處的有效準則不存在時，就只有無序和混亂而沒有法。[4]許多人正是基於對法律秩序和共同利益有着相同的認知而形成的聯合。該種聯合的首要基礎與其說是人的虛弱無助，不如說是人與生俱來的合群本性。[5]

音樂

　　中國古代傳統對五聲音階本身的排列有着嚴格的規定，五音分別與君臣民事物聯繫起來，認為：

　　　　宮為君，商為臣，角為民，徵為事，羽為物，五者不亂。
　　　　射鄉食饗，所以正交接也，禮節民心，樂和民聲，政以行

1　宋彪，張牧君：《論音樂審查的法治化》，《學海》，2012 年第 5 期。

2　何乾三選編：《從古希臘羅馬時期到十九世紀》，人民音樂出版社，1983 年 12 月，頁 17。

3　楊燕迪：《音樂的現實生態與我們應有的抵抗》，《人文與社會》，2009 年 12 月 5 日。http://wen.org.cn/modules/article/view.article.php/2085/c0。

4　[德] 烏爾斯·金德霍伊澤爾：《論歐洲法學思想中秩序的概念》，陳璇譯，《中外法學》，2017 年第 4 期。

5　De re publica = wie Anm. 13, I 39 f = S. 54 ff.

之，刑以防之，禮樂刑政，四達而不悖，則王道備矣。[1]

　　儒家六藝中對音樂在結構、旋律、音階、節奏、節拍等方面，大多強調統一而縮小差異，如「夫政象樂，樂從和，和從平」，[2]《史記‧樂書》曰：「舜歌《南風》而天下治。」周公「興正禮樂」，儒家強調禮樂之治，「禮樂不興則刑罰不中」。[3] 在司法審判中，則比較注重德治和教化。古代一般稱法為律，法典基本也都以律命名。《說文解字》中載：「律，均佈也。」「均佈」是古代調音律的工具，法律與音樂一樣必須合乎一定的規則，遵循「節奏」的法律同樣能夠演繹出美好的視聽效果。可見，法律的藝術旨趣對於治國安邦和止爭息訟有着重要作用。[4]

　　傳統的中國戲劇或戲曲與西方戲劇或歌劇在結構上是不相同的。中國戲曲的高度發展是明代興起的崑曲。在崑曲取自不同藝術媒體的各種成分中，可以按其美學上的重要性或相關性順序列舉如下：音樂、舞蹈、面部表情、其他姿態、詩歌和敍事。所以就其最高發展形式來講，戲曲藝術常被人稱作舞中有唱或唱中有舞。在崑曲的形式中，中國音樂達到了最高的水平。同時，崑曲的音樂與中國語音學中文字音樂成分有着內在的聯繫。所以中國音樂的完善成就更多表現在唱曲而不在器樂上。我們還可以指出，崑曲具有最明顯的結構性，因為它系統地使用了各種媒體的許多表演成分。同通常的戲曲觀念相反，戲劇成分在崑曲中起着較少的美學作用。這就再一次表明中國藝術傳統有其一貫的藝術風格。[5] 音樂節奏的和諧是由

1　《樂記‧樂本篇》，［清］阮元校刻《十三經注疏‧禮記正義》，中華書局，1980 年版，頁 579、685。

2　《大樂》，載張雙棣等譯註：《呂氏春秋譯註（上冊）》，吉林文史出版社，1986 年版，頁 533。

3　《論語‧子路篇》

4　程財，陳毅清：《法律與藝術的關聯、融合和昇華》，《人民法院報》，2017 年 4 月 7 日。

5　李幼蒸：《從符號學看中國傳統文化》，《史學理論研究》，1995 年第 3 期。

高低長短輕重各種不同的音調，按照一定數量的比例所組成的。[1]

由於非常強調技巧的重要性，音樂忠實地遵循從祖先傳下來的固定形式。所以中國音樂史上的成就主要表現在對固定樂曲及其演奏格式進行創作性重新組合和富於藝術性的表演上。一種成功的樂曲類型一旦確立，以後幾代的音樂家就刻意模仿，只在表演風格上有些變化。就這一特定傳統講，我們甚至可以說戲曲的作者是集體性質的，因為戲曲是通過實踐積累而形成的。好的樂曲格式看來就像人們在傳統形態的心理生活中所遇到的有用機制。當音樂機制轉到心理機制的過程完成之後，音樂的目的也就達到了。看來音樂家和詩人都參與了同一過程並且有着相同的目的，可以說是殊途同歸。至於內容，即關涉到外在世界的思想信息，則可以是很豐富的。對比之下，情感與心境就只能存在於固定的類型格式之中。從這種意義看，我們可以再一次說，中國音樂具有典型的主觀性質。[2]

音樂的主觀性和秩序性在於，其固然具有刺激行為服膺社會規範、促進組織內行為趨同並產生協調合作效應的功能，可用於情感表達、紛爭調處和社會合作。[3] 這種合於律的音和音組織起來，就是「比音而樂之」，[4] 裏面含着節奏、和聲、旋律。用節奏、和聲、旋律構成的音樂形象，和舞蹈、詩歌結合起來，就在繪畫、雕塑、文學等造型藝術以外，拿它獨特的形式傳達生活的意境。音樂和建築裏的形式美一樣並非空洞，徒具形式，而正是最深入地體現出心靈所把握到的對象的本質。就像科學家用高度抽象的數學方程式探索物質的核心那樣。「真」和「美」，「具體」和「抽

1　朱光潛：《西方美學史（上卷）》，人民文學出版社，1979 年版，頁 32–33。

2　李幼蒸：《從符號學看中國傳統文化》，《史學理論研究》，1995 年第 3 期。

3　Steven Brown, "How does music work? Towards a Pragmatics of Musical Communication", in Steven Brown & Ulrik Volgsten eds., *Music and Manipulation: On the Social Uses and Social Control of Music*, Berghabn Books, New York, 2006, pp.5-12.

4　《禮記·樂記》。

象」，在這裏是出於一個源泉，歸結到一個成果。[1]

　　音樂作品由音高、音程、節奏、力度等基本要素按照一定創作技巧集合而成，根據其旋律和調式等特點，可以對人產生興奮與沉靜兩種基本作用，前者可加速脈搏、刺激運動神經甚至使人停止呼吸，後者給人舒緩、均衡效果。[2]音樂表達了對一定權力和規則關係下的社會秩序的基本態度 —— 是尊重秩序、尋求和解，還是藐視秩序、強調鬥爭？[3]

　　通過節奏、旋律、和聲、調式和調性等組織要素所構成的「聲音的秩序」，音樂使其與宇宙萬物之間具有普遍而緊密的內在聯繫。無論如何，由音樂所激活的「人性」的多樣形態，是現實的法律制度（秩序）型塑過程中的一個「規定性」（gegebenheit）前提。在此方面，現實的法律面臨的兩難困境在於：法律既不能過分地壓抑人性，消滅人的生命和自由的多樣性，又不能完全受人的生命的意志本能所宰製，成為生命的意志本能的奴僕。此等情形，要求法律必須在極其細膩的精神和價值層面尋找到一個合理的正義根據和原則，來協調解決人性的內在矛盾浮現為社會生活時所產生的各種社會問題。[4]

秩序

　　所謂「秩序」，即指一種「在自然進程和社會進程中都存在着某種程度的一致性、連續性和確定性」[5]，一種「一切事物依照一定的規則或規律

1　宗白華：《中國古代的音樂寓言與音樂思想》，《光明日報》，1962 年 1 月 30 日。

2　［美］庫克‧薩克斯：《比較音樂學》，林勝儀譯，全音樂譜出版社，1982 年 10 月第 1 版，頁 65。

3　陳玉聃，［赤道幾內亞］何塞‧穆巴恩‧圭瑪：《國際關係中的音樂與權力》，《國際經濟與政治》，2012 年第 6 期。

4　舒國瀅：《法律與音樂》，《法制資訊》，2014 年第 12 期。

5　［美］埃德加‧博登海默：《法理學：法律哲學與法律方法》，鄧正來譯，中國政法大學出版社，2004 年版，頁 227-228。

呈現出的和諧狀態」。[1] 更多強調的則是主體服從一種外在的約束狀態，即依靠外在的規範或制約手段來對主體自身的行為加以約束，而通過這樣一種相對被動的、異己的、強制性的外在力量的作用，「它可以逐步規範與引導道德主體向自律方向轉化」。[2] 人們只有在他們知道彼此期待的情況下，才能在社會上進行活動；而且，總體而言，社會生活還具有某種穩定性、一致性和不矛盾性，能夠某種程度上長期保持它的形式。[3]

音樂藝術的社會功能，主要在於通過藝術感染力，「在本民族中造就特定的激情，從而達到民族內部行為的協調。因此，可以歸納為文學藝術的功能就在於製造激情，憑藉激情協調人際關係。」[4] 實際上，音樂藝術的社會功能早已是音樂學家研究的重心。強調以音樂為中介的人與人之間的社會關係。從音樂本質上看，音樂屬於情感意識領域，它無法表達明確的具體性實物，它只是一種意念、感覺，是人們用聲音來交流感情的一種工具。人類學家把音樂確定為人的主體意識的反映，認為音樂藝術是主觀的、直覺的和情感的。[5]

　　　身體的鍛煉使人冷酷；推理的科學使人孤僻。音樂是二者的折衷。我們不能說，音樂激勵品德，這是不可想像的；但是它具有防止法制的兇猛性的效果，並使心靈受到一種只有通過音樂的幫助才有可能受到的教育。[6]

在正常情形下，傳統、習慣、業經確立的慣例、文化模式、社會規範和法律規範，都有助於將集體生活的發展趨勢控制在合

1　尹伊君：《社會變遷的法律解釋》，商務印書館，2004 年版，頁 271。

2　劉同君：《守法倫理的理論邏輯》，山東人民出版社，2005 年版，頁 227。

3　See P. S. Cohen, *Modern Social Theory*, 1968, p.138.

4　熊曉輝：《多元文化視角下的中國音樂人類學》，《民族音樂》，2012 年第 5 期。

5　熊曉輝：《多元文化視角下的中國音樂人類學》，《民族音樂》，2012 年第 5 期。

6　[法] 孟德斯鳩：《論法的精神》上冊，商務印書館，1987 年重印本，頁 39–40。

理穩定的範圍之內。[1]

只有在理性的支配下，行為才能是自律的，理性人會自然而然地「運用
邏輯推理和所有相關的可以獲得的信息，去實現願望和價值，決定如何
行動以及接受法律原則」。[2] 為了形成穩定、有效的社會交往和秩序，人
們就必須產生出某些抽象化、一般化的規則來指導彼此間行動的預期、
替代個人自發的行為，於是，那種通過個體間循環往復的互動而產生的
慣例便脫穎而出 ——「有了慣例，才會使得許多同時發生的行為彼此協
調一致。」[3]

　　秩序就是這樣一個過程，一個不斷超越自身局限的過程，這就是聚
合，「任何人都是一樣，在這過程中我們遭遇痛苦、超越局限、從而感受
幸福。所以一切人都是平等的，我們毫不特殊。」[4] 秩序，很容易被遺忘，
卻又很難被徹底遺忘。「在那些迷亂的夜晚，正當一批批外來的酒徒在沙
丘上狂歡喧囂的時候，他們腳下，沙丘寂寞一歎，冷然露出某個歷史大器
的殘角，似乎在提醒他們，這是什麼地方。」[5]

小結

　　音樂是靈魂的表情，是精神的芳香，是直接從心靈出發然後抵達心
靈的情感飛行。[6] 正是因為音樂的秩序性和時代性，刻度的音樂作品才可

1　［美］埃德加·博登海默：《法理學：法律哲學與法律方法》，鄧正來譯，中國政法大學出版社，
　　2004 年版，頁 236。

2　［美］貝勒斯：《法律的原則》，張文顯等譯，中國大百科全書出版社，1996 年版，頁 4。

3　［美］詹姆斯·G. 馬奇、［挪］約翰·P. 奧爾森：《重新發現制度：政治的組織基礎》，張偉譯，生
　　活·讀書·新知三聯書店，2011 年版，頁 23。

4　史鐵生：《病隙碎筆》，人民文學出版社，2008 年版，頁 196。

5　余秋雨：《文化苦旅》，長江文藝出版社，2014 年版，頁 109。

6　韓少功：《情感的飛行》，《天涯》，2006 年第 6 期。

以被沉澱為經典。也就是說，當代音樂是「技」與「事」之會，是「審美時空」與「文化時空」的融合。當然，音符、旋律等音樂元素的抒情功能是無聲的線條所難以企及的，其與本身就具有抒情敘事功能的文字相結合。[1]

　　法律作為一種制度設計和秩序範式在社會生活中的作用日趨重要。法律秩序應包含兩重意義：已成立的法律獲得普遍的服從，而大家所服從的法律又應該本身是制定得良好的法律。權利義務關係是秩序樣態的法律表達。作為具有「公民性」的個體，在社會生活中如何正當地行使權利、積極地履行義務，固然需要以明確的法律規則為前提，但更多地在於自我的自覺反思。人們也會被迫遵守另外一些規則，那是因為當這些規則被普遍遵守的時候，他們的行動所賴以成功的整體秩序才會產生；換言之，某種整體秩序有助於他們的成功。[2]

　　法律的要素不是法律規範、法律判決、法律行為和法律話語或者諸種類型整合而成的規範性秩序，而是其相互之間的關係。[3] 一方面，國家的法律制度和秩序，像音樂秩序一樣，必然要求人們在其世俗的社會生活中遵守一定的規則，甚至要求人們按照官定的音樂的節律、運動形式、音樂的審美範式來做出一定的行為或不做出一定的行為。另一方面，現實的國家法律制度和秩序，不是也不可能是對音樂秩序的簡單模仿而形成的結果。[4] 也許，音樂與法律秩序，正如亞里士多德曾言：「既是反抗又是和解；既是控訴又是赦免；既喚起被壓迫的記憶又重施壓迫 —— 這就是淨化。」

---

[1] 詹冬華：《審美與文化：理解書法經典時空的兩個維度》，《文藝研究》，2012 年第 12 期。

[2] 梁平等：《基層治理的法治秩序與生成路徑》，《河北法學》，2017 年，第 6 期。

[3] See Sabine Müller-Mall, *Legal Spaces: Towards a Topological Thinking of Law*, Springer-Verlag Berlin Heidelberg, 2013.

[4] 舒國瀅：《法律與音樂》，《法制資訊》，2014 年第 12 期。

九、家事煙火

　　中國香港維多利亞港灣，每年的新年總是要放煙火的，絢爛多姿。煙火是新歲的祝願，更是對人間煙火的關切。關於煙火，明代沈榜的《宛署雜記》提到：燕城煙火，有響炮、起火、三級浪、地老鼠、沙砼兒、花筒、花盆諸制。有為花草、人物等形者。花兒名百餘種，統名曰煙火。古代煙火的製作和燃放技術都很高超，北宋的煙火就能放出人物形象的效果來。宋話本《燈花婆婆》中寫道：

　　　　只見那燈花三四旋，旋得象碗兒般大一個火球，滾下地來。

　　　　咭的一響，如爆竹之聲，那燈花爆開，散作火星滿地，登時不見

　　　　了，只見三尺來一個老婆婆。

《東京夢華錄》中還記載了一種「藥發傀儡」，用煙火設計人物形象，點燃後煙火利用火藥的反衝力產生一些動作，令人驚歎：「迎擁一佛子，外飾以金，一手指天，一手指地，其中不知何物為之。唯高二尺許，置於金盤中，眾僧舉揚佛事，其聲振地。士女瞻敬，以祈恩福。或見佛子於金盤中周行七步，觀者愕然。今之藥傀儡者，蓋得其遺意。」[1]

　　「所謂家，就是人、住宅、庭院植物一起生長的空間。在這片土地上，只要有縫隙，植物就會生長。所謂日子，就是我們和房屋、和植物、和所有生靈共同度過的悠長時光。就算偶爾困惑，偶爾彷徨，我們拿起剪刀時也始終不忘對它們的關照，這就是好的家。」[2] 婚姻猶如一艘雕刻的船，看你怎樣去欣賞它，又怎樣去駕駛它。[3] 畢淑敏亦強調：「婚姻是一雙

1　王宏超：《古人的生活世界》，中華書局，2020 年 9 月版，頁 77。

2　［日］宮崎駿：《龍貓的家》，史詩譯，南海出版公司，2021 年版，頁 213。

3　林語堂：《吾國吾民》，中國戲劇出版社，1990 年版，頁 118。

鞋 …… 不論什麼鞋，最重要的是合腳；不論什麼樣的姻緣，最美妙的是和諧。切莫只貪圖鞋的華貴，而委屈了自己的腳。別人看到的是鞋，自己感受到的是腳。腳比鞋重要，這是一條真理，許許多多的人卻常常忘記。」

吃喝時我們差不多沒有開口。沉默起來，風聲仿佛透明的水浸入房間，淹沒沉默。刀叉碟盤相碰的聲音夾雜在風聲裏，聽起來似帶有某種非現實的韻味。[1] 夫妻作為獨立的精神實體，靠什麼實現長久的情感聯結？斯塔爾諾內否定了一系列答案：既不是孩子，不是愛慾衝動，也不是什麼經濟安穩。在我看來，是男女兩性永遠的變動不居和有所失衡的動態平衡，若有所失的逐獵關係。[2]

沒有任何一個法律領域能夠像家庭法那樣，如此強烈地反映出在過去 20 世紀裏面人們生活方式和觀念的變革。[3]「利己主義」為刑法、財產法、侵權法、合同法、公司法等法律制度提供了正當性，而「利他主義」在婚姻家庭領域的功能實現方面勝出，成為指引婚姻家庭法領域的價值取向與理論工具。[4] 婚姻是「兩個人之間的契約，其中他們相互之間賦予對方以平等的權利，並且同意把自己的整個人格交付給對方，從而他們對彼此的全部人格享有完整權利」。[5]

互惠利他

作為最普遍最親密的社會關係，婚姻關係是婚姻家庭關係的基礎。[6]

---

1 ［日］村上春樹：《世界盡頭與冷酷仙境》，林少華譯，上海譯文出版社，2014 年版，頁 179。

2 俞耕耘：《鞋帶 —— 以小說講述婚姻教諭》，《文藝報》，2020 年 8 月 10 日。

3 ［德］諾伯特·霍恩：《百年民法典》，申衛星譯，《中外法學》，2001 年第 1 期。

4 趙玉：《婚姻家庭法中的利他主義》，《社會科學戰線》，2018 年第 10 期。

5 Kant, *The Metaphysics of Morals*, trans, Mary Gregor, New York: Cambridge University Press, 1991, p. 388.

6 參見巫昌禎：《進一步完善婚姻法的幾點思考 —— 紀念婚姻法修改五周年》，《金陵法律評論》，2006 年第 1 期。

按照互惠利他原則，夫妻是一種非親緣人群之間互助互愛和互相幫助的關係，是通過相互回報建立的長期合作，是以婚姻契約而形成互惠利他的關係。[1]「在一個只有夫妻二人的法律世界裏，債權和物權的區分是沒有意義的。」[2] 倫理是人與人之間的正常關係和次序以及事物的規矩和準則。婚姻關係既是一種身份關係，也是一種現實的社會倫理關係，大量內容關係着一些基本的社會道德的維繫，體現出倫理道德與法律的一致性。因此，婚姻關係雖然可以用契約理論進行規制，但它本質上不是雙方的利益交換。與追求利益最大化這一交易行為的基本目的不同，婚姻更重視倫理的構建，這種倫理的要求對其成員要求有約束性和強制性。[3]

從法律與道德之基本辯證關係觀之，道德之上限係道德自身調節範圍，道德之下限則屬法律所需解決之問題。[4]

> 道德不僅係法之條件，亦屬法之目標。法應當以國家制裁來實現作為道德基礎的世界觀，或保護它不受侵害。尤其當人的「基本價值」遭受嚴重侵犯時，法作為「倫理的最低限度」必須予以維護。[5]

為防道德在法律中的過度保護，民法典為道德之進入設有門檻，除了必須通過明確的「公序良俗」轉介條款進入外，「要評判的並不是當事人的行為，而是他人從事的法律行為」[6]，這裏涉及深層次的規整問題，即所謂「規整漏洞」，根據卡爾・拉倫茨之觀點，係「規範漏洞」之外的另一種法律漏洞：

1　劉鶴玲：《所羅門王的魔戒：動物利他行為與人類利他主義》，科學出版社，2008 年版，頁 94。
2　許德風：《不動產一物二賣問題研究》，《法學研究》，2012 年第 3 期。
3　張俊，武蘭榮：《論意思自治在婚姻法的體現與限制》，中國法院網，2016 年 7 月 29 日。
4　張紅：《道德義務法律化》，《中外法學》，2016 年第 1 期。
5　〔德〕伯恩・魏德士：《法理學》，丁曉春、吳越譯，法律出版社，2013 年版，頁 180。
6　〔德〕迪特爾・梅迪庫斯：《德國民法總論》，邵建東譯，法律出版社，2001 年版，頁 514。

（該漏洞）並非涉及個別法條的不圓滿性，毋寧是整個規整的不圓滿性，易言之，依根本的規整意向，應予調整的問題欠缺適當的規則。[1]

為此，家庭關係的特殊性決定了，婚姻家庭法必然要超越私法的屬性。婚姻家庭法調整的是具有特定親屬身份的人所形成的社會關係。這些關係更多地不是出於功利的目的而創設和存在，而是具有很強的身份性。婚姻家庭法所反映的主要是親屬共同生活和履行家庭職能的要求，帶有某種社會保障和社會福利的色彩。與市民社會的其他財產法則不同，婚姻家庭法不具有等價有償的性質，而具有較強的倫理性。它試圖通過大量不可選擇的強行性規範，將人們的婚姻家庭生活引入符合公共秩序、善良風俗的軌道，這些規範因具有扶弱濟貧的公益屬性而被法律加以定型。[2]

「在親屬法領域發生效果的法律行為，主要有結婚……這些親屬法方面的法律行為，由於對當事人具有特別重要的意義，而且它們通常還涉及公共利益或第三人的利益，因此都需要具備某種形式。」[3]《中華人民共和國民法典》（2020 年）第 1067 條規定：

> 父母不履行撫養義務的，未成年子女或者不能獨立生活的成年子女，有要求父母給付撫養費的權利。成年子女不履行贍養義務的，缺乏勞動能力或者生活困難的父母，有要求成年子女給付贍養費的權利。

第 1075 條同時規定：

1　［德］卡爾・拉倫茨：《法學方法論》，陳愛娥譯，商務印書館，2003 年版，頁 251。
2　李擁軍：《民法典時代的婚姻家庭立法的突破與局限》，《法制與社會發展》，2020 年第 4 期。
3　陳棋炎，黃宗樂，郭振恭：《民法親屬新論》，三民書局，1990 年版，頁 90、106。

有負擔能力的兄、姐，對於父母已經死亡或者父母無力撫養
的未成年弟、妹，有扶養的義務。由兄、姐扶養長大的有負擔能
力的弟、妹，對於缺乏勞動能力又缺乏生活來源的兄、姐，有扶
養的義務。

　　以私法社會化為理論基礎，可對婚姻家庭編社會化做如下界定：以維
持家庭關係穩定和諧為目的，婚姻家庭編規定相當數量以調整社會權力介
入家庭生活關係為內容的規範，並形成體系，進而使其兼具社會法屬性，
在一定程度上發揮社會法的功能。婚姻家庭編社會化對民事主體家庭領域
內的意思自治構成限制，且社會化程度與民事主體在婚姻家庭領域內的意
思自治成反比例關係：其程度越高，婚姻家庭編的私法屬性越弱；其程度
越低，婚姻家庭編的私法屬性也越強。因此，對於作為私法有機構成部分
的婚姻家庭編，我們應將其社會化維持在合理的限度內，防止其過度社會
化或徹底社會化。[1]

家事共同體

　　個人愈少受到共同體意志尤其是家族的約束，他們就愈能作為自由的
主體，相互之間按照契約關係將各不相同的功能組合在一起構成新的社會
系統。[2]

　　即使在法律認為形式是必不可少因而予以規定的情況下，法
律也僅僅將形式視為一種達到目的的手段；如果該目的可以以其
他方式達成，或該目的已失去了意義，那麼形式這種手段是可以

1　肖新喜：《論民法典婚姻家庭編的社會化》，《中國法學》，2019 年第 3 期。
2　［德］費迪南・滕尼斯：《共同體與社會》，林榮遠譯，商務印書館，1999 年版，頁 71。

放棄的。[1]

　　婚姻法領域人身關係佔主導地位，財產關係亦存在特殊性。民事領域的一般財產關係以等價有償為原則，且追求利益最大化，而婚姻法領域中的財產關係如父母子女之間的贍養和撫養是實現家庭和婚姻的職能所必需，沒有任何的交換功能，更不可能存在等價有償。同時，婚姻還具有團體性，不僅包括夫或妻，而且還包括夫妻共同體、家庭共同體，因此，不可能完全以個人為本位，必須考慮夫妻共同體、家庭共同體的利益，應強化在共同體內的個人的責任和義務，適當壓縮個人的自治空間。契約論強調契約的相對性，契約的履行只能存在於雙方當事人之間。而婚姻具有排他的性格，一旦當事人已受婚姻效力約束，則不能再締結其他婚姻。契約論還強調平等性，而婚姻關係內部夫妻之間的生理、社會分工以及事實的社會地位差異，決定了法律必須在必要時打破形式上的公平或意思自治，傾向於保護弱勢一方的福利。[2]

　　夫妻團體已經兼具共同體與結合體的特徵。結合體與共同體相對，意指行動者基於目標理性的動機以尋求利益平衡或利益結合。[3]《中華人民共和國民法典》第 1060 條與第 1064 條相得益彰，共為確立夫妻共同債務的法律依據。最後，第 1064 條第二款在但書中確立債權人負有證明義務，為其主張權利提供救濟途徑，並警示債權人設定債權時應當對債務用途、債務人還債能力等盡到合理注意義務。如此規定可有效避免債權人因事後無法舉證而遭受損失，對保護夫妻一方合法權益，保障交易安全也具有積

---

1 ［德］卡爾·拉倫茨：《德國民法通論（下冊）》，王曉曄、邵建東等譯，法律出版社，2003 年版，頁 556–557。

2 張俊，武蘭榮：《論意思自治在婚姻法的體現與限制》，中國法院網，2016 年 7 月 29 日。

3 ［德］馬克斯·韋伯：《社會學的基本概念》，康樂，簡惠美譯，廣西師範大學出版社，2011 年版，頁 76。

極意義。[1]

　　夫妻團體本質上屬於倫理實體，雙方表現為全方位人格投入的初級聯合體，這有別於基於工具理性的經濟團體。[2] 現在立法中規定的有責或過錯情形更多地體現為一種證據價值，法官據此來判斷夫妻共同生活是否真的難以維持。[3] 法律在夫妻財產法領域賦予夫妻廣泛的自由，並非為了鼓勵離婚。相反，其能夠促進婚姻的穩定。[4]

餘論

　　街上的事，一件事就是一件事。家裏的事，一件事扯着八件事。[5]「最好的婚姻是兩個人彼此做個伴。不要束縛，不要纏繞，不要佔有，不要渴望從對方身上挖掘到意義，那是注定要落空的事情。而應該是，我們兩個人，並排站在一起，看看這個落寞的人間。」[6]

　　婚姻家庭與社會文化變遷密切相關，社會文化變遷以各種方式影響着婚姻家庭的建立、形成與發展。[7] 婚姻的倫理性在於認這種統一性為實體性的目的，因而在於愛、信任、個體之全部實存的共同性。[8] 家庭社會工作則強調個體問題的家庭結構性成因，注重整體性和系統性的介入技術。[9]

---

1 薛寧蘭：《民法典婚姻家庭編的權利保護新規則》，《中國社會科學報》，2020 年 11 月 18 日。

2 ［美］戴維・波普諾：《社會學》，李強譯，中國人民大學出版社，2007 年版，頁 194–195。

3 馬憶南，羅玲：《裁判離婚立法研究》，《法學論壇》，2014 年第 4 期，頁 34。

4 Barbara Stark, "Marriage Proposals: From One-Size-Fits-All to Postmodern Marriage Law", *California Law Review*, volume 89, issue 5,2001, pp. 1479–1523.

5 劉震雲：《一句頂一萬句》，長江文藝出版社，2016 年版，頁 219。

6 安妮寶貝：《薔薇島嶼》，作家出版社，2002 年 08 月版，頁 165。

7 齊曉安：《社會文化變遷對婚姻家庭的影響》，《人口學刊》，2009 年第 3 期。

8 Georg Wihelm Friedrich Hegel, *Grundlinien der Philosophie des Rechts oder Naturrecht and Staatswissenschaft im Grundrisse*, *Georg Wihelm Friedrich Hegel: Gesammelte Werke 7*, Frankfurt: Suhrkamp, 1986, § 33, p. 313.

9 衛小將：《融合與拓展：中國婦女與婚姻家庭社會工作研究》，《國家行政學院學報》，2017 年第 2 期。

「煙花飛騰的時候，火焰掉入海中。遺忘就和記得一樣，是送給彼此的最好紀念。愛，從來都不算歸宿，也不是我們彼此的救渡。」[1]對於家事煙火，也許是「從陰雨走到豔陽，我路過泥濘、路過風。一路走來，你不曾懂我，我亦不曾怪你。我不是為了顯示自己的大度，也不是為了體現自己的大方。只想讓你知道，感情不在，責備也不存在。」[2]

十、關於刑罰

大地的美被准予在正常範圍內，在連着正常地址的身體裏愛與恨。任務就是，破譯我們的共同經驗；破譯恐懼和圍繞着我們，黏在我們的衣服上，滲進我們體內的痛苦。留意正在發生的事，如果可能，說出事物的真相。[3]

「只要承認世界上有比愛心更加重要的東西，哪怕只承認一個小時，哪怕只在某一個特殊場合承認一下，那麼任何一種損人利己的罪行都是幹得出來的，而且幹得心安理得。」[4]

2021 年 1 月 5 日，天津市第二中級法院對賴小民公開宣判，對其以受賄罪、貪污罪等數罪並罰，判處死刑，剝奪政治權利終身，並處沒收個人全部財產。賴小民上訴後，天津市高級人民法院裁定駁回上訴，維持原判，並報請最高人民法院核准。1 月 29 日上午，經最高人民法院核准，

---

1 安妮寶貝：《清醒紀》，天津人民出版社，2004 年 10 月版，頁 161。

2 余秋雨：《你不懂我，我不怪你》，《金色年華》，2011 年第 7 期，頁 40。

3 ［丹麥］尼爾斯‧哈夫：《任務》，舒丹丹譯，中譯出版社，2019 年版，頁 59。

4 ［俄］列夫‧托爾斯泰：《復活》，上海文藝出版社，2008 年版，頁 196。

依照法定程序對賴小民執行了死刑。[1]賴小民被判死刑，是近些年金融反腐的一個典型，金融反腐已經從傳統的銀行業縱深挺進到保險、信託、擔保和監管等領域。中國始終嚴格控制和慎重適用死刑，但這並不代表對於重大腐敗犯罪不適用死刑。刑法中對腐敗犯罪數額特別巨大，並使國家和人民利益遭受特別重大損失的仍然保留了適用死刑。[2]

　　死刑是最嚴厲的刑罰，在當今世界，廢除死刑已成世界趨勢，慎用死刑也成為一個國家法治與文明進步的重要標誌。截止到 2012 年，在聯合國 193 個會員國中，已經有約 150 個國家在法律上或事實上廢除了死刑或者暫停執行死刑。在仍然適用死刑的約 20% 的國家中，絕大部分國家對死刑適用採取了極其嚴格的要求和標準，把死刑作為一種有別於常規刑罰的極其例外的措施來加以適用。[3]死刑的司法限制只是對個案是否適用死刑進行考量，通過提高死刑適用條件而減少死刑的具體適用。[4]

　　人類的社會性要求其生存和發展有一定的秩序，法和其他的社會規則正是通過規範人們的日常行為，維護所共同期特的某種社會秩序。秩序是刑法的關健價值，安全、和諧是刑法所保護秩序的核心。我們首先要承認價值多元，其次對於不同的價值和文化要有理性的平等對待的態度。我們這個社會總是意圖通過典範人物統一大家的思想觀念和價值偏好，但細想一下，社會已經分化了，在死刑的價值正當性認知上應該有一種寬容開放和平等對待的態度。[5]

---

1 《華融公司原董事長賴小民被執行死刑》，《人民日報》，2021 年 1 月 30 日 07 版。最高人民法院經覆核確認：賴小民身為國家工作人員，利用職務上的便利，為他人謀取利益，利用職權和地位形成的便利條件，通過其他國家工作人員職務上的行為，為他人謀取不正當利益，索取、非法收受他人財物共計折合人民幣 17. 88 億餘元；賴小民身為國家工作人員，利用職務上的便利，非法佔有公共財物共計人民幣 2513 萬餘元；賴小民有配偶而長期與他人以夫妻名義共同生活。

2 鍾祺：《賴小民死刑！有些人更睡不着覺了》，人民日報海外網，2021 年 1 月 8 日。

3 劉仁文：《如何理解「逐步減少適用死刑罪名」》，《南方都市報》，2014 年 1 月 30 日。

4 陳興良：《減少死刑的立法路線圖》，《政治與法律》，2015 年第 7 期。

5 張志銘：《也談死刑之存廢》，《國家檢察官學院學報》，2012 年第 1 期。

　　就死刑觀念而言，傳統文化被鎖定為實現公平正義，即剝奪殺人者的生命向社會宣示對生命（權）的尊重和保護，並告慰被害人及其親屬。法律及司法是選擇在助長仇恨和報復中實現社會公平、正義，還是助力和傳揚寬容、憐憫的情感、情懷，是刑罰深層次的邏輯。[1] 刑法不同於其他法律規範的顯著特徵即在於，它不是主動調整社會關係具體方面的規範體系，而是在其他法律所建立的規範體系遭到破壞的節點和場合，作為制裁規範出現的。刑罰的固有屬性是懲罰性，其價值恰在於不惟使實施危害社會的犯罪行為受到懲處，更應包括通過制定刑法和對犯罪人適用刑罰、執行刑罰以取得有效遏制犯罪、預防犯罪的效果。

　　刑法中的法益是有層次的，可以分為個人法益和整體法益。整體法益包括國家法益和社會法益。本質上，整體法益是以個人法益為根本推導出來的，那麼，在重要性的排序上由高到低就是個人法益，社會法益和國家法益。犯罪涉及的社會法益：公共安全，公共信用，善良風俗，公共秩序，網絡安全等。涉及的國家法益諸如，國家的存立和安全等。從最高位階的實定法角度，憲法上所保護的核心個人利益就是法益。整體利益只是在有助於促進個人的正面的生活條件（對個人生活條件有建設性影響的）前提下，才是整體法益。也就是說，這種整體法益最終又必須間接地服務於個人。個人是法益的出發點，也是歸宿點。[2] 社會法益只是個人法益的集合，是以個人法益為其標準所推論出來的。個人的一切法益都是得到法律的承認和受法律保護的，而社會法益的保護是受到限制的。因此，只有當某種社會利益與個人法益具有同質的關係、能夠分解成為個人法益（即係個人法益的多數之集合）、是促進人類發展的條件且具有重要價值和保護必要時，才能成為刑法所保護的社會法益。換

1　張紹彥：《由「呼格案」看死刑觀念和制度變革》。

2　樊文：《中國死刑制度的改革：現狀、問題與未來》，http://www.71.cn/2013/1125/747653_7.shtml。

言之，保護社會法益的目的也是保護人的法益。[1] 以法益角度，賴小民行為侵犯的是社會法益，情節特別嚴重，這是一份有時間跨度的判決，也是一份有空間意義的量衡。

《半山文集》亦言：

> 凡祈求天地間的秩序，對自己網開一面的皆為邪路，宣揚這樣的學問的人們，即是邪教。人改變不了天地之間的秩序，能做的，是敬畏這些已知和未知的秩序，並儘量讓自己的生命，去符合這些秩序。

一個人若能讓自己的身心都接近於社會秩序，才能謂之大自在。其實，每個人均有足夠的時間去體會青春的無憂無慮，中年的責任，以及不惑和耳順。因為體會到人生的局限而不斷反思人生，從而學會謙卑。但大多數人還是將自己活成了別人。正如奧斯卡·王爾德所說：「他們的思想是他人的意見，他們的人生不過是模仿，他們的熱情不過是引述。」賴小民的行為亦在於模仿、引述和重複。讀完判決，合卷歎息。《開到荼靡》中的一段話，不免讓人發省深思：

> 做人便如做一筆賬，歲月添增一項項債目及收入，要平衡談何容易，又有許多無名腫毒的爛賬，不知何年何月欠下不還，一部部老厚的本子，都發了霉，當事人不欲翻啟。

---

1 張明楷：《妥善對待維權行為 避免助長違法犯罪》，《中國刑事法雜誌》，2020 年第 5 期。

十一、法律知味

　　法律這東西若是有氣味的話，「那就是樟腦的香，甜而穩妥，像記得分明的快樂，甜而悵惘，像忘卻了的憂愁。」[1] 對於中國人來說，吃飯不僅是為了果腹，也是一種生活方式，體現着生活智慧和生命尊嚴。食物是充滿煙火氣息的溫暖，簞食瓢飲透露出的優雅和從容，千百年的尋常日子裏，一茶一飯的生動氣韻，在日用飲食之間帶給人們強有力的文化歸屬感。[2] 早起人類飲食，從採集營地周圍能夠發現的一切可供食用的東西開始：植物塊根、漿果、堅果、水果、蔬菜、昆蟲、蜥蜴、蛇類、嚙齒類動物、貝類等等。[3] 飲食採集規則與分配規則，是法律生成的原型。

　　法律的組成，需要給「食物」一個不甚合適的名字。然後幻想由此產生的結果。而事實上虛假的名字和真實的幻想便共同創造出一個新的現實。事物並不會真正改變，因為那只是我們的製造使然。[4] 法律的甘甜，在一種制度、一種路徑、一種理念所預示的光明前景中更顯醇厚綿長。[5] 一個人的口味要寬一點、雜一點，「南甜北鹹東辣西酸」[6]，都去嚐嚐。對食物如此，對法律也應該這樣。法律知味，在一定意義上，如同「個人主義是種新自由主義意識形態，這種思維將個人成敗的責任，都推給一個虛構、分裂並孤立的個體。此個體注定得與他人競爭至老死，並且與各種人際關

1　張愛玲：《更衣記》，中國華僑出版社，2003 年版，頁 179。

2　黃嶽陽：《在「中國味道」中感受文化自信》，《人民日報》，2017 年 2 月 28 日。

3　［美］斯塔夫里阿洛斯：《全球通史》第七版，董書慧、徐正源譯，北京大學出版社，2005 年版，頁 8。

4　［葡萄牙］費爾南多‧佩索阿：《惶然錄》，韓少功譯，上海文藝出版社，1995 年 5 月版，頁 177。

5　黃小希：《新華時評：真理的味道是甜的》，《新華社》，2018 年 5 月 3 日。

6　汪曾祺：《慢煮生活》，江蘇鳳凰文藝出版社，2017 年版，頁 96。

係、社群和社會斷絕往來。」[1] 法律與社會現實是無法割裂的，一方面，法律的制定要反映現實需求，是各種社會力量相互作用、相互影響並相互妥協後的結果；另一方面，法律絕不應僅僅是當前社會生活的制度性反映和總結，而更應當注重對尚未出現但可以預見的社會事實的前瞻性引領和規範。[2]

味覺商標

商標的固有顯著性是一個譜系，根據固有顯著性的強弱程度，從高到低分別是臆造標誌、任意標誌、暗示性標誌、描述性標誌和通用標誌。[3] 針對目前我國相關商標立法欠缺新型商業標誌的規定，應當適當擴大商標法調整對象，將一些非傳統商標納入可註冊範圍之中，如規定商標局可以適當受理聲音、氣味、動態等商標的註冊申請，這樣具有彈性的規定可以為一些新型商標預留保護空間。[4] 味覺商標作為非可視性的非傳統商標，是以味覺感受來區分不同商品或服務來源的商標。味道的本質是化學組成，而味道本身的化學組成又千變萬化。從理論上講，世界上沒有完全相同的兩種味道，味道本身可以在達到消費者感受閾值之上被識別，所以，將味道作為識別商品和服務的媒介完全有可能。與視覺信息、聽覺信息和觸覺信息相比，味道看不見，聽不見，也摸不着。消費者用味覺感受刺激的場合基本上就是在飲食或口服藥物之時，因此，味覺商標絕大多數是被用於食

---

1 肖莎娜・祖博夫：《監控資本主義時代》https: //m. youtube. com/watch?v=pD3Gw8rvcJ8 字幕 / 翻譯：李三三。「注意力實際上並不是一個簡單的凝視和視覺問題，它包含一系列術語和立場。當使用者的注意力在無意識之間，被互聯網上的操作所吸引，我們創造了一個世界，在這個世界中，在線聯繫變成了主體。」而此時，「文化的意義就是操控。」「點讚、內容推薦 …… 社交網絡的致癮性設計如何操縱我們的生活？」《新京報》，2020 年 10 月 11 日。

2 任俊琳：《論味覺商標的可註冊性》，《知識產權》，2018 年第 6 期。

3 王太平：《商標法原理與案例》，北京大學出版社，2015 年版，頁 69－70。

4 曾雄：《淺議我國商標法律制度的修改完善》，中國法學網，2012 年 4 月 9 日。

物、飲品或藥品的生產銷售中，這成為味覺商標的一大鮮明特徵。[1]

食品安全

伴隨着人類進入風險社會，多數發達國家已完成了或者正在致力於完成從對確定損害的管理轉向對潛在風險的規制：

> 從以在有害性得到證明之前該物質的使用不受限制為內容的自由主義的法治主義原則，轉向以至安全性得以證明為止限制使用潛在性的危害物質為內容的預防原則。[2]

《中華人民共和國食品安全法》（2015 年 10 月 1 日）第 28 條明確規定：

> 制定食品安全國家標準，應當依據食品安全風險評估結果並充分考慮食用農產品安全風險評估結果，參照相關的國際標準和國際食品安全風險評估結果，並將食品安全國家標準草案向社會公佈，廣泛聽取食品生產經營者、消費者、有關部門等方面的意見。食品安全國家標準應當經國務院衛生行政部門組織的食品安全國家標準審評委員會審查通過。食品安全國家標準審評委員會由醫學、農業、食品、營養、生物、環境等方面的專家以及國務院有關部門、食品行業協會、消費者協會的代表組成，對食品安全國家標準草案的科學性和實用性等進行審查。

「正因為大眾消費心理驅使了食品安全事件的發生 …… 商人為了滿足市場

1　任俊琳：《論味覺商標的可註冊性》，《知識產權》，2018 年第 6 期。

2　［日］黑川哲志：《環境行政的法理與手法》，成文堂，2004 年版，頁 21–22。

需求，當然會順應消費者的口味而採用極端手段改造食物。」「消費心理是食品安全事件爆發的原罪。」[1] 同時，在我國歷史上，食用野生動物確有悠久的傳統和習慣。在古代，由於生產力水平低下、食物短缺等原因，捕食野生動物是獲取食物來源的一種重要方式，如《詩經》將「不狩不獵」與「不稼不穡」相提並論，《紅樓夢》中也有年底收租時進獻野生動物的描述。隨着現代社會物質生活的極大豐富，人類的食物來源充足多樣，已經跨越了靠食用野生動物來維持生存的階段。野生動物有食用價值，也存在風險和弊端。[2]《全國人民代表大會常務委員會關於全面禁止非法野生動物交易、革除濫食野生動物陋習、切實保障人民群眾生命健康安全的決定》（2020 年 2 月 24 日）第二條明確規定：

> 全面禁止食用國家保護的「有重要生態、科學、社會價值的陸生野生動物」以及其他陸生野生動物，包括人工繁育、人工飼養的陸生野生動物。
> 全面禁止以食用為目的獵捕、交易、運輸在野外環境自然生長繁殖的陸生野生動物。

《中華人民共和國刑法修正案（十一）》（2020 年 12 月 26 日）第 41 條亦明確規定：

> 在刑法第三百四十一條中增加一款作為第三款：「違反野生動物保護管理法規，以食用為目的非法獵捕、收購、運輸、出售

1　《消費心理是食品安全事件爆發的導火線》，天涯網，http://bbs.tianya.cn/post-develop-605393-1.shtml.

2　王晨：《依法全面禁止食用野生動物保障人民群眾生命健康安全》，《人民日報》，2020 年 3 月 19日，第 6 版。

第一款規定以外的在野外環境自然生長繁殖的陸生野生動物，情
節嚴重的，依照前款的規定處罰。」

食物浪費

有兩種東西，我對它們的思考越是深沉和持久，它們在我心
靈中喚起的驚奇和敬畏就會越歷久彌新，一個是我們頭頂浩瀚燦
爛的星空，另一個就是我們心中崇高的道德法則。[1]

2021 年 3 月 4 日，聯合國環境規劃署發佈報告稱，2019 年，全球浪
費食物約 9.31 億噸，佔全年可獲取食物總量的 17%。按人均水平計算，
全球每年在消費者環節會浪費 121 公斤食物，家庭場合中的浪費情況尤
其嚴重。報告稱，食物浪費對環境保護有着重大影響，若考慮食物供應鏈
各個環節的產生的浪費，與食品浪費相關的溫室氣體排放量，可佔到全球
排放總量 8%～10%。[2] 法國是全球首個對制止食物浪費進行專門立法的國
家。該國於 2016 年出台的《食物浪費法案》規定，禁止超市扔掉或銷毀
未出售的食物，對於超市銷售剩餘的食物，必須將其捐贈給慈善機構或食
物銀行。超市和慈善機構簽訂協議之後，能獲得捐贈食品價值 60% 的稅
收減免。餐飲浪費現象畢竟是文化傳統、民族心理、價值觀念、攀比心態
等綜合因素造成的，是不文明現象之一。結合中國傳統餐飲文化和中國人
熱情好客的風俗習慣，請朋友吃飯講場面，超量點菜在所難免。因此，厲
行節約，制止餐飲浪費，實非易事。它需要國家法律來進行強制性規範，
通過對禁止餐飲浪費行為予以國家立法，將其從違反道德的層面，上升到

---

1 ［德］伊曼努爾‧康德：《實踐理性批判》，韓水法譯，商務印書館，1999 年版，頁 159。
2 《聯合國：2019 年全球浪費食物超 9 億噸　佔全年食物七分之一》，《新京報》，2021 年 3 月 5 日。

違反法律的層面。[1] 2013 年，中國發起「光盤行動」。2016 年，中國宣佈落實 2030 年可持續發展議程國別方案，其中包括為落實「到 2030 年，將零售和消費環節的全球人均糧食浪費減半，減少生產和供應環節的糧食損失」而採取的相關行動。[2]

小結

「種田人常羨慕讀書人，讀書人也常羨慕種田人。竹籬瓜架旁的黃粱濁酒和朱門大廈中的山珍海鮮，在旁觀者所看出來的滋味都比當局者親口嚐出來的好。」[3] 味覺文化，由生活感性經驗到系統美學體系的個體建構和確認，對話的共鳴通識也就突破文本理論的範疇，而躍升為富有中國文化內涵的人文精神與生命智慧。[4] 飲食與法律文化客觀存在着不可分割的聯繫。飲食的發展促進着法律文化的發展，飲食的某一部份構成了法律文化的某一部份；法律文化的發展也影響着飲食的發展，法律文化本身也影響了飲食的文化。當然，健康的飲食需要健康的法律本身、健康的法律環境、健康的法律意識、健康的法律文化來保障，健康的法律及其文化等也需要健康的飲食來支撐。[5]

一個民族，一個群體，其文化的根在其所處的地理環境、獲取和利用生活資料的方式，以及由生產方式決定的社會結構。總之，是物質條件決定的。[6] 法律與飲食，在此角度，飲食為物質基礎，法律文化為社會結構組成。「白鷺立雪，愚者看鷺，聰者觀雪，智者見白。」[7] 關於法律知味，亦如是。

---

1 陳亮：《個人浪費食物 法律應當干涉》，《中國律師網》，2020 年 8 月 18 日。

2 《人民日報評論：減少食物損失和浪費意義重大》，《人民日報》，2020 年 8 月 27 日。

3 朱光潛：《談美》，金城出版社，2006 年版，頁 330。

4 金春平：《讀文品人見智情 —— 讀〈汪曾祺的味道〉》，《人民日報》，2017 年 10 月 10 日。

5 《飲食與法律的關係》，2013 年 6 月 18 日，https://www.66law.cn/domainblog/44844.aspx。

6 許博淵：《對中國飲食文化的思考》，《書屋》，2012 年 7 月。

7 林清玄：《為君葉葉起清風》，河北教育出版社，2014 年版，頁 105。

十二、法律關係的面向

　　人必須通過各種行為來展現自我的力量，獲得對自身存在的認同，並實現與他人乃至抽象社會的意義互動。最廣義的行為是身體的「動靜」，很多毫無社會意義。人文、社會科學研究的行為，是社會互動中的行為，即個體被賦予了主觀意義的行為，這種行為或外顯或內隱，或積極或消極。法律介入的人類行為領域相當廣泛，涉及「知」（觀念通知等）、「情」（繼承人對被繼承人虐待行為的寬恕等）、「意」（意思表示等）三大人類認知與精神領域，但法律觸摸的個體生命脈絡，不過滄海一粟。[1]

　　　　關係猶如一面鏡子，透過它我們可以看到真實的自己。但是大部分人都無法在關係中去看自己，因為我們會立刻對我們所看到的東西產生批判和辯解。[2]

　　　　不論順從或者統治，從本質上來講，都是一種共生關係。這兩種人都失去了自己的完整性和自由。他們相依為命，互相獲得生存的力量，滿足相互親近的渴望；但是，他們卻缺乏內在的力量和自力更生的精神，因為他們沒有自由和獨立。[3]

　　關於愛、恨、責任、制裁，「首先不是同一個特定的人的關係；它是一種態度，一種性格傾向。這種態度、性格傾向決定了一個人同整個世界的關係，而不是同一個『愛的對象』的關係。如果一個人只愛一個人，而對其他人漠不關心，他的愛就不是愛，而是一種共生性依戀或者是一種放

1　謝鴻飛：《論創設法律關係的意圖：法律介入社會生活的限度》，《環球法律評論》，2012 年第 3 期。
2　［印度］吉杜·克里希那穆提：《生命之書》，胡因夢譯，譯林出版社，2011 年版，頁 167。
3　［美］艾里希·弗洛姆：《健全的社會》，孫愷祥譯，上海譯文出版社，2018 年版，頁 105。

大的自我主義。」[1]2020 年 12 月 25 日，遊族網絡公司公告稱，「公司董事會沉痛公告，公司收到公司董事長暨總經理、實際控制人、控股股東林奇先生家屬的通知，林奇先生因病救治無效於 2020 年 12 月 25 日逝世。」隨後，遊族網絡官方微信發文稱，「你，看透不美好仍相信美好，見過不善良卻依舊善良。我們，會在一起，繼續善良，繼續相信美好，繼續和一切不善良戰鬥。」[2] 此處即存在刑事法律關係，法律關係學理將法律關係定義為「兩個或更多的主體之間，經由法律規範所塑造的關係」，其基本構成是「參與者之間的權利義務」。[3]

法律關係

法律關係是一種規範關係，具有規範屬性，需要通過法來進行規定。生活關係需不需要上升為法律關係，其中的哪些事實對法律關係具有決定作用，成為法律關係的一部分，都是法律對於生活關係進行評價的結果。如果法律決定一些生活關係不需要法律進行調整，那這些生活關係就不能產生法律關係。[4] 關係可以是任何事物間的關係 —— 人與人之間的關係，人與物之間的關係抑或物與物之間的關係。事實上，存在於羅馬法中的各項制度所體現的也不全然是人與人之間的關係，其中不少制度也很直觀地體現了人與物之間的關係。[5]

法律不是憑空產生的，它是在一定社會物質生產條件下，因人的需要而產生。如果離開了法律關係的考察，法律的產生既無必要也無可能。由此，對於法律關係之維的分析成為法律構建的邏輯起點。如有學者指出

1　［美］艾里希・弗洛姆：《愛的藝術》，趙福堂譯，人民文學出版社，2018 年版，頁 132。

2　《遊族網絡董事長遭投毒不幸去世 年僅 39 歲！嫌疑人該定什麼罪》，《鳳凰網財經》，2020 年 12 月 26 日。

3　Norbert Achterberg, *Allgemeines Verwaltungsrecht*, 2, Aufl., 1986, Heidelberg: C. F. Mueller, S. 372.

4　張魯：《非典型民商事法律關係之分析方法研究》，中國法院網，2016 年 8 月 2 日。

5　費安玲：《羅馬法對所有權限制之微探》，《比較法研究》，2010 年第 3 期。

的：法律關係最為適合於作為建構或詮釋我國權利規範的核心原理，甚至可借鑒來作為當代我國法秩序整體的哲學基礎。[1]

在任何法律關係中，均存在兩個組成部分。首先是題材，即關係（beziehung）本身，其次是對於該題材的法律規定。第一個組成部分，我們可將之稱為法律關係的實質要素，或者稱為在此法律關係之中的單純事實；第二個組成部分，我們稱之為法律關係的形式要素，即事實關係被提升為法律形式所依據的東西。[2]

法秩序對社會生活進行調整，當主體出現在法律規範的生活情境裏時，法律關係讓主體與生活情境留下法律印記。[3] 法律解決爭議的唯一途徑是將法律關係視為主體與法律秩序之間的關係。[4]

法律關係作為一種特殊的社會關係，必須以現行法律存在為前提。沒有法律規範，僅管是社會關係，僅管受制於物質關係，它仍不能成為法律關係。同時，法律關係是一種帶強制性的社會關係。法律關係一經成立即受國家保護，不允許任何人以任何方式違反或破壞，否則要承擔一定的法律後果。[5]

必須指出，法律關係是抽象的觀念，是觀念對現實的反映，是思想意志通過法律對現實秩序的規制、維護。絕對法律關係並非停留在法律規定的層面，它是「現實的」法律關係。它的形成，須有具體的法律事實。[6] 行

---

1 林來梵：《從憲法規範到規範憲法 —— 規範憲法學的一種前言》，法律出版社，2001 年版，頁 173。

2 ［德］薩維尼：《當代羅馬法體系》，第 1 卷，頁 333。

3 Eduardo Garcí a Maynez, Las Relaciones Juridicas, 17 Di á noia, 1971, pp. 170-181.

4 See JoaquinFerrer Arellano, *The Gnoseology of Law and the Issue of the Judicial Relation*, Ius Canonicum 2, 1962, pp. 167-221.

5 田平安：《民事訴訟法律關係論》，《現代法學》，1994 年第 6 期。

6 隋彭生：《絕對法律關係初論》，《法學家》，2011 年第 1 期，頁 59-70。

為主體基於對法律關係的錯誤認識，作出的意思表示效果之認定，應當結合行為人的主觀認識及行為人由此作出的客觀意思表示進行考察。一般而言，主觀認識與客觀的意思表示相一致，則會產生相應的意思表示後果。在主觀認識與客觀意思表示不一致的情況下，主觀認識錯誤可以區分為對客觀事實的錯誤認識和對法律關係的錯誤認識。其中對客觀事實的認識錯誤如果並非出自行為人本身的原因，在行為結果對其產生嚴重的不利益的情況下，則可以構成民法上的重大誤解。與此相對應的是，一般而言，對法律關係的錯誤認識則不會構成民法上的重大誤解，因為不管行為人對法律關係的性質作何理解，其作出行為的意思表示總是指向同一法律關係，而且意思表示的效力總是及於該實際存在的法律關係。此外，如果對法律關係的錯誤認識係因行為人自身的原因造成的，也即行為人知道或應當知道法律關係的性質，當行為後果對行為人不利時，行為人更不能以其對法律關係認識錯誤為由作為不承擔相應行為責任的正當抗辯理由。[1]

法律關係類型

　　其一，憲法性法律調整的法律關係既帶有法律性，又帶有「憲法性」，而其他法律調整的法律關係只具有「法律性」。由於憲法關係的實現具有特殊性，與憲法規範的原則性、抽象性相適應，憲法關係也是原則的、抽象的，這種原則、抽象的憲法關係無法直接實現，必須依賴相關法律的具體規範。因此，要真正實現憲法關係，就需要將抽象的憲法關係轉換成具體的法律關係，在憲法關係轉換成為法律關係後，所有法律調整的都已經是法律關係而不再是憲法關係，憲法性法律關係也不例外。憲法關係與法律關係（包括憲法性法律關係）調整的手段是不同的 —— 憲法關係的調整是抽象的，憲法性法律關係的調整是具體的，而抽象性正是憲法

1　閆信良：《勞動法律關係中重大誤解的認定》，《人民法院報》，2012 年 8 月 5 日。

的特點，就像具體性是法律的特點一樣。[1]

其二，民事法律關係是當事人雙方處於平等地位的一種法律關係，民法作為調整平等主體之間的財產關係和人身關係的法律規範的總稱，[2] 其對法律事實的調整，形成法律事實，法律事實成立的同時，即形成法律關係。民事法律關係又可細分為合同法律關係、侵權法律關係、知識產權法律關係、婚姻家事法律關係、勞動法律關係等。

其三，行政法律關係。關於行政法律關係與民事法律關係的性質差別，民法學界認為二者在性質上分別是「不平等」與「平等」的，而以平衡論為代表的行政法學則認為行政法律關係雙方的主體地位是平等的，在總體上應該是平衡的。這種認識分歧的根源在於從描述層面向規範層面的躍進，《中華人民共和國民法通則》關於平等主體的規定應該是描述性質的，旨在解決調整對象的問題，而不應以此作為法律關係性質應然的判斷標準。行政法與民法之分所強調的命令服從關係，其背後的理由只是職權法定與意思自治的差別。[3]

其四，刑事法律關係。刑事法律關係又稱「刑法關係」。國家與犯罪人之間因犯罪行為而產生的、受刑法規範調整的權利和義務關係，法律關係的一種。刑事法律關係的法律事實是犯罪行為。刑法應當是社會關係最後的防護網，只有在其他的法律無法調整相關的社會關係時，或者調整的效果欠佳時，才應當由刑法對其進行調整。所謂「民法要擴張，刑法要謙抑」。[4]

其五，訴訟法律關係。訴訟法律關係是在訴訟領域內的社會關係；訴訟法律關係是一種多面關係。它既不是原告與被告的一面關係，也不是法

1　劉作翔，馬嶺：《憲法關係和憲法性法律關係》，《西北大學學報》，2005 年第 3 期。

2　楊振山，王遂起：《中華人民共和國民法講義》，中國政法大學函授部，1984 年版，頁 2。

3　畢洪海：《行政法律關係性質的反思》，《北京社會科學》，2017 年，第 6 期。

4　王利明：《民法要擴張 刑法要謙抑》，《中國大學教學》，2019 年第 11 期。

院與原告、法院與被告的兩面關係，更不是法院與原告、法院與被告以及
原告與被告之間的三面關係，而是包羅法院與原告、法院與被告、法院與
第三人、法院與共同訴訟人、法院與訴訟代表人、法院與訴訟代理人、法
院與證人、法院與鑒定人、法院與翻譯人員、法院與勘驗人員之間的多層
次、多側面的關係；[1] 訴訟法律關係既是獨立的又是統一的，說它是獨立
的，是言其各個「面」的相對獨立性。[2] 訴訟法律關係可以具體分為民事訴
訟法律關係、刑事訴訟法律關係、行政訴訟法律關係。

　　其六，交叉法律關係。不同法律事實的交叉、叠進產生交叉法律關
係。諸如民商事案件中的合同行為屬民事法律關係，受民事法律規範調
整；同時，所涉嫌的刑事犯罪屬刑事法律關係，則受刑事法律規範調整。
正是由於民商事案件的審判和刑事案件的偵查、起訴乃至審判適用的審判
程序和法律規範不同，自然審理刑民交叉案件中的民商事部分的審判組織
不能越俎代庖一併審理刑事部分，只能也必須是遵循刑事案件的訴訟程序
和權限分工，將案件的刑事部分要麼移送公安機關，要麼移送檢察機關。
由此，遵循案件處理程序上的固有規制和司法機關的職責分工，就產生和
形成了刑民交叉案件在處理上的移送的情況和問題。[3] 即使在民事法律關係
維度，不同民商事法律關係之間並不是完全割裂，相互對立的，往往並不
存在一個絕對的分界線，在一些關聯法律關係的邊緣領域或許存在一個相
互融通的互生地帶。它們相互聯繫，相互影響，乃至相互包容。經過一定
歷史階段的交融後，甚至可能誕生一種新的不同的又與兩者皆有關聯的法
律關係。我們既要辯證地看事物，又要避免在分析法律關係過程中採取非
此即彼的一刀切方法，孤立地看待各種法律關係。唯其如此，才不會犯窺

1　在刑事訴訟法律關係中存在公訴機關與法院之間的關係維度考察，在行政訴訟法律關係中存在行
　　政相對人與具體行政行為作出機關之間的關係維度考量。
2　田平安：《民事訴訟法律關係論》，《現代法學》，1994 年第 6 期。
3　王文信：《刑事與民事交叉案件審理中的問題研究》，中國法院網，2007 年 10 月 29 日。

豹一斑，不見其餘的錯誤。才能全面系統地考慮問題。[1]

法律關係的面向

> 所謂的關係，重要的不是在情感本身得到的愉悅，而是在彼此的思維深度裏獲得愉悅。只有這樣的交會，才會有可能獲得途徑滲入對方生命。當我們真正愛一個人的時候，不會想去控制和支配對方，也未必要在時間的限度裏始終彼此佔有。[2]

　　法律關係被作為整理法律和展示法律的技術工具，而且成為體系構建的基本方法。[3]法律關係包含主體、客體、內容三項要素，三項要素可以完整覆蓋民法典的各項內容。法律關係是一條紅線，貫穿於《中華人民共和國民法典》（2020 年）各項基本制度，科學而富有邏輯地將各種制度有機地連接在一起。以此為中心，民法典的內容將更富有體系性和邏輯性，更進一步地增進了其形式理性。另一方面，法律關係編排方法適應了民法發展的需要。民事關係紛繁複雜，但是把握住了民事法律關係的脈絡，就把握住了民事關係的核心。「法書萬卷，法典千條，頭緒紛繁，莫可究詰，然一言以蔽之，其所研究和所規定者，不外法律關係而已。」[4]

　　根據法律經濟學者的論證，沒有法律介入的類似於自然狀態的糾紛解決成本要大大多於法律上強有力的產權制度。[5]擷取、篩選哪些私人行為進入法律領域，是任何法律必須直面的問題。時代與地域之異，也決定了進

1　張　魯：《非典型民商事法律關係之分析方法研究》，中國法院網，2016 年 8 月 2 日。

2　安妮寶貝：《眠空》，北京十月文藝出版社，2013 年版，頁 221。

3　［葡萄牙］平托：《民法總則》，法律翻譯辦公室、澳門大學法學院譯，1999 年版，頁 5。

4　鄭玉波：《民法總則》，三民書局，2003 年版，頁 63。

5　［美］羅伯特·考特，［美］托馬斯·尤倫：《法和經濟學》，張軍等譯，上海三聯書店、上海人民出版社，1994 年版，頁 129–138。

入法律視閾的行為必然不同。梅因膾炙人口的「從身份到契約」，不過是
對這樣一個事實的確認：民主社會中，人與人越來越平等、越來越相似。
但在歷史上，身份也可以通過合同創造。身份合同曾是重要的合同形態，
它既產生具有法律效力的政治身份（領主與封臣），也產生夫妻、兄弟等
社會身份。它往往伴有和血濡沫、舉杯共飲等神聖儀式，通過雙方靈魂的
互相「進駐」，其拘束力遠遠超越了世俗法。市場日趨擴大，但是，世俗
化進程及平等洪流卻使經濟契約的重要性日益增加。[1]

　　站在法律關係認知發展，我們必須再次探求法律關係的本意。我們究
竟是要探索未知的領域，拓展法律事實的邊界，「還是要理解我們存在於
其中的世界，在紛繁的人世間消解困惑，更好地生活？想像力的長度可以
抹去所有的邊界：閱讀和閱讀之間的邊界，閱讀和生活之間的邊界，生活
和生活之間的邊界，生活和記憶之間的邊界，記憶和記憶之間的邊界。生
與死的邊界。」[2]法律關係的邊界，我們需要不斷推演和釐定。

十三、法律技術的生成

　　在西方現代美術史上有兩位學法律出身的繪畫大師，一位是瓦西里·
康定斯基，一位是安東尼·塔皮埃斯。康定斯基認為：「繪畫可以來源於
對抽象的強烈要求，而不一定受客觀世界面貌的約束。至於想像就是對
存在關係的一種主觀透視，必須尋求一種新的形式象徵符號與色彩的和
諧。」安東尼·塔皮埃斯認為：「我們應該避免老是向一件藝術品要求答

1　參見　［德］馬克思·韋伯：《韋伯作品集·法律社會學》，康樂、簡惠美譯，廣西師範大學出版社，
　　2005年版，頁11、40。
2　陳嘉映：《哲學·科學·常識》，東方出版社，2007年版，頁1。

案，或者要求它對目前或太具體的問題進行影射。」[1]他們的話，亦是對法律技藝的洞悉。

現實生活畢竟充滿限制與巧合，因此，想掙脫這些束縛，在某種想像層面充分展現自己的個性是完全合理的藝術訴求。[2]立足於司法實踐，然後始有解決方案的圖景。法律手藝人充分認知法律是實踐的理性，並不關心孤立的事件，而是試圖找出社會中的「常規」（regularities），因此他的研究必須藉助一套「從經驗中得來的已經確立的一般性概念和原則」，[3]以判斷「某一類事件反覆發生的可能性。」[4]

從理性這一方面來講，法律實踐帶給理性思維以一種潤澤，使得理性不被降格為格式化、形式化、單純論證乃至計算性的理智活動。[5]法律建築係一項系統的工程，其既包括對法律本身的建構，即構建邏輯性、縝密性的優良規則，又包括精良司法體制的創製。但是法律本身又是時代性、社會性、事實性的結晶。因此，法律必須來源於生活，服務於生活，法律與社會生活血肉相連，離開了社會生活，法律就成為無根之木，無源之水。法律的這一特徵決定了法學家必須務實、入世，與「吾曹不出如蒼生何」[6]或一味「清議」的士大夫不同，法學家把社會職責納入生命經驗的軌道。[7]

「法律和人類的其他思維領域並非大相逕庭，其同樣依賴清晰的思

---

1 頓子斌：《兩位學法律出身的抽象繪畫巨匠》，http://blog.sina.com.cn/s/blog_5d202f5b0100gcj3.html。

2 ［英］奧斯卡‧王爾德：《王爾德奇异故事集》，魯冬旭譯，浙江文藝出版社，2020 年版，頁 193。

3 轉引自高鴻鈞、馬劍銀編：《社會理論之法：解讀與評析》，清華大學出版社，2006 年版，頁 221。

4 Max Weber, *Economy and Society: An Outline of Interpretive Sociology*, Guenther Roth & Claus Wittich eds., University of California Press, 1978 (second printing), V. I, p. 11.

5 張振華：《海德格爾與埃克哈特大師：以斷離和任讓為核心》，《同濟大學學報（社會科學版）》，2018 年 12 月 24 日。

6 梁漱溟、［美］艾愷：《吾曹不出如蒼生何：梁漱溟晚年口述》，人民出版社，2010 年版。

7 孫慧娟：《開啟民智的一代法學大師──梁啟超》，《人民法院報》，2016 年 12 月 30 日。

維之助才能理解問題。」[1] 在法律語境下，所謂巨匠，應然具有人的最
高品格 —— 對真理和知識的追求並為之奮鬥的精神以及百折不撓的信
念 —— 該種品格比物質力量更具有威力。正如羅曼·羅蘭所說：「沒有偉
大的品德，就沒有偉人，甚至沒有偉大的藝術家。」為此，成為大師必須
蘊帶一個高貴的靈魂，必須對或真、或善、或美有一種感悟力。它或許來
自不可抑制的衝動或偏好，或許是內心的強烈呼喚，或許是非功利性的執
着的追求。[2] 為此，不難理解：

> 金斯伯格大法官以其卓越的頭腦和在最高法院堅持異見而聞
> 名，她證明了這樣一點，即一個人可以在不反對其同事或不反對
> 不同觀點的情況下提出不同意見。她的觀點，包括有關婦女和殘
> 疾人在法律上平等的那些眾所周知的決定，激發了所有美國人以
> 及一代又一代法律精英。[3]

在對案件事實進行詮釋理解的過程中，法律人固本形成一種未經檢
驗的初始判斷，這個判斷的依據不是作為三段論大前提的法律規範，而
是法律人對法律應有之意的理解，即法律價值立場。價值是多元的，所
以法律人的價值之爭在所難免，這在疑難案件或者法規無從適用的案件
中表現得尤為明顯。經典的美國埃爾默案就反映了律師和法官之間以及
法官之間對「隱含法律」之意的爭論。法律工匠針對個案的思考應是如
此的一個過程：從最先接觸的案件事實的理解，形成個體的初始判斷，
再到對支持個體初始判斷的價值立場進行反思和重新理解，達成價值共

---

1 參見［美］霍菲爾德：《基本法律概念》，張書友編譯，中國法制出版社，2009 年版，頁 27。
2 袁緒程：《今日中國為何出不了大師》，《中國改革》，2007 年第 3 期。
3 《美最高法院大法官去世發佈聲明：我們國家為失去一位法律巨匠而哀悼》，環球網，2020 年 9
  月 19 日。

識，最後回歸到實在法體系尋找初始判斷的規範依據，發現適用的規範，對規範的不確定進行解釋。[1]「人們在準備好給出令人信服的理由時才說『我知道』，……但是任何一個知道某件事物的人難道就一定不能有懷疑嗎？而懷疑也就是思考。」[2]

於是，法律巨匠不是「慢慢衰老，最終這一切將化為皺紋叢生的臉龐、彎曲的脊背、耷拉的嘴角以及破碎的雄心。」[3]它是有重量的，對於任何疑難與挑戰而言，最勇敢或最堅韌的行為莫過於改變。[4]人生的道路也就是從出生地出發越走越遠，由此展開的人生就是要讓自己與種種異己的一切打交道。打交道的結果可能喪失自己，也可能在一個更高的層面上把自己找回。[5]

「日月交替一年，樹就長出一圈。生命從一點起源，沿一條線的路迴旋運動。無數個圈完成了生命的結束，留下來的便是有用之材。」[6]司法實踐並非簡單的道德判斷與是非量衡，法律裁斷一旦走上了倫理化的道路，道德規範變為對人們行為強制約束的力量，它就不能不依從官僚意志，因為只有官僚意志才能最後裁判何為善何為惡。這樣，善惡就取決於權力，而不再是良心，道德就從人們良心掌握的輿論力量變成司法者可能枉法裁斷的工具。此外，善惡判斷代替具體案件中是非判斷，並且將案件中一切有關的言行都納入道德評價中去從而容易形成道德極權主義。[7]法律手藝人恰應該把卷案的沉澱和歲月全部用來自覺和思索，以便找尋自我

1　梁燈：《論法律人的理解向度》，http://www.iolaw.org.cn/faxuexi/shownews.asp?id=14663。
2　參見[奧]路德維希．維特根斯坦：《論確實性》，張金言譯，廣西師範大學出版社，2002年版，頁39、77。
3　[英]馬特．海格《我遇見了人類》，轉引自 https://www.sohu.com/a/449366628_790569。
4　[英]馬特．海格：《我遇見了人類》，李亞萍譯，北京聯合出版公司，2017年5月版，頁116。
5　余秋雨：《山居筆記》，文匯出版社，2002年版，頁235。
6　賈平凹：《自在獨行》，長江文藝出版社，2016年6月版，頁129。
7　張晉藩：《中華法系的回顧與前瞻》，中國政法大學出版社，2006年版，頁180。

最深處的芳香。[1]

　　在法律領域，藝術巨匠從來拒絕寬闊的大門的迷惑，而是決然於走進窄門。[2]特別關注於見者和可見物之間互相召喚，正如梅洛・龐蒂所說：「畫中物在自己描述自己，藝術作品是反映彼世的東西」，這就是知覺。自然就表現為一種「形式的宇宙」，各種形式按有等級的次序排列：不完整的物理形式，完整的人類形式 ——「物質、生命和精神應是不平等地參與形式的自然之中，它們代表着完整的不同等級，並且最終構成一種等級，在其中，個體性總是越來越多地自我實現。」[3]

　　　　我願是滿山的杜鵑，只為一次無憾的春天，我願是繁星，
　　捨給一個夏天的夜晚。我願是千萬條江河，流向唯一的海洋。我
　　願是那月，為你，再一次的圓滿。如果你是島嶼，我願是環抱你
　　的海洋，如果你張起了船帆。我便是輕輕吹拂的風浪，如果你遠
　　行，我願是那路，準備了平坦，隨你去到遠方，當你走累了，我
　　願是夜晚，是路旁的客棧，有乾淨的枕席，供你睡眠。[4]

　　法律巨匠，將靈魂雕刻成案件，將法律鍛造為實踐，在「雕漆工藝」中，「把天然生漆與桐油、入漆顏料調和而成的罩漆在胎上逐層髹塗到一定厚度，結膜後，用刻刀在漆面上雕刻出各種藝術造型。」[5]「不論現實中的人的個體性和其意志，承認其權利能力是理性和倫理的一個戒

1　林清玄：《你心柔軟，却有力量》，長江文藝出版社，2015 年版，頁 97。

2　余華：《兄弟》，作家出版社，2008 年版，頁 136。

3　Merleau-Ponty, *La Structure du Comportement*, Presses Universitaires de France-PUF, 1942, p. 143.

4　蔣勳：《願》，https://home4love.com/3372.html。

5　步雄：《雕漆藝術大師文乾剛：用雕刀點亮人生》，《北京日報》，2016 年 5 月 17 日。

律。」[1]「任功名、生事俱非。衰顏難強，拙語多遲。但酒同行，月同坐，影同嬉。」[2]

　　「真正知道自己在想什麼以及要什麼的人，可以簡潔而坦白地應對外界。他們是鞘中之劍，並不故意露出鋒芒」，[3] 卻能在瞬間明辨、斷除法律關係中的瓜葛藤盤。

1　［德］羅爾夫‧克尼佩爾：《法律與歷史——論〈德國民法典〉的形成與變遷》，朱巖譯，法律出版社，2003 年版，頁 58。

2　［宋］晁補之：《行香子‧前歲栽桃》。

3　安妮寶貝：《眠空》，北京十月文藝出版社，2013 年版，頁 213。

法律的藝術實踐

　　法律爭議之解決靠的是技藝，期間必有藝術。司法，是一種適用法律規範裁判糾紛的法律制度，它要求的是法律技藝理性。人的生產是自由、自覺的活動，是能動的類生活。進一步來說，正是通過物質性的生產實踐，自然界作為人的對象而存在，變為人化的自然，於是人便不僅能在意識中反觀自身，意識到自我的存在，還能通過在外部自然中看到自己的對象化產物，進而確認自己作為自由、自覺的主體的存在。[1]

1　金永兵：《文藝反映論、藝術生產論、審美實踐論》，《中國高校社會科學》，2020 年第 2 期。

一、知識產權案中的於不懷疑處懷疑

—— 以 CASTEL 紅酒商標侵權為視角

「到了我這個年紀，好像就該按照這個年紀的特定生活方式生活。請別阻止我成為我自己。我不願像這個年紀的很多人一樣，年老體衰。請不要又製造一個老氣橫秋、垂垂老矣的人。」[1]人類社會由諸多差異的個體所組成，這也注定了其中始終會激盪着多元衝突的價值利益，而且這種複雜性和多元性伴隨社會演進只會越來越加劇。我們由此也會越來越深刻地體悟，所謂「所有為我們所珍視的價值最終都會在單一的體系中融洽相互，而任何一種價值不會因調和另一種價值而被犧牲或損害，本質上都只是浪漫的，甚至是幼稚的樂觀主義。為權衡調和這些複雜多元、相互衝突的法益，我們需要更謹慎更縝密的思考判斷，也需要更理性更開放更高端的社會治理系統。」[2]

商標的本質

當我們對一個事物沒有足夠深入的了解，不能抓住其本質時，我們往往難以給出該事物的定義。在這種情況下，我們只能通過描述來寬泛地

1　［美］小野洋子：《請別阻止我成為我自己》，廣西師範大學出版社，2015 年版，頁 151。

2　趙宏：《權利與限制：寫作色情小說究竟屬於什麼自由》，《澎湃新聞》，https://m.thepaper.cn/newsDetail_forward_2746753，2018 年 12 月 17 日。

說明事物。[1] 商標作為一種可識別性的標示，權利為其固有屬性，其與美學緊密關聯，商標爭議解決是美學的另一種展現形式。註冊商標權與傳統所有權或專利權等具有類似的財產權屬性。商標的先註冊與後使用的衝突，本質上也是在先財產權與在後投資利益的衝突。傳統財產法在添附與禁令救濟方面的基本思路，同樣可以用於處理商標法領域的利益衝突。[2] 商標的商譽價值是由商標權人與消費大眾共同努力勞動和創造的結果，如果說勞動創造了商標權，那麼這個勞動也是公眾與商家的共生物，商標所有權應當是共有產權，[3] 商標服務於兩個以提高經濟效率為目標的功能：一是減少消費者的搜選成本，二是激勵生產者提高產品質量。[4] 商標是向消費者傳達信息最簡潔、最有效的工具，其集中表明了產品的質量、售後服務、商家信譽等綜合信息，是簡化廣告的利器。依賴商標就可以購買相應品牌的商品，而不必藉助閱讀產品包裝上的精細印刷，或者事先調查該產品的相關特徵，這可以節省消費者的搜尋成本。相應地商家為了引導或說服消費者形成品牌依賴，必然在產品質量、服務、廣告等方面進行較多的投資，建立品牌的良好聲譽，一旦創立了好商譽，消費者願意為節約搜尋成本和享有穩定品質，而重複購買，該商家將因提高銷量和較高價格而獲得較多的利潤。[5]

美學存在於社會和文化之中，有什麼樣的社會和文化，就有什麼樣的美學。[6] 外文商標在中文領域的保護的最大可能範圍要小於或等於外文商

1 李琛：《論作品定義的立法表述》，《華東政法大學學報》，2015 年第 2 期。

2 崔國斌：《商標挾持與註冊商標權的限制》，《知識產權》，2015 年第 4 期。

3 Mohammad Amin Naser, *Revisiting the Philosophical Foundations of Trademarks in the US and UK*, Cambridge Scholars Publishing, 2010.

4 李士林：《重新審視商標法的哲學基礎》，《雲南大學學報（法學版）》，2013 年第 1 期。

5 ［美］威廉‧蘭德斯，［美］理查德‧波斯納：《知識產權法的經濟結構》，金海軍譯，北京大學出版社，2005 年版，頁 217–219。

6 高建平：《全球化背景下的中國美學》，《民族藝術研究》，2004 年第 1 期。

標的可翻譯範圍。在最大可能範圍之內，除了考慮商標的基本功能，還要從公平的角度來分析外文商標在中文領域應該獲得的範圍。在具有一定的翻譯空間的基礎上，有的譯文表達創造性程度較低，例如直譯；而有的譯文表達創造性程度較高，已經完全脫離了直譯的範圍。當創造性因素達到一定的程度時，這種譯文表述也是智力活動的成果，也應該得到一定的保護。從公平的角度考慮，這兩種不同情況應該加以區別對待，不應該一視同仁。[1]

縱觀各國的商標法，消費者並不是商標法律關係的主體，他只是商標法中的虛擬人，被假借來作為混淆判斷的審視者，正如專利法中的普通技術人員一樣，他並不是利益保護的對象。商標法是財產法，它的目的並不是保護消費者，它從來也沒有這樣做。[2] 商標的保護經歷了從信息傳遞模式向財產權模式的轉換，在信息傳遞模式下建構的商標權人與消費公眾之間的利益動態平衡，被財產權模式下的私權擴張所打破，消費者利益被忽視，並逐漸邊緣化，甚而被踢出商標法。這是商標法的新困境，還是商標制度本性在新的商業環境下的正當表露？勞動財產論、功利主義在解釋這一困境時既有合理的一面，也有不足的一面。勞動論不能解釋商標價值由資本決定的現實，效益主義直接墮落為商標權人利益最大化的世俗。[3] 法律之所以賦予那些在某一標誌中付出一定投資的人以商標權，其目的就是讓其獲得一定的回報。這種「有投資、有勞動才有回報」的理念符合現代社會的主流道德、日常直覺。」[4]

1　党曉林：《外文商標在中文領域的保護範圍之探討》，《知識產權》，2016 年第 6 期。

2　Mark P. McKenna, "The Normative Foundations of Trademark Law", *Notre Dame Law Review*, vol. 82: 5, 2007. p. 1916.

3　李士林：《重新審視商標法的哲學基礎》，《雲南大學學報（法學版）》，2013 年第 1 期。

4　See Oliver Wendell Homes, Jr., *The Common Law*, Barnes & Noble, New York, 2004, p. 1.

法國卡思黛樂兄弟簡化股份有限公司、李道之等侵害商標權糾紛申請再審民事判決書，即最高人民法院（2014）民提字第 25 號 [1]

卡思黛樂公司為委託人，不服二審判決，向最高法院申請再審。再審訴求：原一、二審判決在侵權認定以及損害賠償數額的確定上，存在認定基本事實缺乏證據證明，拒不調查當事人申請調取的主要證據，適用法律錯誤，遺漏必要共同訴訟當事人等錯誤，請求撤銷一、二審判決，判決駁回李道之、班提公司的全部訴訟請求。具體理由如下：其一，原一、二審判決認定法國公司和深圳公司共同侵權，缺少證據證明和法律依據。沒有證據證明深圳公司銷售被控葡萄酒，原一、二審判決將報關單和衛生證書認定為交易文書，據此認定深圳公司侵權，缺少事實和法律依據。認定法國公司與深圳公司合作與李道之談判商標轉讓事宜、在侵權產品生產銷售過程中分工合作，缺少證據證明。其二，原一、二審判決在確定損害賠償時存在嚴重錯誤。忽視侵權行為與損害結果之間的因果關係，將法國公司和深圳公司全部被控產品的利潤都算作賠償額，將涉案葡萄酒產品的全部利潤歸因於中文「卡斯特」三個字，違反《中華人民共和國商標法》第 56 條的規定。在具體利潤額的確定過程中也存在明顯錯誤。將法國公司在法國實施的出口行為認定為侵權，並將出口利潤錯誤地確定為賠償額。以張裕公司的整體利潤率計算法國公司出口批發環節的利潤錯誤，兩者根本沒有可比性。而建發公司說明中關於成本的特別強調被刻意忽視，該說明不反映建發公司真實的利潤水平。李道之明知深圳公司解散而撤回對其訴訟，並明確表示不追加深圳公司股東為被告，應視為放棄對深圳公司及其權利承繼人的賠償份額，故深圳公司的銷售利潤不應再計入法國公司賠償

---

1 中國裁判文書網，案號：最高人民法院（2014）民提字第 25 號，2016 年 4 月 8 日。裁判日期：2016 年 1 月 11 日。該案由筆者律師團隊代理，再審撤銷原一審、二審判決，為委託人爭取重大利益。

額度內。且原一、二審法院並未查明深圳公司銷售情況，不應判定銷售利潤。況且二審法院對訴訟時效的認定也是錯誤的，李道之於 2009 年 10 月 23 日提起本案訴訟，即使假設深圳公司銷售了涉案產品，葡萄酒的商業循環周期非常短，從進口到出現在市場上通常不過兩個月，從涉案 18 個批次產品的進口間隔時間也可以得到佐證。本案中，至少 2007 年 6 月 27 日之前進口的貨物應該已經超過了訴訟時效。本案中沒有查明侵權利潤或者侵權損失，應當適用《中華人民共和國商標法》第 56 條第二款的規定確定賠償數額。其三，原一、二審法院在程序上嚴重違法。一審法院給予法國公司 15 天答辯期，導致法國公司未能在答辯期內提出管轄權異議；且對法國公司關於調查班提公司銷售情況的合理申請不予准許，違反民事訴訟法及證據規定。原一、二審判決以共同侵權為由，全額追究了法國公司和深圳公司的相關行為責任，本案顯然是一個必要的共同訴訟，深圳公司的股東在未參加訴訟的情況下就間接被判決承擔巨額責任，原審遺漏了必要的共同訴訟當事人。

　　基於本案的特殊性、複雜性，經過多輪次委託律師的謹慎、專業論證，是否有所突破，有所創新，是律師工作組本次再審代理的關鍵。再審法院最高人民法院在原一審、二審的基礎上充分查明，（2010）知行字第 55 號行政裁定書（以下簡稱 55 號裁定書）載明：

　　　　2005 年 7 月向商標局申請撤銷爭議商標的申請人為卡斯代
　　爾·弗雷爾股份有限公司，註冊日期為 1959 年 11 月 14 日，對
　　應的企業名稱為 CASTELFRERESS. A. 註冊號為 459202875。
　　CONFRERIEDESRECOLTANTS 成立於 2005 年 5 月 19 日，
　　註冊號為 482283694。2006 年 9 月 14 日，根據股東大會批准
　　的資產入股合同，註冊號為 459202875 的 CASTELFRERESS.
　　A. 將其葡萄酒和烈酒業務，包括其旗下的商標等轉移到註

冊號為 651621013 的 SOCIETEDESVINSDEFRANCE（簡稱 SVF）。同日，SVF 又將上述權利和義務轉移給註冊號為 482283694 的 CONFRERIEDESRECOLTANTS。2006 年 12 月 18 日股東大會決定，CASTELFRERESS. A. 在與註冊號為 402468763 的 AQUITAINE 合併後進行清算解散。同日，CONFRERIEDESRECOLTANTS 根據股東大會的決議，改名為 CASTELFRERESS. A. S。

再審法院認為，有權提起訴訟的法人或者其他組織終止，承受其權利的法人或者其他組織可以提起訴訟。根據查明的事實，提起撤銷申請和參加複審程序的 CASTELFRERESS. A. 已經清算解散，在之前將其葡萄酒和烈酒業務，包括其旗下的商標等轉移到 SVF，SVF 又將上述權利和義務轉移給 CONFRERIEDESRECOLTANTS，該公司後又更名為 CASTELFRERESS. A. S，即本案再審申請人。商標評審委員會作出第 8357 號決定後，作為承繼 CASTELFRERESS. A. 葡萄酒和烈酒業務，包括其旗下的商標等相關權利和義務的 CASTELFRERESS. A. S，提起一審訴訟、提出上訴和申請再審符合法律規定。李道之關於卡斯特公司與行政程序中的商標撤銷申請人不是同一主體，無權行使訴訟權利的主張不能成立。

2010 年 11 月 4 日，法國公司代理人在一審庭審中稱：

兩者是同一個主體。我方公司成立於 1949 年，根據法國公司管理的要求，每次登記會重新給一個登記編號和日期，2010 年 8 月 23 日的資料顯示最後一次變動是 2005 年 5 月 19 日。S. A. 為股份有限公司，後來通過調整結構為 S. A. S 即簡化股份有限公司。法律責任的承擔主體就是這一家公司。

2010 年 11 月 24 日，法國公司向一審法院提交代理意見稱：

> 另，經我們查實，CASTELFRERESS, A. 與 CASTELFRERESS, A S
> 實際上屬於同一主體，具有歷史上的演變及承繼關係。CASTELFRERESS, A.
> 項下的所有權利義務由 CASTELFRERESS, A. S 承擔。

經充分審理，最高法院認為：根據本案事實及當事人申請再審理由及答辯意見，本案主要有以下爭議焦點：（一）本案的程序問題。具體包括：1. 二審法院對一審法院確定 15 日答辯期的適用法律錯誤未予糾正是否適當？　2. 原審法院對本案是否有管轄權？　3. 二審法院對法國公司調取證據的申請不予准許是否適當？　4. 法國公司是否是本案適格主體？（二）本案訴爭行為是否構成侵害李道之註冊商標專用權，如果構成侵害註冊商標專用權，原審判決認定法國公司與深圳公司承擔連帶責任是否有誤？（三）民事責任確定問題。

（一）關於本案的程序問題

1. 關於答辯期的問題。根據二審法院查明的事實，一審法院在送達法國公司的應訴通知書中確實將答辯期限定為 15 日，對此行為，二審法院明確認定一審法院違反了《中華人民共和國民事訴訟法》第 247 條的規定，影響了法國公司訴訟權利的行使。但同時二審法院也注意到，本案一審審理的時間長達兩年半之久，一審法院給予了當事人較為充分的答辯和辯論機會，且在本案二審中二審法院也允許法國公司延期補充上訴理由，使當事人的基本程序利益實質上得到保障，並未因此影響本案的公正審理。本院認為，根據《中華人民共和國民事訴訟法》第 200 條第九項及本院《關於適用民事訴訟法》第 391 條關於「原審開庭過程中有下列情形之一的，應當認定為民事訴訟法第 200 條第九項規定的剝奪當事人辯論權

利」及其第三項關於「違反法律規定送達起訴狀副本或者上訴狀副本，致使當事人無法行使辯論權利的」之規定，人民法院對該申請再審理由決定再審的條件是人民法院違反法律規定足以影響當事人行使辯論權利。本案中，二審法院已經查明一審法院在審理本案過程中給予了當事人較為充分的答辯和辯論機會，當事人的基本程序利益實質上得到保障，且亦未影響當事人當庭行使辯論權利，本院對此再審理由不予支持。

2. 關於管轄問題。卡思黛樂公司申請再審稱「一審法院只給予其 15 天答辯期，導致其未提出管轄權異議」。《中華人民共和國民事訴訟法》第 234 條規定，「涉外民事訴訟的被告對人民法院管轄不提出異議，並應訴答辯的，視為承認該人民法院為有管轄權的法院。」本案中，如前所述，二審法院及本院均已經認定一審法院給予 15 日答辯期不妥，但該 15 日答辯期並不能影響法國公司提出管轄權異議。根據本院查明的事實，一審法院 2009 年 10 月 26 日向深圳公司和法國公司發出應訴通知書，2009 年 11 月 10 日，深圳公司提交答辯狀，2009 年 11 月 10 日，法國公司提交答辯狀，兩公司在答辯狀中均未提出管轄權異議。2010 年 7 月 8 日，法國公司申請延長舉證期限三個月，即至 2010 年 11 月 2 日。2010 年 8 月 2 日，一審法院組織雙方當事人就本案相關問題進行談話，在該次談話中，法國公司未提出管轄權異議，此時已距法國公司提交答辯狀近十個月，現法國公司稱該 15 日答辯期與其未提出管轄權異議具有因果關係，顯然不能成立，本院不予支持。此外，本案中，因韋高葉銷售的產品上標明「法國公司出品，深圳公司進口」，根據《最高人民法院關於審理商標民事糾紛案件適用法律若干問題的解釋》第六條之規定，在無其他證據證明一審法院沒有管轄權的情形下，一審法院對本案行使管轄權並無不當。

3. 關於法國公司申請調取證據的問題。卡思黛樂公司申請再審稱，原審判決對法國公司要求調查取證的合理申請不予准許屬於程序錯誤。在一

審訴訟中，法國公司申請調取李道之、班提公司對卡斯特商標實際使用情
況的相關證據，一審法院以李道之、班提公司的實際使用情況已為相關行
政判決所認定，無須另行調取為由，未予准許。根據《最高人民法院關於
民事訴訟證據的若干規定》第 17 條之規定，

> 申請調查收集的證據屬於國家有關部門保存並須經人民法
> 院依職權調取的檔案材料、涉及國家祕密、商業祕密、個人隱
> 私的材料，當事人及其訴訟代理人因客觀原因不能自行收集的
> 其他材料。

本案中，關於李道之、班提公司相關商標的使用情況的證據並非屬於前述
情況，且原審法院也已查明該實際使用情況已經為相關行政判決所認定，
對其申請不予准許並無不當。法國公司此申請再審理由不能成立。

4. 法國公司是否是本案適格主體。卡思黛樂公司稱本案被控侵權
的 18 批次貨物及其出口行為的主體均是 S. A. 公司，申請人為 S. A. S 公
司，申請人與李道之、班提公司及深圳公司沒有任何關係，因此認為 S.
A. S 公司不是本案適格當事人。本院認為，首先，李道之、班提公司以
其為被告提起本案訴訟時，S. A. S 公司並未提出異議而是在一審訴訟中
積極應訴；其次，法國公司在庭審中明確表示「法律責任的承擔主體就
是這一家公司」，並經核實後在其代理詞中明確表述，另，經我們查實，
CASTELFRERESS. A. 與 CASTELFRERESS. A. S 實際上屬於同一主體，
具有歷史上的演變及承繼關係。CASTELFRERESS. A. 項下的所有權利義
務由 CASTELFRERESS. A. S 承擔。

再次，根據本院查明的事實，S. A. S 承繼了 S. A. 公司的葡萄酒和烈
酒業務，包括其旗下的商標等相關權利和義務，並曾繼受 S. A. 公司提起
的撤銷本案卡斯特商標的商標行政程序及商標行政訴訟程序的相關權利及

義務；最後，在二審訴訟及申請審查階段亦未提出訴訟主體不適格的問題，現在再審庭審中提出，該主張與其在原審訴訟中表述及本院查明的事實不一致，有悖訴訟誠信且顯然不能成立，本院對此不予支持。

（二）關於本案訴爭行為是否構成侵害註冊商標專用權及法國公司與深圳公司是否構成共同侵權的問題

本案李道之、班提公司當庭指出，其指控的侵權行為如下：1. 優馬公司銷售給韋高葉、韋高葉用於銷售的葡萄酒產品及其外包裝標註了「法國卡斯特」字樣，與卡斯特商標構成近似，侵害了卡斯特商標權；2. 法國公司出口、深圳公司進口並銷售的葡萄酒產品中文標籤上標註的「法國卡斯特」「法國卡斯特出品」「法國卡斯特集團釀造灌裝」等字樣，與卡斯特商標構成近似，侵害了卡斯特商標權，深圳公司在產品宣傳中也使用了「法國卡斯特」字樣，與卡斯特商標構成近似，侵害了卡斯特商標權；3. 法國公司與深圳公司共同在中國市場宣傳、銷售被控侵權產品，其行為係共同侵權行為。對前述問題，本院分別予以評述：1. 關於優馬公司、韋高葉銷售相關葡萄酒是否構成侵害「卡斯特」商標權的問題。一審、二審法院已經查明，購自優馬公司、韋高葉銷售的葡萄酒產品中，有六個品種的外包裝或者中文標籤以較大字體突出標註了「法國卡斯特」「卡斯特‧金伯爵」字樣，認定韋高葉、優馬公司侵害了「卡斯特」商標權。因李道之、班提公司未能進一步舉證證明該侵權產品係購自深圳公司或者法國公司，結合市場上出現假冒法國公司產品的事實，不宜僅憑中文標籤上註明的進口商、製造商名稱認定深圳公司、法國公司向優馬公司提供了侵權產品，認定李道之、班提公司以韋高葉、優馬公司的侵權行為為依據要求兩公司承擔法律責任的訴訟主張不能成立。前述認定並無不妥，本院予以維持。2. 關於法國公司、深圳公司是否構成侵害商標專用權的問題。本案中，根據以上分析，雖然法國公司並無與李道之的「卡斯特」商標相混

淆的故意，且根據現有的證據，法國公司、深圳公司僅在其生產、進口到中國的葡萄酒產品報關單使用了「品牌：法國卡斯特」等字樣，但該報關、報檢材料（如報關單、衛生證書）係其向交易對象證明被控葡萄酒產品的來源以及是否符合我國衛生標準要求的法定依據，屬於《中華人民共和國商標法實施條例》第三條規定的「交易文書」。在這些報關、報檢材料上使用包含「卡斯特」字樣的被控標識亦因此構成商標法意義上的使用，由於卡斯特係李道之的註冊商標，在雙方當事人未就商標轉讓或者轉讓磋商期間使用事宜達成協議的情形下，法國公司、深圳公司明知該商標存在紛爭，仍然在該葡萄酒產品相關報關單據中使用該商標，未盡到合理避讓他人註冊商標的義務，該種使用行為仍然侵犯了李道之對「卡斯特」商標的專用權。3. 關於法國公司和深圳公司是否構成共同侵權的問題。涉案侵權產品係法國公司生產、深圳公司進口至中國銷售，二者是否構成共同侵權，是否應承擔連帶責任，取決於二者是否有共同的意思聯絡。本案中法國公司否認侵權產品的中文標籤係其製作並黏貼於產品之上，因深圳公司未參加訴訟，對此事實沒有直接的證據證明。法國公司認可的其上海代表處及其代理機構北京市正理律師事務所分別於 2008 年 12 月 17 日、2009 年 6 月 19 日及 6 月 22 日所發聲明中，均陳述「法國公司直接出口到中國市場的葡萄酒全部在法國釀造、灌裝，所有原裝葡萄酒的正面及背面酒標也都在法國生產、黏貼」。但本案所涉及的侵權產品進口時間為 2006 年、2007 年，在上述聲明刊登之前。在涉案侵權產品時間段內的證據是落款為自稱法國卡斯特集團主席的皮爾・卡斯特的《關於法國卡斯特集團的若干聲明》，其中稱深圳公司為法國卡斯特集團在中國大陸直接投資控股的子公司，負責除東海公司任總經銷商的若干品牌之外的全部業務，卡斯特的中英文商標等均由法國卡斯特集團擁有等。法國公司否認該聲明係其所發，並提交相關雜誌證明該聲明係由深圳公司刊登。

最高法院認為，從法國公司上海代表處 2008 年、2009 年刊登的聲明

來看，其稱所有原裝葡萄酒的正面及背面酒標都在法國生產、黏貼，並未指明僅是當時的做法，應視為是一貫的行為。法國公司沒有提出有說服力的證據證明 2008 年之前和之後其出口的葡萄酒產品標貼的黏貼方式發生了變化。而且該標貼上載明法國公司出品、深圳公司進口，一般情況下均應推定二者對該公示方式是明知的，對該產品所可能涉及的侵權行為應當共同承擔責任。況且，雖然從股權結構中無法得出深圳公司與法國公司有關聯關係的結論，但深圳公司使用「卡斯特」的字號，且法國公司從未提出過異議，可證明法國公司和深圳公司之間存在較為密切的關係。卡思黛樂公司申請再審稱，由於深圳公司註銷，李道之、班提公司撤回了對其的起訴，應視為放棄了對深圳公司的訴訟請求，深圳公司應承擔的賠償數額不應由法國公司承擔。本案中，李道之、班提公司雖然撤回了對深圳公司的起訴，亦沒有追加其股東進入訴訟，其所主張的「撤回起訴僅是對程序權利的處分，並未放棄實體權利」並不違反法律的規定。此外，法國公司在原審中並未主張追加深圳公司股東為被告，根據《中華人民共和國民法通則》第 130 條關於「二人以上共同侵權造成他人損害的，應當承擔連帶責任」並參照《中華人民共和國侵權責任法》第 13 條關於「法律規定承擔連帶責任的，被侵權人有權請求部分或者全部連帶責任人承擔責任」之規定，一、二審法院根據查明的事實，認為法國公司、深圳公司構成共同侵權，應承擔連帶賠償責任的認定並無不當，卡思黛樂公司申請再審理由不能成立，本院不予支持。

（三）本案的民事責任承擔問題

1. 關於訴訟時效。卡思黛樂公司申請再審稱，李道之、班提公司提起本案訴訟的時間是 2009 年 10 月，而涉案 18 批次葡萄酒產品最早進口日期是 2006 年 11 月，即使假設深圳公司銷售了涉案產品，葡萄酒的商業循環周期非常短，從進口到出現在市場上通常不過兩個月，從涉案 18 個

批次產品的進口間隔時間也可以得到佐證。本案中，至少 2007 年 6 月 27
日之前進口的貨物應該已經超過了訴訟時效。《最高人民法院關於審理商
標民事糾紛案件適用法律若干問題的解釋》第 18 條之規定，侵犯註冊商
標專用權的訴訟時效為二年，自商標註冊人或者利害權利人知道或者應當
知道侵權行為之日起計算。商標註冊人或者利害關係人超過二年起訴的，
如果侵權行為在起訴時仍在持續，且在該註冊商標專用權有效期限內，人
民法院應當判決被告停止侵權行為，侵權損害賠償數額應當自權利人向人
民法院起訴之日起向前推算二年計算。本案中，由於卡思黛樂公司未能舉
證證明李道之、班提公司明知或者應知其使用了本訴侵權標識而不主張權
利，亦未證明相關葡萄酒產品實際進入市場銷售的時間，深圳公司亦未參
加訴訟，在此情形下，原審法院判定該不利後果應由作為共同侵權人的法
國公司承擔，並無不當。

2. 關於賠償數額的確定。《中華人民共和國商標法》（2001 年修訂）
第 56 條規定：

> 侵犯商標專用權的賠償數額，為侵權人在侵權期間因侵權所
> 獲得的利益，或者被侵權人在被侵權期間因被侵權所受到的損失，
> 包括被侵權人為制止侵權所支付的合理開支。前款所稱侵權人因侵
> 權所得利益，或者被侵權人因被侵權所受損失難以確定的，由人民
> 法院根據侵權行為的情節判決給予 50 萬元以下的賠償。

（1）原審法院以案外人利潤率為依據確定法國公司、深圳公司獲利計
算賠償數額是否合理。本案中，一審法院以張裕公司是以葡萄酒產品為主
業的上市公司、其與法國公司之間存在着合資合作的關係為由，以張裕品
牌的利潤率作為「卡斯特」品牌的利潤率計算依據；以深圳公司經營模式
與建發公司相似，認為作為「卡斯特」葡萄酒進口商的建發公司的利潤率

確實與深圳公司的利潤率具有同質性，將深圳公司的獲利參照建發公司的
利潤率計算。再審法院認為，首先，張裕公司、建發公司非本案當事人，
其與本案亦無法律上的利害關係，亦與法國公司、深圳公司屬於不同的市
場經營主體，在沒有確切證據證明的情況下，以該兩公司利潤率推定法國
公司、深圳公司利潤率，沒有事實和法律依據。其次，根據前述法條的規
定，侵害商標專用權的賠償數額為侵權人在侵權期間因侵權所獲得的利益
或者被侵權人在被侵權期間因被侵權所受到的損失，也就是說，賠償數額
應當與侵權行為之間具有直接的因果關係。本案中，原審法院雖然查明本
案法國公司生產、深圳公司進口的涉案葡萄酒產品總價值 3196 餘萬元，
李道之、班提公司二審中亦提交了四份公證書證明法國公司生產、深圳公
司進口的葡萄酒在市場上實際銷售的情況，但由於本案當事人關於訴爭商
標的歷史糾葛，各自商標及商品的知名度情況，本案的侵權行為的具體表
現方式，特別是法國公司、深圳公司並無侵犯李道之、班提公司商標權的
主觀惡意的情況下，李道之、班提公司要求以法國公司和深圳公司所獲得
的利益作為計算賠償數額的依據，其應當證明法國公司和深圳公司所獲得
的利益與侵權行為之間的因果關係，即該獲益係因侵害其商標權而直接獲
得。根據本案證據，難以認定法國公司和深圳公司所獲得的利益全部係侵
害李道之、班提公司商標權所致。再次，在本案中，李道之、班提公司並
未舉證證明其因為法國公司、深圳公司之行為所受到的損失。最後，《最
高人民法院關於審理商標民事糾紛案件適用法律若干問題的解釋》第 14
條明確規定：

　　　　商標法第五十六條第一款規定的侵權所獲得的利益，可以根
　　據侵權商品銷售量與該商品單位利潤乘積計算；該商品單位利潤
　　無法查明的，按照註冊商標商品的單位利潤計算。

第 15 條明確規定：

> 商標法第五條第一款規定的因被侵權所受到的損失，可以根
> 據權利人因侵權所造成商品銷售減少量或者侵權商品銷售量與該
> 註冊商標商品的單位利潤乘積計算。

本案中，雙方當事人均未提供侵權商品銷售具體數量或者權利人因侵權所造成商品銷售減少量的相關證據。李道之、班提公司在二審程序中對法國公司提交的證據二，即中國釀酒行業的分析報告明確不予認可，對該報告內記載的葡萄酒行業利潤率亦不予認可，法國公司亦未提交其單位利潤。在此情況下，李道之、班提公司作為權利人，且從事葡萄酒的生產銷售，在有法律、司法解釋明確規定可以依權利人利潤率為計算依據的情況下，並未向法院提交其利潤率，而是請求以與本案無任何法律上利害關係的案外人的利潤率作為計算賠償數額的依據，無事實和法律依據，本院不予支持。

鑒此，依據《中華人民共和國商標法》第 56 條關於「前款所稱侵權人因侵權所得利益，或者被侵權人因被侵權所受損失難以確定的，由人民法院根據侵權行為的情節判決給予 50 萬元以下的賠償」之規定及《最高人民法院關於審理商標民事糾紛案件適用法律若干問題的解釋》第 16 條第二款關於「人民法院在確定賠償數額時，應當考慮侵權行為的性質、期間、後果、商標的聲譽、商標許可費的數額、商標使用許可的種類、時間、範圍及制止侵權行為的合理開支等因素綜合確定」之規定，本院將在對前述因素分析的基礎上確定本案賠償數額。

（2）本案賠償數額的具體確定。①各方當事人之間的歷史糾葛及談判過程。本案被告深圳卡斯特酒業有限公司（即深圳公司）成立於 2006 年 8 月 16 日，該公司股東由深圳市金科裕貿易有限公司、法國卡斯特酒業有限公司變更為法國卡斯特酒業有限公司。法國卡斯特酒業

有限公司係一家註冊地為中國香港的有股本的私人公司，外文名稱為
ANNABAINTERNATIONAL（HONGKONG）LIMITED。2010 年 9 月 28
日，深圳公司申請註銷並於 10 月 9 日獲核准。法國公司成立於 1949 年，
法國公司的公司名稱也曾翻譯為「卡斯代爾·弗雷爾股份有限公司」。
1999 年 4 月 16 日出版的《廊坊日報》報道了紅城堡公司動工建設的新
聞。紅城堡公司還於同年 5 月 29 日在《廊坊日報》上刊登廣告，招聘銷
售人員。法國公司稱上述宣傳材料中「法國卡斯特集團」即為其自身。根
據紅城堡公司的開業登記公告及批准證書，其註冊資本為 105 萬美元，投
資者為法國威斯福有限公司（VASFS. A.），由 Michel Paul 擔任董事長，
陳光擔任副董事長，經營範圍為生產、銷售葡萄酒。紅城堡公司於 2002
年 3 月 11 日填報的 2001 年度聯合年檢報告書記載投資者名稱為「法國
卡斯特集團 VASF 公司」。另外，根據中華人民共和國河北省人民政府於
2001 年 8 月 29 日頒發的批准證書，「法國威斯福有限公司 VASFS. A.」還
與張裕公司投資成立了廊坊卡斯特張裕公司。2001 年 7 月 31 日，張裕公
司向煙台市工商行政部門遞交了一份項目建議書，建議設立煙台張裕卡
斯特公司。2001 年 9 月 3 日，煙台張裕卡斯特公司獲核准成立。商標局
於 2005 年 7 月 8 日受理法國公司撤銷卡斯特商標的申請，2006 年 7 月 27
日，商標局作出決定，撤銷卡斯特商標。2007 年 10 月 8 日，商標評審委
員會作出決定，維持卡斯特商標。2008 年 4 月 8 日，北京市第一中級人
民法院作出判決，維持商標評審委員會決定。2008 年 11 月 14 日，北京
市高級人民法院作出二審判決，維持一審判決。在此期間，李道之先後
與深圳公司、法國公司就卡斯特商標的轉讓事宜進行過磋商，亦曾達成意
向。2007 年 4 月 25 日，李道之與深圳公司簽署的意向書載明，深圳公司
擬以人民幣 100 萬元的價格受讓包括卡斯特商標在內的一系列商標。意向
書第二條還特別載明「即深圳公司已知曉其自己曾於 2005 年 7 月 8 日向
國家商標局以李道之三年不使用為由要求撤銷卡斯特商標的申請」。2008

年 2 月 26 日，李道之以深圳公司未履行付款義務構成根本違約為由，向深圳公司發送了解除《意向書》專函，並經公證機構公證。2007 年 12 月間，法國公司曾與李道之協商以 100 萬歐元的價款受讓李道之名下包括卡斯特商標在內的一系列商標的事宜。2009 年 9 月 2 日、10 月 22 日李道之及班提公司分別以法國公司及其他銷售商為被告在浙江省溫州市中級人民法院提起侵犯商標權訴訟，請求賠償金額分別為 7000 萬和 1 億人民幣。2009 年 10 月 23 日，李道之及班提公司提起本案民事訴訟。2011 年 12 月 17 日，最高人民法院作出（2010）知行字第 55 號行政裁定，維持北京市高級人民法院（2008）高行終字第 509 號行政判決。2012 年 3 月 31 日，浙江省溫州市中級人民法院作出本案一審判決。法國公司 2008 年停止使用卡斯特相關字樣，2011 年 12 月 17 日，法國公司停止使用卡斯特企業名稱。根據以上事實，再審法院認為，從雙方當事人行政程序、訴訟程序和談判磋商過程可以看出，雙方當事人隨着相關程序結果對其利弊程度，在不斷地調整其相關策略和行為方式。本案中，法國公司成立於 1949 年，其生產的「CASTEL」葡萄酒在葡萄酒業內具有一定的知名度，其企業名稱核心部分「CASTEL」為其法定代表人姓氏。在本案二審訴訟過程中，法國公司提交了國家圖書館科技查新中心對 1980 年至 2000 年期刊中有關「卡斯特」的相關報道。從該檢索結果可以看出，「CASTEL」作為姓氏名稱使用時，「卡斯特」是較為慣常和自然的中文翻譯。此外，法國公司進入中國市場以來，亦先後使用過「卡斯特」「卡斯代爾」「卡思特」等名稱作為其「CASTEL」的音譯。本案商標「卡斯特」為臆造詞彙，是「CASTEL」姓氏較為慣常和自然的中文翻譯。雖然現有證據顯示法國公司使用「卡斯特」作為其「CASTEL」音譯的日期要晚於「卡斯特」商標的申請日，但該商標申請日與法國公司在中國有證據使用「卡斯特」指代其公司的時間僅相差不到一年時間，且並無證據證明「卡斯特」商標在 1999 年左右已經具備一定的知名度，「CASTEL」是法國公司企業名稱的主要

部分，也是其公司法定代表人的家族姓氏，因此難以認定法國公司使用卡斯特的目的是搭「卡斯特」商標之便車，加之雙方當事人之間就「卡斯特」商標的相關行政程序、訴訟程序及磋商過程，本院認為，本案不是一般意義上的侵犯註冊商標專有權糾紛，判定賠償數額時，被訴侵權人的使用方式等是否具有惡意是應該着重考慮的因素。②法國公司、深圳公司被訴侵權行為表現形式及其是否具有惡意。首先，根據原審法院查明的事實，本案被訴侵犯商標權期間為 2007 年 1 月 19 日至 2008 年 6 月 12 日。而在此期間，雙方當事人正在就「卡斯特」商標的轉讓事宜進行相關磋商，並曾於 2007 年 4 月 25 日、2007 年 12 月達成分別以 100 萬元人民幣和 100 萬元歐元的價格受讓包括「卡斯特」商標在內的一系列商標的意向書。根據一、二審法院查明的事實，現沒有證據證明李道之等對法國公司、深圳公司對被訴侵權行為提出異議。此外，在北京市高級人民法院作出二審判決後，卡斯特公司即停止了對該標識的使用，在我院作出駁回再審裁定後，法國公司放棄了對卡斯特中文企業名稱的使用，因此從使用時間期間上難以認定法國公司和深圳公司有侵害「卡斯特」商標權的故意。其次，從法國公司、深圳公司的使用行為看。本案中，李道之、班提公司沒有提供法國公司出口、深圳公司進口的葡萄酒產品實物。在原審法院庭審中，李道之、班提公司提出法國公司出口、深圳公司進口並銷售的葡萄酒產品中文標籤上標註的「法國卡斯特」「法國卡斯特出品」「卡斯特所屬酒莊」「法國卡斯特集團出品」「法國卡斯特集團釀造灌裝」等字樣，與卡斯特商標構成近似，侵害了卡斯特商標權，深圳公司在產品宣傳中也使用了「法國卡斯特」字樣，與卡斯特商標構成近似，侵害了卡斯特商標權。根據原審法院查明的事實，相關報關材料、報檢材料以及備案中文標籤上的使用行為可以分為以下幾種：第一種，在中文報關單上使用「品牌：法國卡斯特」「品牌：卡斯特」「品牌：卡斯特牌」；第二種，在其報關單上使用「產區：法國波爾多卡斯特酒莊」「產地：法國卡斯特酒莊」；第三種，在其報

備案的中文標籤上使用「法國卡斯特」「法國卡斯特出品」；第四種，在其中文標籤上使用「進口商：深圳卡斯特。製造商：法國卡斯特」。此外，根據本院對該使用情況查明的事實，由於「卡斯特」同時是深圳公司、法國公司的企業字號，法國公司的商標「CASTEL」音譯為「卡斯特」具有一定的合理性，加之雙方當事人曾就「卡斯特」中文商標歸屬進行磋商。在沒有證據證明李道之等明確反對該種使用方式的情況下，難以認定法國公司、深圳公司前述使用行為具有惡意。再次，從法國公司發佈的聲明上看，其在聲明中多次強調其是依照法國法律註冊成立的公司，由於歷史沿革原因，在法國公司向中國市場直接出口的法國原裝葡萄酒瓶上，製造商名稱翻譯沿用了行業慣用名稱「法國卡斯特集團兄弟釀酒有限公司」。所有法國公司出口到中國市場的葡萄酒都必然擁有 或 （酒莊酒專用）兩個標識之一；並且，不僅所有酒都在法國釀造、灌裝，而且正面及背面酒標也都在法國生產、黏貼，據此可以認定法國公司並無與李道之的「卡斯特」商標相混淆的故意。最後，根據本院查明的事實，《國家技術監督局、衛生檢疫局關於加強進口預包裝食品標籤管理的通知》第三條及《進出口食品、化妝品標籤檢驗規程（試行）》第六條之規定，進口食品在進口申報及報檢時均應提供相應中文標籤樣本，「CASTEL」是法國公司企業名稱的主要部分，也是其公司法定代表人的家族姓氏，根據本院查明的事實，「CASTEL」作為姓氏名稱使用時，「卡斯特」是較為慣常和自然的中文翻譯，因此法國公司、深圳公司將「CASTEL」對應中文翻譯為「卡斯特」在其葡萄酒中文標籤上使用亦有一定的合理性。鑒於以上分析，法院認為，根據現有的證據，難以認定法國公司、深圳公司在其生產銷售的葡萄酒標籤上使用「卡斯特」標識具有惡意。③關於「卡斯特」商標的使用及知名度情況。根據查明的事實，「卡斯特」商標曾被提起因三年不使用撤銷行政訴訟，本院 55 號裁定書已經認定班提公司在商業活動

中對「卡斯特」進行了公開、真實的使用。李道之在該案中提交班提公司 2001 年至 2005 年銷售卡斯特葡萄酒的發票 30 餘張，在本案一審訴訟時提交班提公司開具的增值稅發票 56 張，其中涉及本案被訴期間的增值稅發票載明其共銷售卡斯特葡萄酒 262 箱，且根據一審法院查明的事實，2002 — 2008 年，班提公司的銷售收入分別為人民幣約 197 萬元、255 萬元、180 萬元、207 萬元、334 萬元、423 萬元以及 1043 萬元。由於 2005 年 8 月 16 日李道之方與班提公司就卡斯特商標的許可使用事宜簽訂了商標使用許可合同，且根據一審法院查明的事實，2007 年以來，班提公司才以其自身或者土畜產公司名義進口了較大量的卡斯特系列葡萄酒，並銷往全國各地，因此班提公司並不能證明其前述銷售收入全部係銷售卡斯特葡萄酒所得。此外，在一審訴訟中，李道之、班提公司為證明「卡斯特」商標知名度，亦向一審法院提交了證據（一審判決第 6 — 7 頁），一審法院認定班提公司投入的廣告費用與法國公司的廣告費用相比是否懸殊與本案侵權判定並無關聯性，將該證據作為認定本案事實的依據。承辦人認為，該相關廣告發佈主體為上海卡斯特公司，時間為 2009 年 9 月、10 月之後，且根據一審法院查明的事實，上海卡斯特公司自 2008 年 12 月 1 日起才獲得李道之許可，使用卡斯特商標，結合班提公司銷售「卡斯特」葡萄酒的數量、相關銷售收入以及上海卡斯特公司的使用情況，根據現有的證據，難以證明李道之、班提公司、上海卡斯特公司在被訴侵權行為發生之前，對「卡斯特」商標進行了大規模的使用及宣傳行為。因此不能證明在本案被訴侵權行為發生之日，「卡斯特」商標具有較高的知名度。④關於法國公司生產的葡萄酒的知名度情況。本案中，根據一審法院查明的事實，法國公司的葡萄酒產品多次獲得國外酒類雜誌的推介。《法國葡萄酒雜誌》還將法國公司的總裁皮埃爾·卡斯特列為法國葡萄酒行業的 100 位酒界名人。2009 年 11 月 10 日，法國國務祕書專門致信皮埃爾·卡斯特，對法國公司取得的成就表示祝賀。皮埃爾·卡斯特還受到法國總理的

邀請，作為訪華代表團成員訪問中國。近年來，中國媒體對法國公司及其
經營活動亦有報道。2010 年 3 月，法國公司上海代表處首席代表畢杜維
榮獲「2009 年度中國糖酒食品業十大人物」稱號，《中國商報》發行了特
刊對其進行介紹，他還被《世界酒誌》列為 100 名中國市場進口酒事業領
袖之一。法國公司的品牌「CASTEL 系列」還同時榮獲「2009 年度中國
糖酒食品暢銷品牌」稱號。同年 6 月，法國公司在 2010 年春季全國糖酒
商品交易會最佳展品評選活動中獲得一等獎。根據前述事實，本院認為，
法國公司生產的葡萄酒在被訴期間具有較高的知名度。⑤關於「卡斯特」
商標許可費的情況。本院已經查明，前述商標許可合同中並無相關許可費
條款。綜上，綜合本案事實並考慮商標權人使用商標的情況、雙方當事人
就訴爭商標的措施情況、侵權行為的性質、期間、後果等因素，根據《中
華人民共和國商標法》第 56 條及《最高人民法院關於審理商標民事糾紛
案件適用法律若干問題的解釋》第 16 條之規定，酌情確定本案賠償數額
為 50 萬元，一、二審法院以進口貨值成本與案外人利潤比值之積確定本
案的賠償數額顯屬不當，本院予以糾正。

　　3. 關於消除影響、停止侵權的問題。本案中，李道之、班提公司請求
判令法國公司在相關媒體上刊登聲明，澄清事實，消除影響。原審法院認
定李道之、班提公司要求法國公司在三家媒體上刊登聲明的請求超出了必
要範圍，只需選擇一家媒體刊登聲明即可，確定《中國工商報》為法國公
司刊登聲明的媒體，並無不妥，本院予以維持。關於停止侵權的問題，根
據原審法院查明的事實，深圳公司已經註銷，卡思黛樂公司已經停止使用
「卡斯特」相關標識，因此，本院不再判決其停止使用「卡斯特」相關標識。

　　綜上，卡思黛樂兄弟簡化股份有限公司部分再審理由成立，最高人民
法院依法判決：撤銷浙江省高級人民法院（2012）浙知終字第 166 號民事
判決；撤銷浙江省溫州市中級人民法院浙溫知初字第 397 號民事判決；本
判決為終審判決。

工匠思維

知識產權案件中，律師向客戶提供法律服務，靠的是技藝。所以律師也算是一種工匠，法律手藝人。[1]

　　一旦你決定好職業，你必須全心投入工作之中，你必須愛自己的工作，千萬不要有怨言，你必須窮盡一生磨練技能，也是讓人家敬重的關鍵。努力向上，直到巔峰，但是沒人知道巔峰在哪裏。即使工作了數十年，我仍然認為不夠完善。[2]

本案律師工作在再審程序中提出的系統對抗方案，最高法院一一作出了充分的論證。一些觀點，由於原一審、二審代理律師的疏忽，未予以確認，致使沒有獲得再審法院的支持，但整體性打磨的效果在於，再審法院充分認知了系爭商標的非「知名性」，以及我方委託人法國公司的非惡意性，最終撤銷原一審、二審判決，按照法定賠償額進行判定。為後來的知名商標、跨境商標爭議提供了典型性判例支持。

「讓我們像大自然那樣從容不迫地度過每一天，不讓任何一片落在鐵軌上的堅果或蚊子翅膀把我們拋出軌道。下決心好好度過每一天吧，不讓自己的人生有所遺憾。」[3] 本案代理工作，使工作組在商標爭議後續工作中，[4] 更加重視工匠精神的貫徹、打磨、切磋，不唯上，只唯實，唯證據，唯真實。「我們缺少的不是機遇，而是對機遇的把握；我們缺少的不是財富，而是創造財富的本領；我們缺少的不是知識，而是學而不厭的態度；

1　楊榮寬：《法律與文學相鄰》，法律出版社，2020 年版，頁 136。

2　日本壽司大師小野二郎的紀錄片《壽司之神》。

3　［美］亨利·戴維·梭羅：《瓦爾登湖》，李繼宏譯，天津人民出版社，2013 年版，頁 93。

4　律師工作組後續的商標代理工作，包括但不限於：redbull、奔富、賓利、11315 與 21315「徵信服務商標第一案」、畢馬威、新世界等等。

我們缺少的不是理想，而是身體力行的實踐。」[1]

二、行政合同爭議中的打磨藝術
　　—— 關於最高法院（2018）最高法行再 1 號

　　爭議解決本身作為一種作品形式，「需要小心翼翼地在摸索中尋找到自己的平衡點。要把自己的作品做到非常純粹，有力度需要長時間的不斷磨練，而且在打磨作品的時候同時也是在打磨自己。這非常有挑戰性。」[2]藝術打磨從我們的日常生活生長出來，並始終和我們的日常生活息息相關。「沒有不食人間煙火的藝術家。他生活在我們的關切之中。由於天職的敏感，他比我們更不安於各種感情的衝突。他關切得更深更廣，也更為統一。」[3]

關於行政合同

　　合同並非專屬於私法的法律技術，合同並不專屬於私法。契約不惟是私法的法律形態，而且也是公法的法律形態。[4] 在一個混合式行政的時代，在一個對公權力和私權利的創造性相互作用極其依賴的時代，合同乃行政法之核心。[5] 法律具有設權功能，行政合同在一定限度內有與之相同的功能。[6]

1　冰心：《冰心散文集》，上海古籍出版社，2002 年版，頁 117。

2　孫曉樂：《藝術是一件需要長時間打磨的事情》，搜狐文化，2016 年 4 月 26 日。

3　陳嘉映：《感人、關切、藝術》，《天涯》，1996 年第 6 期。

4　［德］赫費：《政治的正義性》，龐學銓、李張林譯，上海譯文出版社，1998 年版，頁 388。

5　［英］卡羅爾·哈洛、［英］理查德·羅林斯：《法律與行政》，楊偉東等譯，商務印書館，2005 年版，頁 554。

6.　江必新：《中國行政合同法律制度 —— 體系、內容及其構建》，《中外法學》，2012 年第 6 期。

行政合同是公民與行政機關合意一致的產物，它與意思自治、誠實信用關聯在一起，重塑了政府權威從而能夠更好地得到人民對行政的服從。[1] 也正因為其為合意的產物，所以被普遍視為行政權力的柔軟化工具，象徵着公民擺脫被管制的相對人地位，以主體身份參與到公共治理過程中成為行政機關的夥伴，適應了國家職能從管制到服務的轉化與擴大人民參與的潮流，[2] 儘管行政合同具有交易的屬性，但因為它是處理公共資源的行為，而公共資源是民有、民治與民享的，所以行政合同具有政府性，行政機關同樣要奉行平等原則。[3] 民事合同效力的判斷主要着眼於當事人意思表示的真實性、合同主體的行為能力以及整體內容的合法性。而行政合同的有效性判斷更注重合同主體資格、合法性以及對他人利益和公共利益的影響。[4]

最高人民法院成都億嘉利科技有限公司、樂山沙灣億嘉利科技有限公司訴沙灣區政府投資合同再審案，即（2018）最高法行再 1 號[5]

該案典型特徵即行政協議的認定及訴訟時效的適用。本案經四川省樂山市中級人民法院一審，四川省高級人民法院二審認為，對於行政訴訟法修改施行之前形成的行政協議，根據當時的法律規定和人民法院處理此類糾紛的通常做法，一般不納入行政訴訟受案範圍，主要通過當事人提起民

---

1 Hugh Collins, *Regulating Contracts*, Oxford: Oxford University Press, 1999, p. 20.

2 江嘉琪：《我國台灣地區行政契約法制之建構與發展》，《行政法學研究》，2014 年第 1 期，頁 80。

3 王旭：《自然資源國家所有的憲法規制功能》，《中國法學》，2013 年第 4 期，頁 14。

4 陳無風：《行政協議訴訟：現狀與展望》，《清華法學》，2015 年第 4 期。

5 《2015 年 5 月 1 日之前訂立的行政協議納入行政訴訟受案範圍的條件及行政機關不依法履行、未按照約定履行協議之訴訟時效的適用》，最高人民法院官網，2019 年 12 月 12 日。本案通過律師工作的努力，最高法院充分採納代理律師意見，撤銷原一審、二審文書。本案入選 2019 年最高法院行政協議典型案例，排名第三，具有重要示範意義。

事訴訟方式尋求司法救濟，故依法裁定不予立案。成都億嘉利公司、樂山億嘉利公司不服，向最高人民法院申請再審。再審法院查明事實：2012 年 6 月 5 日，成都億嘉利公司向沙灣區政府發出《成都億嘉利科技有限公司關於樂山沙灣鰻魚養殖基地因故停建的報告》，請求沙灣區政府補償其經濟損失和確保 800 畝項目用地。2012 年 6 月 12 日，沙灣區政府作出《樂山市沙灣區人民政府關於成都億嘉利科技有限公司〈關於樂山沙灣鰻魚養殖基地因故停建的報告〉的答覆》，告知成都億嘉利公司如有損失，沙灣區政府願意積極協調服務，努力幫助挽回或減輕；有關具體事宜，請適時安排人員到沙灣協商解決。2013 年 1 月 4 日，成都億嘉利公司向沙灣區政府發出《成都億嘉利科技有限公司請求樂山市沙灣區政府明確告知沙灣鰻魚養殖基地不能履行與政府簽訂的投資合同原因的報告》，表示對於至今未能履行 2011 年 8 月 29 日簽訂的投資內容，成都億嘉利公司多次以函電方式討問，未得到正面答覆，保留相對法律權益。2013 年 1 月 9 日，沙灣區政府作出《樂山市沙灣區人民政府關於答覆成都億嘉利科技有限公司〈請求樂山市沙灣區政府明確告知沙灣鰻魚養殖基地不能履行與政府簽訂的投資合同原因的報告〉的函》，告知有關具體事宜，請公司適時安排人員到沙灣協商解決。2015 年 11 月 7 日，成都億嘉利公司向沙灣區政府發出《關於樂山沙灣鰻魚養殖基地（鰻鱺健康養殖示範推廣項目）建設未能實施及要求政府索賠的說明》，請求沙灣區政府補償成都億嘉利公司損失 300 萬元人民幣。2015 年 11 月 24 日，沙灣區政府作出《樂山市沙灣區人民政府關於成都億嘉利科技有限公司〈關於樂山沙灣鰻魚養殖基地（鰻鱺健康養殖示範推廣項目）建設未能實施及要求政府索賠的說明〉的答覆》，表示按照《投資協議》的約定沙灣區政府並無違約行為，成都億嘉利公司要求補償損失 300 萬元既不符合法律規定，又不符合《投資協議》的約定。

　　律師工作組依法向最高人民法院提起再審申請，並在聽證程序中，充分表達了相關意見，為再審法院充分採納，並成為 2019 年行政協議十大

典型案例之一。

　　再審法院認為：結合原審法院的裁定和雙方當事人申請再審及答辯的理由，本案爭議焦點如下：（一）《投資協議》是否屬於行政協議；（二）《投資協議》是否屬於人民法院行政訴訟的受案範圍；（三）本案訴訟是否超過起訴期限和訴訟時效。

　　（一）關於案涉《投資協議》是否屬於行政協議問題。行政協議是指行政機關為實現公共服務或者行政管理目標，在行使職權履行職責的過程中與公民、法人或者其他組織協商訂立的協議。與民事合同相比，除協商一致與民事合同相同外，識別行政協議的標準主要有二：其一，形式標準。形式標準也就是主體標準，即它發生在具有行政職權、履行行政職責的機關和組織及其工作人員與行政職權所作用的公民、法人或者其他組織之間。其二，實質標準。實質標準也就是標的及內容標準，亦即行政法上的權利義務，其意在提供一種指引，強調行政協議不同於民事合同，這一標準排除了行政機關基於自身民事權利義務而簽訂的協議。行政法上的權利義務可以從以下三方面進行判斷：是否行使行政職權、履行行政職責；是否為實現公共服務或者行政管理目標；在協議裏或者法律上是否規定了行政機關的優益權。其中，行使行政職權、履行行政職責及行政機關具有優益權為首要標準，無法判斷時，還可以結合「實現公共服務或者行政管理目標」進一步判斷。

　　在本案，案涉《投資協議》是沙灣區政府與成都億嘉利公司簽訂，發生在具有行政職權、履行行政職責的機關與行政職權所作用公司法人之間，符合行政協議的主體要素，滿足識別行政協議的形式標準。案涉《投資協議》的一方主體沙灣區政府作為地方人民政府具有對轄區內農村農業進行建設管理的行政職責，協議約定的主要內容亦是為實現促進沙灣區現代農業發展和推進新農村建設目的，因此該協議實質上係沙灣區政府為實現相應的行政管理目標，履行農村農業建設管理行政職責，而與成都億嘉

利公司簽訂的招商引資協議，符合識別行政協議的實質標準。故原審認定案涉《投資協議》係行政協議，並無不當。沙灣區政府關於案涉《投資協議》不屬行政協議的主張，本院不予支持。

（二）關於案涉《投資協議》是否屬於人民法院行政訴訟的受案範圍問題。《最高人民法院關於規範行政案件案由的通知》（法發〔2004〕2號）將行政合同作為一種行政行為納入行政訴訟受案範圍，之後在相關的司法實務中亦有通過行政訴訟解決行政協議爭議的司法案例，將行政協議爭議納入行政訴訟亦係行之有效的糾紛解決途徑。《最高人民法院關於印發〈關於審理行政案件適用法律規範問題的座談會紀要〉的通知》（法〔2004〕96號）對有關新舊法律適用以及法不溯及既往問題明確作出「實體問題適用舊法規定，程序問題適用新法規定」即所謂「實體從舊，程序從新」的規定。因此，對形成於2015年5月1日之前的行政協議產生的糾紛，當時的法律、行政法規、司法解釋或者我國締結或參加的國際條約沒有規定其他爭議解決途徑（包括仲裁或者民事訴訟）的，作為協議一方的公民、法人或者其他組織提起行政訴訟，人民法院可以依法受理。本案中，案涉《投資協議》作為行政機關招商引資協議，當時的法律、行政法規、司法解釋或者我國締結或參加的國際條約沒有規定其他爭議解決途徑，成都億嘉利公司、樂山億嘉利公司選擇通過行政訴訟解決相關的爭議，並不違反相關法律的規定，依法應予支持。原審法院認定案涉《投資協議》屬於行政協議，但又以該協議簽訂時間在2015年5月1日《中華人民共和國行政訴訟法》修改之前而不納入行政訴訟受案範圍為由，裁定不予立案，不僅不符合上述規定的精神，且前後矛盾，亦增加了當事人的訴累，不利於糾紛的實質化解，應予糾正。

（三）關於本案訴訟的起訴期限及訴訟時效問題。當時有效的《最高人民法院關於適用〈中華人民共和國行政訴訟法〉若干問題的解釋》第12條規定：

　　公民、法人或者其他組織對行政機關不依法履行、未按照約定履行協議提起訴訟的，參照民事法律規範關於訴訟時效的規定；對行政機關單方變更、解除協議等行為提起訴訟的，適用行政訴訟法及其司法解釋關於起訴期限的規定。

　　行政協議作為一種行政手段，既有行政性又有協議性，應具體根據爭議及訴訟的性質來確定相關的規則適用，在與行政法律規範不相衝突的情況下可以參照適用民事法律規範。該條文對行政協議糾紛中起訴期限和訴訟時效適用問題作出了明確規定，起訴期限適用於與傳統行政訴訟審查對象一樣體現單方性、高權性特點的行政機關單方變更、解除協議等行為，訴訟時效制度則適用於公民、法人或者其他組織對行政機關不依法履行、未按照約定履行協議提起訴訟或者其他因行政協議提起訴訟的案件。本案係因成都億嘉利公司、樂山億嘉利公司對沙灣區政府未履行案涉《投資協議》而提起的請求解除協議的行政訴訟，應參照適用民事法律規範關於訴訟時效的規定，不再適用起訴期限的規定。而關於訴訟時效，根據案涉《投資協議》的內容，並不能確定協議的履行期限，對於不能確定履行期限的，訴訟時效期間從債務人明確表示不履行義務之日起計算。案涉《投資協議》簽訂後因故未能順利履行，成都億嘉利公司從 2012 年 6 月 5 日起就通過函件等形式向沙灣區政府主張相應的權利，期間沙灣區政府也通過回函等形式予以回應，均未明確表示不予履行相關的義務，直至 2015 年 11 月 24 日《樂山市沙灣區人民政府關於成都億嘉利科技有限公司〈關於樂山沙灣鰻魚養殖基地（鰻鱺健康養殖示範推廣項目）建設未能實施及要求政府索賠的說明〉的答覆》，表示不予履行成都億嘉利公司的相關權利請求，訴訟時效方從此時起算。成都億嘉利公司、樂山億嘉利公司於 2016 年 8 月 31 日向一審法院提起本案訴訟，並未超過訴訟時效。故沙灣區政府關於本案「超過起訴期

限與訴訟時效，原審法院不應立案」的主張不能成立，法院不予支持。另，本案解決的係原審法院對成都億嘉利公司、樂山億嘉利公司提起的訴訟裁定不予立案是否確有錯誤的問題。沙灣區政府關於協議項目未能實施的根本原因是項目未依法通過環境影響評價，且成都億嘉利公司、樂山億嘉利公司於 2013 年 11 月就自行撤離辦公場地，以自身行為表明不履行協議，樂山億嘉利公司營業執照也於 2015 年 11 月 2 日被工商管理部門吊銷，協議未能履行的責任並不在於沙灣區政府等主張，涉及案件的實體處理，再審法院不予審理，可在四川省樂山市中級人民法院受理本案後，由該院依法審理。綜上，一、二審法院以本案《投資協議》屬於行政協議但不屬於行政訴訟受案範圍為由，裁定對成都億嘉利公司、樂山億嘉利公司的起訴不予立案不當，依法應予撤銷。依照《中華人民共和國行政訴訟法》第 92 條第二款、《最高人民法院關於適用〈中華人民共和國行政訴訟法〉的解釋》第 123 條第（二）項之規定，裁定如下：撤銷四川省高級人民法院（2016）川行終 748 號行政裁定和四川省樂山市中級人民法院（2016）川 11 行初 267 號行政裁定；指令四川省樂山市中級人民法院受理本案。

藝術打磨

商事行政性案件中，行政協議作為一種行政手段，既有行政性又有協議性，應具體根據爭議及訴訟的性質來確定相關的規則適用，在與行政法律規範不相衝突的情況下可以參照適用民事法律規範，故訴訟時效制度可以適用於公民、法人或者其他組織對行政機關不依法履行、未按照約定履行協議提起的行政訴訟案件。[1] 行政協議的識別標準，既有形式

---

1 最高人民法院舉辦新聞發佈會，發佈《最高人民法院關於審理行政協議案件若干問題的規定》，最高人民法院官網，2019 年 12 月 12 日。

標準，亦有實質標準。對形成於 2015 年 5 月 1 日之前的行政協議產生
的糾紛，當時的法律、行政法規、司法解釋或者我國締結或參加的國際
條約沒有規定其他爭議解決途徑（包括仲裁或者民事訴訟）的，作為協
議一方的公民、法人或者其他組織提起行政訴訟，人民法院可以依法受
理。行政合同必須以公共資源的處分為前提，所以美國學者伯納德‧施瓦
茨（Bernard Schwartz）才指出，古典時代也有少量的行政合同，但大規
模的行政合同則源於福利行政。[1] 資源公共性使得行政合同必須滿足物有所
值原則，公共性由此凌駕於意思自治進入行政合同之中，行政合同由此只
是保留了合同所需要的最起碼的合意要素，而不再保留傳統私法合同的諸
如意思自由、形式自由等核心特徵，因此，它並非傳統民事合同，而應當
屬於關係型合同，即那種由「習俗、身份、習慣等其他為人所內化的東西
來規劃未來的交換」的合同。[2] 現階段，某些法律關係實際上是以私法關係
掩蓋了公法關係。這在國有資源開發利用、徵收徵用、一些政府特許經營
合同中體現得較為明顯。行政藉助民間團體或私人之專業力量完成行政事
務，如果行政機關實質上對私人有完全支配主導影響力量，那麼作出委託
的行政機關就是責任主體。[3]

　　行政機關沒有如同私人的締約自由，是因為適用於私法合同的市場
原則並不必然適用於行政合同，而且我們要求行政機關必須符合更高的倫
理標準。[4] 合同作為治理技術向行政管理領域的滲透是明顯的，但其遠不同
於法律人所關注的傳統契約，它只是為這樣一個治理過程提供了有力的基
礎，通過其所具備的基於自願這一內核的協議、承諾與責任，為範圍廣泛

---

1 ［美］伯納德‧施瓦茨：《行政法》，徐炳譯，群眾出版社，1986 年版，頁 200–201。

2 ［美］麥克尼爾：《新社會契約論》，潘勤、雷喜寧譯，中國政法大學出版社，1994 年版，頁 7。

3 董保城：《法治與權利救濟》，台北元照出版公司，2006 年版，頁 102–104。

4 Christopher Mccrunden, "EC Public Procurement Law and Equality Linkages: Foundations for Interpretation", in Sue Arrowsmith & Peter Kunzlik, eds., *Social and Enviromental Policies in EC Procurement Law*, Cambridge: Cambridge University Press, 2009, p.289.

的社會主體提供規訓。[1]

合同在本質上不惟是人際交換關係的一種形式。人類所發生的交換關係，既有商品交易還有公共事務的外部或者內部交換。人類最早進行的交換並不是商品物質交換，在時空架構裏，政治性或公務性契約可能要早於經濟契約，也就是說社會契約、行政合同一定有其自己的傳承基礎，至少在很大程度上它們並非商品經濟或者市場經濟的產物，它們只能分別是自己路徑依賴和自身演化的產物。[2]

本案代理中所獲得的打磨性經驗，具有一定的開創性，受到委託人的特別肯定。

> 每種具有完整性的經驗都暗含着能夠整合經驗的意義坐標系，因此，理解一種經驗就需要理解構成經驗整體意義的坐標系。經驗過程固然有着一些無法共享的私人感受，但經驗的意義坐標系則保證了經驗的共享性。經驗坐標系當然不是物理學或數學的坐標系，而是文化時空的坐標系，即以歷史傳統、概念體系、信念系統所形成的坐標系，在其中生成經驗的意義鏈，決定了經驗的層次感、伸延性和豐富性。[3]

> 玉必有工；工必有意，技藝的表達是一方面，更重要的還是背後的情感，它不張揚、重內涵，以另一方式表達着中國傳統中匠人內涵。[4]

---

1 彼得‧文森特‧瓊斯（Peter Vincent-Jones）即將行政合同分為三類，一為建立在官僚等級制基礎上的行政機關內部的管理性合同（Administrative Contract），二為面向社會交易公共資源的經濟性合同（Economic Contract），三為行政機關為管制公民而與公民締結的社會控制合同（Social Control Contract）。See Peter Vincent-Jones, *The New Public Contrcating: Regulation, Responsiveness, Relationality*, Oxford: Oxford University Press, 2006, p.133.

2 于立深：《契約方法論》，北京大學出版社，2007 年版，頁 67。

3 趙汀陽：《藝術的本意和意義鏈》，《人文雜誌》，2017 年第 3 期。

4 《玉雕細細打磨下的驚豔藝術》，《FY 時代記憶》，2018 年 5 月 31 日。

三、歌聲中的二審翻轉

—— 關於劉歡與上海聲像出版社、上海新索音樂有限公司署
　　名權糾紛上訴案

「詞壇泰斗」喬羽曾說：「我從來沒有隨手寫過一首歌詞，我寫了大半
輩子詞兒，到現在還是每一次寫都像第一次寫。像從來沒寫過歌詞新學寫
的人一樣。」[1]成功從來不是一蹴而就的，只有深入生活吃盡千般苦，創
作的成果才會分外香甜。[2]沒有哪種藝術形式能夠像歌曲這樣快捷地反映
人們的現實生活和情感需求，進而成為演繹時代內涵、凝聚民族精神的
直接動力。[3]

關於署名權

著作權法是保護文學、藝術和科學作品作者的著作權以及與著作權有
關的權益的專門法，保護創作者能夠獲得直接或間接的利益回報，實現人
格獨立和自我發展，是著作權法立法的應有之意，沒有創作者個人所付出
的創造性勞動，就不會有文學、藝術和科學作品的誕生。保護著作權，首
要在於保護創作者的權益，鼓勵創作的積極性。[4]

署名權是「對著作人身份的承認」，直接描述了接觸作品者對署名行
為結果的客觀感受。[5]其強調作者與作品之間的身份關係必須藉助作品的傳
播到達相對人。「傳播」是署名目的的實現方式。[6]署名權的效力並不能直

---

1 http://www. chinawriter. com. cn/n1/2017/1127/c405172-29668440. html。

2 任晶晶：《最有生命力的歌曲來自最深入的生活》，《文藝報》，2017 年 11 月 27 日。

3 張冠宇：《歌曲創作貴在詩意表達》，《文藝報》，2017 年 9 月 29 日。

4 安海濤、張宏偉：《著作權署名權如何認定》，《人民法院報》，2018 年 9 月 3 日。

5 劉德全主編：《最高人民法院司法觀點集成（第二版）知識產權卷》，人民法院出版社，2014 年 7
月第 2 版，頁 377。

6 ［德］M. 雷炳德：《著作權法》，張恩民譯，法律出版社，2004 年第 13 版，頁 277。

接及於物，而只能依據作品載體上作者與作品之間的人身聯繫對世主張絕對的不作為義務，並將這種表達信息的權利歸作者壟斷支配。由於表達信息的權利需要藉助行為來實現，所以《中華人民共和國著作權法》將署名權定義為一種針對作品載體的行為方式，並指出署名權的正反兩個效力。[1] 對作品利用行為的控制是著作權價值的核心，而利用作品傳播作者身份是署名權的核心價值。把署名權的概念從署名行為中界定出來，對署名權的侵權判定具有積極的引導作用。[2] 在一定意義上，署名權又稱「著作人資格權」，是要求他人對創作者與特定作品之間身份關係予以尊重和承認的權利，即表明作者身份的權利。基於署名權，作者有權決定是否以及通過什麼方式披露其作者身份，即可以通過在作品上署名、署真名、署筆名等方式來披露其作者身份，或者以不署名來隱匿其身份。[3]

關於劉歡與上海聲像出版社、上海新索音樂有限公司署名權糾紛上訴案，即北京市第二中級人民法院（2005）二中民終字第9752號案

劉歡是中國內地著名藝人、流行樂男歌手、原創音樂人，[4] 律師工作組接受劉歡先生委託，依法參加二審庭審，充分發表代理意見。2005年12月16日，北京市第二中級人民法院對備受關注的李征告劉歡、上海聲像出版社、上海新索音樂有限公司侵犯署名權一案做出終審判決，撤銷

---

1 鄭成思：《版權法（上）》，中國人民大學出版社，2009年版，頁167–168。

2 徐曉穎、李翔：《署名權與署名行為辨析》，《中國版權》，2016年第2期。

3 陳錦川：《著作權審判原理解讀與實務指導》，法律出版社，2014年版，頁130。

4 2008年8月8日，劉歡在北京奧運會開幕式上與莎拉·布萊曼共同演唱主題曲《我和你》。2012年為電視劇《甄嬛傳》創作原聲大碟，並演唱片尾曲《鳳凰于飛》。2013年1月1日在北京萬事達中心舉行「傾聽我們的年代 —— 留歡2012」演唱會；同年加盟中央電視台《中國好歌曲》擔任導師；同年，為電視劇《甄嬛傳》創作的歌曲《紅顏劫》《鳳凰于飛》獲得第17屆北京影視春燕獎最佳電視劇歌曲獎。2017年擔任浙江衛視《中國新歌聲第二季》導師。2019年發起成立「劉歡原創音樂專項公益金」。

原審判決，認定劉歡不構成侵權，判決上海新索音樂有限公司停止涉案侵權行為，在《北京青年報》上就涉案侵犯李征署名權的行為向李征賠禮道歉、消除影響，駁回李征的其他訴訟請求。[1]

2005 年 5 月 27 日，北京市朝陽區人民法院做出一審判決，裁定劉歡等侵犯了李征的著作權，要求劉歡立即停止侵權行為，公開向李征賠禮道歉並賠償其經濟損失 4500 元。李征召開發佈會，表示自己要的只是一聲對不起，但到目前為止，劉歡一方並沒有與他進行聯繫。[2]「劉歡的律師楊榮寬稱，朝陽區人民法院只是一審判決，絕非最後定論。劉歡在向唱片公司提供照片的同時，明確指明了作者姓名，劉歡盡到了自己的義務。至於唱片海報和發佈會噴繪背景，則由唱片公司根據其使用方式的特性自行依法操作。作為歌手，劉歡的責任是確保唱片的音樂品質，其餘事務一律由簽約公司負責，他並不具備監督的權利和義務，公司也沒有義務向他一一通報。」[3]

二審法院認為：涉案的兩幅圖片係被上訴人李征根據涉案三方協議所拍攝的作品，根據協議，李征對上述攝影作品享有著作權，其中包括在作品上署名，表明其作者身份的權利。根據三方協議約定，被上訴人李征和上訴人劉歡之間就涉案圖片形成了許可使用關係，劉歡享有終生使用涉案圖片的權利，且協議中並未對劉歡使用圖片的範圍和方式進行具體的限定。雖然被上訴人李征主張劉歡根據協議約定只能自行使用涉案圖片，不能許可他人使用涉案圖片，但是劉歡對此不予認可。鑒於協議的目的在於宣傳劉歡個人演唱會，且協議中並未明確約定劉歡使用涉案圖片的範圍和方式，基於劉歡作為自然人行使作品使用權的通常方式，可以認定劉歡自行使用涉案圖片或許可他人使用涉案圖片並未違反該協議約定的內容。

1《攝影師狀告劉歡案終審改判劉歡不侵權》，中國法院網，2005 年 12 月 16 日。

2《劉歡被判侵權後未道歉 攝影師只要一聲對不起》，《京華時報》，2005 年 5 月 30 日。

3《劉歡侵權案已提出上訴 經紀人稱李征很不厚道》，《京華時報》，2005 年 6 月 10 日。

「被上訴人李征的上述主張缺乏依據，本院不予支持。被上訴人李征還主
張原審被告新索公司使用涉案圖片的行為屬於上訴人劉歡對涉案圖片的使
用行為，但其上述主張缺乏事實和法律依據，本院亦不予支持。」

　　在本案中，上訴人劉歡將涉案圖片提供給新索公司的行為表明在劉歡
與新索公司之間形成了許可使用涉案圖片的法律關係。根據庭審過程中劉
歡主張的內容，許可使用範圍包括涉案專輯、涉案海報及涉案發片會。庭
後，劉歡又主張新索公司在涉案海報和發片會上使用涉案圖片超出其許可
使用的範圍。根據我國民事訴訟法的有關規定，當事人在訴訟過程中承認
的對己方不利的事實，法院應當予以確認，但是當事人反悔並有相反證據
足以推翻的除外。鑒於劉歡並未就其庭後的主張提出相應的證據，因此本
院對於涉案許可使用範圍包括涉案專輯、涉案海報及發片會的事實予以確
認。上訴人劉歡在提供涉案作品的同時已經告知新索公司涉案圖片的作者
為李征，該行為表明劉歡在許可他人使用涉案作品的時候已經對維護相關
著作權人利益問題盡到合理的注意義務。在新索公司具體使用涉案作品過
程中未予署名的問題上，劉歡與新索公司之間不存在共同的過錯，因此上
訴人劉歡不應當承擔法律責任。「原審法院認定劉歡對於新索公司未予署
名的行為具有主觀過錯，應當與新索公司共同承擔法律責任，缺乏法律依
據，本院予以糾正。」根據我國著作權法實施條例的有關規定，使用他人
作品，應當指明作者的姓名，除非另有約定或由於作品使用方式的特性無
法指明。在本案中，原審被告新索公司在涉案海報和發片會上使用涉案圖
片均未予署名，鑒於其與作者李征並無特別約定且這兩種載體並非屬於法
定無法指明作者姓名的情形，因此新索公司的上述行為侵犯了李征對涉案
作品所享有的署名權，應當承擔相應的法律責任。鑒於涉案海報係新索公
司委託他人印製，新索公司雖主張涉案海報已經聲像社審查，但其未就此
提供證據，且李征也未就此舉證，故被上訴人李征要求聲像社承擔侵權責
任，缺乏依據，不予支持。被上訴人李征二審期間主張由上訴人劉歡和原

審被告新索公司承擔其二審期間的律師費和交通費，鑒於上述費用並非因原審被告新索公司持續的侵權行為而給被上訴人造成的擴大的損失，故對其上述主張不予支持。

　　綜上，上訴人劉歡所提上訴理由成立，原審判決適用法律部分有誤，本院予以糾正。依據《中華人民共和國著作權法》第十條第一款第（二）項、第46條第（十一）項、第48條第一款、《中華人民共和國著作權法實施條例》第19條、《中華人民共和國民事訴訟法》第130條、第153條第一款第（二）項之規定，判決：撤銷北京市朝陽區人民法院（2005）朝民初字第3298號民事判決；上海新索音樂有限公司於本判決生效之日起停止涉案侵權行為；上海新索音樂有限公司於本判決生效之日起30日內在《北京青年報》上就涉案侵犯李征署名權的行為向李征賠禮道歉、消除影響（致歉內容須經本院核准，逾期不執行，本院將在該報上公佈本判決主要內容，相關費用由上海新索音樂有限公司負擔）；上海新索音樂有限公司於本判決生效之日起十日內賠償李征經濟損失人民幣4500元；駁回李征的其他訴訟請求。

　　一審案件受理費3992元，由李征負擔992元（已交納），由上海新索音樂有限公司負擔3000元（於本判決生效之日起7日內交納）；二審案件受理費3992元，由李征負擔（於本判決生效之日起7日內交納）。本判決為終審判決。

署名權的秩序價值

　　本案中，律師工作組的工作受到委託人的充分肯定。時至今日，該案在著作權侵權司法實踐中仍有充分的研究價值。儘管著作權法、著作權實施條例、《中華人民共和國民法典》（2020年）相繼修訂和頒佈，司法作為一種評斷過往的技藝，總是帶有特定的道德色彩，而並非對過往的嚴格再現。即使法官能夠知道一切事實，他也只能壓抑一些事實，突出一些

事實，司法中的事實是法官不斷揀選的結果。[1] 設計法律的一項重要使命就是避免對事實的實際評定 —— 從而使法官在大部分的案件裏不必依靠他個人的價值標準，只有法律體系派不上用場時（通常是為了處理前沿案件時），才能依靠法官的個人道德。[2]

　　任何實在法律秩序的基礎規範將法律權威只授予一個大體上是有效力的秩序所藉以被創造和適用的事實。這並不是要求人們的實際行為要絕對地符合秩序，相反地，在規範秩序和該秩序規範所指的人們的實際行為之間的某種對立一定是可能的。沒有這樣一個可能性，規範秩序也就會成為完全沒有意義。[3] 過錯是一種心理狀態，它在和某種損害相聯繫的情況下，能夠被認為應受譴責，即，它不同於人們在渴望避免有害結果時常常感到的那種心理狀態。[4] 過錯之認定決不是法官的主觀想像，也不是純粹的邏輯推理，而是根據過錯認定的客觀標準，結合相關證據進行的綜合評判。[5] 過錯只與侵權責任是否成立有關，而與侵權損害賠償數額的多少無關。侵害人過錯程度對侵權損害賠償的範圍並無影響，決定侵權損害賠償數額的關鍵是侵權損失，即「完全賠償措施整體上完全取決於受害人的損失。」[6] 本案論證過程，充分印證了該點。

　　侵害署名權的行為本質上是一種民事侵權行為，其構成要件的判定標準依然應當遵循傳統民法侵權行為認定原理，即加害行為、主觀過錯、損害後果和因果關係四要件。[7] 從各國著作權立法實踐來看，署名權的內涵不僅包括支配權和請求權，還包括禁止權，即禁止他人改變、破壞作者與作

1　熊文聰：《司法裁量中的價值取捨與修辭技藝 —— 以著作權法為例證》，《知識產權》，2012 年第 11 期。
2　［美］亞狄瑟：《法律的邏輯》，唐欣偉譯，法律出版社，2007 年版，頁 25。
3　［奧］凱爾森：《法與國家的一般理論》，沈宗靈譯，中國大百科全書出版社，1996 年版，頁 136。
4　王家福主編：《中國民法學・民法債權》，法律出版社，1991 年版，頁 457。
5　朱丹：《過錯認定及其著作權侵權賠償責任》，《人民司法（應用）》，2013 年第 7 期。
6　［德］馬格努斯主編：《侵權法的統一損害與損害賠償》，謝鴻飛譯，法律出版社，2009 年版，頁 272。
7　彭新橋：《著作權法上侵害作品署名權構成要件的司法認定》，《中國版權》，2016 年第 3 期。

品的關聯，其中不僅包括割裂、淡化甚至加強上述關聯的行為，還包括錯誤建立作者與其他作品之間關聯關係的行為。[1] 為此，有觀點主張借鑒專利法中發明人權利與專利權分置模式的範本，在作品之上也設立兩種權利：作者權和著作權。作者權由創作作品的自然人，作為創作者獨享；著作權由創作者與投資者按照一定規則分享。作者權設立的目的在於確認客觀事實：作品出自誰，以保護創作者的精神利益，並肯定自然人對文學、藝術、科學事業發展所做出的貢獻。使文化消費者能夠正確得知作品的智力來源，維護文化市場的競爭秩序。著作權設立的目的在於分配作品在市場運作中的經濟利益。因此，作者權是一種確認機制，著作權是一種利益分配機制。在上述重構的作品權利體系模式下，作者權和著作權中均設置署名權。作者權中的署名權是表明創作者的身份，著作權中的署名權是表明著作權人的身份。[2]

「弱小和無知不是生存的障礙，傲慢才是。」[3]「每個活着的人，都會批評其他和自己一起生活的人，往往長達幾十年。我們總有一天會發現自己成了法官，每個人都是。」[4]

四、複雜商事爭議中「法人人格混同」的第一隻螃蟹

—— 關於四川通信服務公司與四川金融租賃股份有限公司及中國建設銀行成都市金河支行、四川金租實業有限公司借款擔保糾紛案

法人人格混同，亦稱為法人人格形骸化，是指公司與股東或實際控制人的人格全部重合，公司完全失去獨立意志，徹底淪為股東或實際控制人

1　周曉冰：《署名權本質研究 以署名權的「多重彰示」屬性為重點》，《電子知識產權》，2015 年第 Z1 期。

2　張玲：《署名權主體規則的困惑及思考》，《中國法學（文摘）》，2017 年第 2 期。

3　劉慈欣：《三體》，重慶出版社，2017 年版，頁 118。

4　[德] 威廉‧格納齊諾：《一把雨傘給這天用》，劉興華譯，上海人民出版社，2008 年版，頁 97。

的工具，亦有學者稱之為股東或者實際控制人的另一個自我。[1] 法人實為一種目的性的創造物，在使一定的人或財產成為權利義務的歸屬主體，得經由其機關從事法律交易，在社會世紀生活有其自我活動作用的領域，在此意義上亦具有社會的實體性。[2] 本案為律師工作組，創造性提出法人人格混同理論，為最高法院研判的典型案例，為後繼公司法的修訂、公司法司法解釋的出台開闢了可以考量的路徑。

時至今日，在不同涉及法人人格否定的商事爭議中，我們仍堅信「不管發生什麼，都不要放棄，堅持走下去，肯定會有意想不到的風景。也許不是你本來想走的路，也不是你本來想登臨的山頂，可另一條路有另一條路的風景，不同的山頂也一樣會有美麗的日出，不要念念不忘原來的路。」[3]

關於四川通信服務公司與四川金融租賃股份有限公司及中國建設銀行成都市金河支行、四川金租實業有限公司借款擔保糾紛上訴案，最高人民法院二審

2016 年 9 月 20 日，最高人民法院在（2015）民一終字第 198 號民事判決書中明確提出了法人人格混同應存在財務混同事實，對證明標準提出了更高要求，不支持債權人提出的審計公司會計資料的申請，表達出審慎適用公司法人人格否認制度的態度。[4] 該案表明最高人民法院將財務混同作為認定關聯公司法人人格混同的核心要件，且要求債權人提供初步證據證

---

1 黃來紀、陳學軍、李志強：《完善公司人格否認制度研究》，中國民主法治出版社，2012 年版，頁 25。

2 王澤鑒：《民法總則》，中國政法大學出版社，2001 年版，頁 149。

3 桐華：《雲中歌》，作家出版社，2007 年版，頁 95。

4 張磊：《認繳制下公司法人人格否認規則的司法適用新探》，《法律適用·司法案例》，2018 年第 8 期；上訴人上海宏泉集團有限公司與被上訴人張小弟、上海綠茵置業有限公司（以下簡稱綠茵公司）、蘇州寶恒文化創意有限公司、蘇州天豐投資建設有限公司、蘇州胥河房地產開發有限公司、吳洪根、蘇州天豐創業投資有限公司及原審被告、反訴原告蘇州天豐置業集團有限公司合作開發房地產合同糾紛案。

明關聯公司之間存在財產混同,將財產混同的證明責任歸於債權人。所謂「財產混同」,是指公司的財產不能與該公司的股東或其他公司的財產做清晰的劃分。此時公司缺乏獨立的財產,也就缺乏了作為獨立人格存在的基礎。[1]

上述司法審判理念最早即可追溯於 2005 年最高人民法院二審審理的四川通信服務公司與四川金融租賃股份有限公司及中國建設銀行成都市金河支行、四川金租實業有限公司借款擔保糾紛案。該案在追究金融租賃公司對金租實業公司承擔償還責任時,即是從多方位、多角度論證後得出的結論。作為代理人我們進行了大量的調查取證,並完成了證據鏈條的建設。其一,金融租賃公司係本案 9000 萬元款項的實際借款人和用款人。本案所涉的借款法律關係,雖然從表面形式上看,係金租實業公司向建行金河支行借貸 9000 萬元人民幣,但從與該筆借款有關的一系列合同內容看,該筆款項的實際借款人和用款人均為金租實業公司的大股東金融租賃公司。金融租賃公司與移動通信局簽訂融資租賃合同,約定由金融租賃公司按照移動通信局的需要和委託,購買租賃物件出租給移動通信局。金融租賃公司為此與東方通信公司簽訂了購貨合同。金融租賃公司為履行上述租賃合同和購貨合同,與金租實業公司簽訂委託代理採購協議,自願將設備採購事宜全權委託給金租實業公司代為辦理,並由金租實業公司墊付全部購貨款。明確約定由金融租賃公司負責與供貨廠商簽訂購貨合同,並承擔相應風險。金融租賃公司負有及時向金租實業公司提供購貨合同和設備付款計劃表的義務,以便金租實業公司籌措資金,並保證按時收回租金及時歸還金租實業公司墊付的貨款。該協議雖然名為委託代理採購協議,但從雙方協議約定的權利義務看,實際上是金融租賃公司委託金租實業公司代其支付購貨款的內容。該租賃物件的採購者實為金融租賃公司。

---

[1]　金劍鋒:《關聯公司法律制度研究》,法律出版社,2016 年版,頁 442。

金租實業公司 9000 萬元貸款申請審批書「申請借款理由、用途及還款來源」欄內明確載明：金融租賃公司與移動通信局、東方通信公司分別簽訂了租賃合同和購貨合同，金融租賃公司全權委託金租實業公司代理設備採購事宜，金租實業公司因資金缺口特向建行金河支行申請 9000 萬元貸款，用於支付貨款。金融租賃公司把從移動通信局收取的租金專款專用，及時用於支付貸款本息。故該筆貸款實際為金融租賃公司為履行租賃合同和購貨合同所使用。其二，金融租賃公司與金租實業公司在財產、業務、人員等方面混同，且金融租賃公司成立金租實業公司明顯是將其作為融資的工具（金租實業公司成立後除借該筆款項外未進行其他經濟活動）。金租實業公司係由金融租賃公司控股 50% 成立的有限責任公司，董事長曹建希及其財會人員等均由金融租賃公司職員兼任。金租實業公司成立後，除對通信公司辦理了兩項租賃業務外，未進行任何其他的經營活動。金租實業公司的公章、法定代表人印鑒等在因本案所涉有關合同的履行由金融租賃公司交付通信公司前，均由金融租賃公司負責保管。金租實業公司和金融租賃公司在人員、財產、業務上形成了混同。金融租賃公司作為非銀行金融機構，為規避有關金融政策關於融資的限制，將金租實業公司作為其融資的工具，由金租實業公司代其向建行金河支行申請借款並支付購貨款。其三，由金融租賃公司償還金租實業公司本案債務係金融租賃公司真實意思表示。根據金融租賃公司與金租實業公司簽訂的委託代理採購協議中「金融租賃公司按時回收租金及時歸還墊付貨款」以及雙方簽訂的設備付款補充協議中「金融租賃公司在承兌匯票到期日前一天歸還金租實業公司支付的設備到貨款」等約定，承擔金租實業公司貸款的償還責任應係金融租賃公司真實意思表示，判決金融租賃公司承擔本案該筆債務符合公平原則。其四，從金融租賃公司私自劃轉金租實業公司在其處開立賬戶上的 8400 萬元存款的侵權行為看，金融租賃公司亦應在其侵權範圍內承擔民事責任。金租實業公司對賬單顯示，2001 年 12 月 31 日，金租實業公司

在金融租賃公司開立的 21201001010204 賬戶上有 8400 萬元存款被轉出，
因金融租賃公司為該筆存款的開戶行，其對此款的劃轉憑證依法負有舉證
責任。根據 2002 年 3 月 4 日建行金河支行、通信公司、金融租賃公司和
金租實業公司簽訂的補充協議中關於「金融租賃公司應迅速籌集資金用於
歸還金租實業公司在金融租賃公司賬戶中的存款，保證金租實業公司能夠
有足夠的還貸能力如期歸還建行金河支行貸款」的約定，金租實業公司在
金融租賃公司賬戶中的存款是用以保障金租實業公司償還建行金河支行
9000 萬元貸款的。現因金融租賃公司無法舉證證明該筆款項的劃轉係基
於金租實業公司的意志，故即使撇開其與金租實業公司人格混同的情由，
金融租賃公司亦應因對該筆存款流失負有過錯承擔相應的民事賠償責任。[1]

最高法院經審理認為：本案所涉的借款法律關係，雖然從表面形式
上看，係金租實業公司向建行金河支行借貸 9000 萬元人民幣，但從與該
筆借款有關的一系列合同內容看，該筆款項的實際借款人和用款人均為金
租實業公司的控股股東金融租賃公司。金融租賃公司與移動通信局簽訂融
資租賃合同，約定由金融租賃公司按照移動通信局的需要和委託，購買租
賃物件出租給移動通信局。金融租賃公司為此與東方通信公司簽訂了購貨
合同。金融租賃公司為履行上述租賃合同和購貨合同，與金租實業公司簽
訂委託代理採購協議，自願將設備採購事宜全權委託給金租實業公司代為
辦理，並由金租實業公司墊付全部購貨款。明確約定由金融租賃公司負責
與供貨廠商簽訂購貨合同，並承擔相應風險。金融租賃公司負有及時向金
租實業公司提供購貨合同和設備付款計劃表的義務，以便金租實業公司籌
措資金，並保證按時收回租金及時歸還金租實業公司墊付的貨款。該協議
雖然名為委託代理採購協議，但從雙方協議約定的權利義務看，實際上是

1　參見劉敏：《「法人人格否認制度」在個案中的慎重適用》，載《最高人民法院商事審判裁判規範
　　與案例指導》（第一卷），法律出版社，2010 年版，頁 370–372。

金融租賃公司委託金租實業公司代其支付購貨款的內容。該租賃物件的採購者實為金融租賃公司。金租實業公司 9000 萬元貸款申請審批書「申請借款理由、用途及還款來源」欄內明確載明：金融租賃公司與移動通信局、東方通信公司分別簽訂了租賃合同和購貨合同，金融租賃公司全權委託金租實業公司代理設備採購事宜，金租實業公司因資金缺口特向建行金河支行申請 9000 萬元貸款，用於支付貨款。金融租賃公司把從移動通信局收取的租金專款專用，及時用於支付貸款本息。故該筆貸款實際為金融租賃公司為履行租賃合同和購貨合同所使用。金租實業公司係由金融租賃公司控股 50% 成立的有限責任公司，董事長曹建希及其財會人員等均由金融租賃公司職員兼任。金租實業公司成立後，除對通信公司辦理了兩項租賃業務外，未進行其他經營活動。金租實業公司的公章、法定代表人印鑒等在因本案所涉有關合同的履行由金融租賃公司交付通信公司前，均由金融租賃公司負責保管。金租實業公司和金融租賃公司在人員、財產、業務上形成了混同。金融租賃公司作為非銀行金融機構，為規避有關金融政策關於融資的限制，將金租實業公司作為其融資的工具，由金租實業公司代其向建行金河支行申請借款並支付購貨款。根據誠實信用原則和權利不得濫用原則，金融租賃公司應當對該筆貸款承擔償還責任。且根據金融租賃公司與金租實業公司簽訂的委託代理採購協議中「金融租賃公司按時回收租金及時歸還墊付貨款」以及雙方簽訂的設備付款補充協議中「金融租賃公司在承兌匯票到期日前一天歸還金租實業公司支付的設備到貨款」等約定，承擔金租實業公司貸款的償還責任應係金融租賃公司真實意思表示，也是符合公平原則的。「金融租賃公司關於其與本案沒有任何法律關係，原審法院將其列為本案當事人不當的上訴理由，於法無據，本院不予支持。金融租賃公司應為本案共同被告，原審法院追加其為本案第三人不當。」但鑒於不影響最終實體判決，本院對此不再予以變更。因金融租賃公司對金租實業公司在財物、人員、業務和公章上的過渡控制，且其為金

租實業公司開立賬戶的非銀行金融機構，故不能僅以金融租賃公司出具的有關償還墊付款項的對賬單證明其已實際償還了金租實業公司代其墊付的103,570,238.72 元購貨款。如果金融租賃公司在 1998 年至 2000 年已經按照與金租實業公司簽訂的委託代理採購協議約定的內容償還了金租實業公司墊付的購貨款，因其與金租實業公司之間已經不存在任何法律關係，其沒有必要再於 2002 年 3 月 4 日與建行金河支行、通信公司和金租實業公司簽訂補充協議約定「為解決金租實業公司貸款即將到期，由金融租賃公司迅速籌集資金用於歸還金租實業公司在金融租賃公司賬戶中的存款，保證金租實業公司能夠有足夠的還貸能力如期歸還建行金河支行貸款」等。故金融租賃公司關於其已經償還了金租實業公司墊付貨款的主張，不予採信。且金租實業公司對賬單顯示，2001 年 12 月 31 日，金租實業公司在金融租賃公司開立的 21201001010204 賬戶上有 8400 萬元存款被轉出，因金融租賃公司為該筆存款的開戶行，其對此款的劃轉憑證依法負有舉證責任。原審法院和二審法院均要求金融租賃公司舉證證明金租實業公司該筆款項的劃付情況，但一審中金融租賃公司以其無舉證責任為由拒絕提供有關證據，二審中金融租賃公司以保管該劃款憑證的控股股東拒絕提供，其無法舉證為由，請求法院予以調取。本院根據金融租賃公司提供的線索，委託浙江省紹興市中級人民法院對此予以調查，但未能取得有關憑證。根據《中華人民共和國民事訴訟法》第 64 條和《最高人民法院關於民事訴訟證據的若干規定》第二條的規定，對此舉證不能的法律後果應由金融租賃公司承擔。根據 2002 年 3 月 4 日建行金河支行、通信公司、金融租賃公司和金租實業公司簽訂的補充協議中關於「金融租賃公司應迅速籌集資金用於歸還金租實業公司在金融租賃公司賬戶中的存款，保證金租實業公司能夠有足夠的還貸能力如期歸還建行金河支行貸款」的約定，金租實業公司在金融租賃公司賬戶中的存款是用以保障金租實業公司償還建行金河支行 9000 萬元貸款的。現因金融租賃公司無法舉證證明該筆款項的劃轉

係基於金租實業公司的意志，故即使撇開其與金租實業公司人格混同的情由，金融租賃公司亦因對該筆存款流失負有過錯應承擔相應的民事賠償責任。金融租賃公司關於其不應承擔償還金租實業公司該筆貸款的上訴理由，本院不予支持。原審法院關於金融租賃公司與金租實業公司共同償還該筆借款本息的判決，於法有據，予以維持。金租實業公司與建行金河支行雖然在 9000 萬元借款合同中約定借款用途為流轉資金，但在該筆貸款申請審批書「申請借款理由、用途及還款來源」一欄明確載明該筆款項係用於購買通信設備。金租實業公司將所借 9000 萬元款項中的 3700 萬元支付了其 1998 年 12 月 3 日與建行金河支行簽訂的銀行承兌協議項下 3700 萬元承兌匯票票款，構成了以新貸償還舊貸的事實。儘管 3700 萬元承兌匯票亦用於支付購買通信設備的款項，但金租實業公司將 9000 萬元直接用於購買設備和用以償還借款合同簽訂前已經形成的舊貸，從法律意義上看改變了借款合同約定的借款用途。根據《最高人民法院關於適用〈中華人民共和國擔保法〉若干問題的解釋》（以下簡稱《擔保法司法解釋》）第 39 條第一款關於「主合同當事人雙方協議以新貸償還舊貸，除保證人知道或者應當知道的外，保證人不承擔民事責任」的規定，因現無充分證據證明 9000 萬元借款合同的保證人通信公司對以新貸償還舊貸的事實明知或者應當知道，故應免除通信公司的有關民事責任。《擔保法司法解釋》第 39 條第二款有關新貸與舊貸係同一保證人的，保證人不免責的規定，是基於此種情況下以新貸償還舊貸並未加大保證人的擔保責任而作出的相關規定。本案通信公司雖然也同時是 3700 萬元承兌匯票的保證人，但因上述承兌匯票同時還有另一民事主體即省郵電局提供了連帶責任擔保。根據我院《擔保法司法解釋》第 20 條第二款關於「連帶共同保證的保證人承擔保證責任後，向債務人不能追償的部分，由各連帶保證人按其內部約定的比例分擔。沒有約定的，平均分擔」的規定，對 3700 萬元承兌匯票項下的款項，保證人通信公司和省郵電局作為兩個連帶責任保證人，對債

務人金租實業公司不能償還的債務，一方代為承擔償還責任後，可向另外一個保證人追償 50%。故金租實業公司以 9000 萬元借款中的部分款項支付承兌匯票項下的 3700 萬元票款，增加了通信公司相應的保證責任，故應當免除通信公司舊貸金額 50% 即 1850 萬元的保證責任，但不能全部免除其保證責任。通信公司關於建行金河支行發放 9000 萬元貸款時直接扣劃承兌匯票項下的 3700 萬元款項，係以新貸償還舊貸，其對此不知，應免除擔保責任的上訴理由，有一定法律依據，部分予以支持。原審法院關於通信公司應當對該筆貸款本息承擔連帶清償責任的判決，予以變更。綜上，本院依照《中華人民共和國民法通則》第 4 條、第 5 條、《中華人民共和國合同法》第 5 條、第 6 條、《中華人民共和國民事訴訟法》第 153 條第一款第（一）項、第（二）項、第 158 條、《擔保法司法解釋》第 20 條第二款、第 39 條第一款之規定，判決如下：

一、維持四川省高級人民法院（2002）川民初字第 17 號民事判決主文第一項；二、變更上述民事判決主文第二項為四川通信服務公司對四川金租實業有限公司與四川金融租賃股份有限公司尚欠中國建設銀行成都市金河支行借款本金 7775 萬元中的 5925 萬元及其相應利息承擔連帶償還責任。一審案件受理費 478,512 元，訴訟保全費 389,270 元，共計 867,782 元，由四川金租實業有限公司和四川金融租賃股份有限公司負擔 433,891 元，由四川通信服務公司負擔 433,891 元。二審案件受理費 478,512 元，由四川金融租賃股份有限公司負擔 239,256 元，四川通信服務公司負擔 119,628 元，由中國建設銀行金河支行負擔 119,628 元。

綜合上述情況可以看出，最高人民法院在法人人格混同「第一隻螃

蟹」案中適用法人人格否認制度時還是非常慎重的。即加大債權人舉證責任，在債權人無法「充分有效」證明該股東濫用法人人格時，人民法院在審理案件中不宜輕易否認法人的獨立人格而追究其股東的民事責任。

> 只有在證據充分的情況下尚可適用該制度，以最大限度地保護債權人的合法權益。即在法人制度和法人人格否認制度二者權衡中，法人制度當仁不讓是首位的，不能以保護債權人利益為名而隨意地否認股東的有限責任。

這應當是當前司法實踐中所應特別注意的，也就是說不能「濫用」法人人格否認制度。法人人格否認制度適用的前提是法人人格依法存在。適用中應嚴格區分法人人格否認制度下對人格暫時、個案的否認和對欠缺法人成立必備要件法人人格的徹底、全面的否認。法人人格否認制度是為了在股東為其自身利益在具體法律關係中濫用法人人格，並將法人獨立人格作為其逃避法律責任和契約義務的保護傘，在該保護傘的遮護下僅以其出資承擔有限責任，從而損害債權人利益的情況下，追究濫用者責任而設置的一種制度。如果法人人格根本就不存在，濫用者就不可能披着法人面紗，將法人人格作為其牟取私利的工具和手段，而將自身隱藏於公司背後，達到規避法律義務的目的。故法人人格的存在一方面是濫用者濫用法人人格潛在的前提，另一方面是法人人格否認制度適用的必備要件。該制度的適用僅針對濫用者個人，而不殃及公司其他股東，其他股東仍然對公司債務承擔有限責任。法人人格否認制度的適用並不否認法人人格的存在，且是必須在法人人格存在的前提下，繞開法人的獨立面找到股東，即暫且無視公司的獨立人格而追究股東的無限責任，以保證債權人利益的實現。無視法人人格只是表象，其根本目的是追究股東的無限責任。所以在適用法人人格否認制度時一定要注意該制度的內涵，不能被所引用的名稱迷惑。

當然，不排除某些情況下個案否認法人人格事由與徹底否認法人人格事由存在競合的可能。如在公司形骸化場合，因股東和公司財產混同或者組織機構混同，在個案否認法人人格後，亦可以公司缺乏獨立財產、獨立意志，欠缺法人人格生成必備要件為由，徹底剝奪公司法人人格。其次，法人人格否認制度的適用必須適用於司法程序，這是由該制度的設立理念決定的。法人人格否認制度是為了對債權人在法人制度框架下無法得到保護的權利予以保護設置的司法救濟制度。故該制度的適用必須由利害關係人向人民法院提出訴訟主張。這裏的利害關係人除了公司的債權人外，還應當包括為公司債務提供擔保的保證人。因股東濫用法人人格的行為直接影響到債權人權利的實現和保證人承擔保證責任的範圍，故債權人和保證人均可以依據法人人格否認制度，直接追究濫用法人人格股東的無限責任。這裏要注意，由於法人人格否認制度是專為保護第三人因股東濫用法人人格行為遭受不利益而設置的一項救濟制度，儘管很多情況下個別股東濫用法人人格也會侵犯到公司或者公司其他股東的利益，但公司或者公司其他股東不得求助於法人人格否認制度追究濫用者的責任，而應通過侵權制度或者股東派生訴訟制度等尋求法律的保護。再次，還要注意法人人格否認制度適用的結果，即股東無限責任對有限責任修正的效力僅僅及於濫用公司法人人格的股東個人，而不及於公司其他未濫用法人人格的股東。

也就是說法人人格否認制度的適用是在特定法律關係中，通過刺穿法人面紗，或揭開法人面紗的一角，僅將個別濫用公司法人人格的股東凸現出來，使其不再受法人獨立人格這一面紗的遮擋和享受股東有限責任的庇護，從而將該股東與公司視為一體，直接要求該股東對公司債務承擔無限責任。而對於其他未濫用法人人格的股東，法人這一面紗仍然存在着，並以法人的獨立人格為屏障仍然以其對公司出資為限承擔有限責任。這也是法人人格否認制度下對法人人格「一時」「一事」的否認和「徹底」「永久」否定法人人格區別之所在。在因欠缺法人成立必備要件情況下對法人徹底

否定時（包括成立不能、成立無效和強制解散等），是對所有出資者有限責任的否定，回覆的是所有出資者的個人責任或者合夥責任。[1]

關於江蘇儷瀾集團有限公司與廈門市嘉元房地產開發有限公司、招商局漳州開發區國恆地產發展有限公司、廈門市國恆貿易有限公司民間借貸糾紛案，即江蘇省高級人民法院（2015）蘇民初字第00022號

現階段，法人人格混同成為公司法人人格否認制度在司法適用中引用率最高的情形。包括：1. 財產混同，即公司資產與股東個人財產混為一體。2. 管理混同，即母公司或姐妹公司共用管理人員的情形，俗稱「一套人馬、兩塊牌子」。3. 業務混同，即母公司或姐妹公司從事相同業務領域，關聯公司無獨立意志可言，通常交易價格極低。[2]

律師工作組在（2015）蘇民初字第00022號案中再次提出「法人人格混同」，為江蘇省高級人民法院充分採納。成為江蘇省「反向刺破公司面紗」第一案，代理人通過梳理數家涉案公司 20 餘年銀行賬戶的交易流水，印證債務人欠款數額逾人民幣 11 億元，法院充分採納代理意見並認定主債務人關聯公司構成人格混同，極大程度增加償債能力。為《中華人民共和國公司法》第 20 條第三款「公司股東濫用公司法人獨立地位和股東有限責任，逃避債務，嚴重損害公司債權人利益的，應當對公司債務承擔連帶責任」又一典型案例。

案子涉及兩大商業集團間長達 20 年的資金拆借往來，涉及十餘個法律主體；被告一方的實際控制人因刑事犯罪入獄；當事

---

1 劉敏：《「法人人格否認制度」在個案中的慎重適用》，《中國民商審判指導與參考》，2005 年第 1 輯。
2 王力：《一論我國公司法人人格否認制度的適用困境》，載《黑龍江省政法管理幹部學院學報》，2017 年第 2 期。

人主要資產在漳州，管轄在南京⋯⋯此外，對方有償債能力的
公司卻沒有與我方直接簽訂合同，按照合同相對性原則，不能直
接承擔責任或作為被告。

　　種種因素的交織錯綜，讓通過法律途徑向對方主張債權顯得
困難重重。[1]

代理團隊決定另闢蹊徑，從其他角度試着摸索出蛛絲馬跡。接手後，團
隊前前後後跑遍了廈門、漳州、張家港等地機構，調取了對方所有的工
商信息。

　　我們發現，對方幾家關聯公司的權力機構、董事會、股東會
等註冊機構任職高度重合，極可能存在人格混同，據此，我們向
法院提出了專項司法審計。[2]

但法院還從未就此類型事項進行過專項審計，執行起來有所顧慮。實際情
況是，對方關聯公司之間的大量資金往來並無合同依據或合法依據，這成
為了法院認定構成人格混同的關鍵要素。2018 年 10 月，江蘇省高級人民
法院開庭審理本案，一審判決即支持了原告全部的訴訟請求，數額達人民
幣四億元。

　　商事爭議解決是缺憾的藝術。
　　在極具挑戰性的複雜案件中，通過精深的法律理解與專業知
識，通過自身的挖掘、嘗試、創新，在被扒爛的案卷、被翻閱過

1　https://mp.weixin.qq.com/s/mvql-zrTSzRmwbb3MvoR8Q。
2　https://mp.weixin.qq.com/s/mvql-zrTSzRmwbb3MvoR8Q。

無數遍的證據中找到新的邏輯關係，從而有理有據地支持己方的訴訟請求，為當事人找出解決問題的最佳路徑，這才是法律服務對於社會最重要的價值。[1]

　　法人人格否認制度和法人制度從反正兩個方面確保了法人的人格獨立性和股東的有限責任。即當法人具備獨立性人格特徵時，適用法人制度，股東享受有限責任的庇護；當因某些股東濫用法人人格造成法人缺乏獨立性人格特徵時，則適用法人人格否認制度，否認濫用者的有限責任，直接追究其對法人債務的無限責任。法人人格混同制度是對法人制度必要的、有益的補充，是對法人制度的嚴格遵守，是以維護法人人格獨立為使命的。該制度設計的理念是為個案中債權人權利實現提供司法救濟，以對失衡的公司利益關係進行的事後規制，實現法律公正、公平的價值目標，而不是為了對公司法人人格作出是否合法的評價。目的是通過對事實上已經喪失獨立人格特徵的法人狀態的揭示來凸現隱藏於公司背後的人格濫用者，藉此突破股東有限責任的局限，以使濫用者的責任由有限責任向無限責任復歸，實現股東與公司之間責任的再分配。由於濫用法人人格行為本身是規避法律的行為，一般情況下手段都極為隱蔽，所以很難概括什麼是具體的濫用行為，因此給我們司法實踐認定濫用行為帶來了一定難度。但無論何種形式的濫用行為均應表現為忽略法人制度本質和目的、將法人人格作為其牟取私利的工具和手段、無視法人利益、將自身意志強加於法人意志之上這些基本特徵。簡單地將財產混同、業務混同和人員混同（組織機構的混同）視為濫用法人人格的行為，並在出現幾種混同情形時不加任何條件地要求股東承擔無限責任。不論是哪種混同，僅僅是為某些股東濫用法人人格提供了方便，或者說

1　轉引自毛姍姍、吳夢奇：《那些「起死回生」項目背後的律師》，搜狐網，2020 年 12 月 23 日。

是一種表象，至於其是否濫用了法人人格，不能簡單地以混同來認定，而應視其在具體法律關係中是否利用混同之方便，以犧牲法人利益為代價，將法人作為其牟取個人利益的工具。只有股東確實實施了濫用法人人格的行為，才可適用法人人格否認制度追究其責任。必須強調的是，濫用法人人格行為還必須給債權人造成了實際損失，如果股東的行為雖然有悖於法人人格獨立和股東有限責任的宗旨，但客觀上並未造成任何第三人利益的損害，沒有影響到平衡的利益關係，則無須適用法人人格否認制度去矯正並未失衡的利益體系。同時濫用行為與債權人損失之間必須存在因果關係。如果濫用行為與債權人的損失之間並不存在因果關係，因無法確定濫用行為者的法律責任，故不能在具體法律關係中通過適用法人人格否認制度直接追究股東的民事責任。[1]

在具體法律關係中，基於特定事實，否認公司法人人格，能夠實現公平、正義的目標。關聯公司在人員、業務、財務等方面交叉或混同，導致各自財產無法區分、喪失獨立人格的，可以構成人格混同。例如，在最高人民法院審理的江西盈森實業有限公司與江西嘉維板業有限公司、嘉漢板業（江西）營林有限公司買賣合同糾紛再審一案，即（2014）民申字第419號案中，法院就認為：嘉漢公司和嘉維公司的董事長、經理等公司高管一致，工作人員也存在着相互交叉任職的情形，兩公司均未設股東會和董事會，股東、執行董事、監事等公司組織機構也完全一致。嘉漢公司與嘉維公司的辦公地址與營業場所重合，且嘉漢公司的辦公場所係嘉維公司無償提供的，其租賃物業的租金和物業管理費等相關費用均由嘉維公司支付。嘉漢公司與嘉維公司的經營範圍基本重合，且均涉及了林木開發利用。上述事實表明，嘉維公司、嘉漢公司表面上是彼此獨

1　劉敏：《實踐中的商法 —— 司法解釋解讀典型案例分析商事審判專論》，北京大學出版社，2011年版，頁205。

立的公司法人，但在組織機構、公司間財產及業務上均有着不同程度的重合，兩公司之間已實際上成為了人格混同的關聯企業，符合適用法人人格否認制度的條件。[1]

所謂水落石出，是在時間的迴旋中仍相遇自己的本性。[2] 正如三島由紀夫所說：

> 把所有的背陰譯成向陽，把所有的黑夜譯成白晝，把所有的月光譯成日光，把所有夜間苔蘚的濕冷譯成白晝晶亮的嫩葉在搖曳。

律師應堅持於現象、規律、原理、價值觀的進步，立足於認知、能力、能級的躍遷。法律也是一貯藏悲憫與善意的地方，惟此，才能洞悉體察當事人的不易與委屈，更大程度維護當事人利益，找尋法律公平。

> 商事爭議解決律師身處變革的時代也擁有改變的力量，是受益者也應當是貢獻者。[3]

每一案件均有獨特性、複雜性、艱巨性，需要律師有熱情，有態度，有理念，堅持成長和經驗。律師的終極惟是寬容、謙卑、豁達。法律發端於個體諦視，實踐於社會進步，終於無際的蒼天。跨境商事胸襟無涯，不同法系張力無限，氤氳瀰漫。法律是參悟了宇宙進步的一種方法，就像王小波所說：「無非是想明白些道理，遇見些有趣的爭議」，幫

1　楊榮寬：《在複雜商事訴訟中鑒別法人人格混同有章可循》，《尚法新聞》，2017 年 12 月 7 日。

2　安妮寶貝：《眠空》，十月文藝出版社，2013 年版，頁 131。

3　《楊榮寬：全面建成小康社會〈中國法律年鑒〉年鑒人物 —— 2020 年度優秀專業律師》，《法和家》，https://www.fahejia.com/view?id=852e68deb22d4572b64c093d6a6be320&userid=&type=1。

助權利人釋放掉了多少平常在現實裏不能忍受的東西。「依然要許諾明日
必有太陽」。[1]

五、商標權、企業名稱權爭議中藝術與堅韌性

—— 以畢馬威國際（KPMG）商標、商號、域名及其他為視角

「世上有一樣東西，比任何別的東西都更忠誠於你，那就是你的經歷。
你生命中的日子，你在其中遭遇的人和事，你因這些遭遇產生的悲歡、感
受和思考，這一切僅僅屬於你，不可能轉讓給任何別人，哪怕是你最親近
的人。這是你最珍貴的財富。」[2] 經歷以時間為刻度，堅韌賦予時間以價值。

關於商標、商號、域名

商業的制度化可以包括私人合約、家庭控資、無限債權等，也可以
包括法律下的公司控股、有限債權和股份的流動。前三者是傳統的世界，
後三者屬於現代世界。商業史的目的就是解釋怎樣從前三者演變到後三
者。[3] 商號是商品生產經營者的身份標識，是經營主體特定化的專用標
識。基於商號所產生的專有權利稱為商號權。商號權不同於名稱權。其
為財產權的一種，因為商號權具備財產權的一般特徵，是一項可以獲得
收益的財產。[4]

商標法是手段不是目的，商標權的存在具有合理性，至少在促進商品

---

1 《楊榮寬：全面建成小康社會〈中國法律年鑒〉年鑒人物 —— 2020 年度優秀專業律師》，《法和家》，https://www.fahejia.com/view?id=852e68deb22d4572b64c093d6a6be320&userid=&type=1。

2 周國平：《把心安頓好》，湖南人民出版社，2011 年版，頁 72。

3 科大衛、陳春聲：《公司法與近代商號的出現》，《中國經濟史研究》，2002 年第 3 期。

4 參見龍顯銘：《私法上人格權的保護》，上海中華書局，1948 年版，頁 89。

流通方面具有無可替代的功能。但商標是溝通商家與消費者的信息橋梁，只有當消費者在市場上對商標賦予意義，並予以識別時，商標才在商業社會中實質性存在。[1]

　　網址性質的關鍵字檢索是將自然語言字符串直接指向特定的域名甚至數值地址的網絡資源定位方式，目前已經成為相當一部分上網的社會公眾查找網絡信息資源的重要尋址方式，同時也已成為互聯網信息提供者，尤其是商家佔領網絡空間的有效方式。[2] 域名是一種永遠不可能被標「使用」的東西。申請人申請註冊域名後，域名註冊機構及管理機構會將相應的字符串加入域名數據庫，並將其對應於一個數值地址。此後，當互聯網用戶在其瀏覽器地址欄中輸入該字符串時，導航指令程序便會將其發送至域名數據庫，從而調出對應的數值地址，再將瀏覽指令發送到數值地址對應的互聯網站或網頁。這樣就完成了域名的「使用」過程。簡單而明了地說，域名是由網絡用戶使用的網絡資源定位引導符，而不是供域名持有者用來標識其網站或網頁的外在化標識。[3]

　　法律的主要作用之一就是調整及調和種種相互衝突的利益，無論是個人的利益還是社會的利益。這在某種程度上必須通過頒佈一些評價各種利益的重要性和提供調整這種利益衝突標準的一般性規則方能實現。如果沒有某些具有規範性質的一般性標準，那麼有組織的社會就會在作決定時因把握不住標準而出差錯。[4] 名稱作為法人之無形利益，在一般情況下從為人格利益而成為人格權的標的；而在有的情況下，這種無形利益因具有經濟內容和財產屬性則可歸類於財產權的標的。在商業活動中，企業法人的

1　[澳]彼得·德霍斯：《知識財產法哲學》，周林譯，商務印書館，2008 年，頁 213。

2　唐廣良：《自然語言網絡資源定位服務的思考》，《中國知識產權報》，2006 年 1 月。

3　唐廣良：《關於域名爭議是與非的反思》，http://www.cass.net.cn/file/2005101847698.html。

4　[美]埃德加·博登海默：《法理學：法哲學與法律方法》，鄧正來譯，中國政法大學出版社，頁 398。

名稱不僅標明其參加民事法律關係的主體身份，也標明了該主體在市場活動中所處的地位，體現了對交易活動（如交易機會、交易數量、交易效果等）所具有的無形而有力的影響，同時也體現了在商品經營過程中的價值，使其本身也成為一種可以計價的財產。在權利構造中，由此而產生的即是作為知識產權的商號權。[1] 商標與商號的衝突實質上就是市場經營主體的利益衝突，它不僅使企業的合法權益遭到侵蝕，而且消費者的利益可能受損，正當的市場競爭秩序可能被扭曲，最終使得整個社會都為此付出成本。[2]

關於重慶畢馬威軟件開發有限公司、重慶畢馬威企業管理諮詢有限公司與 KPMG 國際、畢馬威華振會計師事務所計算機網絡域名商標侵權糾紛一案，最高人民法院（2009）民申字第 298 號

律師工作組接受 KPMG 國際、畢馬威華振會計師事務所的委託先後參加了一審、二審、再審程序，並發表代理意見，為相關法院充分採納。再審法院認為，本案爭議的焦點是重慶畢馬威企業管理諮詢有限公司、重慶畢馬威軟件開發有限公司提起的反訴是否成立。

反訴是特殊的起訴，其不完全等同於起訴。反訴的受理除了要符合《中華人民共和國民事訴訟法》第108條規定的條件外，反訴請求必須與本訴有牽連關係，即與本訴的訴訟請求、訴訟理由乃至整個訴訟標的有法律上或事實上的聯繫。這種牽連關係並不是簡單的因果關係。因此，申請再審人因為一審原告的起訴，致使二反訴人需要花費大量的人力物力來應對該惡意訴訟，給二反訴人造成了重大經濟損失，所以反訴人要提起反

1　吳漢東：《試論人格利益和無形財產利益的權利構造 —— 以法人人格權為研究對象》，《法商研究》，2012 年第 1 期。

2　金海軍：《商標與商號的權利衝突問題研究》，中國知識產權評論網，http://www.iolaw.org.cn/global/en/new.aspx?id=28976。

訴，請求賠償等的理由不能成立。在本案中，申請再審人作為一審被告針對一審原告在本訴中的訴訟請求，辯稱域名係合法註冊、單純否定原告商標為馳名商標等，都是對原告訴訟主張的反駁意見，不足以構成獨立的反訴請求。至於原告的起訴是否屬惡意訴訟，屬於另一法律關係，與本訴的訴訟請求沒有牽連，達不到反訴抵銷、併吞本訴的目的。而且，原告的起訴是否構成惡意訴訟應當通過案件的審理結果才能判定。因此原審裁定駁回其反訴及上訴並無不當。關於申請再審人認為其提出的反訴案應當中止審理，根據《中華人民共和國民事訴訟法》第 136 條的規定，這種情況無須中止訴訟。如需要中止訴訟，也應當是中止本訴案的審理。對於申請再審人提出反訴案應當依法作出判決而非作出裁定的請求，不符合《中華人民共和國民事訴訟法》第 154 條、《最高人民法院關於適用〈中華人民共和國民事訴訟法〉若干問題的意見》第 139 條的規定，本院不予支持。另外，根據《中華人民共和國民事訴訟法》第 284 條的規定，本案為涉外民事案件，不受普通程序民事案件審限規定的限制。因此一審法院關於審理期限的決定沒有違反法律的規定。綜上，申請再審人的再審申請不符合《中華人民共和國民事訴訟法》第 179 條的規定，依據《中華人民共和國民事訴訟法》第 181 條第一款之規定，裁定如下：駁回重慶畢馬威軟件開發有限公司、重慶畢馬威企業管理諮詢有限公司的再審申請。

重慶市高級人民法院（2009）渝高法民終字第 17 號案中，二審法院認為：本案涉及對反訴的理解。我國民事訴訟法及相關法律雖然沒有對反訴給出明確的定義，但是不能否認所有的法律法規都有其賴以存在的基本法律理論，所有的法律條文背後都有公認的一般法律原則，這些法律理論和法律原則也是法的淵源，以法律理論和法律原則為基礎詮釋與適用法律正是法官的職責所在，因此上訴人認為一審法院無權確定反訴的條件的上訴理由不能成立。本院認為，一審法院認為反訴的條件包括「反訴應該抵銷、吞併原告的訴訟請求」符合現行法律理論對反訴的理解。具體來說，

在本案中，原告的訴訟請求是請求認定被告使用域名 www. bimawei. com. cn 的行為構成對原告畢馬威未註冊商標和畢馬威華振註冊商標專用權的侵犯，判令被告停止侵權行為並賠償侵權損失。被告的反訴如欲滿足抵銷或吞併該訴訟請求的條件，則應該辯稱被告對相關知識產權客體，即「畢馬威」「畢馬威華振」或「bimawei」享有在先權益，原告的使用行為構成對這些權益的侵犯，請求判令原告停止侵權和賠償損失。除此之外，被告辯稱域名合法註冊、單純否定原告商標為馳名商標等都是對原告訴訟主張的反駁意見，不足以構成獨立的反訴請求。至於被告在本案中提出原告惡意訴訟，明顯屬於另一法律關係，與本訴的訴訟請求沒有牽連，達不到反訴抵銷、吞併本訴的目的，一審裁定駁回其反訴並無不當。另外，根據《最高人民法院關於適用〈中華人民共和國民事訴訟法〉若干問題的意見》第139條的規定，在第一審普通程序中，起訴（包括反訴）不符合起訴條件的，人民法院應裁定不予受理，已經受理的，裁定駁回起訴。因此，一審法院在受理被告的反訴後又裁定駁回該反訴符合法律的規定，並不受是否已經開庭的限制，故上訴人關於開庭後必須以判決結案的上訴理由不能成立。一審裁定僅就反訴這個程序性問題進行了審查，未涉及商標侵權之訴的實體審理，反訴被駁回並不意味着侵權之訴必然敗訴，因此上訴人認為一審裁定暗含其敗訴之意不符合事實。一審法院應原告的請求延長舉證期限有正當的理由，沒有違反法律的規定；根據《中華人民共和國民事訴訟法》第250條的規定，本案為涉外民事案件，不受普通程序民事案件審限規定的限制，一審法院關於審理期限的做法沒有違反法律的規定；由於反訴案不能成立，原告代理人未提交反訴案的授權委託書不影響本案的正常審理，因此上訴人關於上述問題的上訴理由均不能得到本院支持。綜上，上訴人的上訴請求沒有事實和法律依據，一審裁定適用法律正確，應予維持。根據《中華人民共和國民事訴訟法》第153條第一款第一項、第154條的規定，裁定如下：駁回上訴，維持原裁定。本裁定為終審裁定。

關於重慶皮卡軟件開發有限公司、重慶卡卡企業管理諮詢有限公司與 KPMG 國際、畢馬威華振會計師事務所企業名稱、商標侵權糾紛一案，最高人民法院（2010）民申字第 671 號

　　律師工作組接受 KPMG 國際、畢馬威華振會計師事務所的委託先後參加了一審、二審、再審程序，並發表代理意見，為相關法院充分採納。再審法院認為，本案主要有以下爭議的焦點：（一）原審法院是否以未經庭審質證的《中國證券報》作為認定事實的主要證據；（二）畢馬威諮詢公司和畢馬威軟件公司將「畢馬威」作為企業字號使用並在其網站上使用的「CIPR210-019」標誌是否屬於《中華人民共和國反不正當競爭法》第五條第（三）項規定的不正當競爭行為；（三）原審判決畢馬威諮詢公司和畢馬威軟件公司停止使用並註銷含有「畢馬威」字號的企業名稱，是否屬於適用法律錯誤。

　　（一）關於原審法院是否以未經庭審質證的《中國證券報》作為認定事實主要證據的問題。根據原審法院查明的事實，畢馬威華振會計師事務所在一審時提交的是該報紙複印件，在一審法院的庭審中，畢馬威諮詢公司和畢馬威軟件公司均對該證據發表了質證意見。在二審法院審理期間，KPMG 國際和畢馬威華振會計師事務所提交了該證據的原件。二審法院經核對，兩者內容完全相同，因此對該證據予以認定。本院認為，KPMG 國際和畢馬威華振會計師事務所雖然在一審中未提交《中國證券報》原件，但其向二審法院提交了該證據的原件，在一審、二審法院主持的庭審中，畢馬威諮詢公司和畢馬威軟件公司除要求查看該證據的原件外，並未對該證據提出其他質證意見。在本院主持的聽證中，KPMG 國際和畢馬威華振會計師事務所當庭出示了該證據的原件，畢馬威諮詢公司和畢馬威軟件公司明確認可該原件與其在原審訴訟中當庭質證的該證據的複印件一致。據此，本院認為原審法院將該證據作為認定案件事實的證據並無不當。

（二）關於畢馬威諮詢公司和畢馬威軟件公司將「畢馬威」作為企業字號使用並在其網站上使用是否屬於《中華人民共和國反不正當競爭法》第五條第（三）項規定的不正當競爭行為的問題。《最高人民法院關於審理不正當競爭民事案件應用法律若干問題的解釋》第六條第一款的規定，具有一定的市場知名度，為相關公眾所知悉的企業名稱中的字號，可以認定為我國反不正當競爭法第五條第（三）項規定的「企業名稱」。本案中，根據原審法院認定的事實，在畢馬威諮詢公司和畢馬威軟件公司成立之前，「畢馬威」作為畢馬威華振會計師事務所的企業名稱字號已經具有較高的知名度並為相關公眾所知悉。畢馬威華振會計師事務所網站的中文網頁上，原告 KPMG 國際被稱為「畢馬威」或「畢馬威國際」，網站內設有「畢馬威簡介」等欄目。在「畢馬威簡介」欄目下設有「畢馬威辦事處」「畢馬威的價值觀」「畢馬威的承諾」「畢馬威資料」等子欄目，可以認定「畢馬威」作為畢馬威華振會計師事務所企業名稱字號的一部分，被作為指代企業的字號使用，應視為我國反不正當競爭法第五條第（三）項所規定的「企業名稱」而予以保護。畢馬威軟件公司在其與畢馬威諮詢公司共同建立的網站上宣傳其提供會計、審計、財務、評估、稅務、諮詢、網絡辦公、培訓等方面的資源和軟件的下載、銷售服務，其行為足以使相關公眾認為，畢馬威軟件公司與畢馬威諮詢公司均從事與畢馬威華振會計師事務所相同或者類似的服務。畢馬威軟件公司、畢馬威諮詢公司作為與畢馬威華振會計師事務所從事相同或者類似服務的公司，明知或應知「畢馬威」在該行業內具有較高的知名度，卻仍然登記註冊並使用含有「畢馬威」字號的企業名稱開展相關業務活動，並在其網站上使用相關標誌，上述行為容易使相關公眾對其服務的來源產生混淆。因此，原審法院認定其行為構成《中華人民共和國反不正當競爭法》第五條第（三）項規定的不正當競爭行為，並無不當。

（三）關於原審判決畢馬威諮詢公司和畢馬威軟件公司停止使用含有

「畢馬威」字號的企業名稱，是否屬於適用法律錯誤的問題。《最高人民法院關於審理註冊商標、企業名稱與在先權利衝突的民事糾紛案件若干問題的規定》第四條規定：

> 被訴企業名稱侵犯註冊商標專用權或者構成不正當競爭的，人民法院可以根據原告的訴訟請求和案件具體情況，確定被告承擔停止使用、規範使用等民事責任。

本案中，畢馬威諮詢公司和畢馬威軟件公司登記註冊並使用含有「畢馬威」字號的企業名稱開展相關業務活動，並在其網站上使用相關標誌，足以使相關公眾對其服務的來源產生混淆，因此原審法院在認定其行為構成不正當競爭的基礎上判令其停止使用含有「畢馬威」字號的企業名稱並無不當。綜上，卡卡諮詢公司和皮卡軟件公司的再審申請不符合《中華人民共和國民事訴訟法》第 179 條的規定，依據《中華人民共和國民事訴訟法》第 181 條第一款之規定，裁定如下：駁回重慶皮卡軟件開發有限公司、重慶卡卡企業管理諮詢有限公司的再審申請。

時間的堅韌

KPMG 國際、畢馬威華振會計師事務所從 1992 年即開始連續使用「畢馬威」「KPMG」等商標，經過長時間、大範圍使用，已取得了非常顯著的特徵和可識別性。委託人畢馬威華振亦對「畢馬威」進行了大力宣傳，而且相關服務產品網絡遍及全國範圍，已經達到了很高的公眾知曉程度。通過對大量知名上市公司的審計服務，權威媒體的宣傳、刊載，使原告「畢馬威」商標在相關公眾中的知曉度和美譽度進一步提高。「畢馬威」商標獲得了包括中國註冊會計師協會、中國會計網和中國證券報、路透社在內多家業內權威機構的認可，贏得了商業信譽和產品聲譽。與此同時，

畢馬威華振會計師事務所的業務量、利稅等連續多年在眾多同行業企業中名列前茅。故委託人的「畢馬威」商標，與委託人已形成了特定、固定聯繫，事實上已經達到了為相關公眾廣為知曉的程度，並享有了較高的聲譽。從社會評價來說，商譽是企業在長期生產經營過程中，以其優質的產品或服務而在消費者心目中所得到的廣泛肯定。[1]但相對方重慶皮卡軟件開發有限公司、重慶卡卡企業管理諮詢有限公司等擅自註冊含有委託人合法商標權、商號的重慶畢馬威軟件開發有限公司、重慶畢馬威企業管理諮詢有限公司，且註冊相關違法域名，惡意侵犯委託人合法權益。但基於委託人的國際知名度，相關授權的公證、認證程序相當繁瑣，相關證據的固定亦需要付出附加的努力。相對方充分利用民事訴訟程序權利，提出反訴、上訴、再審等，為本案程序提出了超越常規的挑戰，歷時 13 年，終使相關侵權行為承擔相應法律後果。

　　當你可以和不確定性安然共處時，無限的可能性就在生命中展開了。[2]一切的一切都是偶然，這個世界就建立在無數的偶然之上。所以我們經歷的每一件事，遇到的每一個人，或許都是獨一無二的寶藏。[3]價值判斷與修辭技藝可謂司法的精髓，它迫使法官關注現實及判決的社會效果，也迫使法官必須通過有說服力的表達使蘊含着價值取向的規則為公眾理解和接受，也正是通過法官的這種努力，法律的要義才得以不斷豐富並深入人心。[4]除了遵從自己的價值規範之外別無選擇。在這種情況下，客觀的意志與主觀的意志交融在一起，他將受自身而非其他任何人價值論的引導。[5]

1　[英] 戴維 · M . 沃克主編：《牛津法律大辭典》，鄧正來等譯，光明日報出版社，1989 年版，頁 381。
2　[德] 艾克哈特 · 托爾：《新世界：靈性的覺醒》，張德芬譯，四川文藝出版社，2016 年版，頁 83。
3　[日] 巖井俊二：《最後的信》，果露怡譯，四川文藝出版社，2019 年版，頁 165。
4　熊文聰：《司法裁量中的價值取捨與修辭技藝 ── 以著作權法為例證》，《知識產權》，2012 年第 11 期。
5　[美] 卡多佐：《法律的成長 法律科學的悖論》，董炯、彭冰譯，中國法制出版社，2002 年版，頁 53-54。

> 表面的激烈是由於內心的單薄，真正的力量，往往如同流水一般沉靜。[1]

時間的價值在於堅持、堅韌和信念。高賦能的案件和當事人，亦是代理團隊進一步賦能、提高的關鍵。

> 據說要懂得吃，必須先吃過好菜才能知道味道；要會喝的話得先喝過上乘的好酒，而若要培養鑒賞的眼光，就要去看最好的繪畫，這大概是一切嗜好的準則。不管原來的感覺靈不靈光，都能藉品評最上乘的東西得到磨礪，養成對劣質品的判斷能力。[2]

六、商事再審案件中的燈盞在前

—— 關於中鐵建設集團有限公司建設工程施工合同糾紛再審審查

個案的存在，猶管猶錐。莊子說過：

> 子乃規規然而求之以察，索之以辯，是直用管窺天，用錐指地也，不亦小乎！[3]

但其經歷，如琢如磨。「每次見到月曆上有火車在曠野奔馳，曳着長煙，便心隨煙飄，悠然神往，幻想自己正坐在那一排長窗的某一扇窗口，無窮的風景為我展開，目的地呢，則遠在千里外等我，最好是永不到達，好讓

---

1 《真正的力量，如同流水一般沉靜》，https://www.longyuan.net/news/mview.asp?id=2122。
2 ［日］三島由紀夫：《文章讀本》，毓婷譯，譯林出版社，2013 年版，頁 103。
3 《莊子‧秋水》。

我永不下車。」[1] 所謂的抵達，所謂的案件結束，惟是「在時間的迴旋中仍相遇自己的本性」[2]。

關於工程價款優先受償權

工程價款優先受償權歸屬為私權，私權利是指法規範賦予人的、旨在滿足其利益的意志力，意志空間和自我自由決定是私權利的內在規定性。[3] 建設工程優先受償權雖然以優先受償權稱之，但是該權利的定性一直未被最高法院明確。參照國際上其他國家的相關立法，學界對建設工程價款優先受償權的性質有留置權、法定抵押權、優先權等各種觀點。但是無論是留置權、法定抵押權還是優先權，學界一般均認可其是具有法定擔保性質的民事財產權。這也是討論該權利能否放棄所基於的最大程度的共識。法律權利乃是法律所確認和保障的、主體以相對自由的作為或不作為的方式可以獲得的某種利益。[4]

> 某人之所以有某種權利，取決於法律承認該人關於某種標的物或某一種特定關係的選擇或意志優越於他人的選擇或意志。[5]

私權的可處分性在於，民事權利處分框架於意思自治原則這一基本原則，但對於工程價款優先受償而言，並非絕對的原則，也不能盲目擴大。尤其是在當前私法社會化的背景之下，在抽象的形式平等與自由的前提下，注重實質的平等與權利，回應現代社會對於私法的要求。為此，在

1　余光中：《長長的路 我們慢慢走》，光明日報出版社，2017 年版，頁 58。

2　安妮寶貝：《眠空》，北京十月文藝出版社，2013 年版，頁 187。

3　[德] 漢斯・布洛克斯、[德] 沃爾夫・迪特里希・瓦爾克：《德國民法總論》，張豔譯，中國人民大學出版社，2012 年版，頁 373。

4　胡平仁：《法理學基礎問題研究》，中南大學出版社，2001 年版，頁 43。

5　張文顯：《當代西方法哲學》，吉林大學出版社，1987 年版，頁 125。

肯定建設工程價款優先受償權放棄正當性的基礎上，判定的原則應當是以有效為原則，以無效為例外。即在符合一般合同有效特徵的情況下，肯定建設工程價款優先受償權放棄的合法有效性，除非存在明顯侵害第三人利益、社會公共利益的情況。[1]《中華人民共和國民法典》（2020 年）第 807 條明確規定：

> 發包人未按照約定支付價款的，承包人可以催告發包人在合理期限內支付價款。發包人逾期不支付的，除根據建設工程的性質不宜折價、拍賣外，承包人可以與發包人協議將該工程折價，也可以請求人民法院將該工程依法拍賣。建設工程的價款就該工程折價或者拍賣的價款優先受償。

《最高人民法院關於審理建設工程施工合同糾紛案件適用法律問題的解釋（一）》（2020 年 12 月 25 日，法釋〔2020〕25 號）第 35 條、36 條補充規定：

> 與發包人訂立建設工程施工合同的承包人，依據民法典第八百零七條的規定請求其承建工程的價款就工程折價或者拍賣的價款優先受償的，人民法院應予支持。
> 承包人根據民法典第八百零七條規定享有的建設工程價款優先受償權優於抵押權和其他債權。

最高法院關於工程價款優先受償最新司法解釋原則在於，裝飾裝修工程具備折價或者拍賣條件，裝飾裝修工程的承包人請求工程價款就該裝飾

1　王濤、俞悦：《建設工程價款優先受償權放棄的法律效力》，《人民司法（應用）》，2016 年第 16 期。

裝修工程折價或者拍賣的價款優先受償的，人民法院應予支持。建設工程質量合格，承包人請求其承建工程的價款就工程折價或者拍賣的價款優先受償的，人民法院應予支持。未竣工的建設工程質量合格，承包人請求其承建工程的價款就其承建工程部分折價或者拍賣的價款優先受償的，人民法院應予支持。承包人建設工程價款優先受償的範圍依照國務院有關行政主管部門關於建設工程價款範圍的規定確定。但承包人就逾期支付建設工程價款的利息、違約金、損害賠償金等主張優先受償的，人民法院不予支持。[1]

關於中鐵建設集團有限公司建設工程施工合同糾紛再審審查，即最高人民法院（2017）最高法民申 2648 號 [2]

　　本案建設工程施工合同爭議涵蓋工程造價、工程結算、工程質保金、工程驗收、工期變更、工程獎勵、工程諮詢意見、協議關聯性考量、違約金性質、損害填補、權利義務平衡、反訴獨立性判斷、信守利益和誠實信用原則、司法判例、專家意見等疑難訴訟爭議諸多環節。律師工作組接受中鐵建設集團有限公司的委託，明確研判原一審、二審存在的自認問題，依法參加庭審，再審法院認為：根據原審查明，本案雙方當事人 2010 年 9 月 16 日簽訂的《建設工程施工總承包合同書》專用條款 33.4 約定，鄒城公司在收到竣工結算報告及結算資料後 56 天內仍不支付的，中鐵公司有權向工程所在地人民法院起訴，就該工程折價或者拍賣的價款優先受償。中鐵公司在 2014 年 8 月 11 日向鄒城公司發出的《停止鑫源國際城項目所有配合義務》中自認，其提交分段竣工結算最後一段時間為 2013 年 9 月，應在 2013 年 10 月底出具全部竣工報告，2013 年中鐵公司與鄒城公

---

1 《最高人民法院關於審理建設工程施工合同糾紛案件適用法律問題的解釋（一）》第 37、38、39、40 條。

2 裁判日期：2017 年 12 月 29 日。

司委託審計單位核對完成後，最終無爭議金額約為 6.37 億元，鄒城公司卻遲遲不認可該結算。由於法律並未禁止當事人自行約定建設工程價款優先受償權的行使期限，且本案雙方當事人在《建設工程施工總承包合同書》約定的工程價款優先受償權行使的期限，不違反現行法律法規，二審法院根據上述雙方約定及中鐵公司自認的事實，認定中鐵公司於 2015 年 4 月 14 日提起本案訴訟之時，已經明顯超過了涉案工程價款優先受償權行使期限，具有事實和法律依據，亦未超出本案審理範圍。綜上，中鐵公司的再審申請不符合《中華人民共和國民事訴訟法》第 200 條第（二）（六）（十一）項規定的情形。本院依照《中華人民共和國民事訴訟法》第 204 條第一款、《最高人民法院關於適用〈中華人民共和國民事訴訟法〉的解釋》第 395 條第二款之規定，裁定如下：駁回中鐵建設集團有限公司的再審申請。

儘管該案並未實現委託人訴求，但委託人對於原一審、二審意思自治，即關於工程價款優先受償處分問題存在共識。但該案的更深層層次價值在於，通過該案實際推動了工程價款優先權的司法實踐的演進。諸如，優先權的限制，以及建設工程價款優先受償權的除斥期間。《最高人民法院關於審理建設工程施工合同糾紛案件適用法律問題的解釋（一）》（2020年 12 月 25 日，法釋〔2020〕25 號）第 41 條明確規定：

> 承包人應當在合理期限內行使建設工程價款優先受償權，但最長不得超過 18 個月，自發包人應當給付建設工程價款之日起算。

第 42 條規定：

> 發包人與承包人約定放棄或者限制建設工程價款優先受償權，損害建築工人利益，發包人根據該約定主張承包人不享有建設工程價款優先受償權的，人民法院不予支持。

這即是對相關問題的推進和理解。同時，關聯問題即所謂房屋綜合驗收或竣工驗收，是指在房屋竣工後在勘察、設計、施工、監理、建設單位驗收合格並出具竣工驗收報告的基礎上，再繼續由規劃、消防、環保等部門進行驗收，若驗收合格則由以上單位出具認可文件和准許使用文件。而竣工驗收備案則是指房屋的建設單位在上述所有部門驗收合格後將驗收資料上報建設行政機關，由其登記保存以備檢查和監督的行為。在竣工驗收備案行為中，建設行政機關並非僅僅是簡單地接受建設單位向其報送房屋竣工驗收相關資料，還要對備案資料進行至少是形式上的審查，如果發現違法情形將責令停止使用，重新組織竣工驗收。由此可見，竣工驗收備案行為無論對房地產開發商還是對購房者都會產生行政法上的拘束力，能夠對購房者的權利產生實質性影響。而且法律設立竣工驗收備案制度的目的即是加強房屋建築質量的監管，如果建設行政機關不依法進行竣工驗收備案，無疑會對房屋建築質量的監管留下隱患，進而侵害購房者的權利，[1] 也即工程竣工驗收具有行政可訴性。另一方面，工程價款優先受償權除斥期間理念存在現實原因和積極作用，但卻存在理論悖論、規則衝突與實踐風險等諸多缺陷，因而，是否考慮摒棄「優先」理念，樹立「平衡」理念，在立法和司法中竭力追求權利人與義務人利益的精緻平衡。強化適用中的判決論證，避免簡單化和抽象化，此乃權宜之策。[2]

燈盞在前

　　法學的研究，你要發現問題，應該有作為學者的獨立思考。搞學術，尤其是文科、法科的學術，它在很多情況下是一個孤獨的事業。所以我們要去找尋問題的時候，也是要學會從不同的視角去觀察。真正做到了把經

1　張躍：《購房者對建築工程竣工驗收備案行為可以提起行政訴訟》，《人民司法》，2012 年第 10 期。
2　霍海紅：《「優先保護權利人」訴訟時效理念的困境》，《法制與社會發展》，2019 年第 4 期。

驗的話語轉化成理論的話語，把事實的邏輯變成理論的邏輯。[1]

　　追求客觀真實，是法律最崇高的理想。商事訴訟為此設計了一系列嚴肅的程序，嚴苛的規則，在證明標準與舉證責任之分配方面煞費苦心。法律真實是證明標準的實然狀態，客觀真實是判斷法律真實真偽的客觀標準和終極價值，但基於疑難案件事實發生的不可逆性，當事人絕對、分毫不差地再現案件的歷史面目，存在不現實性。疑難案件證據組織的關鍵在於其系統性、交叉性和複合性，即必須兼具刑事、民事、行政思維，貫徹多維度思維，方對案件法律事實負責。必須整體考量刑事檢察建議書、行政處罰決定書在商事訴訟中的證明效力，才具意義。疑難案件的證據組織系統性建立於案件事實的體系思維，而非個體、割裂性思維。具體個案證據必須多側面推敲，諸如相對方角度、審判角度、判例角度、法律精神等，方能梳理準確的證據組織思維，雕刻己方訴求。法律的使命在於：符合自然規律、事物本性、體現正義與理性，尊重人的尊嚴和終極價值，其實證據組織的系統亦在於此。筆者在多起疑難案件中，均是在洞悉相對方證據組織的邏輯性瑕疵後，充分實現委託人訴求目標。任何證據在真實性、關聯性、合法性的框架內，必須耐受辯證性的打磨。法律本身係一種辯證，辯證是法律的基礎構架。證據作為對權利、義務進行分配並針對糾紛、訴求的組合，其蔽新、窪盈、高下、正反，僅具時間性、階段性和空間性。在跨境商事爭議中，證據組織還需經受不同法系、法律文化的考量。新證據規則中的「自認規則」，以及為電子證據在政府信息公開、政府履行法定職責方面的具體適用規則和範圍，在司法實踐中均具重要辯證意義。而再審程序作為一種事後的糾錯程序，其價值除了給當事人提供了一次審級制度之外的機會，還在於其對證據組織的重新審視與反省，從而最大程度糾正錯誤。[2]

1　秦前紅：《法學研究中的問題意識》，微信公眾號「中國人民大學法學院」，2021 年 2 月 23 日。
2　楊榮寬：《複雜商事案件中證據組織》，《商法》，2020 年 12 月 2 日，https://law. asia/zh-hans/understanding-evidence-difficult-commercial-cases/。

「幾盞燈甚或一盞燈的微光固然不能照徹黑暗，可是它也會給寒夜裏一些不眠的人帶來一點勇氣，一點溫暖。」[1]「徹夜不眠的路燈把他的影子一盞盞彼此遞交」。[2]「人在對苦痛和陰影有所承當有所體悟之後，才能真正理解其所映襯的那一道純淨自若的光。」[3]

七、複雜行政處罰案件中的敬畏與沉思

—— 中國證券監督管理委員會「史上最大罰單」行政處罰訴訟

世界上不存在大智慧，就像世界上本不存在才華這兩個字，也不存在事業這兩個字，存在的是瑣碎。重複的事情在不停地做，你就是專家。做重複的事情特別專注，你就是大家。就這麼簡單。[4]

「請相信，那些偷偷溜走的時光，催老了我們的容顏，卻豐盈了我們的人生。請相信，青春的可貴並不是因為那些年輕時光，而是那顆盈滿了勇敢和熱情的心，不怕受傷，不怕付出，不怕去愛，不怕去夢想。請相信，青春的逝去並不可怕，可怕的是失去了勇敢地熱愛生活的心。」[5]

關於行政制裁

「任何人不得從自己的錯誤行為中獲利」，[6] 行政處罰在本質上，為制裁，即行政機關依法對違反行政管理秩序的公民、法人或者其他組織，以

---

1 巴金：《燈》，選自《巴金文集》，人民文學出版社，1953 年版，頁 532。
2 錢鍾書：《圍城》，人民文學出版社，2017 年版，頁 177。
3 安妮寶貝：《春晏》，湖南文藝出版社，2011 年版，頁 76。
4 劉震雲：《一句頂一萬句》，長江文藝出版社，2016 年版，頁 86。
5 桐華：《那些回不去的年少時光》，江蘇文藝出版社，2010 年版，頁 175。
6 ［美］羅納德‧德沃金：《認真對待權利》，信春鷹、吳玉章譯，中國大百科全書出版社，1998 年版，頁 45。

減損權益或者增加義務的方式予以懲戒的行為。「制裁」的基本語義為用強力管束並懲處。[1] 所謂制裁，是指針對違反社會規範的行為，以否定或者使行為人放棄此種行為為目的而啟動的反作用力，其內容是剝奪一定的價值、利益或者課予一定的負價值或者不利。[2]

行政處罰的基本原則為「合法主義」，即只要當事人的行為符合法定構成要件，主管機關即應作成該當法律效果的處罰。便宜主義是指，即使當事人的行為符合處罰的要件，主管機關基於各種合理考慮，包括違法情節、行為人之經濟能力、處罰所付出之社會成本等，如果認為不處罰更適當，即可以不予處罰。[3] 在行政法治的實踐中，不論行政相對人的行為還是行政主體的行為均具有強烈的時空感，若在特定的時間和特定的空間之內，某一種行為便是一種客觀定在，而這個定在就是該行為性質所產生的客觀背景，若離開了一定的時間和空間，那原來的行為也就會發生本質上的變化。在行政法中，任何一個行政行為都與特定的時間和空間有關，行政處罰行為也是如此。只有當行政違法行為存在，也只有當行政違法行為已經完成時，行政處罰才有了存在的空間；也就是說行政處罰存在的時間和空間是行政相對人違法行為的實施和已經完成。[4] 從舉證責任的一般原理來說，「每一方當事人均必須主張和證明對自己有利的規範（法律效果對自己有利的規範）的條件。」[5]

關於證監會史上最大罰單案，（2019）最高法行申 13949 號

廈門北八道集團涉嫌操縱次新股包括張家港行、江陰銀行、和勝股

1　[日] 佐伯仁志：《制裁論》，丁勝明譯，北京大學出版社，2018 年版，頁 6。

2　參見 [日] 佐伯仁志：《制裁論》，丁勝明譯，北京大學出版社，2018 年版，頁 5–6。

3　洪家殷：《行政罰法論》，五南圖書出版公司，2006 年第 2 版，頁 57 以下；陳清秀：《行政罰法》，法律出版社，2016 年版，頁 63 以下；吳庚、盛子龍：《行政法之理論與實用》，三民書局，2017 年增訂 15 版，頁 528。

4　關保英：《行政處罰中行政相對人違法行為制止研究》，《現代法學》，2016 年第 6 期。

5　[德] 萊奧·羅森貝克：《證明責任論》，莊敬華譯，中國法制出版社，2018 年版，頁 121。

份等，操縱期間累計獲利 9. 45 億元。該案目前已經過調查審理和行政處罰事先告知程序，證監會將對北八道集團作出沒一罰五的頂格處罰，罰沒款總計約 56.7 億元。這將成為證監會行政處罰歷史上開出的最高額的罰單。[1] 北八道集團實際控制了三百多個股票賬戶，包括員工及員工相關賬戶和配資中介提供的賬戶兩種類型，採用頻繁對倒成交、盤中拉抬股價、快速封漲停等異常交易手法炒作多隻次新股。[2]

　　2017 年 2 月 7 日至 2 月 17 日，廈門北八道集團利用賬戶組中 177 個證券賬戶交易「和勝股份」，其中員工及員工相關賬戶有公某、黃某勤、毛某珊、陳某騰、葉某華（長城國瑞證券戶）、侯某梅六個賬戶；配資戶有朱某峰提供的蔡某波、陳某娥、陳某根等 44 個賬戶，張某海提供的安某蘭、白某雲、常某萍等 78 個賬戶，以及其他中介提供的 49 個賬戶，影響交易價格，獲利 138,752,520.32 元。2017 年 2 月 10 日至 4 月 12 日，廈門北八道集團利用賬戶組中 297 個賬戶（不包括宋某川、萬某玲、王某萍、張某燕四個賬戶）交易「張家港行」。2017 年 2 月 10 日至 4 月 12 日，北八道控制賬戶組累計買入 243,135,641 股，買入金額 4,796,696,204.16 元；累計賣出 241,020,841 股，賣出金額 5,235,485,292.98 元，影響了「張家港行」交易價格，獲利 466,894,890.32 元。2017 年 2 月 10 日至 5 月 9 日，廈門北八道集團利用賬戶組中 297 個賬戶［不包括侯某梅、何某（華泰證券戶、西南證券戶）、黃某勤、王某凱四個賬戶］交易「江陰銀行」。上述期間，北八道控制賬戶組累計買入 460,911,218 股，成交金額 8,474,287,889.04 元；累計賣出 449,947,408 股，成交金額 8,655,647,553.17 元。影響「江陰銀行」交易價格，共計獲利 339,223,805.59 元。2017 年 2 月 7 日至 5 月 9 日期間，北八道控制賬戶

---

1 《證監會通報北八道操縱市場案 開出 55 億元史上最大罰單》，中國證券網，2018 年 3 月 14 日。
2 《總計約 56.7 億 證監會對北八道開出「史上最大罰單」》，央廣網，2018 年 3 月 15 日。

組，通過採用集中資金優勢、持股優勢連續交易，在自己實際控制的證券賬戶之間交易的方式操縱「張家港行」「和勝股份」「江陰銀行」，影響了股票價格，累計獲利 944,871,216.23 元，違反了《中華人民共和國證券法》第 77 條第一款第（一）項、第（三）項規定，構成了《中華人民共和國證券法》第 203 條所述違法行為。北八道採用多種手段操縱上市公司股價，涉案金額特別巨大。[1]

律師工作組先後代理行政訴訟一審、二審、再審工作，參加相關庭審，提出代理意見。2020 年 3 月 25 日，最高人民法院認為，《中華人民共和國證券法》第 77 條第一款第一、三項規定，禁止任何人通過單獨或者通過合謀，集中資金優勢、持股優勢或者利用信息優勢聯合或者連續買賣，操縱證券交易價格或者證券交易量，或者在自己實際控制的賬戶之間進行證券交易，影響證券交易價格或者證券交易量等手段操縱證券市場。第 203 條規定，違反本法規定，操縱證券市場的，責令依法處理非法持有的證券，沒收違法所得，並處以違法所得一倍以上五倍以下的罰款。單位操縱證券市場的，還應當對直接負責的主管人員和其他直接責任人員給予警告，並處以十萬元以上六十萬元以下的罰款。《中華人民共和國行政處罰法》第 30、31、32 條規定，公民、法人或者其他組織違反行政管理秩序的行為，依法應當給予行政處罰的，行政機關必須查明事實；作出行政處罰決定之前，應當告知當事人作出行政處罰決定的事實、理由及依據，並告知當事人依法享有的權利。當事人有權進行陳述和申辯，行政機關必須充分聽取當事人的意見。本案中，中國證監會經調查發現，北八道公司實際控制涉案賬戶組，通過集中資金優勢、持股優勢連續交易，在自己實際控制的賬戶之間交易，操縱江陰銀行股份的股票交易價格，構成我國證券法第 77 條第一款第一、三項規定的操縱證券市場行為，依法應當予以

1　2018 年 4 月 9 日，中國證監會〔2018〕5 號、〔2018〕29 號、〔2018〕27 號行政處罰決定。

行政處罰。作出處罰決定的過程中，中國證監會查明北八道公司的違法事實，事先告知其擬處罰的事實理由和依據，並告知其享有的權利，北八道公司放棄陳述、申辯和聽證的權利，中國證監會作出處罰決定符合法定程序。復議程序中，北八道公司查閱案卷，中國證監會在依法延期後的法定期限內作出 99 號復議決定，復議程序亦符合法律規定。一、二審判決駁回北八道公司的訴訟請求，並無不當。北八道公司主張，29 號處罰決定認定北八道公司實際控制涉案賬戶組事實不清。但是，一、二審對中國證監會提交的相關證據，從人員關聯、資金關聯和行為關聯等多方面進行全面系統的分析，足以認定北八道公司控制涉案賬戶組的事實，北八道公司的主張缺乏事實根據，本院不予支持。北八道公司還主張，29 號處罰決定認定其通過多種手段操縱江陰銀行股份股票，主要證據不足。但是，中國證監會一、二審中提交的 2017 年 2 月 10 日至 5 月 9 日北八道公司一系列證券交易數據可以證明，北八道公司利用其控制的賬戶組進行頻繁的、大量的交易活動，實際影響江陰銀行股份的股票交易價格。」其主張同樣缺乏事實根據，本院亦不予支持。北八道公司又主張，處以五倍違法所得，處罰幅度畸重。但是，北八道公司通過操縱數百個實際控制證券賬戶，運作大量資金，有組織進行大規模的操縱股市價格違法行為，嚴重擾亂正常的股市交易秩序，侵害小股民的合法權益，違法行為性質惡劣、情節嚴重、社會危害較大，中國證監會對該公司從重頂格處罰，並不存在行政處罰明顯不當的情形。以此為由申請再審，理由不能成立。綜上，北八道公司的再審申請不符合《中華人民共和國行政訴訟法》第 91 條第三、四項規定的情形。依照《最高人民法院關於適用〈中華人民共和國行政訴訟法〉的解釋》第 116 條第二款的規定，裁定如下：駁回北八道集團有限公司的再審申請。」

「我的一生都將淺嘗輒止，跟隨大小事件隨波逐流，為這些事件所裹挾。這是無可避免的，從一開始我就知道結局，我選定了自己要走的路，

也就是未來的必經之路。我循路而前，滿懷喜悅，也許是滿懷痛苦。」[1]本次行政處罰行政訴訟程序，律師工作組的相關意見和代理工作，引發了足夠的探討與關注。操縱證券市場行為成立的關鍵，在於行為人所濫用的市場優勢是否具有人為控制證券市場的可能性。這種可能性雖然往往與行為人的專業人士身份或者證券市場信息發佈資格有着緊密的關聯，但卻並不以行為人特殊身份的具備或者特殊地位的取得為必要。要對證券市場行情進行人為控制，行為人不僅必須具有左右其他市場參與者投資決策的市場優勢或者影響力，而且其對市場優勢或者影響力的使用還必須違反了法定限制條件進而構成濫用。[2]

行政處罰理念的核心內容是公權對私權的任何介入、任何干預、任何限制都應當有程序規則。[3]法制的經典定義是「已成立的法律獲得普遍的服從；而大家所服從的法律又應該本身是制定的良好的法律。」[4]在一定意義上，行政處罰面臨的最基本的矛盾，是執法資源的有限性和違法行為大量存在的矛盾。在有限的執法資源約束下，執法機關為了有效配置執法資源，必然有所取捨，將執法資源運用到那些性質惡劣、後果嚴重、行為人主觀惡性大的案件的同時，必然會導致一些違法行為無法查處。[5]

修訂後的《中華人民共和國行政處罰法》（2021 年，2021 年 7 月 15 日起施行）第 73 條：「當事人對行政處罰決定不服，申請行政復議或者提起行政訴訟的，行政處罰不停止執行，法律另有規定的除外。當事人對限

---

1 ［美］特德·姜：《你一生的故事》，李克勤、王榮生譯，譯林出版社，2015 年版，頁 136。

2 田宏杰：《操縱證券市場罪：行為本質及其司法認定》，《中國人民大學學報》，2014 年第 4 期，頁 85。

3 ［英］戴維·米勒等：《布萊克維爾政治學百科全書》，中國問題研究所等譯，中國政法大學出版社，1992 年版，頁 210。

4 ［古希臘］亞里士多德：《政治學》，吳壽彭譯，商務印書館，1965 年版，頁 199。

5 ［美］理查德·J. 皮爾斯：《行政法》（第 3 卷），蘇苗罕譯，中國人民大學出版社，2016 年版，頁 1233。

制人身自由的行政處罰決定不服，申請行政復議或者提起行政訴訟的，可以向作出決定的機關提出暫緩執行申請。符合法律規定情形的，應當暫緩執行。當事人申請行政復議或者提起行政訴訟的，加處罰款的數額在行政復議或者行政訴訟期間不予計算。」以及第 82 條：「行政機關對應當依法移交司法機關追究刑事責任的案件不移交，以行政處罰代替刑事處罰，由上級行政機關或者有關機關責令改正，對直接負責的主管人員和其他直接責任人員依法給予處分；情節嚴重構成犯罪的，依法追究刑事責任」受到了一定的呈現。

程序的勇敢

行政制裁所要求的責任內容雖然可能比刑法所要求的責任內容稍微緩和一點，但在完全不能非難行為人的場合，是不能科處制裁的。[1]

責任主義應成為行政處罰的基本原則之一，它不僅在行政處罰的構成上具有意義，而且在行政處罰的輕重上具有意義，它不允許超出行為人的責任上限予以處罰，但在責任範圍之內，可以考慮主觀狀態的差異、違法情節等因素決定處罰的輕重。因為故意較過失更具有可非難性，所以對於故意違法者應處以更重的處罰。[2]

我想讓你見識一下什麼是真正的勇敢，而不要錯誤地認為一個人手握槍支就是勇敢，勇敢是當你還未開始就已知道自己會輸，可你依然要去做，而且無論如何都要把它堅持到底，你很少

1　［日］佐伯仁志：《制裁論》，丁勝明譯，北京大學出版社，2018 年版，頁 17。

2　王貴松：《論行政處罰的責任主義》，《政治與法律》，2020 年第 6 期。

能贏，但有時也會。[1]

　　掩卷深思，律師工作組經常在沉默中復盤、推演。沉默有一種特別的力量，「當一切喧囂靜息下來之後，它仍然在工作着，穿透可見或不可見的間隔，直達人心的最深處。」[2] 很希望每一個案，成長為一棵樹，守靜，向光，安然，敏感的神經末梢，觸着流雲和微風，竊竊地歡喜。腳下踩着最卑賤的泥，很踏實。還有，每一天都在隱祕成長。[3]「想人間婆娑，全無着落；看萬般紅紫，過眼成灰。」[4]

八、商事改制案件中的真知與道悟

——（2019）最高法民申 5462 號再審審查

　　真正的光明絕不是永沒有黑暗的時間，只是永不被黑暗所掩蔽罷了。[5]「屬於你的是，光明與黑暗交替，黑夜逃遁，白日追蹤而至的時刻。」[6]「當白晝的一切明智與迷障都消散了以後，黑夜要你用另一種眼睛看這世界。」[7]「醫生是城邦體育敗壞的體現，法官是城邦樂教（德育）敗壞的體現。人心驕悍，法律如何能敵？司法的風險源自人心。」[8]

　　冤假錯案只是一種社會表達，而不是一個法律表述。[9]

1　[美] 哈珀·李：《殺死一隻知更鳥》，高紅梅譯，譯林出版社，2002 年版，頁 169。

2　周國平：《人與永恒》，萬卷出版公司，2009 年版，頁 119。

3　黎戈：《私語書》，文化藝術出版社，2009 年版，頁 220。

4　慕容雪村：《原諒我紅塵顛倒》，浙江文藝出版社，2011 年版，頁 95。

5　[法] 羅曼·羅蘭：《約翰·克里斯朵夫》，傅雷譯，線裝書局，2018 年版，頁 183。

6　艾青：《啟明星》，百花文藝出版社，1984 年版，頁 152。

7　史鐵生：《病隙碎筆》，人民文學出版社，2008 年版，頁 108。

8　[古希臘] 柏拉圖：《理想國》，王揚譯，華夏出版社，2017 年版，頁 213。

9　劉桂明：《冤假錯案究竟是什麼？》。

請不要以為您是一位行為端正的好父親、好丈夫、好公民，
就一輩子不會與當地的法官打交道。實際上，即使是最誠實、最
受尊重的人，也有可能成為司法部門的受害者。不要以為您的聲
譽、您工作上的成績和社會關係可以保護您。您如果以為這種司法
裁判的錯誤只會被那些地位低下和倒霉的人碰上，那就大錯特錯了。
這種錯誤不分青紅皂白地打擊着各種人，既有權貴，也有平民。[1]

　　個案的不公、惡意和冤錯，並非法律表達的全部，而是部分，爭議之解
決、糾錯、秩序維護和對善良無限的追索，是法律關於美的本質表達和書寫。
我曾為一案，遠赴老區，勞奔數日，眼瞼重創，縫織六針。也曾為一案，庭開
疆邊，數年一日，「黑夜每天都會降臨，很多人討厭黑暗，詛咒黑暗，但最重
要的不是夜有多麼黑暗，而是我們應該如何去認識這種黑暗。」[2]

關於改制

　　法學家通常享有超過經濟學家的話語權力，那是因為任何公共政策都
首先必須處理好法律程序問題。程序基本「正義」之後，社會學家、經濟
學家就可以分別討論公共政策的社會、經濟後果。惟其如此，成熟社會的
學者得以保持對公共政策諸問題的冷靜與批判態度。[3]當民事權利脫離了物
質形態而以貨幣形態加以體現時，當人們普遍接受了權利交易概念時，當
交易對象是標準化權利時，公正市場交易才成為可能。[4]

　　關於林州國投公司退款的方法及條件是否成就的問題。2005 年 12 月

1　[法]勒內·弗洛里奧：《錯案》，趙淑美、張洪竹譯，法律出版社，2013 年 2 月版，頁 5。

2　《著名律師楊榮寬：個案的不公、惡意和冤錯，並非法律表達的全部》，大白新聞官方賬號，2019
　　年 3 月 21 日。

3　汪丁丁：《世紀之交，義利之辯》，《財經》，2001 年 6 月 2 日。

4　葉林著，曾憲義、王利明編：《證券法》，中國人民大學出版社，2000 年版，頁 11。

16 日聯達公司與林州國投公司簽訂協議約定：林州國投公司同意聯達公司提出的終止購買錦豐公司的全部資產和土地使用權的意願，可見聯達公司匯給林州國投公司的 2000 萬元的真實意思是用於購買錦豐公司全部資產和土地使用權。在約定退還未動用的 808 餘萬元的情況下，雖然協議中亦有「如出現本協議簽訂之日起十二個月內未找到新的受讓方或合作方的情況，雙方另行協商新的退款辦法，在新的退款辦法未形成之前，林州國投公司不負退還義務」的約定，但因在雙方達成新的退款辦法之前，錦豐公司已進入破產程序，不可能再有新的受讓方或合作方，作為合同基礎的客觀事實情況發生了根本性變化，且雙方簽訂協議至今已近十年，林州國投公司也未就退款辦法與聯達公司積極重新協商。如果按照雙方協議將協商期限無期限地拖延下去，對聯達公司明顯不公。[1] 法律行為制度涉及意思自決、交易安全尤其是信賴保護、給付等價以及契約信守原則。[2] 對改制的尊重，是締約各方的基本原則。「我只得由我來肉薄這空虛中的暗夜了，縱使尋不到身外的青春，也總得自己來一擲我身中的遲暮。但暗夜又在那裏呢？現在沒有星，沒有月光以至沒有笑的渺茫和愛的翔舞；青年們很平安，而我的面前又竟至於並且沒有真的暗夜。」[3]

關於劉燕、常潔與河北港口集團公司、秦皇島港方大房地產開發有限責任公司企業股份合作制改造合同糾紛再審案，即最高法院（2019）最高法民申 5462 號

律師工作組先後參加了本案一審、二審和再審，依法發表代理意見。

1　最高人民法院（2015）民申字第 2938 號，河南新鄉聯達紡織股份有限公司與林州市國有資產投資管理有限公司企業公司制改造合同糾紛申訴、申請《民事裁定書》。

2　Bydlinski, *System und Prinzipien des Privatreehts*, Wien: Springer-Verlag, 1996, pp. 156–157, pp.107–118.

3　魯迅：《希望》，載《魯迅雜文精選》，希望出版社，2009 年版，頁 161。

再審法院經審查認為：第一，劉燕、常潔關於改制所依據的財務審計就是
按照規劃變更以後的情況審核的，點式高層就是規劃變更後的商住樓，不
可能造成國有資產流失的主張不成立。按照國家法律法規的要求，企業股
份制改造需要經過嚴格的清產核資、財務審計和資產評估等程序，以此作
為確定國有產權轉讓價格的依據。原一審委託的司法鑑定機構出具的《鑑
定報告》第 6 頁指出：

> 基於濱海城「規劃調整項目」在 2007 年 3 月 31 日改制基準
> 日尚未全面動工興建，涉及該項目的銷售和成本費用均未入賬，
> 因此單純靠財務審計無法確認其調整項目的經營收益和資產增
> 減變化，唯一的辦法是對其規劃調整後的開發成本 —— 擬建商
> 業、住宅樓佔用範圍內的土地價值進行評估。

本案改制前共有兩份資產評估報告。第一份是北京京都資產評估有限責任
公司 2006 年 2 月 28 日出具的《秦皇島港方大房地產開發有限責任公司
擬主輔分離輔業改制項目資產評估報告書》（京都評報字〔2006〕第 054
號），該報告書在特別事項中專門明確：

> 根據企業提供的項目開發資料，方大公司在評估基準日主
> 要開發項目為「濱海城」住宅項目，該項目佔地面積約 292 畝，
> 原計劃開發 32 萬平方米，由於擬建寫字樓的銷路問題，評估基
> 準日方大公司計劃開發建築面積變更為 28 萬平方米，原地策劃
> 建設 4400 平方米商業樓。由於建設計劃尚未規劃批准，如評估
> 基準日後規劃發生變化，將對「濱海城」項目整體評估結果有
> 重大影響。

這意味着第一次評估是按照 28 萬平方米進行的評估，其中包括原地策劃建設 4400 平方米商業樓項目（即後來上述規劃調整後的「濱海城小區商業、住宅樓」項目，規劃調整後的實際建築面積為 53,686 平方米），評估對象不包括規劃調整後的 53,686 平方米建築面積。第二份資產評估報告是北京建和信資產評估有限責任公司出具的《秦皇島港方大房地產開發有限責任公司存貨權益價值估值報告》（建諮〔2007〕第 02 號），該報告對方大公司 2007 年 3 月 31 日存貨中的三項資產重新評估，分別是未售的福壽里配套用房、未售的濱海城商業門市房、在建的濱海城商業辦公用房，亦不包括上述規劃調整後的建築面積 53,686 平方米。因此，劉燕、常潔關於改制所依據的財務審計就是按照規劃變更以後的情況審核的，點式高層就是規劃變更後的商住樓，不可能造成國有資產流失的主張不能成立。第二，劉燕、常潔關於興實公司應當對審計結果承擔法律責任，不應由方大公司承擔責任的主張不成立。正常的工程價款結算文件為經施工單位核對，施工單位、建設單位、審查單位簽字蓋章的建設工程結算審定表。方大公司作為專業的房地產開發公司，應當明悉興實公司出具的審核文件不能作為開發成本入賬。此外，本案虛增成本的事實除了有興實公司出具的《情況說明》作為證據予以證明外，還有《張北縣人民檢察院檢察建議書》《河北省人民檢察院司法會計鑒定書》《鑒定報告》等一系列證據予以證明。劉燕、常潔關於興實公司應當對審計結果承擔法律責任，不應由方大公司承擔責任的主張沒有根據。第三，關於將劉燕、常潔等十三人的所有行為認定為整體行為是否正確的問題。本案中《國有產權轉讓合同》和《股權轉讓協議》的內容均為轉讓河港集團持有的在方大公司的股權，兩份合同的出讓方均是河港集團，兩份合同的受讓方為方大公司內部職工，即一審十三名被告。一審被告十三人一起作為一方與河港集團簽訂了《國有產權轉讓合同》，後續與每個人簽署《股權轉讓協議》只是將《國有產權轉讓合同》中 80% 股權進行細化。本案訴訟主體及訴訟標的具有同一

性,一審被告十三人中的任何一個人的行為都是代表《國有產權轉讓合同》的一方當事人所為,十三人的所有行為應認定為一個整體,原審法院對該事實的認定是正確的。第四,關於原審是否存在程序錯誤的問題。首先,關於法院未予調取第 008 號《財務專項審計報告》所依據的資料是否正確。劉燕、常潔並未提交證據證明其曾向原審法院提出調取第 008 號《財務專項審計報告》所依據的資料,況且第 008 號《財務專項審計報告》是對方大公司 2006 年 12 月 1 日至 2007 年 3 月 31 日期間的經營損益進行的財務專項審計,並非對相關資產的評估行為,未反映規劃調整後的資產增減和經營收益情況。根據《最高人民法院關於適用〈中華人民共和國民事訴訟法〉的解釋》第 95 條的規定,當事人申請調查收集的證據,與待證事實無關聯、對查明待證事實無意義或者其他無調查收集必要的,人民法院不予准許,原審法院未予准許並無不當。其次,關於原審中鑒定人未出庭接受質詢。在本案原一審程序中鑒定人已經出庭作證並接受質詢,劉燕、常潔再次要求鑒定人出庭作證的主張沒有法律依據。再次,關於部分鑒定人是否不具備司法鑒定資質。涉案鑒定機構是原審法院通過法定程序選擇的結果,鑒定機構的鑒定資質在《司法會計鑒定書》中均有相關文件予以證明。劉燕、常潔提交的再審新證據中,鑒定單位的名稱為秦皇島衡信司法會計鑒定中心,與本案無關,不能證明其關於部分鑒定人不具備司法鑒定資質的主張。此外,根據 2005 年 10 月 1 日施行的《全國人民代表大會常務委員會關於司法鑒定管理問題的決定》以及 2018 年 12 月 5 日司法部辦公廳發佈的《關於嚴格依法做好司法鑒定人和司法鑒定機構登記工作的通知》,只有法醫類、物證類、聲像資料和環境損害四類鑒定由司法行政部門統一登記管理,其他鑒定事項不屬於司法行政部門統一登記管理的範圍。申請人以部分鑒定人未進入河北省司法廳公佈的《國家司法鑒定人和司法鑒定機構名冊(河北省·2013 年度)》為由申請再審,理由不能成立。

　　企業改制無效案例中無效之原因中，首推「造成國有資產流失」，但其悖論在於：企業改制絕非幾個人可以私自決定的，改制須經過嚴格的手續，且改制過程其實就是比較繁瑣的。[1] 在確認改制合同效力時，除當事人雙方惡意串通，損害國家或第三人合法利益的行為外，一般不宜認定改制合同無效。人民法院應當遵循以下原則：凡民法通則、合同法、公司法等民商事法律規範能夠調整的，應當適用有關法律規定；凡相關法律不配套的，則應注意適用改制行為發生時國家的有關國企改制政策、部門規章及規範性文件。所以，對需經有審批權的地方人民政府審批後才能生效的合同，當事人在簽訂合同時雖未及時辦理審批手續，但在一審法庭辯論終結前補辦審批手續的，人民法院仍然可以確認合同有效。[2] 在一定意義上，再審程序本身即是法律制度對可能錯誤的探究，充分體現了批判性反思這一現代法律程序的內在價值特性。[3]

　　魯迅先生曾言「我們自古以來，就有埋頭苦幹的人，有拚命硬幹的人，有為民請命的人，有捨身求法的人。」律師是埋頭苦幹的人，「靈魂就算不能像燭火一樣照耀着我們的行程，起碼也要同甘共苦地跟在後面，不離不棄。」[4] 我們每個人存在認知局限，都坐在認知的井中，無非井的直徑大小而已。「夏蟲不可語冰」，生為夏蟲是我們的宿命，但不是我們的過錯。「生命本是宇宙中一瓣微薄的睡蓮，終有偃旗息鼓閉合的那一天」，[5] 但我們需要埋頭於耕種，追逐真知，豐盈靈魂。「見眾生，明白了眾生相，所以寬容；見天地，體會了偉大與渺小，所以謙卑；見了自己，感

---

1 葉林：《慎用「改制無效」》，《法人》，2005 年第 9 期。

2 唐琪：《淺析審理國有企業改制案件中的相關問題》，中國法院網，2004 年 7 月 8 日。

3 參見季衛東：《法治秩序的建構》，中國政法大學出版社，1999 年版，頁 20–22。

4 畢淑敏：《人生，終要有一場觸及靈魂的旅行》，https://baijiahao.baidu.com/s?id=1682345125447769383&wfr=spider&for=pc。

5 畢淑敏：《人生，終要有一場觸及靈魂的旅行》，https://baijiahao.baidu.com/s?id=1682345125447769383&wfr=spider&for=pc。

受了本我和真我，所以豁達」，[1] 律師的終極惟是寬容、謙卑、豁達。確定性和穩定性是律師爭議解決的基本價值追求，人只有在具有可預測性的情況下，才是自由的。在一定意義上，律師的埋頭苦幹，旨在於將眾多不確定性、複雜性、感性疏理為可預測性、相對確定性、理性和可能性。[2]

不言放棄

韓寒說：「每個人的身體，都有厚的地方，他們各不相同，有些人厚的是手上的老繭，有些人厚的是背上的污垢，有些人厚的是臉上的老皮」，律師願自己厚的是心臟的肌肉。打死也不能放棄，窮死也不能歎氣，要讓笑話你的人成為笑話。[3]「如果你想知道周圍有多麼黑暗，你就得留意遠處的微弱光線。」[4]

永遠信守事實與證據，堅信「黑夜其實從來就不是黑的。黑夜裏，合歡花還是紅的，毛絨絨的，紫藤花還是紫白色的，和黑夜還是白天沒有關係。」[5]「只要生命的火焰一天不熄滅。一個人在很久以前感受到的瞬息之間的快樂，就能擊潰籠罩着其生涯的黑暗，宛如篝火在夜晚的曠野中發出的一線光明，能夠擊碎萬斛黑暗。」[6]

> 起來，這好比在深海底發生地震。在眼睛看不見的世界，
> 在陽光照射不到的世界，即在內在無意識的領域發生巨大變動。

1　微信公众号：格物讀書，ID: gewuliangzhi，轉引自 https://baijiahao.baidu.com/s?id=1686674987482917729&wfr=spider&for=pc。

2　《著名律師楊榮寬：個案的不公、惡意和冤錯，並非法律表達的全部》，大白新聞官方賬號，2019年3月21日。

3　韓寒：《就這麼漂來漂去》，接力出版社，2005年版，頁125。

4　[意] 卡爾維諾：《看不見的城市》，張宓譯，譯林出版社，2006年版，頁171。

5　馮唐：《不二》，https://www.jianshu.com/p/73a60f314078。

6　[日] 三島由紀夫：《天人五衰》，林少華譯，作家出版社，1995年版，頁107。

它傳導到地上引起連鎖反應，在結果上採取我們眼睛看得見的形式。我不是藝術家，但大致可以理解這一過程的原理。商業上的優秀理念也是經過大體與此相似的階段產生的。卓越的理念在諸多場合是從黑暗中突如其來出現的念想。[1]

釋放無限光明的是人心，製造無邊黑暗的也是人心，光明和黑暗交織着，厮殺着，這就是我們為之眷戀而又萬般無奈的人世間。[2]

對律師而言，案卷疏理，方案設計，更多地是體會到一種時間感和責任感，把法律事實的浮塵，一一抖落，與客觀事實比對印證，最大程度上的彌合，才是律師工作的本根。太多的案件歷經數年，甚至八年、十年，太多的糾錯和堅韌，蘊含和銘記時間的考驗與價值。「方法比問題多」，感謝每一份理解和耐心，感謝世界耐心和良知，感謝在案件封卷時刻當事人的一個微笑，在一個靜謐的周末或者一個假期，把手機放在一邊，把總結慢慢寫完。儘量讓碎塊化的生活在相對系統的時間段內變得規範和完整，讓案件的時間感和自己的時間感一一凝結。「對於認真生活的人而言，生活和不言放棄本身就是最好的嘉獎」，[3] 律師對我而言，是辛勤，是認真。「不是炙熱的火炭，而是經得起平淡的流年」。[4] 律師應不畏於一瓦一石之堆造，默沉於一字一句之推敲，求追於一卷一案之切磋，珍惜信任，恪守時間，千里之行，累土高台，自有大成，不負重託。

---

1 ［日］村上春樹：《刺殺騎士團長》，林少華譯，上海譯文出版社，2018 年版，頁 103。

2 ［法］雨果：《悲慘世界》，人民文學出版社，1992 年版，頁 227。

3 https://baijiahao.baidu.com/s?id=1621440842969619278&wfr=spider&for=pc。

4 https://www.sohu.com/a/277009271_661560。

九、商事借貸案件中概念的價值

—— 以（2013）民二終字第 36 號為視角

> 大多數人只是生存而已，他們覺得自己做的事情有價值，其
> 實不是這樣，有價值的東西幾乎不存在，他們只有價格，價格取
> 決於期望，我就是利用人們的期望來做生意的。[1]

概念乃是解決法律問題所必需的和必不可少的工具。沒有限定嚴格的專門概念，我們便不能清楚地和理性地思考法律問題。沒有概念，我們便無法將我們對法律的思考轉變為語言，也無法以一種可理解的方式把這些思考傳達給他人。如果我們試圖完全否定概念，那麼整個法律大廈就將化為灰燼。[2]

法律概念「應目的而生」，「規範」並不是制定法律之「目的」，而只是以「和平的方法」獲致人間之「公平」的一種「手段」，促成公平之和平的實現才是最終之目的所在。在法律概念的構成上必須考慮到擬藉助該法律概念來達到的目的，或實現的價值。[3] 被人理解是幸運的，但不被理解未必不幸。一個把自己的價值完全寄託於他人的理解上面的人往往並無價值。[4] 人生的價值恰不在於別人的評價，而在於自己的接納。[5] 我們每一個人都應該有勇氣這樣說：我們的地位可能很卑微，我們的身份可能很渺小，但這絲毫不意味着我們不重要。重要並不是偉大的同義詞，它是心靈對生

1 ［瑞典］弗雷德里克·巴克曼：《時間的禮物》，天津人民出版社，2018 年版，頁 79。

2 ［美］埃德加·博登海默：《法理學：法律哲學與法律方法》，鄧正來譯，中國政法大學出版社，1998 年版，頁 504。

3 參見黃茂榮：《法學方法與現代民法》，中國政法大學出版社，2001 年版，頁 45。

4 周國平：《人與永恒》，上海人民出版社，2006 年版，頁 116。

5 陶勇：《目光》，百花洲文藝出版社，2020 年版，頁 156。

命的允諾。[1]

關於借款

民間借貸，是指自然人、法人、其他組織之間及其相互之間進行資金融通的行為。借款本是一般的民事行為，遵循的是私法領域「法無禁止即可為」的基本原則，一般來說，借款利率不能超出國家規定的範圍，否則就屬於高利貸，法律對此不認可，借款人可以不用支付超出國家規定最高限額之外的利息。[2] 在借款司法實踐中存在禁止反言原則的適用，即禁止一方當事人否認法律已經作出判決的事項，或者禁止一方當事人通過言語（表述或沉默）或行為（作為或不作為）作出與其之前所表述的（過去的或將來的）事實或主張的權利不一致的表示，尤其是當另一方當事人對之前的表示已經給予信賴並依此行事時。自願給付利息，包括沒有約定利息而自願支付，以及超過約定利率自願支付利息或者支付違約金的，如果不違反公序良俗，不損害第三人合法權益，就是正當行為，對此，再主張不當得利而要求返還的，違反禁反言規則，不應當予以支持。如果給付的利息超出了 36% 的最高利率限額的，則為違法利息之債，可以支持其返還超過部分利息的訴訟請求。[3]

從經濟關係的角度看，借貸雙方的實際地位並不平等，放貸人相對於消費者具有明顯的優勢地位，借貸雙方之間缺乏討價還價的實力保障，不具有公平交易的現實基礎，依靠放貸人之間的競爭來保證借款人承擔合理利率的貸款市場還沒有形成，如果沒有法律的限制，往往產生不公平交易。[4]

---

1 畢淑敏：《我很重要》，時代文藝出版社，2005 年版，頁 108。
2 午光言：《必須給「裸照」抵押借款穿件法律外衣》，法制網，2016 年 7 月 29 日。
3 楊立新：《民間借貸關係法律調整新時期的法律適用尺度最高人民法院關於審理民間借貸案件適用法律若干問題的規定解讀》，《法律適用》，2015 年第 11 期。
4 岳彩申：《民間借貸規制的重點及立法建議》，《中國法學》，2011 年第 5 期。

關於大連華成天宇房地產開發有限公司與大連沙河口銀豐小額貸款有限公司借款合同糾紛上訴案，最高人民法院（2013）民二終字第 36 號

　　最高法院認為：根據雙方當事人訴辯主張及理由，本案二審主要爭議焦點問題是案涉二億元借款履行的是《委託貸款借款合同》還是《借款及保證合同》；原審判決是否遺漏部分重要事實致使原審判決認定事實片面、錯誤；《借款及保證合同》是否以合法形式掩蓋非法目的；原審判決認定華宇公司已還款項全部為利息是否公平。銀豐公司答辯稱：第一，原判關於案涉二億元借款的主體和法律關係認定證據充分、準確，不存在華宇公司所稱的「新華公司與華宇公司企業間拆借」的事實。1. 案涉二億元借款為「新華公司與華宇公司企業間拆借」的主張為華宇公司在其上訴狀中第一次提及，且與華宇公司在上述所有案件中陳述和提供的證據自相矛盾。而且，在已有的眾多案件庭審和法律文書中，華宇公司從未提出過案涉二億元借款為「新華公司與華宇公司企業間拆借」，其一直主張履行的是《委託貸款借款合同》。2. 華宇公司上訴狀中稱「銀豐公司向華宇公司提供借款前提為工行星海支行向華宇公司提供二億元封閉貸款」完全是歪曲事實。3. 華宇公司、新華公司、工行星海支行簽訂《委託貸款借款合同》後，新華公司從未按合同約定將資金劃入過工行星海支行，工行星海支行也未向華宇公司發放過委託貸款。工行星海支行出具的《關於〈委託貸款借款合同〉的情況說明》，也證明《委託貸款借款合同》從未履行。4. 華宇公司償還利息後銀豐公司均向華宇公司開具了收款收據。在償還利息初期華宇公司均是向銀豐公司還款，後由於銀豐公司在收到利息後需要將款項償還給新華公司，受銀豐公司指令，華宇公司才將部分利息直接付至新華公司。

　　第二，2011 年 9 月 1 日，華宇公司法定代表人郝春成向銀豐公司出

具還款計劃，明確認可雙方履行《借款及保證合同》的事實。

第三，大連市中級人民法院（2012）大民三終字第 1201 號生效判決確認《借款及保證合同》已經履行，銀豐公司依據《借款及保證合同》向華宇公司發放了二億元借款。

第四，《借款及保證合同》為銀豐公司和華宇公司真實意思表示，且已經實際履行，其內容不違背我國法律法規的強制性規定，更不存在以合法形式掩蓋非法目的。因為，《借款及保證合同》簽訂之時為 2010 年末，華宇公司所欠工商銀行二億元借款到期無法償還，華宇公司法定代表人面臨刑事指控，貸款銀行負責人面臨多種責任追究。在此情形下，華宇公司求助銀豐公司，銀豐公司籌措資金向華宇公司發放短期借款，幫其渡過難關。現華宇公司提出種種不支付利息理由，既不符合法律規定，也不符合誠信原則及情理。小額貸款公司的指導意見均旨在規範小額貸款市場，有效調控和利用民間資金，如果發生與指導意見有出入的情況，應當由相關部門進行監管和指導，以此為由否定合同效力沒有法律依據。

第五，《借款及保證合同》明確約定還款方式為先息後本，《最高人民法院關於適用〈中華人民共和國合同法〉若干問題的解釋（二）》第 21 條對此亦有規定，故華宇公司已償還的 8680 萬元依據合同約定和法律規定應為償還的利息。

綜上，華宇公司的上訴理由不能成立，請求駁回其上訴請求，維持原判。本院查明的事實與原審查明的事實一致，本院對原審查明的事實予以確認。

關於案涉二億元借款履行的是《委託貸款借款合同》還是《借款及保證合同》問題，本院認為，本院及原審法院查明的事實能夠充分證明，案涉的二億元借款履行的是《借款及保證合同》而非《委託貸款借款合同》。第一，儘管銀豐公司與華宇公司簽訂的《借款及保證合同》以及新華公司、工行星海支行、華宇公司三方簽訂的《委託貸款借款合同》均有二億元貸款的表述，但案涉《協議書》《借款及保證合同》《補充協議書》《質

押擔保合同》《最高額權利質押合同》、進賬單、轉賬支票、郝春成出具的
《還款計劃》等相關證據，充分證明銀豐公司委託新華公司將二億元借款
出借給華宇公司履行的是《借款及保證合同》而非《委託貸款借款合同》；
第二，大連市中級人民法院作出並已生效的（2012）大民三終字第 1201
號民事判決，以及工行星海支行出具的《關於〈委託貸款借款合同〉的情
況說明》，證明《委託貸款借款合同》沒有實際履行；第三，本案已查明
的事實證明，案涉二億元借款是新華公司通過工行沙河口支行發放給華宇
公司，並沒有依照《委託貸款借款合同》中的約定劃入工行星海支行；第
四，華宇公司的所有還款沒有一筆支付到新華公司在工行星海支行賬戶，
全部通過工行沙河口支行進行支付；第五，從華宇公司已經償還的多筆款
項的時間節點來看，《委託貸款借款合同》約定的借款期限是從 2010 年
12 月 24 日起至 2012 年 6 月 23 日，而本案查明的華宇公司還款的時間卻
均在《委託貸款借款合同》約定的借款期限內，顯然與《委託貸款借款合
同》的約定不符。所以，原審關於本案的基礎合同以及履行的是《借款及
保證合同》而非《委託貸款借款合同》的認定正確合法，應予維持。華宇
公司關於案涉二億元借款履行的是《委託貸款借款合同》而非《借款及保
證合同》的請求缺乏事實依據，本院不予支持。

　　關於華宇公司主張原審判決遺漏部分重要事實致使原審判決認定事實
片面、錯誤的問題，經本院查證，原審判決確實未對華宇公司上訴狀中提
到的相關事實作出具體而明確的認定。但是，本院認為，是否對上述相關
事實作出認定，關鍵是看上述相關事實是否影響當事人權利義務的確定以
及判決結果的做出。本案一、二審查明的事實證明，原審判決已經對本案
所需關鍵性、主要事實作出全面、明確而具體的認定，而且依據認定的事
實作出的判決結果正確、適當。而華宇公司上訴狀中提到的遺漏、未作認
定的事實，經本院查證，均屬於非主要和非關鍵性事實，原審判決未作出
認定對華宇公司權利義務的確定及判決結果的公正處理沒有產生影響。故

華宇公司關於「原審判決遺漏重要事實，致使原審判決認定事實片面、錯誤」的主張不成立，本院對該請求亦不支持。

關於華宇公司主張《借款及保證合同》係以合法形式掩蓋非法目的應屬無效合同的問題。本院認為，對合同效力的認定應以法律規定為准。本院及原審法院查明的事實均已證明，雖然銀豐公司出借的二億元貸款來源於新華公司，但是，銀豐公司作為依法成立的小額貸款公司，其可以依照相關法律、法規及政策的規定發放貸款並收取相應的利息，儘管其發放的二億元貸款的額度可能違反了相關行政監管政策的規定，但並不能據此影響合同的效力。而且，華宇公司已經使用了銀豐公司的二億元借款，在其使用後不能按期償還借款的情況下，再行主張合同無效，顯然與法與理相悖。故華宇公司關於《借款及保證合同》係以合法形式掩蓋非法目的應屬無效合同的主張缺乏相應的法律依據，不能成立。

關於原審判決認定華宇公司已還款項全部為利息是否公平的問題。華宇公司主張，其在 2011 年 9 月 19 日之前已分批償還的 9480 萬元，即使按照「先息後本」，截止到每一次還款日，還款金額扣除截止到當日產生的利息部分，必然為本金。而按此方式計算，其已償還了 87,606,004 元的本金，原審判決將華宇公司的還款均認定為利息有悖公平，為此，華宇公司向本院提交了其計算的《本息計算表》。本院認為，因雙方當事人在《借款及保證合同》中並未約定二億元借款的期內利息，而僅約定了每日千分之二的逾期利率。對於本案所涉二億元借款存在利息之事，雙方當事人亦均予以認可，但對利息的計算方式存有異議。如按照銀豐公司主張的期內利率按每月本金的 4% 收取利息，以及每日千分之二的逾期利率，顯然過高，而銀豐公司又是較為特殊的主體。有鑒於此，原審判決並未採納銀豐公司主張的利率，而是根據案件的實際情況將利息的給付調整為「比照民間借貸的利率標準統一按照人民銀行同期貸款利率四倍計收」。如按照華宇公司的主張及其向本院提交的利息計算方式，就需要查明華宇公司

每一筆還款的具體時間，因華宇公司在 2011 年 9 月 19 日之前分批償還的
9480 萬元中部分款項是以現金支付，而雙方提交證據對此顯示的還款時
間並不一致，在還款時間不能確定的情況下，難以計算出截止到償還該筆
款項的當日所產生的利息及本金數額。故華宇公司以其計算方式計算出的
其已償還本金 87,606,004 元，僅是其單方計算的結果，沒有證據證明亦未
得到銀豐公司的認可。所以，華宇公司主張的其已償還本金 87,606,004 元
的主張不能成立，本院不予支持。

對於原審判決認定的在華宇公司已經償還的 9480 萬元中應扣除其替
溫普公司償還的借款 800 萬元的事實，華宇公司在本院二審期間提出異
議。對此，本院認為，華宇公司應當對其提出的主張提供相應的證據予以
支持，但其在原審期間及本院二審期間均未能提供相應的充分證據予以證
明，故對華宇公司的該主張本院不予支持。

本案中《委託貸款借款合同》和《借款及保證合同》的概念分析，
並非完全充分，儘管可以從證據鏈條作出實證主體的分析。但「法律實
在不只是遊戲，而與人類實際的社會生活密切相關 …… 而且對我們全體
來說，它都是一種真正的事實，而非存在於想像之中。」[1] 民間借貸合同是
實踐合同，故該請求權的要件不僅包括借款合意存在，還包括借款實際交
付。出借人通過訴訟實現該請求權，不能僅僅在抽象層面聲稱要件事實存
在，而要主張各種具體事實來讓法官相信要件事實真的存在；借款人如果
不願意遭受敗訴的結果，亦需要主張具體事實來對原告的主張加以否認。
在證據法理論上，此即所謂「具體化主張義務」。[2] 民法和刑法中都存在形
式判斷和實質判斷，當然，民法更為注重形式判斷，而刑法更為注重實質
判斷。這裏應當指出，當我們說刑法更為注重實質判斷，並不是說刑法中

1　〔英〕丹尼斯·羅伊德：《法律的理念》，新星出版社，2005 年版，頁 233。

2　參見姜世明：《民事訴訟中當事人之具體化義務》，載姜世明：《舉證責任與真實義務》，廈門大學
　　出版社，2017 年版，頁 169 以下。

就不採用形式判斷。[1]

概念的價值

作為法律領域中的事物，法律概念（legal concepts）是用來表達法律事物、法律關係的精確詞彙；[2] 用以指稱和表徵一個建立在現實世界基礎上的法律世界，此法律世界不可獨立存在，必須能夠「涉事」「及物」，能夠被人運用來實現自己的目的和促進自己的生活。法學概念則用以指稱一個規範的世界，規範世界是擁有自身運行邏輯的獨立世界。在其極端意義上，法學概念是一個「法學的概念天國」，「概念不能容許與現實世界接觸。任何與現實世界相聯繫的事物都要遠離概念存在和統治的地方。」[3]

在一定意義上，法律概念存在一定時間的介質，即價值與時間存在關聯，「原來認為很重要的事情竟然不再那麼重要了，而一直被自己有意忽略了的種種卻開始不斷前來呼喚我，就像那草葉間的風聲，那海洋起伏的呼吸，還有那夜裏一地的月光。多希望能夠把腳步放慢，多希望能夠回答大自然裏所有美麗生命的呼喚！可是，我總是沒有足夠的勇氣回答它們，從小的教育已經把我塑鑄成為一個溫順和無法離群的普通人，只能在安排好的長路。」[4] 關於案件與法律，「人總要呆在一種什麼東西裏，沉溺其中，苟有所得，才能證實自己的存在，切實地掂出自己的價值。」[5]

1　陳興良：《刑民交叉案件的刑法適用》，《法律科學》，2019 年第 2 期。

2　李旭東：《論法律概念與法學概念的區別》，中國社會科學網，2016 年 1 月 13 日。

3　［德］耶林：《法學的概念天國》，中國法制出版社，2009 年版，頁 9。

4　席慕蓉：《生命的滋味》，上海文藝出版社，1997 年版，頁 57。

5　汪曾祺：《一定要，愛着點什麼》，百花洲文藝出版社，2017 年版，頁 153。

十、物權變動爭議的本質

—— 以最高人民法院（2018）最高法民申 2500 號為視角

關於爭議的本質，我們追溯爭論發生的三個主要原因。首先，是競爭；其次，是冷漠；最後，是榮耀。競爭是人類為了掠奪而入侵；冷漠是為了自身安全；榮耀是為了名譽。競爭會涉及暴力；冷漠能夠保護自身的利益；在細枝末節中的榮耀，如一句話，一個微笑，一個不同的意見，以及顯示出輕視他人的標誌 —— 無論是針對自己，還是親屬、朋友、國家、職業、姓名。[1] 叔本華指出：「使我們快樂或者憂傷的事物，不是那些客觀、真實的事物，而是我們對這些事物的理解和把握。」感情的淡漠是穩定的社會關係的一種表示。穩定社會關係的力量，不是感情，而是了解。[2]

「生氣的人是一個複雜的動物，發出極度矛盾的信息，哀求着救助與關注，然而當這一切到來時，卻又拒絕，希望無需語言就可以得到理解。」[3] 一切法律關係皆可化約為權利與義務。[4] 爭議之本身，也許是一種考驗。考驗彼此的明暗人性，考驗時間中人的意志與自控。歡愉幻覺，不過是表象的水花。深邃河流底下湧動的黑暗潮水，才需要身心潛伏，與之對抗突破。人年少時是不得要領的，對人性與時間未曾深入理解，於是就沒有寬憫，原諒，珍惜。[5] 爭議的核心是法律關係，法律關係概念之於法學堪比萬有引力理論之於物理學；法律人不察覺法律關係的存在猶如野蠻人不察覺萬有引力之存在。[6]

1　［美］戈登・奧爾波特：《偏見的本質》，凌晨譯，九州出版社，2020 年版，頁 137。

2　費孝通：《鄉土中國》，上海人民出版社，2006 年版，頁 92。

3　［英］阿蘭・德波頓：《愛情筆記》，孟麗譯，上海譯文出版社，2018 年版，頁 205。

4　［美］霍菲爾德：《基本法律概念》，張書友編譯，中國法制出版社，2009 年版，頁 26。

5　安妮寶貝：《擔當》，北京十月文藝出版社，2011 年版，頁 130。

6　Albert Kocourek, *Jural Relations*, Indianapolis: The Bobbs-Merrill Company, 1928, p.iii.

物權變動

從民法概念體系維繫的角度看，債權平等乃是物債二分的體系特徵的自然呈現，隨機履行規則與由出賣人自由選定的權利分配格局，乃是債權平等原則推導出來的最合乎體系的規範配置方案。但是事情沒有那麼簡單，沒有道德血液滋養的概念體系，是無生命的體系；再者進入訴訟程序的競合合同也不可能再依隨機履行規則或者出賣人自主處理的規則處置，以隨機性為主要表徵的生活理性此時應當讓位於制度化的司法實踐理性。藉由司法裁判與執行規則所建立起來的合法佔有者優先、先行支付價款者優先與成立在先者優先的債權順位規則，在類型論的角度上，較好地融合了體系的價值與道德的價值、實踐理性與形式理性，為踐行合同全面履行的原則，解決不動產買賣合同的競合糾紛問題，提供了較為理想的解決方案。[1] 在能否確認物權的實體判斷上，由於確認之訴僅就某種權利或法律關係以及事實的存在與否予以宣告，從而其根本不能導致任何權利的變動，故在物權權屬確認中，能夠實現物權權屬確認的，應當限於已經享有物權的人，依法主張確認其物權，對於並未依法享有物權的人，請求確認其享有物權的，則顯然不能得到支持，否則，將構成對現存的物權狀態的變動，而這顯然有違確認之訴的功能。[2] 從推定方面來說，法律的推定要比人的推定好得多……當法官推定的時候，判決就武斷；當法律推定的時候，它就給法官一條明確的準則。[3]

關於物權轉讓合同爭議，如果當事人採用了同樣的用語，而意欲表達不同的意思，或該用語沒有表達出當事人的真實意思，在此情況下，合同真的能夠成立嗎？鑒於意思表示以意思自治為基礎，對此問題的回答必須

1　雷秋玉：《不動產買賣合同競合的規則提煉與證成》，《浙江工商大學學報》，2018 年第 1 期。

2　司偉：《論不動產登記與權屬確認》，《法律適用》，2016 年第 5 期。

3　［法］孟德斯鳩：《論法的精神》，張雁深譯，商務印書館，1976 年版，頁 392。

從是否存在當事人合意予以判斷。[1] 經由解釋所確定的表示內容的一致，而非內心意思的一致，被視為現代民法上的合意。[2] 同時，違約方的合同解除權主要源自社會生活的客觀需求以及司法實踐的合理經驗總結。對此，我們的判斷不能過分依賴於簡單的直覺或道德直覺，而是要進行更為深入的理性分析和探討。基於立法保守性和穩妥性的考量，違約方合同解除權背後體現了合同法的效率追求，且不違反誠實信用或者公平等道德原則。鑒於市場自身所產生的非法律制裁（如聲譽和商譽制裁）的強大約束力以及合同法將其設計為一個有嚴格約束條件的特殊規則，違約方的合同解除權不應當且也不會打開訴訟閘門，更不會挑戰或者破壞既有的規則體系和理論體系。[3]

　　關於不動產，嚴格地說，在一物內沒有什麼直接的權利，而只有這樣一種可以正確地稱為真正的權利，其作為反對人的權利，屬於每一個人，他和所有其他的人一樣，在文明的社會狀態中，共同佔有諸物。[4] 約束並非法律關係所必要，否定性關係也可以是法律關係；退一步，即使約束真的是法律關係所必要，那麼在無權利 —— 無義務、無權力 —— 無責任或特權 —— 無權利這樣的否定性關係中也是存在約束性的。[5] 物權變動公信原則係權利外觀原則（權利外觀優越原則、信賴原則）具體化之一，法律上凡有一定之外形事實，足可推斷有真實之權利或事實關係存在，信賴此項外觀而為法律行為之人，法律均給予其所信賴事實相同之法律效果，以

1　［德］哈里·韋斯特曼、［德］哈爾姆·彼得·韋斯特曼：《德國民法基本概念》，張定軍、葛平亮、唐曉琳譯，中國人民大學出版社，2014年版，頁38。

2　［德］卡爾·拉倫茨：《德國民法通論（下冊）》，王曉曄、邵建東、程建英、徐國建、謝懷栻譯，謝懷栻校，法律出版社，2002年版，頁732–733。

3　孫良國：《違約方合同解除的理論爭議、司法實踐與路徑設計》，《法學》，2019年第7期。

4　Immanuel Kant, *Die Metatphysik der Sitten: Immanuel Kant Werkausgabe Band VIII*, Herausgegeben von Wilhelm Weischedel, Suhrkamp, 1977, p.371.

5　George W. Goble. "Negative Legal Relations Re-examined", *Illinois Law Quarterly* 5, 1922, pp. 36–49.

為保護。[1]

關於呂躍軍、山東金巖科技開發有限公司房屋買賣合同糾紛再審案，最高人民法院（2018）最高法民申 2500 號

　　律師工作組接受再審申請人被申請人山東金巖科技開發有限公司、濟南金都科技信息服務有限公司的委託，依法參加本案二審、再審程序，發表代理意見，並為再審法院採納。相對方不服山東省高級人民法院（2017）魯民再 476 號民事判決，向最高法院申請再審。再審申請人主張：有新的證據證明案涉綜合樓轉讓符合政策法規和轉讓申請所提交的材料，以及金巖公司沒有履行轉讓登記義務。本案是權證齊全的綜合樓權屬糾紛，規劃問題不影響權屬轉讓，也與權屬轉讓無關。呂躍軍請求權證齊全的不動產權屬轉讓，一、二審法院不能要求、也沒有必要要求提供超出權屬轉讓登記範圍的資料，也不需要規劃部門的前置認可和干預，一、二審判決引用濟南市規劃局和國土資源局等單位的諮詢覆函，以規劃問題否定房地產證土地證權屬轉讓是錯誤的。案涉綜合樓有單獨房產證，權屬轉讓僅改變權屬欄，不改變其他內容。綜合樓與其他房產共有同一宗地，以共有方式轉讓是必然的，也有利於合同目的實現。一、二審法院混淆了房產分割轉讓和宗地分割轉讓的概念，金都公司綜合樓權屬證明註明分割辦理了單獨房產證，沒有出現分割宗地的情形。土地建設規劃用途和房產使用規劃用途的概念不同，呂躍軍利用案涉綜合樓從事賓館經營，未改變綜合樓的「辦公」用途，未改變案涉土地的「工業」用途。案涉綜合樓不能過戶的根本原因是金都公司惡意違約，不履行房產轉讓登記手續，按照 2011 年的時間點，綜合樓是可以辦理轉讓登記的。另外，一、二審判決認定補充協議已經失效對雙方不具有約束力是錯誤的，雙方已經履行了補

---

[1]　謝在全：《民法物權論》（上冊），中國政法大學出版社，2011 年版，頁 51。

充協議，協議是生效的。綜上，一、二審判決基本事實認定錯誤，適用法律錯誤，重審一審程序錯誤。呂躍軍依據《中華人共和國民事訴訟法》第200 條第一項規定申請再審。

最高法院經審查認為，根據再審申請人申請再審提出的再審事由，本案的關鍵問題是濟南市不動產登記中心 2018 年 4 月 17 日出具的《關於山東金巖科技開發有限公司綜合樓過戶濟南金都科技信息服務有限公司有關情況的覆函》是否足以推翻一、二審判決。該覆函載明：金巖科技所屬綜合樓對外轉讓過戶符合當時文件政策規定。另經查詢我單位系統，未記載有金巖科技和呂躍軍申請上述綜合樓的轉讓過戶記錄。如在當時申請辦理上述綜合樓的買賣過戶，按原《房屋登記辦法》《濟南市房屋登記條例》涉及轉移登記的相關規定，必須由雙方當事人提交相關有效身份證明、房屋買賣合同、雙方完稅憑證、房屋所有權證。該覆函載明的內容，可以證明金巖公司將案涉綜合樓過戶至金都公司名下符合當時政策規定，但能否由金巖公司過戶至呂躍軍名下，濟南市不動產登記中心認為需由當事人提交相關文件，並未明確一定可以過戶給呂躍軍。根據查明的事實，在履行案涉房地產買賣協議過程中，金巖公司曾於 2011 年先後向濟南市規劃局、濟南市國土資源局書面諮詢案涉綜合樓及附屬土地使用權轉讓問題，濟南市規劃局、濟南市國土資源局明確回覆綜合辦公樓用地無法與車間用地分割，無法辦理分割過戶手續。本案一審重審期間，一審法院亦向濟南市規劃局和濟南市國土資源局諮詢案涉綜合樓分割、所有權轉讓問題，濟南市規劃局明確回覆案涉綜合樓是工業項目用地不可分割的一部分，其用地屬工業用地，不獨立劃分用地類別，不符合獨立分割辦理用地性質變更的法定條件，濟南市國土資源局亦明確回覆工業用地在滿足一定條件下可以整體轉讓，不得進行分割轉讓。

上述證據可以證明，案涉綜合樓及附屬用地不具備單獨分割過戶的法定條件，呂躍軍要求金巖公司、金都公司辦理案涉綜合樓及附屬用地的過

戶手續已無現實可能，雙方簽訂的房地產買賣協議及補充協議事實上已經無法繼續履行。故呂躍軍提交的證據不足以推翻一、二審判決，一、二審法院判決駁回呂躍軍的訴訟請求，認定事實及適用法律並無不當。

綜上，呂躍軍的再審申請不符合《中華人民共和國民事訴訟法》第200 條第一項規定的情形。依照《中華人民共和國民事訴訟法》第 204 條第一款、《最高人民法院關於適用〈中華人民共和國民事訴訟法〉的解釋》第 395 條第二款規定，裁定如下：駁回呂躍軍的再審申請。

本次商事爭議歷時四年，涵蓋劃撥用地轉讓、企業廠房買賣、合同有效性判斷、非出讓土地過戶登記之否定、新法溯及力、法規間衝突、最高法院認定、司法判例、專家論證、執行限制、債權追訴、對抗性另訴等疑難商事訴訟諸多環節，代理團隊不畏挑戰，通過精準地調查取證、對抗演練、邏輯推理、判例研討、專家推研、克服重重困難，終憑專業、扎實的法律技術，在三級法院獲得肯定，最大限度實現法律事實與客觀事實的印合，為當事人挽回巨額經濟損失，充分維護了當事人合法權益。尤其是相關代理觀點為最高法院充分採納，為團隊處理類似疑難商事訴訟積累了重要的業績和經驗。

爭議的本質

民事法律關係是由設定或規制特定主體（即法律關係當事人）相互間的權利義務（或至少一位主體的權利義務）的民法規範所調整的財產關係或非財產性人身關係。[1]不動產登記簿的推定力並非推定取得該不動產物權的方式，而是主要適用於對交易關係背景下交易雙方當事人和第三人之間利益衝突的協調。不動產登記簿推定力的適用對象也並非及於登記事項的全部，而是對權利或者法律關係的現實存在或者不存在狀況的推定。正如

---

1 O. N. Sadikov, "Civil Legal Relationships", *Soviet Statutes and Decisions*, 21, 1984, pp. 36–37.

羅森貝克所說，「我們的推定不是事實推定，而是權利推定。」[1]

> 依其性質而言，規避法律行為屬於當事人所真正希望的法律
> 行為。這是因為，只有當事人真正希望這一行為，該行為的實施
> 從其規避目的來看才具有意義。[2]

效率違約理論的核心要義在於，只要違約是有效率的，其就有權以支付損害賠償的代價不履行合同，排斥對方繼續履行的權利。我們應該更加關注民事法律規則的行為激勵效應並對其社會經濟效果進行更直接的討論和更精細的評估，以降低社會交往成本，促進私人之間更深層次的合作與共贏。[3]如果當事人賦予合同用語以不同的意思，而一方知道或有理由知道對方的不同意思，但對方不知道或沒有理由知道該方的意思，對合同用語進行解釋時則應依對方的意思。[4]

我們對於每一件事情都應該注意，因為我們對於每一件事情都可以解釋。[5]有益的鈍感是一種才能，一種讓人們的才華開花的結果、發揚光大的力量。[6]在一定意義上，爭議的本質在於：「我完全而絕對地主持着我自己。溫和地，懷着不可抗拒的意志，從束縛着我的桎梏下解放我自己。」[7]

1　[德]萊奧‧羅森貝克：《證明責任論 —— 以德國民法典和民事訴訟法典為基礎撰寫》（第4版），莊敬華譯，中國法制出版社，2002年版，頁235。

2　[德]維爾納‧弗盧梅：《法律行為》，遲穎譯，法律出版社，2013年版，頁484及以下。

3　孫良國：《違約方合同解除的理論爭議、司法實踐與路徑設計》，《法學》，2019年第7期。

4　John Edward Murray, Jr., *Murray on Contracts*, 4th ed., LexisNexis, p. 474.

5　[德]赫爾曼‧黑塞：《玻璃珠游戲》，張佩芬譯，上海文藝出版社，2014年版，頁167。

6　[日]渡邊淳一：《鈍感力》，南海出版公司，2013年10月版，頁109。

7　[美]惠特曼：《大路之歌》，選自《草葉集－沃爾特‧惠特曼詩全集》（惠特曼誕辰二百周年紀念版），鄒仲之譯，上海譯文出版社，2019年版，頁228。

十一、商事票據中的「樹猶如此」

—— 以（2018）最高法民再 293 號為視角

　　「其實人的情況和樹相同。它愈想開向高處和明亮處，它的根愈要向下，向泥土，向黑暗處，向深處。」[1]你必得一個人和日月星辰對話，和江河湖海晤談，和每一棵樹握手，和每一株草耳鬢廝磨，你才會頓悟宇宙之大、生命之微、時間之貴、死亡之近。[2]

　　林林的案卷中，比比是普普通通的家庭，不過種了一些常見的花草樹木。「春去秋來，歲月不斷地重複着同樣的變化，平凡的故事裏自有着極豐盈的美，我的心中因而常常充滿了感動與感謝。」[3]

　　　　病毒提醒我們，人類是如此脆弱的個體，由最微弱的物質
　　　組成。病毒告訴我們，我們並不因自己的人性和獨一性與世界割
　　　裂，相反，世界是一張大網，我們同地球上的其他存在被各種看
　　　不見的關係和影響連接起來，我們和它們共同編織着這張大網。
　　　我們彼此相依，無論國籍、語言抑或膚色有何不同，曾經的我們
　　　以為，我們就是造物主，我們無所不能，世界因我們而存在。然
　　　而這兩百年來塑造了我們的文明範式已煙消雲散。[4]

刑民互涉

　　相對而言，民事訴訟在證據採信方面更為寬鬆、靈活，法官在事實

1　［德］尼采：《查拉圖斯特拉如是説》，黃明嘉譯，灕江出版社，2007 年版，頁 155。
2　畢淑敏：《在雪原與星空之間》，湖南文藝出版社，2012 年版，頁 92。
3　席慕蓉：《槭樹下的家》，長江文藝出版社，2017 年版，頁 203。
4　［波蘭］奧爾加·托卡爾丘克：《窗》，李怡楠譯，《世界文學》，2021 年第 1 期。

認定上具有更大的裁量餘地。其中一個重要原因是基於民事訴訟的本質是「確認和賠償之訴」，而刑事訴訟是「制裁之訴」。[1] 刑民交織、刑民互涉案件，是指案件性質既涉及刑事法律關係，又涉及民事法律關係，相互間存在交叉、牽連、影響的案件，或根據同一法律事實所涉及的法律關係，一時難以確定其為刑事法律關係還是民事法律關係的案件。對於民事案件和刑事案件的認定，必須分清刑民法理分別適用準確處理，避免出現「以刑傷民」或者「以民入刑」的誤區。[2] 根據現行法律、司法解釋的規定，刑民交叉案件的判斷標準有兩個：其一，不同的法律事實引起的刑民交叉案件。不同的法律事實分別侵犯了刑事法律關係和民事法律關係，但法律事實之間具有一定的牽連關係而造成的刑民交叉案件。其二，因同一法律事實同時侵犯了刑事法律關係和民事法律關係而造成的刑民交叉案件。此類交叉實質上是源於法規競合，由於刑法和民法都對該項法律事實作了規定，且競相要求適用於該法律事實，造成刑民案件的交叉，這是刑民交叉案件最主要的表現形式。[3] 刑事案件與民事案件涉及「同一事實」的，原則上應通過刑事訴訟方式解決。人民法院在審理民商事案件過程中，發現民商事案件涉及的事實同時涉及刑事犯罪的，應當及時將犯罪線索和有關材料移送偵查機關，偵查機關作出立案決定的，應當裁定駁回起訴；偵查機關不及時立案的，應當及時報請當地黨委政法委協調處理。[4]

刑法學是一門相對獨立、系統化的學科，但如果封閉地進行刑法學研究必然會存在局限性甚至導致錯誤的結論。在法院的審判實踐過程中，已經漸漸形成了刑民交叉案件的處理模式，但是沒有形成法律層面

---

1 ［法］卡斯東 · 斯特法尼、［法］喬治 · 勒瓦索、［法］貝爾納 · 喬洛克：《法國刑事訴訟法精義》，羅結珍譯，中國政法大學出版社，1999 年版，頁 175。

2 劉豔紅：《不動產貸款詐騙犯罪刑民交叉探討》，《華東政法學院學報》，2015 年第 4 期。

3 傅賢國：《對刑民交叉案件有關司法解釋的理解》，《西部法學評論》，2010 年第 3 期。

4 劉貴祥：《關於人民法院民商事審判若干問題的思考》，《中國應用法學》，2019 年第 5 期。

的規範。[1] 在刑事裁判中，法官對類似的案件一般會作出「具有違法性，應受處罰」的判決。申言之，在侵權行為的成立要件中，即使存在欠缺哪一要件的指摘，為了避免與「侵權行為不成立」之相違的結論出現，違法性的判斷也受損害是否發生的影響。如果不發生損害，違法性也是很難認定的。[2]

　　刑民交叉案件的辦理機制是一個頗具實務性的話題，實際辦案中應當注意樹立整體的觀念、融合的觀念、協調的觀念，刑事訴訟與民事訴訟之間的差異性天然存在，在目前的制度框架下兩者很難達成完全一致，但應當強調在原則性問題上的協調統一，不能彼此之間南轅北撤、相互否定。[3] 在民刑交叉訴訟關係的處理上，先決關係也是重要的考量因素。之所以將先決關係作為原則，顧及的是不同審判組織對不同案件中同一事實認定的一致性。而一致性、一貫性、邏輯性一直是人們所追求的社會價值和公共政策，因此，不能輕易犧牲司法中的一致性。[4]

關於鄂爾多斯市瑞德煤化有限責任公司票據糾紛再審案，最高人民法院（2018）最高法民再 293 號

　　律師工作組接受鄂爾多斯市瑞德煤化有限責任公司[5] 之委託，依法參加一、二審、再審程序，與相對人複雜票據損害責任民事再審及民刑交叉糾紛一案，經最高人民法院作出裁定，撤銷天津市兩級法院生效法律文書。此次票據損害爭議涵蓋民刑交叉、票據損害法律關係釐定、民刑關聯性考量、刑事文書執行、票據管理認定、票據承兌、票據獨立性判斷，票

---

1 孫禹：《超越刑法的刑法學》，《人民檢察》，2020 年第 5 期。

2 ［日］佐伯仁志、［日］道垣內弘人：《刑法與民法的對話》，于改之、張小寧譯，北京大學出版社，2012 年版，頁 259。

3 于同志：《重構刑民交叉案件的辦理機制》，《法律適用》，2019 年第 16 期。

4 ［美］卡多佐：《司法過程的性質》，商務印書館，1998 年版，頁 40。

5 鄂爾多斯市瑞德煤化有限責任公司隸屬於瑞德投資集團，為超大型煤炭加工重點企業之一。

據利益和誠實信用原則、司法判例、專家意見等疑難訴訟爭議諸多環節。代理團隊提出的「權利人所主張訴求並非基於犯罪行為而致之損失所提起的訴訟，而是基於權利人自身所享有的票據權利和訴訟權利」「違法性觀念存在於公法、私法等所有法領域，當然應從整體法秩序的視角進行判斷，看該行為是否為整體法秩序所允許，這是法解釋的大前提。但法秩序的統一性是由正義思想推論而得，它不是邏輯上的，而是評價上的、公理式的一致性」[1] 等代理觀點被最高法院採納，委託人充分肯定了團隊成員勤勉盡責、細緻認真的工作態度和嚴謹的專業素養。

最高法院再審認為，《中華人民共和國民事訴訟法》第 119 條規定，起訴必須符合下列條件：第一，原告是與本案有直接利害關係的公民、法人和其他組織；第二，有明確的被告；第三，有具體的訴訟請求和事實、理由；第四，屬於人民法院受理民事訴訟的範圍和受訴人民法院管轄。本案中，瑞德公司以住總機電公司、天築天承公司為被告，以其與住總機電公司、天築天承公司之間存在票據背書轉讓和委託收款關係為由，起訴請求判令住總機電公司、天築天承公司賠償本金 4822 萬元及利息 8,711,545.5 元等。瑞德公司的起訴符合法律規定的起訴條件。另外，本案雖與已生效法律文書 114 號刑事判決所認定的犯罪事實相關，但住總機電公司、天築天承公司並非上述刑事案件的被告人；114 號刑事判決並未涉及瑞德公司與住總機電公司、天築天承公司之間的糾紛；瑞德公司起訴請求住總機電公司、天築天承公司承擔民事賠償責任，而非要求返還被非法佔有、處置的財產。故本案不屬於《最高人民法院關於適用刑法第六十四條有關問題的批覆》規定的情形，原審法院對瑞德公司的起訴裁定不予受理，適用法律錯誤。依照《中華人民共和國民事訴訟法》第 207 條第一款、第 170 條第一款第二項，《最高人民法院關於適用〈中華人民共和國

1　參見［德］卡爾・拉倫茨：《法學方法論》，陳愛娥譯，商務印書館，2003 年版，頁 46。

民事訴訟法〉的解釋》第 407 條、第 332 條規定，裁定如下：撤銷天津市高級人民法院（2017）津民終 388 號民事裁定和天津市第一中級人民法院（2017）一中民初字 306 號民事裁定；本案由天津市第一中級人民法院立案受理。

只要將違法定義為法益侵害，將違法阻卻定義為保全了同等以上的法益，就不得不承認，無論是因為法益侵害程度的「絕對輕微」還是「相對輕微」而不具有可罰性，均可定義為「違法」（一般違法性）。[1]在涉及「民刑」交錯、「行刑」銜接的案件層出不窮的當下乃至往後，如何處理不同法域之間的違法性判斷的關係問題，是法解釋論上的重要課題，涉及法解釋的基本理念，更關係到如何理解「社會相當性」「社會一般觀念」「預測可能性」等刑法的基礎概念。應在法秩序統一性視野下，以違法統一性為基礎進行違法的相對性判斷：民法或行政法允許的行為，必然不具有刑事違法性；而民法或行政法禁止的行為，則未必具有刑事違法性；對民法或行政法認為並無保護之必要的利益，不能認定侵害行為具有刑事違法性。[2]

樹猶如此

法秩序的統一性，是指在由憲法、刑法、行政法、民法等多個法域所構成的整體法秩序中不存在矛盾，法域之間也不應做出相互矛盾、衝突的解釋。[3]刑民交叉案件是指刑事犯罪與民事不法存在競合的案件。在刑民交叉案件中，既存在刑事犯罪，又存在民事不法，並且兩者之間具有某種重合性。對於刑民交叉案件，既不能僅僅從實體法進行考察，也不能僅僅從

1　［日］宮本英修：《刑法學粹》，弘文堂，1935 年版，頁 113。

2　王昭武：《法秩序統一性視野下違法判斷的相對性》，《中外法學》，2015 年第 1 期。

3　［日］松宮孝明：「法秩序の統一性と違法阻却」，《立命館法學》，第 238 號。

程序法進行考察，而是應當堅持實體法和程序法的雙重視角。[1]

　　我們就像生長在一起的樹，在風中不停地搖，度過了整個時光。[2] 大樹，有大樹的長法，小草，有小草的長法。[3]「我亦不可抑制地在腦海勾勒這樣的景象：黃昏，風，無垠的曠野，一棵樹，就那麼一棵樹，孤零零的。風吹動它的每一片葉子，每一片葉子，都在骨頭裏作響。天高路遠，是永不能抵達的摸樣……」[4]

　　生若直木，不語斧鑿。[5] 司法中的利益衡量，則有作為方法的利益衡量和作為方法論的利益衡量論之分。前者為德國的利益法學派所主張，認為利益衡量是一種作為補充法律漏洞的方法，即透過現行法探尋立法者對利益取捨的評價，以此為標準衡量具體案件中的利益衝突，在儘可能不損害法的安定性的前提下，謀求裁判的妥當性。後者為日本民法學者加藤一郎和星野英一所倡導，強調決定裁判的實質因素不是法律構成，而是法律之外的、對案件事實中衝突利益的比較衡量後所得出的決斷。作為方法的利益衡量和作為方法論的利益衡量論在產生背景、衡量標準、衡量立場、對法律漏洞的認識以及填充漏洞的方法、法律論證風格上存在重大區別。[6]

　　「橡樹是一種堅硬的樹木，要等到新葉萌發以後枯葉才開始脫落。在一顆堅強的心靈中」，[7] 未了的重託盤踞在那兒；只有信服的結論才能將它攆走。「春日負暄，我坐在園中靠椅上，品茗閱報，有百花相伴，暫且貪享人間瞬息繁華。美中不足的是，抬望眼，總看見園中西隅，剩下的那兩棵意大利柏樹中間，露出一塊楞楞的空白來，缺口當中，映着湛湛青空，

1　陳興良：《刑民交叉案件的刑法適用》，《法律科學》，2019 年第 2 期。

2　顧城：《英兒》，金城出版社，2015 年版，頁 163。

3　龍應台：《親愛的安德烈》，人民文學出版社，2008 年版，頁 105。

4　丁立梅：《風會記得一朵花的香》，金城出版社，2010 年版，頁 179。

5　張承志：《生若直木》，載《張承志散文》，人民文學出版社，2005 年版，頁 303。

6　王駿：《正當化事由的刑民關係初探》，《法治研究》，2013 年第 11 期。

7　[俄羅斯]伊凡·謝爾蓋耶維奇·屠格涅夫：《羅亭》，劉倫振譯，北岳文藝出版社，1996 年版，頁 216。

悠悠白雲，那是一道女媧煉石也無法彌補的天裂。」[1]

十二、重大環境污染案件中的藝術考量

—— 環境污染刑事附帶民事第三方參與調解

　　當生活在別處時，那是夢，是藝術，是詩，而當別處一旦變為此處，崇高感隨即便變為生活的另一面：殘酷。[2] 我一直都覺得，對於大多數人而言，最神聖的念頭裏也會摻雜一些不被察覺的私慾，最無悔的付出裏也會隱藏着對回報的要求；善良的人因為善良而犯錯，不善良的人卻可以理直氣壯地拿着自己根本不理解只懂得遵守的道德作武器傷害別人。[3]

　　重要的自然生態系統、自然遺蹟、自然景觀等地理空間及其所承載的生態功能和文化價值，不惟生態價值和經濟價值等多元價值，[4] 當綠色原則經過《中華人民共和國民法總則》的規定進而被納入《中華人民共和國民法典》之後，民法綠色原則對環境刑法的發展有着怎樣的影響，是刑法理論無法迴避的問題。從環境犯罪的保護法益到其處罰範圍，從責任銜接到生態環境損害賠償制度的刑民訴訟機制，進而從環境違法犯罪行為的立法到解釋適用，民法綠色原則都將對刑法環境犯罪產生重大而深刻的影響。就環境犯罪的保護法益而言，根據法秩序的統一性原理，必須跳出人類中心主義、生態中心主義和折中主義之間爭論的刑法單線思維，實現刑民一體化的思維轉向，以《中華人民共和國民法典》綠色原則為指導確立環境

1　白先勇：《樹猶如此》，湖南文藝出版社，2018 年版，頁 75。

2　［捷克］米蘭．昆德拉：《生活在別處》，作家出版社，1991 年版，頁 106。

3　笛安：《告別天堂》，長江文藝出版社，2014 年版，頁 155。

4　劉超：《「自然保護地」法律概念之析義與梳正》，《暨南學報（哲學社會科學版）》，2020 年第 10 期。

犯罪的保護法益。就環境犯罪的法律後果而言，從刑民一體化思維出發，《中華人民共和國民法典》所規定的環境侵權民事責任與《中華人民共和國刑法》所規定的環境犯罪刑事責任之間關係的協調，表現為從民法無過錯責任到刑法過錯責任的層遞銜接，而不是將嚴格責任引入刑法以使刑法與民法機械一致地也對環境犯罪實行無過錯責任。就環境犯罪的訴訟機制而言，環境犯罪訴訟機制不能僅僅停留在刑事責任的追究上，而應當基於刑民一體化的視野儘量推動環境犯罪刑事附帶民事公益訴訟機制的有效運行。[1]

環境污染刑事附帶民事

刑事附帶民事訴訟是一種旨在協調刑事公訴與民事侵權訴訟之關係的制度安排，而「先刑後民」則屬於刑事附帶民事訴訟的一種具體程序模式，兩者本不屬於同一層面的概念。大體說來，刑事附帶民事訴訟屬於大陸法傳統的一部分，具有特定的理論根基。但是，「先刑後民」並不是附帶民事訴訟的唯一程序選擇，被害人除了在刑事訴訟過程中提出民事賠償請求以外，還可以提起獨立的民事訴訟請求。不過，作為附帶民事訴訟的典型程序設計，「先刑後民」模式的確與附帶民事訴訟制度本身有着密切的聯繫，也有着相同或相似的理論基礎。[2] 不論刑事訴訟是否提起，也不論刑事訴訟進展到哪一訴訟階段，被害人都可向法院民庭提起獨立的民事賠償請求，而不再提起任何形式的附帶民事訴訟。[3]

生態環境的公共物品（public goods）特徵，意味着所有個體都可以均享清潔空氣、水等環境公共物品所帶來的惠益，而無須付出代價或只付出很小的代價。然而，當這些環境產品因被不加限制地索取使用而遭受損

---

1 劉豔紅：《民法典綠色原則對刑法環境犯罪認定的影響》，《中國刑事法雜誌》，2020 年第 6 期。

2 陳瑞華：《刑事附帶民事訴訟的三種模式》，《法學研究》，2009 年第 1 期。

3 龐君渺：《刑事附帶民事訴訟制度存在價值質疑》，《中國刑事法雜誌》，2004 年第 5 期。

害時，由於公益的維護需要一定的成本，因此，理性的個體缺少通過自身行動維護和救濟環境公益的動力，反而寄希望於通過集體或他人的行動而「坐享其成」，導致「公地悲劇」的發生。[1] 刑法是由文字形成的。文字起着兩方面的作用：一是給解釋者以啟迪；二是給解釋者以限制。顯然，法條文字不能直接顯示法條的真實含義。事實上，法條的真實含義是在社會生活事實中發現的。刑法學的本體雖然是解釋學，但刑法學並不是脫離具體案件與社會生活事實對法條進行一般性說明，而是要解決現實問題。所以，必須緊密結合具體案件與社會生活事實學習刑法。[2] 我國環境犯罪數量日益增長，而刑事附帶環境民事公益訴訟則具有實踐上的優越性和價值上的正當性，在案件來源、證據共享、訴訟成本上都具有天然的優勢，可以預見，刑事附帶環境民事公益訴訟在未來有着巨大的發展空間。正因如此，雖然刑事附帶環境民事公益訴訟與刑事附帶民事訴訟有着類似的結構，但是卻不能機械地套用傳統的刑事附帶民事訴訟的審理模式。為了充分實現刑事附帶環境民事公益訴訟追究刑事責任和救濟環境公共利益的雙重目的，應結合民事責任具有直接性和優先性的特點，選擇以「先民後刑」為主，「先刑後民」為輔的審理模式。通過明確兩種模式適用的範圍和條件，並在此框架下維持附帶的環境民事公益訴訟的相對獨立性，明確審理思路、完善訴訟程序、規範調解活動、區分適用證據規則和完善量刑規則等，一方面使刑事附帶環境民事公益訴訟案件獲得更為妥善的處理，更好地實現司法實踐的統一；另一方面也能夠充分發揮刑事附帶環境民事公益訴訟懲罰環境犯罪和恢復生態環境的作用，實現環境修復的最終目的。[3]

1　呂夢醒：《生態環境損害多元救濟機制之銜接研究》，《比較法研究》，2021 年第 1 期。

2　張明楷：《刑法第一課‧刑法學》（第五版），首發於法律出版社微信公號（微信 ID：LAWPRESS_ 1954）。

3　葉楒平、常霄：《刑事附帶環境民事公益訴訟的審理模式選擇》，《南京工業大學學報（社會科學版）》，2020 年第 6 期。

根據中軸原理，作為解決糾紛生產裁判的法院，它的效用目標就是以最小的投入得到最大的產出。於是法院利用自身的司法專業技術，實現策略性目標，確認專家鑒定意見中的單位治理成本，[1] 是環境污染刑事附帶民事訴訟中比較常見的實踐。

關於江蘇省南京市鼓樓區人民檢察院訴南京勝科水務有限公司、ZHENG QIAOGENG（鄭巧庚）等 12 人污染環境刑事附帶民事公益訴訟案

江蘇省南京市鼓樓區人民檢察院訴南京勝科水務有限公司、ZHENG QIAOGENG（鄭巧庚）等 12 人污染環境刑事附帶民事公益訴訟案，[2] 為最高法院、公安部督辦環境污染案件，影響巨大。2014 年 10 月至 2017 年 4 月，勝科公司多次採用修建暗管、篡改監測數據、無危險廢物處理資質卻接收其他單位化工染料類危險廢物等方式，向長江違法排放高濃度廢水共計 284,583.04 立方，污泥約 4362.53 噸，危險廢物 54.06 噸。經鑒定，勝科公司的前述違法行為造成生態環境損害數額合計約 4.70 億元。江蘇省南京市鼓樓區人民檢察院於 2018 年 1 月提起公訴，指控被告單位勝科公司、被告人 ZHENG QIAOGENG（鄭巧庚）等 12 人犯污染環境罪，並作為公益訴訟起訴人於 2018 年 9 月提起刑事附帶民事公益訴訟，請求判令被告勝科公司承擔生態環境修復費用。附帶民事公益訴訟案件，經江蘇省南京市玄武區人民法院調解，江蘇省南京市鼓樓區人民檢察院與勝科公司、第三人勝科（中國）投資有限公司（以下簡稱勝科投資公司，係勝科公司控股股東）簽署調解協議，確認勝科公司賠償生態環境修復費用現金部分 2.37 億元；勝科投資公司對前述款項承擔連帶責任，並完成替代性修

1　陳幸歡：《生態環境損害賠償司法認定的規則釐定與規範進路 —— 以第 24 批環境審判指導性案例為樣本》，《法學評論》，2021 年第 1 期。

2　最高人民法院 2020 年 5 月 8 日，入選最高人民法院《中國環境資源審判（2019）年度典型案例》。

復項目資金投入不少於 2.33 億元。最終確認勝科公司賠償生態環境修復費用現金部分 2.37 億元，勝科投資公司對前述款項承擔連帶責任，並完成替代性修復項目資金投入不少於 2.33 億元，用於環境治理、節能減排生態環保項目的新建、升級和提標改造。該案中，第三方勝科投資公司係基於股東社會責任等考慮，主動加入附帶民事公益訴訟案件的調解中並承擔環境修復費用，為調解方案的執行提供了有力保障。[1]

筆者作為康達律師事務所環境、能源、資源業務委員會主任參與本案，受到當事人充分肯定，亦為本案的最終解決提供了基礎和經驗。該案係污染環境刑事附帶民事公益訴訟案件，亦係最高人民檢察院、公安部、原環境保護部聯合督辦案件。該案典型性還在於，不僅對被告單位，而且對直接責任人員、分管負責人員以及篡改監測數據的共同犯罪人員，一併追究刑責。同時，檢察機關作為原告，提起附帶刑事公益民事訴訟。多次組織專家學者、環保行政部門人員論證調解方案。該案生態環境修復費用現金部分為 2.37 億元，替代性修復項目資金投入不少於 2.33 億元，用於環境治理、節能減排生態環保項目的新建、升級和提標改造。同時，該案亦充分關涉長江等重點流域區域違法排污犯罪行為的司法政策，和損害擔責、全面賠償的救濟原則，確保長江生態環境及時、有效恢復，促進企業進行綠色升級改造以及引導股東積極承擔生態環境保護社會責任等方面，均具有重要的示範意義。

《中華人民共和國刑事訴訟法》（2018 年修訂）第 101 條規定：

> 被害人由於被告人的犯罪行為而遭受物質損失的，在刑事訴訟過程中，有權提起附帶民事訴訟。被害人死亡或者喪失行為能力的，被害人的法定代理人、近親屬有權提起附帶民事訴訟。如

---

1 《南京市中級人民法院刑事裁定書》（2019）蘇 01 刑終字 525 號。

果是國家財產、集體財產遭受損失的，人民檢察院在提起公訴的
時候，可以提起附帶民事訴訟。

刑事附帶民事訴訟具有刑事訴訟和民事訴訟的雙重性質。調解作為解決爭
議的一種方式，在較為寬鬆的氛圍中讓當事人權衡自己的各種權益，能夠
避免當事人之間因訴訟而導致的矛盾進一步加劇，從而徹底解決糾紛。現
代調解以自由、效率為價值取向。環境刑事附帶民事訴訟中調解，其「權
威來自雙方當事人對該種糾紛解決方式的認同」。《中華人民共和國環境
保護法》（2014 年修訂）第五條規定：

> 環境保護堅持保護優先、預防為主、綜合治理、公眾參與、
> 損害擔責的原則。

　　第三方參與調解，有助於進一步提高調解的效率和執行基礎，進一
步擴大了環境法程序的社會影響力和提高了教育作用。在附帶民事訴訟審
理過程中，人民法院應當統籌社會力量，健全完善調解機制，推動形成防
範化解社會矛盾的整體合力，在查明事實、分清是非的基礎上，積極探尋
當事人個人利益與生態環境保護的根本利益的交匯點，在依法保障個人合
法權益，促成和解的同時，注重環境治理、修復，共同強化對生態環境的
保護力度。所謂環境刑事附帶民事訴訟中的第三方參與調解，是刑事附帶
民事訴訟中的第三方（通常為當事人股東）主動參與到既有訴訟調解程序
中，並自願接受調解文書拘束力的行為。
　　該案中，第三方勝科投資公司係基於股東社會責任等考慮，主動加
入到附帶民事公益訴訟案件的調解中並承擔環境修復費用，為調解方案的
執行提供了有力保障。污染環境罪的設立旨在保護人類不斷受損之環境利
益，劃定環境利益的保護底線。環境利益核心在於符合人類正常生活存續

需求的環境品質，當環境品質滿足人類正常生活存續需求之時，人類的環境利益就獲得了實現，而當環境品質無法滿足、甚至威脅到人類正常生活存續需要時，環境利益就受到了侵害。環境刑事附帶民事訴訟中，生態公共利益代表機關與加害人（及其代表）自願地進行對話並協商解決因犯罪行為引發的生態修復問題，為環境法訴訟中群眾參與、社會參與原則的集中體現和生成，亦為公司履行社會責任的關鍵一環。[1]

生活在別處

生態環境損害救濟機制的銜接安排應該遵循「行政救濟優先於司法救濟」的一般原則，這種安排不僅具有理論上的正當性，也與我國在立法和司法層面已有銜接規則所蘊含的法理邏輯相呼應。生態環境損害救濟是一個系統工程，涉及多元主體、不同機制之間的分工與協作。因此，需要在全面衡量不同救濟機制的優勢與劣勢的基礎之上，明確行政機關、環保組織、檢察機關各自的角色，科學合理地安排不同機制之間的適用關係，才能充分發揮制度合力，為環境公共利益提供穩定、全面和高效的保障。[2]

環境保護是一項系統工程，社會組織及其股東、實際控制人、關聯公司，積極參與相關程序，保證案件得到公平、合理、高效的審理。充分協調各方當事人，以修復環境為目的，達到法律效果與社會效果的有機統一，為完善生態環境資源糾紛多元化解決機制提供實踐樣本。應該指出，我國現行刑事訴訟法規定的刑事調解制度體現的仍然是國家本位，以維護社會秩序為目的，由法官居中調解，體現的是國家對該權力的壟斷，調解不成即行判決。[3] 在司法實踐中，調解在刑事附帶民事訴訟中已被廣泛運

---

1 楊榮寬：《環境刑事附帶民事訴訟中的第三方參與調解》，《商法》，2021 年 2 月 4 日，https://law.asia/zh-hans/mediation-civil-suit-collateral-environmental-criminal-cases/。

2 呂夢醒：《生態環境損害多元救濟機制之銜接研究》，《比較法研究》，2021 年第 1 期。

3 王瑞君：《刑事調解與刑事和解：法文化視角的對照與分析》，載維普資訊。

用，在處理刑事附帶民事案件中發揮了特殊的作用。調解作為解決民事糾紛的一種特殊制度，是促使雙方當事人和解的一種結案方式和訴訟活動，具有方便、快捷、靈活、成本低廉和對抗性弱的特點。[1] 作為民事訴訟制度的重要組成部分，調解貫穿於訴訟的全過程，法官本人可以在審判的各個環節進行調解。[2]

「原來我們的歷史只是遊絲一縷，在赤地荒日的夾縫中飄盪。」[3] 為加強長江流域生態環境保護和修復，促進資源合理高效利用，保障生態安全，實現人與自然和諧共生、中華民族永續發展，《中華人民共和國長江保護法》於 2020 年 12 月 26 日通過，自 2021 年 3 月 1 日起施行。該法第 43 條明確規定：

> 國務院生態環境主管部門和長江流域地方各級人民政府應當採取有效措施，加大對長江流域的水污染防治、監管力度，預防、控制和減少水環境污染。

第 44 條補充規定：

> 國務院生態環境主管部門負責制定長江流域水環境質量標準，對國家水環境質量標準中未作規定的項目可以補充規定；對國家水環境質量標準中已經規定的項目，可以作出更加嚴格的規定。制定長江流域水環境質量標準應當徵求國務院有關部門和有關省級人民政府的意見。長江流域省級人民政府可以制定嚴於長江流域水環境質量標準的地方水環境質量標準，報國務院生態環

1　何菊榮：《淺談刑事附帶民事訴訟調解》，中國法院網，2010 年 4 月 9 日
2　范愉：《訴訟調解：審判經驗與法學原理》，《中國法學》，2009 年第 6 期。
3　余秋雨：《千年一歎》，作家出版社，2000 年版，頁 186。

境主管部門備案。

　　人們之所以不願改變，是因為害怕未知。但歷史唯一不變的事實，就是一切都會改變。[1] 人類似乎有這樣的傾向，建立一項規則叫別人遵守，同時又極力使自己成為例外，不受它的約束。[2]「我仍然喜歡在黃昏時漫步，喜歡看水中的落日，喜歡看風中的落葉，喜歡看雪中的山巒。我不懼怕蒼老，因為我願意青絲變成白髮的時候，月光會與我的髮絲相融為一體。讓月光分不清它是月光呢還是白髮；讓我分不清生長在我頭上的，是白髮呢還是月光。」[3]

十三、案件代理中反向思維

—— 關於確認不侵權訴訟的「乾坤挪移」

　　怎麼可能測量時間？人們不能測量過去，因為過去已經消逝。人們不能測量未來，因為未來還沒有到來。人們不能測量現在，因為現在沒有廣延。[4] 大自然本身永遠是一個療養院。它即使不能治癒別的疾病，但至少能治癒人類的自大狂症。人類應被安置於適當的尺寸中，並須永遠被安置在大自然做背景的地位上，這就是中國山水畫中人物總被畫得極渺小的理由。[5]「時間治好了憂傷和爭執，因為我們在變化，我們不會再是同一個人。一點點小事就可以安慰我們，因為一點點小事就可以刺痛

1　[以色列]尤瓦爾·赫拉利：《未來簡史》，林俊宏譯，中信出版集團，2016 年版，頁 177。

2　[法]讓-雅克·盧梭：《懺悔錄》，祥勇、熊芬蘭、劉慧、吳劍譯，長江文藝出版社，2008 年版，頁 139。

3　遲子建：《我的世界下雪了》，山東畫報出版社，2005 年版，頁 233。

4　[奧地利]路德維希·維特根斯坦：《藍皮書和褐皮書》，北京大學出版社，2012 年 1 月版，頁 191。

5　林語堂：《生活的藝術》，湖南文藝出版社，2018 年版，頁 153。

我們。」[1]

　　權利本質為一種爭議文化，財產建立在利益的正當性求證和論爭性交涉的基礎上，權利的獲得要達成起碼的社會共識，權利的維護取決於他人的認同和尊重。法經濟學家將「談判理論」視為「財產經濟理論的基礎」。[2] 知識產權確認不侵權訴訟是一種新型的訴訟模式，其特殊性恰在於原被告「角色互換」「乾坤挪移」「日月倒懸」，具有充分的訴訟藝術特徵，顛覆了傳統的訴訟形態。

關於確認不侵權訴訟

　　知識產權建立在形而上學的法律組織技巧上，為了獲得法定產權的前瞻性和穩定性，作品、發明和商標的可保護性，被提煉出「獨創性」「創造性」「顯著性」等高度形式化的抽象命題，本身缺乏賴以觀察和度量的確切性。[3] 知識產品具有非排他性和非競爭性的公共物品屬性，過於嚴格的權利保護會加劇知識傳播運用的成本攀升，阻礙創新。知識產權的排他性設計從來都是有限的，法律預留了溝通私人產權與公共領域的過渡地帶，為潛在的使用者提供「安全閥」，比如：合理使用、在先使用、權利用盡、平行進口、法定許可，等等。這些「安全閥」的調控界限是變化不居的，既取決於公共政策的調整，也因不同案件特定的情形而異。[4]

　　《最高人民法院關於審理侵犯專利權糾紛案件應用法律若干問題的解釋》（2020 年 12 月 23 日修訂）第 18 條明確規定：

1　［法］帕斯卡爾：《思想錄》，天津人民出版社，2007 年版，頁 130。
2　［美］羅伯特‧考特等：《法和經濟學》（第六版），史晉川等譯，格致出版社，2012 年版，頁 67。
3　［美］保羅‧戈斯汀：《著作權之道：從古登堡到數字點播機》，金海軍譯，北京大學出版社，2008 年，頁 6、11。
4　謝曉堯：《「傾聽權利的聲音」：知識產權侵權警告的制度機理》，《知識產權》，2017 年第 12 期。

> 權利人向他人發出侵犯專利權的警告，被警告人或者利害關係人經書面催告權利人行使訴權，自權利人收到該書面催告之日起一個月內或者自書面催告發出之日起二個月內，權利人不撤回警告也不提起訴訟，被警告人或者利害關係人向人民法院提起請求確認其行為不侵犯專利權的訴訟的，人民法院應當受理。

該條規定了專利確認不侵權之訴的條件，但實踐中法院在商標、著作權、商業祕密等其他知識產權領域的確認不侵權之訴案件，亦會參照該條文予以受理。為此，確認不侵權之訴的受理條件主要有以下三點：第一，原告遭受明確的侵權警告；第二，權利人未在合理的期限內提起訴訟或者撤回警告；第三，原告的合法權益受到或者可能受到損害。

確認之訴是指原告要求法院確認其主張的法律關係存在或不存在的訴訟。[1] 訴訟利益的存在是民事訴訟程序啟動的根本要件。民事訴訟只承認有利益關係的人享有司法救濟的權利。利益是衡量訴權的尺度，無利益者無訴權。確認不侵權之訴本質上屬於對被指控侵權者利益的救濟。確認之訴，亦稱確認判決或宣告式判決，是通過請求法院對一定的權利或者法律關係的存在與否予以判決確認的訴訟類型，其最大的特點是法院對確認之訴的判決只存在既判力，而沒有執行力。[2] 總的來說，大陸法系國家或地區允許對各種法律關係和權利進行全面的確認。[3] 但是在受理訴訟後又通過抽象的「確認利益」概念，對不滿足確認利益的訴請予以排除。確認利益作為訴訟利益，屬於訴訟要件審查的範疇，如果不滿足該要件，訴訟將因不具備合法性而被直接駁回。專利不侵權訴訟的原告為了證明

---

1 張衛平：《民事訴訟法》，法律出版社，2016 年版，頁 186。

2 陶恒河：《確認不侵權之訴可獨立成訴》，《人民法院報》，2014 年 4 月 17 日。

3 ［德］羅森貝克、［德］施瓦布、［德］哥特瓦爾德：《德國民事訴訟法》下冊，李大雪譯，中國法制出版社，2007 年版，頁 656。

享有確認利益，需在起訴時證明兩個要件：一是權利人發出了侵權警告；二是權利人經合理期限未撤回警告也未提起訴訟。這一做法既可以保護民事主體免遭自以為是的債權人反覆糾纏，又可以防止債務人對債權人的突然襲擊，完全可以擴展到所有的債權糾紛中，即只有當原告在起訴時證明被告已經發出了索償要求，但又沒有在合理期限內放棄索償主張或提起訴訟後，方可以提起確認債務不存在之訴。[1] 為此，可以得出的初步結論是，知識產權確認不侵權之訴，是指知識產權義務人以影響其利益的知識產權權利人為被告，主動向法院提起的請求確認不侵犯權利人的訴訟模式。該制度的設置初衷在於防止權利人權利濫用，以實現權利人與義務人之間的利益平衡。[2]

關於上海華明電力設備製造有限公司與貴州長征電氣股份有限公司確認不侵權糾紛一案，上海市高級人民法院（2008）滬高民三（知）終字第 159 號以及其他案件

上海華明電力設備製造有限公司與貴州長征電氣股份有限公司確認不侵權糾紛一案，上海市高級人民法院（2008）滬高民三（知）終字第 159 號為我國知識產權司法實踐中開創性案件，早於相關司法解釋的出台。律師工作組代理註明上市公司貴州長征電氣股份有限公司參加本次訴訟。本案結果並非本案關鍵，律師工作組在關聯案件中，諸如名譽侵權等案中基本訴求已完成實現。

本案的典型意義即在於確認商業祕密不侵權訴訟及其管轄。上海高院經審理認為，《民事案件案由規定》中是否存在相應的案由不能作為人民法院是否受理相關民事訴訟的條件之一。依據《中華人民共和國民事

1　劉哲瑋：《確認之訴的限縮及其路徑》，《法學研究》，2018 年第 1 期。

2　呂建偉：《知識產權確認不侵權之訴的受理條件》，《人民論壇》，2019 年 4 月 30 日。

訴訟法》第 108 條和第 111 條的規定，對於符合條件的起訴人民法院應當
受理。本案中，被上訴人認為上訴人侵犯其商業祕密，並明確將向法院提
起相關訴訟，故上訴人與被上訴人之間就上訴人是否侵犯被上訴人的商業
祕密存在爭議。上訴人提交的初步證據表明被上訴人在相關媒體上發表上
訴人涉嫌侵權的相關言論，被上訴人又未在合理期限內提起相應的民事訴
訟，給上訴人的正常生產經營活動造成了不良影響，上訴人與本案有直接
的利害關係；上訴人在起訴中，有明確的被告；有具體的訴訟請求和事實、
理由；本案屬於法院受理民事訴訟的範圍和原審法院管轄。因此，原審法
院對本案應當予以受理。上訴人的上訴請求和理由具有事實和法律依據，
應當予以支持。依照《中華人民共和國民事訴訟法》第 108 條、第 111
條、第 152 條第一款、第 154 條，《最高人民法院關於適用〈中華人民共
和國民事訴訟法〉若干問題的意見》第 187 條之規定，裁定如下：撤銷上
海市第二中級人民法院（2008）滬二中民五（知）初字第 108 號民事裁定；
指令上海市第二中級人民法院對本案進行審理。

　　確認商業祕密不侵權訴訟，就其內容實質上是請求人對於其實施的某
一行為是否構成對他人依法享有的商業祕密的侵犯而向人民法院提出的一
種確認請求，確認不侵權之訴的管轄應當比照我國民事訴訟法及相關司法
解釋對侵權之訴的規定來確定。而在商標確認不侵權訴訟中，諸如原告中
國建材技術裝備總公司、中材國際貿易（北京）有限公司「強生」商標不
侵權中，被告曹某於 2012 年向國家註冊商標局申請註冊「強生」商標，
2013 年獲准註冊。2016 年 2 月 19 日，曹某向原告發送律師函，聲稱原告
在玻璃膜產品及相關宣傳資料上突出使用「強生」字樣，侵犯了其註冊商
標專用權，要求原告立即停止宣傳及使用「強生」商標權的侵權行為並消
除不良影響。海淀法院經審理後認為，原告在其產品宣傳中突出使用「強
生」字樣，使該標識與公司本身之間產生穩定的聯繫，原告對「強生」標
識性註冊商標性使用。從證據來看，自 1996 年起，原告即對「強生」商

標進行了大量的持續的廣告宣傳推廣和使用，使「強生」註冊商標經其使用具有較高的市場知名度和社會影響力。而被告曹某至 2012 年才申請註冊涉案商標，因此曹某無權禁止原告在原使用範圍內繼續使用「強生」商標，原告在玻璃膜產品上使用「強生」標誌，也不侵犯被告曹某享有的「強生」註冊商標專用權。[1]

　　2019 年 7 月 3 日，最高人民法院知識產權法庭對成立以來的首例專利確認不侵權案件［（2019）最高法知民終 5 號］在薩馳華辰機械（蘇州）有限公司（「薩馳公司」）與 VMI 荷蘭公司（「VMI 公司」）、固鉑（崑山）輪胎有限公司（「固鉑公司」）確認不侵害專利權糾紛上訴案中，作出終審裁定，裁決駁回 VMI 公司、固鉑公司的上訴請求，維持原裁定［（2018）蘇 05 民初 1453 號］。「薩馳案」不僅是最高院知識產權法庭成立以來的首例專利確認不侵權案件，也是我國的首例認定向知識產權主管部門行政投訴構成侵權警告的知識產權案件。此前，我國法院不止一次地否認行政投訴構成知識產權侵權警告。[2]

乾坤大挪移 [3]

　　就訴訟策略和訴訟藝術而言，作為侵權訴訟的被告，除了立足於傳統侵權抗辯技術外，確認不侵權的「進攻性」足以制衡或抵銷原告的訴訟請求，配合以確認相對方專利、著作權、商標、商業祕密的無效，足以形成

1　黃曉宇：《「強生」商標「確認不侵權」案近日審結！確認了註冊商標不侵權》，https://biaotianxia.com/article/3554.html。

2　何放：《最高院知識產權法庭首例專利確認不侵權案例焦點評析》，https://www.chinalawinsight.com/2020/02/articles/intellectual-property/。

3　金庸：《倚天屠龍記》，「原來這『乾坤大挪移』心法，實則是運勁用力的一項極巧妙法門，根本的道理，在于發揮每人本身所蓄有的潛力，每人體內潛力原極龐大，只是平時使不出來，每逢火災等等緊急關頭，一個手無縛雞之力的弱者往往能負千斤。張無忌練就九陽神功後，本身所蓄的力道已是當世無人能及，只是他未得高人指點，使不出來，這時一學到乾坤大挪移心法，體內潛力便如山洪突發，沛然莫之能禦。」

嚴密的對抗性邏輯體系。

　　確認不侵權具有雙向激勵機制。對於知識產權權利人來說，知識產權確認不侵權之訴制度為一種負向激勵。一方面，知識產權確認不侵權之訴制度通過一定的規則強制，使權利人的社會成本或社會收益（良好的市場秩序和經濟的健康發展）轉化成私人成本和私人收益，使其為減少私人成本和增進私人收益而不至於濫用權利，從而實現社會最優。另一方面，知識產權確認不侵權之訴制度還能夠通過「個性化激勵方案」，引導權利人自覺在合理範圍內行使其權利，最大程度上實現社會利益。對於知識產權義務人來說，知識產權確認不侵權之訴制度係一種正向激勵。一定程度上說，知識產權確認不侵權之訴是知識產權保護限度的體現，其賦予義務人一定的權利救濟方式，即鼓勵義務人為着自身之利益，通過訴訟抵抗權利人可能存在的權利濫用。因此，無論是對於知識產權權利人的負向激勵，還是對於義務人的正向激勵，知識產權確認不侵權之訴制度實際上都發揮着法律激勵的功能，並且能夠有效實現其制度價值。[1]

　　應該指出的是，發送知識產權侵權警告函雖然屬於知識產權權利人行使權利的一種表現，但卻容易被濫用成為貶損競爭者商譽的商業工具，從而損害自由競爭的利益。從競爭法角度規制警告函的發送，並嘗試在專有權行使與自由競爭之間劃定一條界線是一個極富挑戰性的司法難題。理論上，由於知識產權侵權警告函的性質不明，依據發函對象、發函方式、發函內容來判斷警告函正當性的傳統思維不能有效地為司法裁判提供指引。[2]司法實踐基本上支持區分警告函的發送對象、發送方式、函件內容等三個方面區別認定發送行為的合法性。向侵權嫌疑人單向發送警告函，通常更容易被認為是正常維權行為；向侵權嫌疑人的交易相對方發警告函，

1　呂建偉：《知識產權確認不侵權之訴的受理條件》，《人民論壇》，2019 年 4 月 30 日。
2　劉維：《知識產權侵權警告函的正當性邊界》，《比較法研究》，2016 年第 2 期。

通常更容易被認為具有不法性；未指明專利權範圍、對專利權的存續或範圍作虛假表示的警告函具有不法性；以廣告、新聞報道等方式通過媒體向公眾發出警告函，容易對市場造成「懸置」效應，發函者的實質在於阻礙競爭者爭奪市場，而不是解決侵權糾紛，具有不法性[1]——「越長時間不說話，就越難找到可說的話題。同理，事情擱置的時間越長，就越難以討論。」[2]

「去光榮地受傷，還是去勇敢地痊癒自己。我願意這樣期待我的生命，直到生命的盡頭，我願意是一個傷痕累累的人，殉於對人世的熱愛之中。」[3]在一定意義上，不侵權「是個好醫生，它唯一的缺點就是手腳慢。它不曾為誰快過，也不曾為誰慢過，它有它的節奏，永遠不會改變。它的醫術或許不甚高明，卻沒有哪個醫生比它更好。」[4]

十四、商事股權爭議中的系統思維

—— 以江蘇牧羊股權糾紛為視角

「人生時間有限，但空間無限，最重要的是在有限中尋求無限。為自己活着，也為別人活着」。[5]真正能困住一個人的，不是鋼鐵鑄就的牢籠，而是心中矗立的高牆。[6]在法律角度，爭議的陰影其實有各種形狀，東方明珠金茂大廈上海中心，它們每天投射在這個城市表面的陰影，其實都是某一個局部的輪廓。當太陽旋轉到某一個角度時，這和陰影，就會拼成一個

1　參見梁志文：《論專利權人之侵權警告函》，《知識產權》，2004 年第 3 期；范長軍：《專利侵權警告制度探析》，《知識產權》，2014 年第 3 期。

2　［美］伊維塔・澤魯巴維爾：《房間裏的大象》，重慶大學出版社／楚塵文化，2011 年版，頁 78。

3　簡媜：《水問》，台海出版社，2019 年 4 月版，頁 185。

4　［日］藤井樹：《揮霍》。

5　汪曾祺：《草木春秋》，作家出版社，2011 年版，頁 220。

6　［美］斯蒂芬・埃德溫・金：《肖申克的救贖》，施寄青譯，人民文學出版社，2009 年版，頁 136。

完整的高舉鐮刀的英雄。[1]

法律可能「是一台多麼奇怪的機器，填進去麵包，酒，魚，胡蘿蔔，製造出來的是歎息，笑和夢。」[2]「但是啊，人類不能過分高估自己對世界的理解，我們知道如何建一百層的高樓」，[3] 但是我們不知道如何預測一百年後人類的法律生態。產權保護的過程必然伴隨利益的博弈，甚至比較尖銳的衝突。[4]

關於產權

法律之所以要嚴格保護產權，不僅在於產權的物質價值，更在於產權的社會價值。這是因為，產權並不是財產的自然屬性，而是財產的社會屬性。無論是財產的取得與歸屬還是財產的利用與增加，只有得到法律的規範與認可，才能獲得產權形式的法律確認與保護。產權是與法治環境相聯繫的概念，法治環境中具體產權的性質、種類、內容、持有主體、利用方式及獲得途徑等，都是依據相關法律而定，因而產權一詞蘊含着合法財產的內涵。[5] 產權一旦取得主導地位，所有權也成為了產權的一種形式，法律上的所有權與產權也就沒了分別，後者通常被稱為用益物權，兩者僅僅是財產權的兩種不同形式。對自物權（所有權）與他物權，如建設用地使用權、探礦權、採礦權、承包權、租賃權、經營權、開發權等產權形式，應一起得到同等保護，實現財產權的公平。[6] 只有為社會中一切合法財產提供切實有效的保護，才能堅定民營經濟長期發展的信心，才能形成高效運作的市場競爭環境，才能最終為我國經濟的長期、穩定增長提供持久的動力

1　郭敬明：《小時代》，長江文藝出版社，2011 年 12 月版，頁 133。

2　《希臘人佐巴》（電影），米哈利斯．卡科伊亞尼斯（導演），1964 年，美國、英國、希臘。

3　馮唐：《搜神記》，中信出版社，2017 年 7 月版，頁 109。

4　常修澤：《「廣義產權論」三大要義與產權保護制度》，《戰略與管理》，2016 年第 6 期。

5　陳蘇：《嚴格保護產權築牢社會主義市場經濟之基》，《光明日報》，2020 年 6 月 5 日。

6　劉尚希：《經濟活力來自於產權》，https://m.thepaper.cn/baijiahao_5051937。

源泉。「有恆產者有恆心」，如果缺乏對私有財產的有力保護，人們對自身的財產權的實現幾乎處於不確定的狀態，其財產就不是恆產，也就很難使人們產生投資的信心、置業的願望和創業的動力。[1]

產權，更在於權利人「時時注意自己各種起心動念。一旦注意，才可能去溶解它。不要讓心受限而成為銅牆鐵壁。不自我折磨，也不傷害對方。」[2] 產權之限制，指的是「知」與「無知」之間的界限，突破限制，更在於「知」與「無知」之間的理解、溝通、成長和詮釋。

關於許榮華與陳家榮、范天銘、江蘇牧羊集團有限公司股權糾紛案

江蘇牧羊集團是一家飼料機械生產企業，產值達到數十億元，行業排名中國第一，世界第二。公開資料顯示，牧羊集團係糧食飼料機械行業「領頭羊」，曾是揚州市邗江區重點培養的上市公司種子選手，聲名顯赫。2014 年，其銷售額達到 65 億元，被稱為「亞洲第一、世界第二」。[3]

江蘇牧羊集團有限公司前身是成立於 1967 年的揚州邗江糧機廠，徐有輝長期擔任廠長。2002 年股權流轉改制後，轉型為一家股份制企業，徐有輝持股 24% 左右，徐斌、許榮華、李敏悅、范天銘各持股 15% 左右，邗江區國資委持有 3.87%，200 多名職工合計持股 9.48%。2008 年 9 月 10 日，牧羊集團第三屆董事會換屆前夕，因遭到舉報侵犯牧羊集團商標權，牧羊集團時任股東、董事許榮華從台灣地區考察歸來，9 月 11 日，因涉嫌假冒註冊商標罪被揚州市公安局邗江分局刑事拘留。進入看守所後的第二天，許榮華即親筆致信牧羊集團，主動要求「能提請市、區檢察院、法院、區委區政府出面進行協調」。羈押期間，時任邗江區檢察長

1 高尚全：《保護私有財產和維護公共利益的一致性》，《人民日報》，2004 年 9 月 24 日。
2 安妮寶貝：《眠空》，北京十月文藝出版社，2013 年版，頁 197。
3 《江蘇牧羊集團股權糾紛案二審宣判：維持原判，許榮華勝訴》，界面新聞官方賬號，2020 年 6 月 1 日。

走進看守所，勸說許榮華將持有的牧羊集團 15.51% 的股權轉讓給工會主席陳家榮。

羈押期間，許榮華於 10 月 16 日與牧羊集團時任工會主席陳家榮簽訂股權轉讓協議，將其在牧羊集團的 15.51% 股權及收益轉讓給陳家榮。公安機關後以發現不應當追究刑事責任而撤銷了許榮華涉嫌假冒註冊商標罪案。近一年後，許榮華之妻李美蘭於 2009 年 9 月 18 日向揚州市中級人民法院提起訴訟，以轉讓的股權為夫妻共同財產，轉讓時自己不知情，許榮華無權獨自處分為由，請求確認其簽訂的股權轉讓協議無效。2011 年 1 月 26 日，揚州市中院判決駁回了李美蘭的訴訟請求。後李美蘭提起上訴，江蘇省高院於 2011 年 10 月 12 日判決駁回了上訴。2009 年 9 月 23 日，許榮華向揚州仲裁委員會提起仲裁，請求撤銷其與陳家榮的股權轉讓協議。2016 年 7 月 5 日，揚州仲裁委員會裁決駁回其仲裁請求。許榮華不服，向法院起訴要求撤銷仲裁委的仲裁裁決並得到支持，仲裁裁決於 2016 年 12 月被撤銷。許榮華遂再次向南京市中級人民法院起訴，要求撤銷其簽訂的股權轉讓協議、陳家榮與范天銘返還股權。南京市中級人民法院經審理，認定許榮華與陳家榮簽訂的股權轉讓協議係受脅迫所簽訂，非許榮華的真實意思表示，符合法律規定的撤銷要件，遂於 2018 年 8 月 31 日作出一審判決，支持許榮華的訴訟請求。法院認為，案涉股權轉讓協議係許某受脅迫所簽訂，李某、范某的舉報行為看似維護公司利益，但其目的實為爭奪公司控制權。案涉股權轉讓協議係許某被羈押於看守所，許某懼於范某、李某藉助公權力對其不當刑事追責，被迫同意簽訂股權轉讓協議以求恢復人身自由。案涉協議簽訂的背景、場所、時間及過程特殊。綜上，能夠認定許某係受脅迫簽訂股權轉讓協議，其所主張的合同撤銷權滿足法定的程序和實體要件，依法應予撤銷。[1] 宣判後，陳家榮與范天銘不

---

1 《江蘇「牧羊案」一審宣判：撤銷受脅迫簽訂的股權轉讓協議》，《法制日報》，2018 年 9 月 6 日。

服，向江蘇省高級人民法院提起上訴。

　　李美蘭與陳家榮、許榮華確認股權轉讓協議無效糾紛一案，李美蘭向江蘇省高級人民法院提出申訴。該院再審認為，本案原一、二審判決基本事實認定不清，案涉股權轉讓協議是否存在低價轉讓情形、股權受讓人是否存在惡意等其他事實也有待進一步查清，且再審期間出現了關聯案件仲裁裁決被撤銷、法院立案受理股權轉讓協議撤銷之訴等新情況，為了徹底查清本案的事實，依法公正處理，2016 年 6 月 23 日，江蘇高院作出（2016）蘇民監 9 號民事裁決，裁定再審李美蘭與許榮華、陳家榮確認股權轉讓合同無效糾紛一案，撤銷了原一、二審判決，指定南京市中級人民法院重審。[1] 2020 年 6 月 1 日，江蘇省高級人民法院對廣受社會各界關注的許榮華與陳家榮、范天銘股權轉讓糾紛一案依法審結。二審判決：駁回陳家榮、范天銘上訴請求，維持原判。[2] 江蘇省高級人民法院經審理後認為：本案係發生於民營企業家之間的紛爭，作為共同創業的股東因經管理念不同產生矛盾在所難免，但企業家在提高經管能力和管理水平、做強做優企業的同時，也應注重企業家的形象，講正氣、走正道，使矛盾糾紛在法治的軌道上解決。牧羊集團認為許榮華有違反公司股東決議的行為曾訴至法院，這本是依法解決的正途。遺憾的是其後范天銘、李敏悅不當利用公權力在對方失去人身自由後，迫使許榮華簽訂並非其真實意思表示的股權轉讓協議，這種做法不僅突破法律底線，也造成雙方十餘年的訟累，極大地浪費了社會資源，也影響企業長遠健康發展。雖然雙方在庭審中

1　2017 年 12 月 28 日，最高人民法院公佈人民法院依法再審三起重大涉產權案件，即最高法宣佈依法再審顧雛軍案、張文中案、江蘇牧羊股權糾紛三起重大涉產權案件。「三大案」被視為中國依法保護產權、糾正民企冤假錯案的重要風向標。

2　該案與最高人民法院 2017 年 12 月公佈的三大涉產權案之一的李美蘭與許榮華、陳家榮確認股權轉讓協議無效糾紛案密切關聯。許榮華與李美蘭係夫妻關係，針對許榮華在看守所與陳家榮簽訂的股權轉讓協議，李美蘭起訴請求確認協議無效。由於兩案的訴訟請求相同，該案判決後，李美蘭的訴訟請求也即實現。

明確拒絕法院調解，但本院仍希望雙方理性妥善地處理後續紛爭，避免矛盾進一步複雜和激化，重新回到依法理性解決糾紛的軌道上來。首先，許榮華主張的 2008 年 10 月 16 日簽訂於看守所的協議，是在受到來自范天銘等不當利用公權力所實施的脅迫情形下簽訂的有充分的證據證明，協議非許榮華的真實意思表示。一審法院認定該協議符合《中華人民共和國合同法》規定的法定撤銷情形並無不當。許榮華行使撤銷權並未超過法律規定的除斥期間，原審法院判決撤銷許榮華與陳家榮簽訂的案涉協議於法有據。其次，范天銘在 2016 年 6 月 16 日與陳家榮簽訂股權轉讓協議受讓股權，因此范天銘與本案的處理結果有法律上的利害關係，許榮華主張范天銘應當配合陳家榮返還股權。原審法院將范天銘作為第三人加入訴訟，符合法律規定。此外，范天銘是脅迫的參與者和案涉股權爭議過程的知情者，范天銘與陳家榮簽訂股權轉讓協議的目的是為股權回轉設置法律障礙，故該協議係雙方惡意串通，意圖損害許榮華的利益，應屬無效。因此，范天銘與陳家榮有義務共同返還許榮華案涉股權。最後，陳家榮與范天銘要求追加牧羊集團工會為當事人的請求缺乏法律依據。[1]

對於判決結果，江蘇牧羊集團發佈聲明表示，判決將導致已離開公司12 年的股東再次回歸，從而引發新的無休止的糾紛，違背了人民法院「定分止爭」的職能。他們認為「許榮華股權案」因時任江蘇省高級人民法院院長許前飛及其背後利益集團的干預，導致程序上違法異地撤裁、違法集中指定管轄，實體上的認定也明顯錯誤。下一步，牧羊集團將繼續窮盡法律救濟措施，維護自身合法權益。[2]

---

1 《江蘇牧羊集團股權轉讓案塵埃落定：二審維持一審原判》，中國新聞網官方賬號，2020 年 6 月 1 日。

2 《十餘年股權糾紛案二審維持原判，江蘇牧羊集團稱將申訴》，新京報官方賬號，2020 年 6 月 1 日，https://xw.qq.com/cmsid/20200601A0N82H00。

法律與限制

　　因社會之複雜，世事之關聯，利益之交織，制度安排尤為不易，或為此事之安全而損彼事之安全，或為彼事之效率而損此事之效率；或有此事之安全損及彼事之效率，或有彼事之安全損及此事之效率。其合理配置安全與效率之難，非孤獨之牧羊人調整羊與狗比例所能比。[1]

　　從法律經濟學來看，雖確權的具體目的包括鼓勵創新以提高正外部性溢出、降低信息不對稱的影響以滿足有效需求最大化的實現等不一而足，但根本目的是無限接近科斯的「零交易成本世界」。[2] 檢索最高法院裁判文書網，不難發現，此前，上海、浙江等地的法院都曾審理過看守所內的民事合同的效力問題，但是均未支持原告要求撤銷的請求，裁判尺度一直是傾向於認定看守所內簽署的相關文件也合法有效，在沒有「被脅迫」的充分證據情況下，人民法院傾向於維持交易的穩定性。合同相對人以外的第三人和公權力，同樣可以構成脅迫的主體和脅迫的情由。合同相對人通過關係，運用公權力對當事人形成事實威脅和脅迫，迫使他違背真實意願簽訂違背自願意志的合同，這樣的合同違法無效，應當撤銷。

　　司法當謙抑，司法亦當審慎，如果開了民事判決可以徑行認定刑事犯罪、行政違法的先河，如同打開了潘多拉的魔盒，必然產生非常嚴重的司法後果。[3]

　　「命定的局限盡可永在，不屈的挑戰卻不可須臾或缺。」[4]「即使沒有存

1　陳蘇：《安全與效率權衡論》，《法制日報》，2007 年 4 月 29 日。
2　周林彬、馬恩斯：《大數據確權的法律經濟學分析》，《東北師大學報（哲學社會科學版）》，2018 年第 2 期。
3　《見仁見智：牧羊案四大法律爭議，如何解決？》，民主與法制網，2018 年 11 月 20 日。
4　史鐵生：《我與地壇》，人民文學出版社，2011 年版，頁 176。

心做壞事，或者說，沒有存心叫別人傷心，事實上仍然會做錯事情，引起
不幸的後果。凡是粗心大意、看不出別人的好心好意，而且缺乏果斷，都
一樣能害人。」[1]

　　能夠參與三大產權案件，本身是律師工作組的重大經歷與經驗，也許
本案代理的最大感觸是「聽見窗外起風的聲音，樹枝上殘留的幾片乾枯的
葉子雖然劇烈地抖動，卻仍然沒有掉下去。如果會掉落，應該早就掉落了
吧。」[2] 法律與限制，許在於此。

十五、比對案件中的縱向考量

—— 以金幣公司「花和尚魯智深」圖案著作權糾紛為視角

　　對於法律而言，有必要儘可能變得簡單、統一和準確。[3] 著作權侵權糾
紛，猶如「有些風雪吹寒了我的一生，有些落日點燃了我的四季。有些浮
草指引了我的跋涉，有些楊花裝點了我的旅程。有些人愛我，有些人恨
我。有些人愛過我，有些人恨過我。更多的人在我不知道的世界裏孤獨地
度日。他們一生安靜得沒有聲響，他們沉默着、孤獨着、開心着、悲傷着
過完了一個又一個無法重來的十年。」[4]

　　知識產權法律體系的建構通常包括兩個方面：外在體系的建構和內
在體系的建構。外在體系的建構指法律概念的確立、法律規範的塑造、規
範體系的形成；內在體系的建構重在強調法律價值的貫徹、法律利益的衡

1　[英]簡·奧斯汀：《傲慢與偏見》，王科一譯，上海譯文出版社，1996 年版，頁 255。

2　八月長安：《橘生淮南·暗戀》，吉林出版集團有限責任公司，2011 年版，頁 153。

3　[澳]布拉德·謝爾曼、[英]萊昂內爾·本特利：《現代知識產權法的演進：英國的歷程
　（1760-1911）》，金海軍譯，北京大學出版社，2006 年版，頁 87。

4　郭敬明：《沒人知道浮草的世界》，《小作家選刊》，2004 年第 11 期。

量、法律原則的協調。通常來說，任何具體部門立法必須強調兩者同時進行，特別是將內在體系所確認的價值、利益、原則貫徹落實到外在體系的概念、規範、體系之中。[1]

著作權中的作品

著作權法是關於作品保護的法律。通常認為，作品的構成要件有兩個，一是表達，二是具有獨創性。其中的表達，是指人們對於某種思想觀念、客觀事實、操作方法（簡稱思想觀念）的表達。具體說來，對於某種特定的思想觀念，可以有文字、數字、音符、色彩、線條、圖形、造型、表意動作等等方式的表達，因而也有了文字作品、計算機程序、音樂作品、美術作品、圖形作品、舞蹈作品、電影作品等等。其中的獨創性，是指作者獨立創作了相關的作品，並且將自己的思想、情感、精神和人格等要素融入了相關的作品之中。[2]美國最高法院於 1991 年判決的「費斯特」一案裁定，按照字母順序編排的電話號碼簿不具有獨創性，不能作為作品受到保護。在這個案子中，美國最高法院還提出了應當具有「最低限度創造性」（minimum degree of creativity）的獨創性標準。[3]顯然，最低限度的創造性，已經不再是傳統的「汗水理論」，或者簡單的勞動、技能和判斷。[4]

通常來說，知識產權立法只是法律秩序建構的一個環節，通過立法形成的法律規範畢竟是靜態的、抽象的，只有通過司法活動才能將它們變成動態的、具體的，進而能夠有效調整各種法律關係、解決各種實務爭議。在此過程中，司法者從來不是簡單地進行「法條適用」，而是需要對法律

---

1 朱巖：《社會基礎變遷與民法雙重體系建構》，《中國社會科學》，2010 年第 6 期。

2 李明德：《論作品的定義》，《甘肅社會科學》，2012 年第 4 期。

3 Feist Publications, Inc. v. Rural Telephone Service Co., Inc., 499U. S. 340, 18 USPQ 2 d 1275(1991)，轉引自李明德：《論作品的定義》，《甘肅社會科學》，2012 年第 4 期。

4 李明德：《論作品的定義》，《甘肅社會科學》，2012 年第 4 期。

規範的構成要件和法律效果進行體系闡釋，在必要情形下甚至要進行限縮解釋、擴張解釋或類推解釋以便填補體系漏洞或修正立法錯誤。[1]《中華人民共和國著作權法》（2020 年 11 月 11 日修訂，2021 年 6 月 1 日實施）第三條明確規定：

> 本法所稱的作品，是指文學、藝術和科學領域內具有獨創性並能以一定形式表現的智力成果，包括：（一）文字作品；（二）口述作品；（三）音樂、戲劇、曲藝、舞蹈、雜技藝術作品；（四）美術、建築作品；（五）攝影作品；（六）視聽作品；（七）工程設計圖、產品設計圖、地圖、示意圖等圖形作品和模型作品；（八）計算機軟件；（九）符合作品特徵的其他智力成果。

《中華人民共和國民法典》（2020 年）第三條同時規定：

> 民事主體的人身權利、財產權利以及其他合法權益受法律保護，任何組織或者個人不得侵犯。

知識產權法為民法的特別法，「其他法律對民事關係有特別規定的，依照其規定。」

著作權法賦予作品獨佔性民事權利，更在於其知識稀缺性的關注。然而，

> 知識稀缺性並不出自知識的有限性（知識並不因為使用而耗盡），知識的稀缺性，實際完全出自於社會的規約。只有對一個有限數量的範圍進一步篩選和界定，才能形成稀缺性。對於知識

1　［德］卡爾·拉倫茨：《法學方法論》，陳愛娥譯，商務印書館，2004 年版。

的攫取製造了稀缺性，而這種人為建構的稀缺性又成為進一步知識攫取的動機，而由這種攫取所形成的自我循環，是整個知識產權制度得以構建的真實動力。[1]

李嘉圖就傾向於把勞動化約為時間的變量。[2] 知識產權與一般財產權形態不同，它必須同時具備抽象性與具體性這兩個矛盾特徵。它既要足夠「抽象」以滿足可重複與可再現的產權控制要求，又要足夠「具體」以滿足確定性與獨特性的產權界定要求。[3]

關於周峰與中國金幣總公司、深圳國寶造幣有限公司等著作權權屬、侵權糾紛上訴案，山東省高級人民法院（2013）魯民三終字第 204 號

律師工作組依法接受中國金幣總公司的委託，參加二審庭審，並發表代理意見。二審法院認為，關於原審法院侵權責任認定是否適當的問題：首先，金幣公司委託國寶公司鑄造銀幣，兩公司作為製造者，在紀念銀幣上將被訴作品用作紀念幣圖案，共同侵犯了周峰對權利作品享有的複製權。其次，紀念銀幣由金幣公司發行、齊泉公司銷售，二公司侵犯了周峰對權利作品享有的發行權。最後，因被訴作品對權利作品進行了修改，改變了權利作品的繪畫手法和局部細節等表現形式，違背了著作權人的意志，破壞了權利作品的完整性，使被訴作品與權利作品相比顯得相對平實，缺少視覺衝擊力，歪曲了權利作品表達的整體思想，侵犯了周峰對權利作品享有的修改權和保護作品完整權。原審法院關於金幣公司、國寶

1　余盛峰：《失敗的知識產權？》，《法律和社會科學》，第 15 卷第 1 輯，北京大學出版社，2016 年版。

2　李嘉圖：《政治經濟學與賦稅原理》，王學文譯，商務印書館，1962 年版。

3　［澳］布拉德‧謝爾曼、［美］萊昂內爾‧本特利：《現代知識產權法的演進：英國的歷程（1760–1911）》，金海軍譯，北京大學出版社，2012 年版，頁 59–65。

公司、齊泉公司停止侵權，金幣公司、國寶公司賠償周峰經濟損失、賠禮道歉的侵權責任認定合法適當，應予維持。關於原審法院認定的 50 萬元賠償數額，根據已查明的事實，87 版《水滸傳》郵票在 1987 年全國最佳郵票評選活動中，被評為金質獎，並且，該郵票作為中國古典文學名著題材的郵票享譽海內外，具有相當高的知名度；金幣公司帶有「花和尚魯智深」圖案的紀念銀幣發行量為 60,000 枚，中國金幣網公開的零售指導價為每枚 440 元；周峰購買紀念銀幣一套兩枚支付 1080 元；周峰支付本案鑒定費 30,000 元。原審法院根據上述權利作品類型、金幣公司侵權行為規模以及周峰維權合理支出等因素綜合確定賠償數額為 50 萬元，合法適當，應予維持。綜上，原審判決認定事實清楚，適用法律正確，判決結果並無不當，應予維持。上訴人金幣公司、國寶公司、齊泉公司的上訴理由均不能成立，依法應予駁回，依據《中華人民共和國民事訴訟法》第 144 條、第 170 條第一款（一）項之規定，判決如下：維持原判。本判決為終審判決。

　　本案作品的獨創性仍是審查的重點，必須指出，獨創性概念的界定是基於著作權法中的一個基本理念來進行的：即思想／表達二分法，「獨創性」一詞不是指思想的獨創性，而是指思想表達形式的獨創性。應當說，思想是作品的基點，任何作品都是建立在一定的思想之上的。應該承認，獨創性是著作權法締造出的概念，這一概念在產生之初是為了給著作財產權提供一個法哲學上的基礎，要進入傳統的財產權體系，著作權必須能夠證明自己存在的合理性，創造性就這樣進入了著作權的視野，因為作品的創作者做出了具有創造性的貢獻，而在作者之外，卻無人能夠進行相同的創作，正是這樣的所謂獨一無二性奠定了創造性的基礎，而獨創性概念也正是脫胎於創造性概念的。[1]

　　判斷某一行為是否屬於合理使用應當考慮四個因素：第一，使用的目

1　張玉敏、曹博：《論作品的獨創性》，《法學雜誌》，2011 年第 4 期。

的和性質，包括該使用行為是否具有商業性質，或是否為了非營利的教育目的；第二，版權作品的性質；第三，與版權作品的整體相比，被使用部分的數量與重要性；第四，使用行為對版權作品潛在市場需求或價值所產生的影響。[1] 法官對著作權損害賠償數額的認定，往往是基於合理的交易、慣例及公共政策所作出的一種裁判。著名經濟學家康芒斯將「合理的交易、合理的慣例和相當於公共的社會效用」，即「合理價值學說」作為無形財產損害賠償裁判的思想基礎。[2]

不損害作者聲望名譽的改變行為不構成侵害保護作品完整權。[3]

法律不再試圖再現（或者定位）在作品中所存在的創造性痕跡，而是開始將關注焦點集中於作品在其自身背後所留下的蹤跡。在此情況下，具有重要意義的並不是在一個作品中所體現的勞動或者創造，而是該作品所作出的貢獻，通常以經濟學或者准經濟學術語加以判斷。亦即，法律不再評價在某一特定對象中所體現的勞動，而是開始集中於該對象的宏觀經濟價值；集中於它對於知識和進步，或者正如我們現在所說的，對於國民生產總值（GNP）或者生產力的貢獻。[4] 同時，關於著作權侵權賠償，本案中二審法院試圖論證作品的價值與使用人的數量和獲利，顯然存在簡單化問題。《中華人民共和國著作權法》（2020 年修訂）第 54 條的明確規定顯然更為公平、合理和尊重客觀事實：

1　何鵬：《漫談知識產權的權利邊界：缺乏目的性變形的使用權能》，《知識產權》，2018 年第 6 期。

2　［美］康芒斯：《制度經濟學》（下冊），趙睿譯，商務印書館，1962 年版，頁 310。

3　［日］栗田隆：著作權に対する強制執行（2），金融法務事情，1996，（1459）：38-44. 日本知識產權研究所提出的兩種應對方案中，第二種就是將現行法中規定的「違反作者意思」修改為「損害名譽聲望」，以此限定保護作品完整權控制的行為界限。知的財產研究所．Exposure'94 — マルチメディアを巡る新たな知的財産ルールの提唱．NBL，1994，（541）：52-63。

4　［澳］布拉德・謝爾曼、［英］萊昂內爾・本特利：《現代知識產權法的演進：英國的歷程(1760—1911)》，金海軍譯，北京大學出版社，2006 年版，頁 207-208。

　　侵犯著作權或者與著作權有關的權利的，侵權人應當按照權利人因此受到的實際損失或者侵權人的違法所得給予賠償；權利人的實際損失或者侵權人的違法所得難以計算的，可以參照該權利使用費給予賠償。對故意侵犯著作權或者與著作權有關的權利，情節嚴重的，可以在按照上述方法確定數額的一倍以上五倍以下給予賠償。權利人的實際損失、侵權人的違法所得、權利使用費難以計算的，由人民法院根據侵權行為的情節，判決給予 500 元以上 500 萬元以下的賠償。賠償數額還應當包括權利人為制止侵權行為所支付的合理開支。人民法院為確定賠償數額，在權利人已經盡了必要舉證責任，而與侵權行為相關的賬簿、資料等主要由侵權人掌握的，可以責令侵權人提供與侵權行為相關的賬簿、資料等；侵權人不提供，或者提供虛假的賬簿、資料等的，人民法院可以參考權利人的主張和提供的證據確定賠償數額。人民法院審理著作權糾紛案件，應權利人請求，對侵權複製品，除特殊情況外，責令銷毀；對主要用於製造侵權複製品的材料、工具、設備等，責令銷毀，且不予補償；或者在特殊情況下，責令禁止前述材料、工具、設備等進入商業渠道，且不予補償。

法律與進步

　　從權利作用的角度看，著作權為傳播權，其內涵為權利人享有的向不特定第三人以再現新知識的方式進行傳播的權利。因此，是否涉及向不特定第三人進行傳播，對於相關行為的法律定性具有重要意義。[1]

　　法律雖是人類調整社會關係高度理性化的成果，但其不是一種客觀性

1　參見何鵬：《知識產權傳播權論 —— 尋找權利束的「束點」》，《知識產權》，2009 年第 1 期。

知識，同一歷史時期的不同地域的相同法律往往表現出鮮明的地域特色，同一國家或地區的同一部法律於不同歷史時期亦時常呈現出不太相同的面貌。尤其是，歷史有時會使同一法律規定在不同時代的法律解釋者或適用者那裏顯現不同意義，當法律規定較為模糊或概括時，這種情況表現得愈發明顯，以至於若干年後人們不知道該法律規定或概念到底意味着什麼或到底應作何種理解。此時，追根溯源的歷史研究會成為沖出迷霧、發現光明的方法之一。[1] 著作權制度就是一個由國家刻意設計，由外部強加的外生秩序（exogenously order）的失敗典型。哈耶克否定了知識產權制度的合理性，而呼籲經濟系統的「自生秩序」（endogenou order）。對於哈耶克，作為國家強加的外部性規則的知識產權，它是導致人為壟斷的罪魁禍首，只有取消知識產權，才能重新使市場恢復良性競爭的前提。[2] 但是，哈耶克完全否定了這樣一種可能性：實際上，著作權制度本身即是競爭型市場體系的內在要求。[3] 信息是著作權產業的主要原材料，大數據挖掘的過程即信息獲取的過程或生產著作權的過程，而這一過程目前成果過高。具體包括固定成本和可變成本等經濟學基本邏輯內容。

　　相較於企業而言，單個自然人用戶進行數據挖掘的平均可變成本過高，既沒有效率也缺乏可能。而目前由於租賃雲服務（存儲）和超級計算機的成本仍舊過高，規模經濟以下的中小企業仍然無法充分利用大數據工具服務於生產。大數據目前的主要用戶仍然是規模經濟的大型企業或政府。相較於將挖掘階段的大數據

1 朱廣新：《論「以合法形式掩蓋非法目的」的法律行為》，《比較法研究》，2016 年第 4 期。

2 Michael Lehmann, "Property and Intellectual Property-Property Rights as Restrictions on Competition in Furtherance of Competition", *International Review of Industrial Property and Copyright Law*,vol. 20, 1989, pp.1-15.

3 ［英］哈耶克：《法律、立法與自由》（下冊），鄧正來譯，中國大百科全書出版社，2000 年版，頁 398。

確權給自然人，確權給有挖掘能力及有效率的企業與政府則更有利於這一技術正外部性的拓展與實現。[1]

知識產權又是長期性非貨幣資產，雖能為權利人提供未來經濟利益，但利益預期具有不確定性，有些知識產權的收益額及收益期會基於各種原因產生波動，有些知識產權則因缺乏商業價值而無法轉化為有效益的無形資產。[2]

知識產權損害賠償範圍的確定，係從權利人所受損害即不利益結果之證明開始。損害（damage）就其本質而言，是侵害行為所造成的一種後果，這一後果具有對權利人不利益的屬性，無損害即無賠償責任。[3]關於著作權侵權和著作權法之進步，仿佛如「歲月你別催，該來的我不推。我會學着成熟，試着接受自己的不再年輕，放下那些沒有兌現的夢想，歲月請不要步步相逼，且待我捱過這一刻的倉皇。」[4]

十六、不當得利案件中的當與不當

—— 刑民交叉關聯中的工具公司

一個命題是真的，這意味着：它就存在者本身揭示存在者。它在存在者的被揭示狀態中說出存在者、展示存在者。命題的「真在」（真理）必須被理解為揭示着的存在。[5]

---

1 周林彬、馬恩斯：《大數據確權的法律經濟學分析》，《東北師大學報（哲學社會科學版）》，2018 年第 2 期。

2 吳漢東：《知識產權損害賠償的市場價值分析：理論、規則與方法》，《法學評論》，2018 年第 1 期。

3 張新寶：《中國侵權行為法》，中國社會科學出版社，1998 年版，頁 92。

4 閆紅：《從尊敬一事無成的自己開始》，人民文學出版社，2017 年版，頁 167。

5 ［德］海德格爾：《存在與時間》，陳嘉映等譯，生活・讀書・新知三聯書店，1999 年版，頁 251、254。

爭議解決的核心價值，即在於找尋、揭示一種存在。

　　唐人張祜在《題杭州孤山寺》云：「樓台聳碧岑，一徑入湖心。不雨山長潤，無雲水自陰。斷橋荒蘚澀，空院落花深。猶憶西窗月，鐘聲在北林。」其中的斷橋由來聞名，「斷橋殘雪」，為著名的「西湖十景」之一，以冬雪時遠觀橋面若隱若現於湖面而著稱。來到杭州，不可能不去西湖斷橋。正所謂「斷橋位於白堤東端，初春三月，佇立橋頭一望，垂柳碧桃，很是銷魂。」[1] 現實中，諸多疑難複雜案件中的證據是斷開、離散的，支離破碎並不是一種風景，但必須相信，「斷橋從來不斷」，存在是一種客觀實在，從未出離。

不當得利糾紛

　　不當得利爭議，是指沒有法律根據，而取得利益而使他人受到損失的事實。不當得利，是一項發端於羅馬法的歷史極為悠久的法律制度。在羅馬法中，如果被告無正當理由留置原告向其給付的一定數額的錢款或者物品，原告可以通過提起給付之訴強迫其返還。羅馬法確立的這一返還義務，又是以任何人不應以他人的付出為代價而致富這一自然正義原則為基礎的。[2] 以給付為標準，不當得利可分為給付型不當得利和非給付型不當得利，其中給付型不當得利又可以細分為自始欠缺目的型、目的達不到型和目的消滅型三種，非給付型不當得利則可以具體化為侵害他人權益型、支出費用償還型和求償型三種。[3] 給付型不當得利為司法判例中多見。

　　不當得利中的「沒有合法根據」核心，表明了法秩序對於不當得利的否定性評價，該種否定性評價因不當得利的不同類型有不同的學理基礎。給付不當得利反映了基於給付人意志的一種正當性邏輯，即當事人通過給

1　楊曉政：《西湖「斷橋殘雪」碑無故被潑紅漆 專家連夜修復》，《錢江晚報》，2017 年 3 月 29 日。

2　參見［英］巴里·尼古拉斯：《羅馬法概論》，黃風譯，法律出版社，2000 年版，頁 241。

3　參見王澤鑒：《不當得利》，北京大學出版社，2009 年版，頁 25。

付出讓財產利益，給付目的有賴接受給付者予以實現，給付目的一旦不能實現，則通過不當得利制度求得已轉讓利益的返還。這種正當性邏輯反映了一種基於交換正義的給付與給付目的之間的對應性。[1]

訴權是「當民事權益受到侵害或就民事法律關係發生爭議時，當事人請求國家法院行使司法權來保護民事權益或者解決民事糾紛的權利」，[2] 濫用訴權是當事人違反國家設立訴權的宗旨，為實現非法目的而提起訴訟的行為。濫用起訴權是濫用訴權的主要表現形式之一。[3] 對不當得利僅僅以濫用起訴權作為抗辯，是遠遠不夠的，必須建立完整的證據邏輯，來彌合法律事實。

民安證券有限責任公司管理人在廣州市中級人民法院提起訴訟，要求愛建證券返還不當得利人民幣一億元及相應利息 12,091,068.49 元，並承擔案件訴訟費。起訴的基本訴由即為沒有合同依據。

本案的難點在於：民安證券有限責任公司（廣州分行實世貿大廈支行，賬戶：327-2325-1189023610001）通過招商銀行電子匯兌系統，向愛建證券有限責任公司（漕寶路支行，賬戶：096796-27890778001）電匯人民幣一億元整，電匯憑證上標註為「往來款」。愛建公司內部報單上註明：「客戶存入保證金」。由於本案民安證券與愛建證券之間並無直接合同關係，民安證券有限責任公司電匯人民幣一億元整後，愛建證券內部報單上註明：「客戶存入保證金」（一級科目：1131，內部往來），股東名稱為「金石資產」。該證據表明再行追償存在障礙。愛建信託內部記賬憑證均顯示：王芳個人賬戶：90091588，分二筆：6000 萬元、4700 萬元，合計 1.07 億元，方委賬戶 88880001 劃出資 70 萬元。2002 年 6 月 11 日，上海三特旅遊產業發展有限公司出具《委託書》，分別

1　婁愛華：《不當得利「沒有合法根據」之概念澄清》，《法律科學》，2012 年第 6 期。

2　江偉主編：《民事訴訟法》（第 4 版），中國人民大學出版社，2008 年版，頁 45。

3　參見湯維建：《論民事訴訟中的誠信原則》，《法學家》，2003 年第 3 期。

授權北京易方信達信息技術發展有限公司、北京九和信業科貿有限公司代收款項人民幣 6000 萬元、4700 萬元。該證據與抗辯理由存在衝突。相關案件關鍵知情人均已由於種種原因離開公司，案件客觀事實無法調查，作出有效還原，整卷鏈條斷裂明顯。

　　證據的斷裂，必須為有效證據證明或焊接。接受被告委託後，律師工作組即進行了大量的調查取證工作，先後形成案卷材料數千頁。包括但不限於：1. 廣州市公安局經偵總隊到愛建股份公司調查前述一億元收款事宜，相關刑事案卷；2. 廣州天河區法院判決劉某力「非法吸收公眾存款案」，相關刑事案卷應作審查。3. 上海金石資產管理有限責任公司工商檔案調取；4. 上海三特旅遊產業發展有限公司工商檔案調取；5. 北京九和信業科貿有限公司、北京易方信達信息技術發展有限公司工商檔案調取；6. 天河區法院關於民安公司北京惠忠路營業部副總經理張某刑事判決一案相關證據材料；7. 中國證券監督委員會關於民安證券及相關責任人員行政處罰決定情況調查；8. 愛建證券有限責任公司、上海愛建信託投資有限責任公司、匯銀投資、經怡實業、上海愛建股份有限公司、民安證券工商檔案調取。

　　為此，組織的基本抗辯理由為北京易方信達信息技術發展有限公司與上海方達投資發展有限公司簽署《資產委託管理合同》；北京九和信業科貿有限公司與上海方達投資發展有限公司簽署《資產委託管理合同》，上海愛建信託投資公司通過中國工商銀行電匯憑證將人民幣 6000 萬元匯至北京九和信業科貿有限公司賬戶 9250243010113；匯款用途「劃款」；上海愛建信託投資公司通過中國工商銀行電匯憑證將人民幣 4700 萬元匯至北京易方信達信息技術發展有限公司賬戶 9250243010292。匯款用途「劃款」。但該抗辯的根本缺陷在於，北京二公司與民安證券非為同一主體；上海方達投資發展有限公司與愛建證券亦不具同一性。律師工作組還注意到，民安證券先後三次向愛建證券送達《債務償還通知書》，但訴訟時效

存在中斷情形。

庭審中，律師工作組立體抗辯體系為原告主體不適格：本案原告應為「民安證券有限責任公司管理人」，而非民安證券有限責任公司。其一，本案原告在進入破產宣告後，即已主體消滅，無權獨立提起民事訴訟。我們注意到「民安證券有限責任公司管理人」在原告起訴狀中列明為「訴訟代表人」，訴訟代表人與原告完全是兩個主體，本案原告不適格，應予依法駁回起訴。其二，本案所涉款項作為合同一種形式，合同實際已經解除，人民法院裁定受理破產申請的，應當同時指定管理人。人民法院受理破產申請後，管理人對破產申請受理前成立而債務人和對方當事人均未履行完畢的合同有權決定解除或者繼續履行，並通知對方當事人。管理人自破產申請受理之日起二個月內未通知對方當事人，或者自收到對方當事人催告之日起三十日內未答覆的，視為解除合同。其三，本案系爭款項係被告代為收取。上海方達投資發展有限公司和北京九和信業科貿公司、北京易方信達信息技術發展公司分別簽署《資產委託管理合同》，共計付款項人民幣 1.07 億元。北京九和信業科貿公司、北京易方信達信息技術發展公司指令民安證券支付上述款項，路徑即為民安證券招商銀行世貿大廈支行資金賬戶—愛建證券招商銀行賬戶漕寶支行，被告係由上海方達投資發展有限公司指令收款。北京九和信業科貿公司向上海方達投資發展有限公司出具《還款承諾書》，再次確認尚拖欠人民幣 700 萬元整。綜上，無論民安證券清算組、還是管理人認為「被告沒有合同依據情況下收取款項，構成不當得利」根本錯誤，本案事實充分表明：本案愛建證券收取系爭一億元具有充分事實依據與法律依據。其四，相關刑事生效法律文書已充分確認，包括前述北京二公司在內的諸多工具公司為工具公司，並非具有獨立意志，為劉某利等人所操縱。劉某力為北京九和信業科貿有限公司、北京易方信達信息技術發展有限公司實際法人意志者。中國證監會出具的一系列《行政處罰決定書》，充分印證：民安證券不具有經營客戶資

產管理業務的資格。但民安證券自成立後即開始從事大量的非法委託理財業務，並對相關理財戶許諾非法高額回報。劉某力是民安證券違反證券法律法規及涉嫌犯罪行為的主要決策人及組織者，是對上述行為負有直接責任的主管人員；民安證券在經營過程中存在挪用客戶交易結算資金、超範圍經營委託理財業務的行為，數額巨大，造成了嚴重的社會危害。為此，廣州天河區法院劉某力「非法吸收公眾存款案」已為生效刑事判決書再次確認：劉某力等人先後註冊北京易方信達信息技術發展有限公司、北京九和信業科貿有限公司等 22 家為關聯殼公司、工具公司用於非法吸存操作。相關證據鏈條亦充分印證：北京九和信業科貿公司、北京易方信達信息技術發展公司與民安證券完全人格混同，具有同一法人意志，共同為劉某力等人所操縱和控制，民安證券對本案一億元資金還款是明知的，其內部賬目也應是平復的，根本不存在所謂「不當得利」，完全是濫用訴權。其五，民安證券管理人主張權利嚴重超過訴訟時效。返還不當得利請求權的訴訟時效期間，從當事人一方知道或者應當知道不當得利事實及對方當事人之日起計算。本案系爭款項為一億元人民幣，為巨額款項，其對該支付行為性質是明知的，本案並不存在訴訟時效中斷事項，對其訴訟請求應予以依法駁回。最終，受理法院依法駁回原告管理人訴訟請求，原告複判息訟未予以上訴。

工具公司的認定

　　不當得利案件多涉及刑事程序，存在刑民交叉。從真正意義上而言，刑民交叉案件就是同一行為同時侵犯了刑事法律規範和民事法律規範形成的一種事實狀態。在追究犯罪嫌疑人的刑事責任的同時，並不影響受害人以民事訴訟的形式主張自己的民事權益。[1] 先刑後民僅是審理民刑交叉案件

1　蔡景賢：《不當得利糾紛案中先刑後民原則的處理》，《人民司法》，2012 年第 22 期。

的一種處理方式，而非審理民刑交叉案件的基本原則。現行法律上並未明確規定先刑後民原則。民刑交叉案件只有符合《中華人民共和國民事訴訟法》（2017年修訂）第150條規定的「本案必須以另一案的審理結果為依據，而另一案尚未審結的」，即只有在民事案件的審理必須以所涉刑事案件的審理結果為依據時，才可中止案件民事部分的審理而等待案件刑事部分的處理。在案件的民事部分按照民事訴訟的舉證原則完全能夠作出判決的情況下，卻一味套用先刑後民的處理模式，中止案件民事部分的審理，既不科學又不合理，更不利於及時、有效地保護案件權利人的正當、合法權益。很明顯，如果犯罪嫌疑人一直未被抓獲歸案，民事訴訟程序無法啟動或恢復，被害人損失獲賠就遙遙無期。

　　儘管上述案件，並非涉及先刑後民，但生效刑事法律文書的認定對於不當得利民事案件的審理具有極其重要的作用。期間，即為工具公司的認定，否定公司的獨立人格。公司法的邏輯起點是公司人格獨立，而公司人格獨立則意味着公司財產和股東財產的分離。分離原則在有力地促進公司經濟價值的同時，也為公司所負載的社會倫理價值帶來了風險。[1] 作為一般原則，公司應當被看作法人並具有獨立的人格，除非存在充分的相反理由；但是，如果公司的法人人格被用以阻撓公共利益、將錯誤正當化、保護欺詐行為或者為罪行辯護，那麼在法律上就應當將公司視為人的集合體。[2] 從理論上而言，否認公司人格適用於各類股東設立的各類公司，既適用於上市公司，也適用於非上市公司；既適用於股東主體多元化的公司，也適用於一人公司。[3] 司法實踐中，民事案件中認定法人人格混同與刑事程序中認定工具公司具有不同的標準和面向，刑事程序基於公權力與調查的穿透力，在效率上更具直接性，本案即表現出這一特點。

1　杜麒麟：《反向刺破公司面紗制度的類型構建》，《河南財經政法大學學報》，2016年第1期。

2　See United States v. Milwaukee Refrigerator Transit Co., 142 F. 247, 255（E. D. Wis. 1905）.

3　劉俊海：《揭開公司面紗制度應用於司法實踐的若干問題研究》，《法律適用》，2011年第5期。

工具公司的認定，本質為價值判斷問題。價值判斷是與人們的行動密切聯繫的、人們對特定事實的某種態度，價值是行動的目標。人們認為某種事實有價值，就是對它的肯定態度，表明人們的行動意向。例如，人們認為真、善、美、正義、自由、平等有價值，就是對這類觀念的肯定態度，表明人們希望如此行動的意向。多數實證主義（positivism）哲學家和法學家承認價值的存在，並對這種判斷進行了細緻的論證。實證主義哲學家對價值判斷這類問題的進路多少有點像當年莊子的學友和對手惠子的分析、「較真兒」。有的實證主義哲學家乾脆否認價值判斷的可能性，就像惠子否認莊子能「知魚之樂」一樣。[1] 價值判斷需要採用實驗性的證明合理的程序，在這種程序中假設性地提出實踐的預想以及一定的經驗事實，然後推斷出它與經驗性事實相聯繫的後果並予以評價，多種假設性預想的結果可能在相對的評價中彼此衝突，人們在這一過程中就可以建立一個在各種假設行為的可能性與行動計劃之間作出合理決定的基礎。[2] 應當指出，在工具公司認定方面，既不能為了保護股東對公司財產獨立性的合理期待而一概忽視個案中的社會正義，又不能頻頻地在個案中以社會正義之名破壞公司股東對公司財產獨立性的合理期待而動搖公司人格獨立理論的基礎。[3]

小結

案件代理的過程，實際上也是實現法的價值共識的過程。複雜爭議解決更是表現為一種互動的複雜結構，期間存在原被告雙方、法院以及證據關涉第三方。這種結構包括着創造性的、辯證的，或許還有動議性的因素，任何情況下都不會僅僅只有形式邏輯的因素，法官從來都不是「僅僅

---

1 陳鼓應：《莊子今註今譯（上）》，中華書局，1983 年版，頁 443。

2 ［英］麥考密克、［澳］魏因貝格爾：《制度法論》（中譯本），周葉謙譯，中國政法大學出版社，1994 年版，頁 188。

3 杜麒麟：《反向刺破公司面紗制度的類型構建》，《河南財經政法大學學報》，2016 年第 1 期。

依據法律」引出其裁判，而是始終以一種確定的先入之見，即由傳統和情境確定的成見來形成其判斷：「法律規範的效力僅以一種形式上正確的合意為依據，因為人們在某種程度上推定這種合意具有內容上的正當性（前提是論辯的參與者運用必要的實際經驗），除此之外沒有更多的意義。」[1]

　　　人們所相信的絕對價值，只是在一定的文化共同體中成為不言而喻的那些價值和命令。僅當人們預設一些為世人普遍接受的基本規範時，才能夠從中推論出一些作為客觀有效的特殊的價值判斷。[2]

　　每一複雜爭議之解決，亦不存在同一性和可替代性，尼采早已指出，現實中並無絕對同一的東西，同一性乃是出於生命或生活的需要，通過認識而把現實中變動不居的東西加以靜止化，把現實中千差萬別而有相似之處的東西加以同等化的結果。按照他概括的觀點，某類事物的主要特徵不過是它們之間的相似性，相似性屬於差別性而非同一、相同或等同。[3]

1　參見［德］阿圖爾·考夫曼：《後現代法哲學 —— 告別演講》（中譯本），米健譯，法律出版社，2000 年版，頁 21−22、頁 46。

2　［英］休謨：《人性論》（下冊）（中譯本），關文運譯，商務印書館，1980 年版，頁 573−574。

3　張世英：《進入澄明之境 —— 哲學的新方向》，商務印書館，1999 年版，頁 190−191。

法律的藝術品格

藝術是描述性的，其所做的就是要引起人們對某些特徵的關
切，現象與特徵的排列與呈現，是藝術根本性敘事與表達。法律
作為一社會規範，其有效性基礎本根在於「基於有關價值的共識
或基於相互理解的一種主體間承認」。[1]

---

1 童世駿：《沒有「主體間性」就沒有「規則」──論哈貝馬斯的規則觀》，《復旦學報（社會科學
版）》，2002 年第 5 期。

一、法律的時間觀

「最是人間留不住，朱顏辭鏡花辭樹。」[1]時間就是這樣：夜裏想着心事，第二天的鬧鈴就響了；下幾次雨，夏天也結束了；等反應過來的時候，一年已經快要過去了。[2]劉光耀也曾在《詩學與時間》中論證了時間與空間的爭執，時間超越空間，時間優先於空間，比鄰於永恆，更直接地來自於永恆，明顯的例子是人們渴望永生，但少渴望無限大的身軀。[3]

時間在規定性上，並不具有客觀性。「時間是不實際的，假如你看來長，那麼它就是長的。要是你看來短，那麼也是短的。究竟是長是短，可沒有人知道。」[4]每個人都有他自己的時間測度，這依賴於他在何處並如何運動。[5]一個充實而有趣的時間內容，能使一小時，甚至是一天的光陰縮短或輕鬆地逝去。可是在度量方面，它卻賦予時間進程以寬度、重量和堅實性，因而多事之秋與那些平淡無奇、風平浪靜的年代相比，前者的流逝進程慢得多。[6]人是具有時間性的動物。人的生命即是時間的綿延，人的生存即是時間的持有，而人的生活即是時間的調配。因此，時間規定

1　［清］王國維：《蝶戀花·閱盡天涯離別苦》。

2　［南斯拉夫］查爾斯·西米克：《西瓜》，《外國文學動態》，2007 年第 5 期。

3　劉光耀：《詩學與時間》，上海三聯書店，2005 年版，頁 81。

4　［德］托馬斯·曼：《魔山》，錢鴻嘉譯，上海譯文出版社，2007 年版，頁 77。

5　［英］史蒂芬·霍金：《時間簡史》，湖南科技出版社，2006 年版，頁 59。

6　［德］托馬斯·曼：《魔山》，錢鴻嘉譯，上海譯文出版社，2007 年版，頁 105。

了人之本質。[1]

「只有心知道，歲月不寬宏，青春轉眼落根結果。不見花影繚亂，濃烈黯然已成過往，時間裏剩下流雲幽幽，青山深深，旅人依舊在路上。只願世間風景線，千般萬般熙攘過後，字裏行間，人我相忘，相對無言。」[2]有時間有空間，空間的意義依附於時間的意義。因為文學作品最根本的意義，是要提供價值，提供道德的勸誡，這是文學最古老的意義。沒有對時間的沉思，沒有對意義的思考，所有的空間性的事物，不過是一堆絢麗的虛無，一堆絢麗的荒蕪。如果我們不能夠重新回到時間的河流當中去，我們過度地迷戀這些空間的碎片，我們每一個人也會成為這個河流中偶然性的風景，成為一個匆匆的過客。[3]

「為了度量時間，我們的祖先發明了日曆，於是人類有歷史，個人有年齡。年齡代表一個人從出生到現在所擁有的時間。」[4]自然時間表徵和測度的是地球運轉以及地球上的自然事物運動的順序性和過程性，而社會時間表徵和測度的是社會事件和人們的社會生產生活的順序性和過程性。時間的社會性表現在：時間並非一種始終存在的、中性的媒介，可由事件在其之中簡單地發生。相反，時間產生於各式各樣的社會實踐，是人類活動的存在形式。法律在時間維度上與社會政治具有共面性，點狀靜態的成文律例如果不能順隨時間而實現與社會政治的同向耦合，任何曾經有效的法制都將成為「輝煌的廢墟」。在法律的運作過程中，不同的時間性被創設與表述，並在各種法律領域形成不同的觀點，彼此間展開競爭。在分析法律的時間性時，我們必須審慎考察時間的表述形式，並且內心確認：任何

1　熊賴虎：《時間觀與法律》，《中外法學》，2011 年第 4 期。

2　安妮寶貝：《事》，北京十月文藝出版社、北京出版集團公司聯合出版，2015 年版，頁 90。

3　格非：《重返時間的河流》，《小說月報》，2016 年 1 月 14 日。

4　周國平：《守望的距離》，北岳文藝出版社，2003 年版，頁 53。

法律推理所建立起來的皆是臨時與相對的真理。[1]

時間可以在一個臨時的或甚至是一個永久的基礎上進行分配、分割和重新分配。[2] 法律行為的處分客體不惟是物、權利,更可能為時間,客體不能脫離法律制度的規定,在法律制度之外是無法想像的,因此只能作為法律的客體。[3] 利益的感覺已成為我們全體社會成員所共有的,並且使我們對他們行為的將來的規則性發生一種信心;我們的節制與戒禁只是建立在這種期待上的。[4] 從時間性的原初面貌來看,財產權是以繼承過去並指涉將來的方式生成的,而自由平等權則是以反叛過去並指涉將來的方式生成的;從時間性的演進來看,財產權從對永恆性的追求轉向了對即時性的追求,而自由平等權則以不可逆的方式堅持着其對永恆性的追求。[5] 法律體現了一國家歷史的演進,法律不能僅被視作包含了一些數學式公理和推演的集合體。為了理解法律到底為何物,我們必須了解它的過去及其未來的趨勢。時間體現於一系列互不關聯的空間容器之中,使得法律作為一種靜態的、共時的、可被同步理解和應用的規範體系,可以在任意一個時刻被觀察,而與廣泛的社會環境相脫離。[6]

在權利的時間性構造中,包含着過去與現在間的關聯,而過去與現在間的哲學聯繫也從更本源的層面塑造着權利的權威性。確切地說,權威與過去間存在着密切的聯繫。過去是自在的、外部的和不能被體驗的。[7] 循環時間觀在一定層面上塑造了古代法律,而古代法律的背後也隱

1 王濤:《中國古代法制的時間維度》,《人民法院報》,2016 年 8 月 12 日。

2 〔美〕阿爾欽:《產權經濟學》,高增祺譯,載盛洪主編:《現代制度經濟學》上卷,北京大學出版社,2003 年版,頁 71。

3 〔德〕卡爾·拉倫茨:《德國民法通論》上冊,王曉曄等譯,法律出版社,2003 年版,頁 403、404。

4 〔英〕大衛·休謨:《人性論》,關文運譯,商務印書館,1980 年版,頁 531。

5 熊賴虎:《權利的時間性》,《現代法學》,2011 年第 5 期。

6 王濤:《中國古代法制的時間維度》,《人民法院報》,2016 年 8 月 12 日。

7 〔法〕薩特:《存在與虛無》,陳宣良等譯,生活·讀書·新知三聯書店,2007 年版,頁 163。

含着循環時間觀的預設；與此相對應的是，線性時間觀在一定層面上塑造了現代法律，而現代法律的背後也隱含着線性時間觀的預設。在時間三維的綿延中，生命獲得了意義。如果時間構成了人的本質，那麼，在一定程度上，時間也構成了權利的本質。在一個權利主張日益繁盛的時代，對權利時間性的探討，是追問權利之本質和確保權利不脫離其本質的必要之舉。[1]

　　時光，重疊在一棵樹上。舊枝葉團團如蓋，新條從其上引申。時光在樹上寫史，上古的顏色才讀畢，忽然看到當代舊與新，往昔與現在，並不是敵對狀態，它們在時光行程中互相辨認，以美為最後依歸。[2] 在內在時間觀下，一切變化或運動都是在思想 — 意識的伸展、持續中顯現出來的；離開了思想 — 意識，也就無所謂變化與運動。因此，如果人們的思想 — 意識是真實的、不可懷疑的，那麼，在其中顯現出來的一切變化與運動也不會是夢幻或假相，而必定也是一個真實的世界。[3]

　　線性時間觀是對時間的祛魅，更是對法律的祛魅。時間不再神祕：人，而且是具體的人，才是時間的真正主人。[4] 法律在適用時應「不考慮時間、地點和特定的人」，並且「只限於給陌生的人們提供機會，使他們能夠隨心所欲地利用這些機會」；[5] 同時，「一切法律只應該對未來有效，而不應該有追溯既往的效力。」[6]

1　熊賴虎：《時間觀與法律》，《中外法學》，2011 年第 4 期。

2　簡媜：《海誓》。

3　黃裕生：《論奧古斯丁對時間觀的變革》，《浙江學刊》，2005 年第 4 期。

4　Anthony Giddens, *A Contemporary Critique of Historical Materialism: Power, Property and the State*, London: Macmillan, 1981, p. 9, p.134.

5　[英] 哈耶克：《通往奴役之路》，王明毅等譯，中國社會科學出版社，1997 年版，頁 74、75。

6　[英] 哈耶克：《自由憲章》，楊玉生等譯，中國社會科學出版社，1999 年版，頁 251。

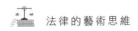

附表 1　《中華人民共和國民法典》中的法定權利期間 [1]

法條	簡稱	法條原文	期間
第 145 條	限制民事行為能力人法律行為的追認期限	限制民事行為能力人實施的純獲利益的民事法律行為或者與其年齡、智力、精神健康狀況相適應的民事法律行為有效；實施的其他民事法律行為經法定代理人同意或者追認後有效。 相對人可以催告法定代理人自收到通知之日起三十日內予以追認。法定代理人未作表示的，視為拒絕追認。民事法律行為被追認前，善意相對人有撤銷的權利。撤銷應當以通知的方式作出。	30 日
第 171 條	無權代理的追認期限	行為人沒有代理權、超越代理權或者代理權終止後，仍然實施代理行為，未經被代理人追認的，對被代理人不發生效力。 相對人可以催告被代理人自收到通知之日起三十日內予以追認。被代理人未作表示的，視為拒絕追認。行為人實施的行為被追認前，善意相對人有撤銷的權利。撤銷應當以通知的方式作出。 行為人實施的行為未被追認的，善意相對人有權請求行為人履行債務或者就其受到的損害請求行為人賠償。但是，賠償的範圍不得超過被代理人追認時相對人所能獲得的利益。 相對人知道或者應當知道行為人無權代理的，相對人和行為人按照各自的過錯承擔責任。	30 日
第 188 條	訴訟時效	向人民法院請求保護民事權利的訴訟時效期間為三年。法律另有規定的，依照其規定。 訴訟時效期間自權利人知道或者應當知道權利受到損害以及義務人之日起計算。法律另有規定的，依照其規定。但是，自權利受到損害之日起超過二十年的，人民法院不予保護，有特殊情況的，人民法院可以根據權利人的申請決定延長。	3 年； 20 年

---

1 《史上整理最全的民法典的時間法條》，《民商法庫》，2021 年 2 月 19 日，https://mp. weixin. qq. com/s/LT8RV_LHQBYDKlng-40XsA。

續表

法條	簡稱	法條原文	期間
第 194 條	訴訟時效中止	在訴訟時效期間的最後六個月內，因下列障礙，不能行使請求權的，訴訟時效中止： （一）不可抗力； （二）無民事行為能力人或者限制民事行為能力人沒有法定代理人，或者法定代理人死亡、喪失民事行為能力、喪失代理權； （三）繼承開始後未確定繼承人或者遺產管理人； （四）權利人被義務人或者其他人控制； （五）其他導致權利人不能行使請求權的障礙。 自中止時效的原因消除之日起滿六個月，訴訟時效期間屆滿。	6 個月； 6 個月
第 220 條	不動產登記簿異議登記	權利人、利害關係人認為不動產登記簿記載的事項錯誤的，可以申請更正登記。不動產登記簿記載的權利人書面同意更正或者有證據證明登記確有錯誤的，登記機構應當予以更正。 不動產登記簿記載的權利人不同意更正的，利害關係人可以申請異議登記。登記機構予以異議登記，申請人自異議登記之日起十五日內不提起訴訟的，異議登記失效。異議登記不當，造成權利人損害的，權利人可以向申請人請求損害賠償。	15 日
第 221 條	預告登記後申請登記	當事人簽訂買賣房屋的協議或者簽訂其他不動產物權的協議，為保障將來實現物權，按照約定可以向登記機構申請預告登記。預告登記後，未經預告登記的權利人同意，處分該不動產的，不發生物權效力。 預告登記後，債權消滅或者自能夠進行不動產登記之日起九十日內未申請登記的，預告登記失效。	90 日
第 312 條	遺失物返還請求權	所有權人或者其他權利人有權追回遺失物。該遺失物通過轉讓被他人佔有的，權利人有權向無處分權人請求損害賠償，或者自知道或者應當知道受讓人之日起二年內向受讓人請求返還原物；但是，受讓人通過拍賣或者向具有經營資格的經營者購得該遺失物的，權利人請求返還原物時應當支付受讓人所付的費用。權利人向受讓人支付所付費用後，有權向無處分權人追償。	2 年

續表

法條	簡稱	法條原文	期間
第 318 條	遺失物無人認領	遺失物自發佈招領公告之日起一年內無人認領的，歸國家所有。	1 年
第 332 條	土地承包經營權期限	耕地的承包期為三十年。草地的承包期為三十年至五十年。林地的承包期為三十年至七十年。 前款規定的承包期限屆滿，由土地承包經營權人依照農村土地承包的法律規定繼續承包。	30 年； 30—50 年； 30—70 年
第 462 條	佔有物返還請求權	佔有的不動產或者動產被侵佔的，佔有人有權請求返還原物；對妨害佔有的行為，佔有人有權請求排除妨害或者消除危險；因侵佔或者妨害造成損害的，佔有人有權依法請求損害賠償。 佔有人返還原物的請求權，自侵佔發生之日起一年內未行使的，該請求權消滅。	1 年
第 541 條	債權人撤銷權	撤銷權自債權人知道或者應當知道撤銷事由之日起一年內行使。自債務人的行為發生之日起五年內沒有行使撤銷權的，該撤銷權消滅。	1 年； 5 年
第 564 條	合同解除權	法律規定或者當事人約定解除權行使期限，期限屆滿當事人不行使的，該權利消滅。 法律沒有規定或者當事人沒有約定解除權行使期限，自解除權人知道或者應當知道解除事由之日起一年內不行使，或者經對方催告後在合理期限內不行使的，該權利消滅。	1 年
第 574 條	提存物領取	債權人可以隨時領取提存物。但是，債權人對債務人負有到期債務的，在債權人未履行債務或者提供擔保之前，提存部門根據債務人的要求應當拒絕其領取提存物。 債權人領取提存物的權利，自提存之日起五年內不行使而消滅，提存物扣除提存費用後歸國家所有。但是，債權人未履行對債務人的到期債務，或者債權人向提存部門書面表示放棄領取提存物權利的，債務人負擔提存費用後有權取回提存物。	5 年
第 594 條	涉外合同訴訟時效	因國際貨物買賣合同和技術進出口合同爭議提起訴訟或者申請仲裁的時效期間為四年。	4 年

續表

法條	簡稱	法條原文	期間
第 621 條	買賣合同瑕疵通知期	第六百二十一條當事人約定檢驗期限的，買受人應當在檢驗期限內將標的物的數量或者質量不符合約定的情形通知出賣人。買受人怠於通知的，視為標的物的數量或者質量符合約定。 當事人沒有約定檢驗期限的，買受人應當在發現或者應當發現標的物的數量或者質量不符合約定的合理期限內通知出賣人。買受人在合理期限內未通知或者自收到標的物之日起二年內未通知出賣人的，視為標的物的數量或者質量符合約定；但是，對標的物有質量保證期的，適用質量保證期，不適用該二年的規定。 出賣人知道或者應當知道提供的標的物不符合約定的，買受人不受前兩款規定的通知時間的限制。	2 年
第 663 條	贈與人撤銷權	受贈人有下列情形之一的，贈與人可以撤銷贈與： （一）嚴重侵害贈與人或者贈與人近親屬的合法權益； （二）對贈與人有扶養義務而不履行； （三）不履行贈與合同約定的義務。 贈與人的撤銷權，自知道或者應當知道撤銷事由之日起一年內行使。	1 年
第 664 條	贈與人繼承人法定代理人撤銷權	因受贈人的違法行為致使贈與人死亡或者喪失民事行為能力的，贈與人的繼承人或者法定代理人可以撤銷贈與。 贈與人的繼承人或者法定代理人的撤銷權，自知道或者應當知道撤銷事由之日起六個月內行使。	6 個月
第 692 條	保證期間	保證期間是確定保證人承擔保證責任的期間，不發生中止、中斷和延長。 債權人與保證人可以約定保證期間，但是約定的保證期間早於主債務履行期限或者與主債務履行期限同時屆滿的，視為沒有約定；沒有約定或者約定不明確的，保證期間為主債務履行期限屆滿之日起六個月。	6 個月

續表

法條	簡稱	法條原文	期間
第 705 條	租賃合同期限	第七百零五條租賃期限不得超過二十年。超過二十年的，超過部分無效。 租賃期限屆滿，當事人可以續訂租賃合同；但是，約定的租賃期限自續訂之日起不得超過二十年。	20 年
第 718 條	轉租異議	出租人知道或者應當知道承租人轉租，但是在六個月內未提出異議的，視為出租人同意轉租。	6 個月
第 726 條	承租人優先購買權	出租人出賣租賃房屋的，應當在出賣之前的合理期限內通知承租人，承租人享有以同等條件優先購買的權利；但是，房屋按份共有人行使優先購買權或者出租人將房屋出賣給近親屬的除外。 出租人履行通知義務後，承租人在十五日內未明確表示購買的，視為承租人放棄優先購買權。	15 日
第 1052 條	因脅迫限制人身自由的可撤銷婚姻	因脅迫結婚的，受脅迫的一方可以向人民法院請求撤銷婚姻。 請求撤銷婚姻的，應當自脅迫行為終止之日起一年內提出。 被非法限制人身自由的當事人請求撤銷婚姻，應當自恢復人身自由之日起一年內提出。	1 年； 1 年
第 1053 條	因未告知重大疾病的可撤銷婚姻	一方患有重大疾病的，應當在結婚登記前如實告知另一方；不如實告知的，另一方可以向人民法院請求撤銷婚姻。 請求撤銷婚姻的，應當自知道或者應當知道撤銷事由之日起一年內提出。	1 年
第 1077 條	離婚登記冷靜期	自婚姻登記機關收到離婚登記申請之日起三十日內，任何一方不願意離婚的，可以向婚姻登記機關撤回離婚登記申請。 前款規定期限屆滿後三十日內，雙方應當親自到婚姻登記機關申請發給離婚證；未申請的，視為撤回離婚登記申請。	30 日
第 1124 條	受遺贈人表示	繼承開始後，繼承人放棄繼承的，應當在遺產處理前，以書面形式作出放棄繼承的表示；沒有表示的，視為接受繼承。 受遺贈人應當在知道受遺贈後六十日內，作出接受或者放棄受遺贈的表示；到期沒有表示的，視為放棄受遺贈。	60 日

附表 2：《中華人民共和國民法典》中的訴訟時效 [1]

法條	簡稱	法條原文	期間
第 188 條	訴訟時效	向人民法院請求保護民事權利的訴訟時效期間為三年。法律另有規定的，依照其規定。 訴訟時效期間自權利人知道或者應當知道權利受到損害以及義務人之日起計算。法律另有規定的，依照其規定。但是，自權利受到損害之日起超過二十年的，人民法院不予保護，有特殊情況的，人民法院可以根據權利人的申請決定延長。	3 年； 20 年
第 194 條	訴訟時效中止	在訴訟時效期間的最後六個月內，因下列障礙，不能行使請求權的，訴訟時效中止： （一）不可抗力； （二）無民事行為能力人或者限制民事行為能力人沒有法定代理人，或者法定代理人死亡、喪失民事行為能力、喪失代理權； （三）繼承開始後未確定繼承人或者遺產管理人； （四）權利人被義務人或者其他人控制； （五）其他導致權利人不能行使請求權的障礙。 自中止時效的原因消除之日起滿六個月，訴訟時效期間屆滿。	6 個月； 6 個月
第 594 條	涉外合同訴訟時效	因國際貨物買賣合同和技術進出口合同爭議提起訴訟或者申請仲裁的時效期間為四年。	4 年

二、春季與法律

　　春天來了。這是一個爽朗可愛的春天，既沒有風雪，也不是變幻莫測。這是一個植物、動物和人類皆大歡喜的少有的好春天。[2]

　　「那些花盆裏面看着似乎只有土，可土層深處埋藏着靜候春天等待發

1　《史上整理最全的民法典的時間法條》，《民商法庫》，2021 年 2 月 19 日，https://mp. weixin. qq. com/s/LT8RV_LHQBYDKlng-40XsA。

2　［俄］列夫・托爾斯泰：《安娜・卡列尼娜》，草嬰譯，上海譯文出版社，1982 年版，頁 97。

芽的花種，嚴酷的寒冬要求養花人從信念中汲取力量，不被表象迷惑，堅持不懈地給花澆水，相信光禿禿的花盆中遲早會鑽出希望的嫩芽。」[1]

「小草偷偷地從土裏鑽出來，嫩嫩的，綠綠的。園子裏，田野裏，瞧去，一大片一大片滿是的。坐着，躺着，打兩個滾，踢幾腳球，賽幾趟跑，捉幾回迷藏。風輕悄悄的，草軟綿綿的。」[2]「記憶的梗上，誰不有兩三朵娉婷，披着情緒的花。」[3]「補丁是衣裳的花瓣，每個花瓣都有故事。」[4]

我是北方人，論季節，北方也許正是攪天風雪，水瘦山寒，雲南的春天卻腳步兒勤，來得快，到處早像摧生婆似的正在摧動花事。[5]「芙蓉落盡天涵水，日暮滄波起。背飛雙燕貼雲寒，獨向小樓東畔，倚闌看。浮生只合尊前老，雪滿長安道。故人早晚上高台，寄我江南春色，一枝梅。」[6]所謂「春未綠，鬢先絲。人間別久不成悲。」[7]

我想起和春天有一個約會，那遠在少年時就預約的風景；好花剛開到一半，草木在前路上抽芽萌長，所有的心事都悄然放晴，春天，請你等一等。如果生命的春天重到，古舊的凝冰都嘩嘩地解凍，那時我會再看見燦爛的微笑，再聽見明朗的呼喚 —— 這些迢遙的夢。這些好東西都決不會消失，因為一切好東西都永遠存在，它們只是像冰一樣凝結，而有一天會像花一樣重開。[8]

春天的絢爛多姿、斑斕多彩契合於環保法對自然、生物多樣性、大

1　［瑞典］弗雷德里克・巴克曼：《清單人生》，天津人民出版社，2018 年版，頁 116。

2　轉引自王立英：《貯滿詩意的春之歌 —— 讀朱自清的散文〈春〉》，《時代文學》，2009 年第 3 期，頁 96-97。

3　林徽因：《你是那人間的四月天》，萬卷出版公司，2009 年版，頁 172。

4　遲子建：《群山之巔》，人民文學出版社，2015 年版，頁 106。

5　楊朔：《茶花賦》，人民文學出版社，1985 年版，頁 83。

6　［宋］舒亶：《虞美人・芙蓉落盡天涵水》。

7　［宋］姜夔：《鷓鴣天・元夕有所夢》。

8　戴望舒：《偶成》。

氣、江河、資源、世界公園的關注與調整。環境法是領域法，領域法是利用法律調整方法來解決具體領域社會問題的類別法，即環境法是利用憲法、民法、行政法、訴訟法規定的調整規則或者方法（包括特殊的方法）來解決環境問題。[1] 環境法既解決環境民事問題，解決環境行政問題，也解決環境刑事問題，因此其調整對象既包括民法的調整對象、行政法調整對象，還包括刑法的調整對象；它的調整方法既包括行政的、民事的調整方法，還包括刑事的調整方法。換言之，環境法的調整對象和方法已被民法、刑法、行政法等傳統的部門法所囊括。[2] 環境資源法研究和實踐應然契合生態環境的整體性、交互性和不確定性，避免環境立法、執法和司法的碎片化、局部化、單一化思維。避免陷入「全有或者全無」的「一刀切」思維，造成對很多關鍵問題的研究得出截然相反的結論。[3]

　　環境權是人類對大自然尤其是春天的期盼和尊重而來，具有公權和私權的雙重屬性，環境的公益性強調人類整體利益，私權性則是從獨立的自然人角度出發；私權性包含於公益性之中，公益性又以私權性為基礎，二者相輔相成，人們在追求環境公益的同時，環境私益也得到了滿足。[4]《中華人民共和國民法典》（2020 年）[5] 第九條亦明確規定了「綠色原則」，即「民事主體從事民事活動，應當有利於節約資源、保護生態環境」。侵權責任編中，用專門章節對污染環境和破壞生態的侵權責任作出規定。「綠色原則」屬於限制性原則，其和「公平原則、誠實信用、權利義務一致等原則一樣，從不同角度體現了社會化的要求」，其「要實現民事主體與生態環境之間的利益平衡」，「是民法典社會化一面的新表

1　常紀文：《環境法是領域法而非獨立部門法》，《科學時報》A3 周末評論，2010 年 9 月 10 日。

2　常紀文：《環境法立法和研究的幾個基本問題》，《中國環境報》，2014 年 2 月 26 日。

3　明海英：《環境法研究重在回歸實踐 —— 記中南大學法學院副教授張寶》，《中國社會科學報》，2017 年 11 月 8 日。

4　凌勇：《論環境權的公私屬性》，《法制與社會》，2007 年第 3 期。

5　2017 年 3 月 15 日 第十二屆全國人民代表大會第五次會議通過，自 2017 年 10 月 1 日起施行。

現和新動向」。[1]

　　法律制度必須具有自我發展的能力：法律的自創生理論把法律系統當作一個只能進行現存系統之外的進一步的法律溝通的閉合的溝通系統 …… 自創生理論是一種理解法律權威性的循環性的社會理論，即法律決定什麼可被算作法律。[2] 法律的自我發展主要表現為通過系統內具有關聯性的概念、制度的融合來實現交互或自我的進化。作為創設的制度，法律是人類理性的產物，但由於人類理性對法律系統的路徑依賴，某種意義上既有法律系統，又甚至可「引導」理性的方向而非單純被動地被人類理性決定。因此法律制度具有自我進化的潛質與趨勢。[3]

　　拾花釀春，北島說過：「春天是沒有國籍的，白雲是世界的公民。」法律的自我發展、自我修補、自我進化，完全映照於四季中春的意象和境遇。

　　好好忍耐，不要沮喪，如果春天要來，大地會使它一點一點地完成。[4]「這些美好的事物仿佛把我往春天的路上帶，所以我一次次按住內心的雪。」[5] 民事行為必須要兼顧社會環境公益，個人利益僅限於在和環境公益相調和的範圍內才受法律保護。這為民事活動、民事立法、司法裁判提供科學發展的指引，這種發展趨勢也為民事權利的生態化提供了理論支持。就環保法原則而言，其代表着環境規範的基本屬性與基本價值，能夠為環境立法、司法和民事活動等提供概括的指導和約束。[6] 環境標準的制定應是一個不斷優化與完善的動態調整過程。這就要求加快制定空白領域的環境標準、及時修改或廢除不適宜的環境標準，避免制度真空與滯後，

1　呂忠梅：《「綠色原則」在民法典中的貫徹論綱》，《中國法學（文摘）》，2018 年第 1 期。

2　［德］貢塔‧托依布納：《法律：一個自創生系統》，張騏譯，北京大學出版社，2004 年版，頁 4–5。

3　翟笠：《論「行政特許」對「民商事特許」的借鑒》，《法學評論》，2016 年第 3 期。

4　［奧地利］萊內‧馬利亞‧里爾克：《給一個青年詩人的十封信》，馮至譯，生活‧讀書‧新知三聯書店，1994 年版，頁 35。

5　余秀華：《我愛你》，廣西師範大學出版社，2015 年版，頁 155。

6　劉曉梅：《環保風暴下企業的環保法律責任》，《中國社會科學報》，2017 年 12 月 7 日。

並建立起相應的動態調整機制，使環境標準兼具科學性、合理性和可操作性。[1]當代人的經濟發展和社會發展在對資源和環境的開發利用中應當有所節制，從而為後代的發展保持同當代相同的環境質量和自然系統，同時保存具有美學、歷史或生態價值的重要區域。可持續發展的理念既考慮到了當代人的環境利益，又顧及到了後代人的環境利益。並且，可持續發展強調發展與保護的統一，主張在充分利用環境的經濟屬性的同時，保持環境的生態屬性和精神屬性，它的內在要求希望人類的經濟利益和環境利益能夠相協調，因此就需要包括法律在內的多種社會手段對經濟利益和環境利益之間的衝突進行調整和平衡。[2]

「每年的春天一來，實際上也不意味着什麼，但我總覺得要有什麼大事發生似的。我心裏總是蠢蠢欲動，可等春天整個都過去了，根本什麼也沒發生，我就很失望，好像錯過了什麼似的。」[3]在環境生態擴張性的角度，新一輪的勃興正在到來。

三、夏季與法律

蟬鳴，午後雷陣雨，俯身採摘西紅柿嗅聞到的芳香，風吹過時樹葉掠動，清晨竹葉尖端的露水，孩子的笑容，一朵即將開至沉墮而不自知的花，一個以此遺忘世界的親吻，以及黑夜中無人知曉的泪水和心碎⋯⋯所有本真的存在令人內心振顫。沒有其他人世的方式，能比這些更使人覺得美和哀愁，更能感受到生存的謙卑和尊嚴。[4]初夏異常亮麗的陽光，將頭

1　施志源：《新環保法：進一步完善環境標準體系》，《中國社會科學報》，2015 年 1 月 19 日。
2　王春磊：《我國環境法對環境利益消極保護及其反思》，《暨南學報》，2013 年第 6 期。
3　李檣：《立春》，北京聯合出版公司，2013 年版，頁 116。
4　安妮寶貝：《春宴》，湖南文藝出版社，2011 年版，頁 109。

頂樹枝的前影斑斑駁駁印在地上。無風，樹影看上去竟如生來便固定於地表的斑痕。周圍間無聲息，仿佛草葉在陽光下呼吸的聲音都可聽到。天空漂浮着幾片不大的雲絮，鮮明而簡潔，宛如中世紀銅版畫上的背景。目力所及，所有物象無不歷歷然輪廓分明，竟使我感覺自家肉體似乎成了虛無縹緲的什麼物件，且熱得出奇。[1]

春天是祭壇上空漂浮着的鴿子的哨音，夏天是冗長的蟬歌和楊樹葉子嘩啦啦地對蟬歌的取笑，秋天是古殿簷頭的風鈴響，冬天是啄木鳥隨意而空曠的啄木聲。[2]花草種得用心繁盛：四處攀援的牽牛花，清香金銀花，爛漫茶花和薔薇，鳳仙與太陽花在牆根開成一片。它們都是結實的花朵，點綴平常院落破落門庭。有人在瓦缸裏種荷花，到了夏天，開出紅豔豔碩大花朵，芳香四溢，着實令人驚心。用來儲備雨水的暗黑水缸裏有金魚，養得肥大撩人，不發出聲息。[3]

商法不調整人身關係，是因為商法調整的商事關係是一種經營關係，具有營利性目的，人身關係不具有營利性特徵。民事財產關係是指物權關係、債權關係、繼承與親屬關係。作為債權關係的主要內容的合同關係包括民事合同和商事合同，區別在於是否以營利為目的。民事合同主要發生在個人之間，商事合同主要發生在商人之間的營利性交易。民事關係難以包容商事關係。同時，商事關係也非民事關係派生出來的特殊關係，而是產生於商品經濟社會獨立存在的經營關係。[4]

夏天，萬物蓬勃契合於商法的包羅萬象，枝繁葉茂。商法調整的商事關係是商人以追求利潤為目的從事特定營業所形成的經營關係。其由三個

---

1 ［日］村上春樹：《奇鳥行狀錄》，林少華譯，上海譯文出版社，2002 年版，頁 101。

2 史鐵生：《我與地壇》，人民文學出版社，2011 年版，頁 112。

3 安妮寶貝：《素年錦時》，北京十月文藝出版社，2011 年版，頁 172。

4 施天濤：《商事關係的重新發現與當今商法的使命》，《清華法學》，2017 年第 6 期。

核心要素構成：營利、營業、商人。[1] 商人是商法規定的權利義務的體現，商法規定的不是一般的自然人組織和法人組織，通過商法規定，使一定的人有商法權利和商法義務的人才是商人。公司是商人中的商業組織，公司法是商法的一部分，體現的是商法中商事組織法的內容。公司法規定和保護的實際上是公司的法人資格。法人的資格在中國或許不是簡單的主觀主義和客觀主義，但是歸納起來也是和這個緊密結合的，實際生活中商人和其他職業的人是不同的。商人和商法上的其他主體也是不同的，商人不能夠等同於上市主體，商人的資格實際是一個職業的資格，任何職業都有職業資格，商人都從事商事活動，也必定會有職業的資格。[2] 公司法不言自明的首要功能就是為商業企業提供具備公司核心特徵的法律形態，通過塑造普遍適用與方便使用的公司形式，幫助企業家輕鬆自如地藉助公司組織媒介開展交易活動。[3]

　　法律對公司形態加以確認是一個制度發現的過程，必然滯後於實踐創造公司形態的過程，因而經法律確認的公司形態能否適應經濟社會的發展，尚需經過長期的實踐檢驗。換言之，法律制度對公司法律形態的安排以商業實踐為基礎，當市場主體的客觀需求發生變化進而促使商業實踐形式發生變化時，產生於舊的經濟社會基礎之上的公司法律形態可能無法繼續存在或者沒有必要存在，應當及時予以變更或廢止。就這一角度而言，公司法律形態的演進是一個更新換代的升級過程。公司作為一種社會組織體，必然與經濟社會生活的方方面面具有千絲萬縷的聯繫，其法律形態的演變無疑受到經濟、法律、政治、宗教、傳統文化等各種因素的影響。這些因素的綜合作用形成具有無限能量的動力機制。一方面，自由商業實踐

1　施天濤：《商事關係的重新發現與當今商法的使命》，《清華法學》，2017 年第 6 期。

2　王保樹：《公司法的商法精神》，https://www.sohu.com/a/163927774_169411。

3　參見［美］萊納·克拉克克曼等：《公司法剖析：比較與功能的視角》，劉俊海、徐海燕等譯，北京大學出版社，2007 年版，頁 2。

創造不同的公司形態，通過法律制度有選擇地確認，進而形成不同的公司法律形態。另一方面，公司法律形態在產生之後，並非必然具有永久性，需要不斷接受商業實踐的檢驗，倘若無法適應現實或不再為社會所需，將被法律所廢止。在商業實踐與法律制度的矛盾運動中，公司法律形態不斷發生變化，有些停留在歷史的某一時刻，有些則獲得了長足的發展。但公司的核心要素必然得以延續，並通過市場主體的主觀能動作用不斷添加新要素，抑或重新組合已有要素，從而獲得多樣化的發展。[1]

法律驅動着經濟活動，法律規則質量越好，經濟表現越好。[2] 大陸法系中公法與私法的分野，在法律的發展中日漸受到挑戰，逐漸超越原本的劃分，公法與私法實際上有很多共同之處。其中私法影響公法的程度尤為明顯，美濃部達吉指出：關於公法關係，現在還沒有像民法那樣的總則規定 …… 便在很多地方非解釋為類推適用於公法關係不可。[3] 從社會整體來看，原來的純私化就可以開展的關係現在演變為由存在的無數個功能分化的社會子系統支持的相對獨立、彼此又發生結構耦合的複雜社會關係。我們很多過去孤立形式之間具有了更加緊密和複雜的社會相關性，很多情況下單純的私人關係已經不存在了，過去孤立的私人關係現在開始越來越多演化成一種包含越來越多社會性的關係，私人主體在負擔私性義務的同時，在很多情境下增加了社會關涉性義務的必要性。時至今日，民商法越來越關注因商業功能分化而提出的商業諸功能系統的規範問題。證券法、票據法、破產法、信託法、商業登記法等都是在這種意義上得到極大的促進。當前的互聯網金融規範結構，更是呈現這樣一種基於功

1　趙吟：《公司法律形態演進的動力機制》，《北方法學》，2015 年第 4 期。

2　[美] 柯提斯·米爾霍普、[德] 卡塔琳娜·皮斯托：《法律與資本主義：全球公司危機揭示的法律制度與經濟發展的關係》，羅培新譯，北京大學出版社，2010 年版，頁 5。

3　[日] 美濃部達吉：《公法與私法》，黃馮明譯，中國政法大學出版社，2003 年版，頁 203–204。

能規範的要求。[1]

　　現階段，我國商法在科學發展的道路上，創造出諸多適應新時代的、體現新範式的、有的被法定化的新的商法概念，諸如市場交易，宏觀調控主體、市場主體、消費主體，宏觀調控行為、市場行為、消費行為，現代商法、硬商法、軟商法、和諧商法，資本經營、智力經營，網上交易，商務、電子商務，統一法、統一規則，自律、自治、商會，交易自由、交易公平、交易誠信，現代企業制度等。[2]制度經濟學家將達爾文進化原理運用到市場領域，從發生學的角度把複雜系統的演化當作商法「累積因果」的過程，認為一切組織的演化必然涉及三個機制的共同作用，即承襲機制、變異機制和選擇機制。[3]

　　商法規範偏重於技術性，反映了現代經濟講求效率和便於國際貿易交往的要求，帶着很強的通用性和創新性。[4]隨着全球市場經濟的同質進程加速推進，商法的趨同化趨勢日益加強，並構成「法律全球化」實踐最突出的一部分。[5]法律國際化是一種發展趨勢，在各個國家法律制度相互交流和借鑒的過程中，體現的是人類社會對於法律價值的一種普遍性認可。[6]

　　「白日的時光靜寂緩慢，我們注視着前方，努力不使之偏向，就像夏日的紅玫瑰逐日盛開，時光靜寂流逝，永不復返。」[7]法典化的系統編纂是商法最高層次的形式理性，商事法律彙編僅是將我國的商事單行法模式過

1 龍衛球：《現今民商法的社會基礎與變化趨勢》，《兩岸民商法前沿》第三輯，中國法制出版社，2014 年版。

2 徐學鹿、梁鵬：《商法總論》，中國人民大學出版社，2009 年版，頁 289。

3 ［英］馬爾科姆·盧瑟福：《經濟學中的制度：老制度主義和新制度主義》，陳建波、郁仲莉譯，中國社會科學出版社，1999 年版，頁 12。

4 顧耕耘：《關於商法基礎理論的幾個問題》，徐學鹿主編：《商法研究》第三輯，人民法院出版社，2001 年版。

5 王春婕：《商法重構：在全球化背景下的思考》，《法商研究》，2003 年第 3 期。

6 范健：《中國商法國際化問題芻議》，《當代法學》，2013 年第 2 期。

7 ［美］鮑勃·迪倫：《時光慢慢流逝》。

渡到商法典模式的中間路徑，一旦我國通過商事法律彙編形成較為系統的商事法律框架體系，社會商業倫理秩序趨於穩定，我國仍然應當制定《商法典》。[1]

四、秋季與《中華人民共和國民法典》

秋天來了，記憶就輕輕提示道：「淒悽切切的秋蟲又要響起來了。」[2] 我看着地上的落葉，有三種不同的顏色：翡翠般綠的，金子般黃的，火一般紅的，真可以說是色彩繁多了。今年似乎與往年不同，秋天的落葉特別多，幾乎在每一棵樹旁，都會有一片片落葉靜靜地躺在那兒等着清潔工人來打掃。[3]

將秋季與《中華人民共和國民法典》（2020 年）聯結，原因在於《中華人民共和國民法典》集大成與豐盈，亦在於盈則必虧，法典的辯證缺陷將在一定時間內呈現。民法典指向的實際上是一種相對安排好的概念的複雜性和特定性。從立法者的角度來看，由於社會已經具有了極度的複雜和結構流動性，他們進行的就只是對規則調整以使其與社會形勢相適應。但從實踐者的角度來看，它就或者意味着極度的特定化，這一特定化會有損於一種一般的社會意識。[4] 在系統論看來，系統是由若干相互聯繫、相互作用的要素所組成的具有一定功能的有機整體。系統的整體性原理則認為系統的每個要素都有其獨特的功能，系統本身則具有整體功能，系統的要素一旦組成系統整體，就具有獨立要素所不具有的性質和功

1　范健：《編纂中國商法典前瞻性思考》，《廣大社會科學》，2018 年第 3 期。

2　葉聖陶：《沒有秋蟲的地方》，江蘇文藝出版社，2009 年版，頁 156。

3　徐志摩：《落葉》，北新書局，1953 年，頁 161。

4　Geoffrey Sawer, *Law in Society*, Oxford, 1965, p. 209.

能，形成了新的系統的質的規定性。法律法典化的重要價值正在於通過相關法律群體的整合形成單個法律所不具有的整體功能，實現法律規範間的功能銜接和互補。[1]

在制度演化的過程中，總有一些相對穩定的因素始終存在，就像生物遺傳過程中的基因一樣。制度是對已經發生之進程的總結提煉，其蘊含着諸如傳統、習慣、意識等以往社會的保守因素，之後發展演變出來的制度將承襲這些因素，以體現相對的穩定性。[2]制度的產生往往滯後於實踐的進程，新的實踐可能創造出新的條件，使得制度在完成整個承襲過程後已經事實上發生變異。換句話說，制度的發展不是一個簡單的自我複製過程，也不可能實現完全的自我複製，變異作用是客觀存在的，根源則在於人類天生的好奇心。[3]

民法成典，以有限法條應對生活的無限可能。《中華人民共和國民法典》不是條文的堆砌，而是條文的體系化建制，不同條文間的體系化組合會產生無窮的新規則。《中華人民共和國民法典》的制度體系關注法典內各項制度之間的協調。就現代民法典貫徹的價值而言，維護人格尊嚴是首要的價值目標。[4]全球一體、高頻交易的時代需求，加大了對商業交易效率的保護。比如突破了傳統的合同相對性原理，增加了在法律規定及當事人約定前提下，第三人可以不通過債權人而直接向債務人主張違約責任，保護涉及第三方的交易貫通無礙（第 522 條）；比如進一步強調了利於保護交易效率的「從隨主變」原則，債權人轉讓債權的，受讓人當然地取得債

1　趙旭東：《民法典的編纂與商事立法》，《中國法學》，2018 年第 5 期。

2　See Thorstein B. Veblen, *The Theory of the Leisure Class: An Economic Study in the Evolution of Institutions*, New York: Macmillan, 1899, p.191.

3　Thorstein B. Veblen, *The Instinct of Workmanship and the State of the Industrial Arts*, New York: Macmillan, 1914, p.87.

4　張紅：《民法典人格權編一般規定的體系構建》，《武漢大學學報（哲學社會科學版）》，2020 年第 5 期。

權的從權利（抵質押等擔保權利）而不以是否辦理抵質押變更登記為前提（第547條）；比如對無權處分交易行為的保護，改變了原來民法體系中無權處分屬於「效力待定」法律行為的規定，而明確在受讓人善意、交易價格合理且完成登記或交付的前提下，交易行為合法有效（第311條）；還有新增加了可以通過認購書等方式約定將來一定期限內訂立合同的「預約合同」（第495條），對超越經營範圍的合同效力不輕易否定（第505條），合同基礎條件變更後以繼續履行合同為原則（第533條）等等，均貫穿了保護交易、提高交易效率的立法精神。[1]

法律是對現實生活的轉譯，相應的強制性規範對前述現象應有所回應。「沒有法律的確認，這些人格權無從獲得承認與保護」，[2] 民法典通過強調調整人格權的「享有」與「保護」所生的民事關係，體現人格權享有的自然性與因法定化而得之保護。[3] 同時，合同是民事主體之間常見的協商工具，交易內容和目的有賴當事人的約定，因而並不限於財產色彩。如果說涉及精神目的的合同，如婚慶服務、旅遊合同，交易相對人不過是提供滿足精神利益的「物品」而非精神利益本身的話，那麼對此類合同履行的理解同樣可解讀為「物品不過是承載精神利益的軀殼而已」。[4] 此類合同目的為精神上的滿足係雙方默認的共識，甚至有社會普遍共識，拋卻這些精神目的，合同便喪失存在意義。其次，違約精神損害賠償符合可預見性。合同當事人在訂約前難以預料到精神損害的發生，且精神損害的計算困難，如此便可能破壞當事人的預期，不利於交易的達成。但可預見標準客觀化後，即以一個抽象的「理性人」「常人」「善良家父」等客觀標準進行

---

1 王中旺：《從實務角度看民法典對信託業務的影響》，《新京報貝殼財經》，2020年8月11日。

2 張紅：《〈民法典（人格權編）〉一般規定的體系構建》，《武漢大學學報（哲學社會科學版）》，2020年第5期。

3 張紅：《民法典各分編（草案）人格權編評析》，《法學評論》，2019年第1期，頁107。

4 張紅：《〈民法典（人格權編）〉一般規定的體系構建》，《武漢大學學報（哲學社會科學版）》，2020年第5期。

判斷。[1] 可預見性是從一般理性人視角觀察某種違約行為是否通常、很可能造成某種損害。就此，典型以精神享受、安寧為合同目的的特殊服務合同包含共同認可的精神性目的，合同中權利義務已確定且相對人已然知曉，債權人對給付之權利類似於人格權，違約可能導致合同的精神目的無法實現，產生精神損害。此外，人身損害通常也會引起生理和心理的痛苦，即精神損害。當合同負有維護、增進對方人身權的義務，債務人即應預見其違約可能造成人身傷亡並產生精神損害。最後，不屬於典型為精神目的的合同也可能承載精神利益，但必須能為合同相對方清晰知曉，蘊含的人格利益保護目的應當固定在合同中。如沖印僅存的一張與已故親人的合影，若無特別說明，相對人只會將此作為普通照片理解，無法預料精神損害的可能。違約精神損害賠償似乎常出現在某幾類合同中，但並不代表違約精神損害賠償屬於例外，無精神損害風險的合同自然不會有這個問題。[2] 本次民法典編纂按照體系化科學的要求，消除了原有民事立法散亂且存在內在混亂的弊端，遏制了立法盲目和衝動，實現了民事立法體系的極大改進，充分彰顯了民法發展史上曾倡導的「體系化效應」的積極作用。[3]

　　我愛好春，但是春太柔嫩；我愛好夏，但夏太榮誇。因此我最愛好秋，因為她的葉子帶一些黃色，調子格外柔和，色彩格外濃郁，它又染上一些憂鬱的神采。[4]

　　正如薩維尼所指出的：「法律自制定公佈之時起，即逐漸與時代脫節」。由於民法典是用文字表達的，是源於人為的主觀建構，而人的理性是不及的，語言的表現力也是有限的，因此，普遍性、抽象性的規則無法

1　韓世遠：《合同法總論》，法律出版社，2018 年版，頁 796。

2　張紅：《〈民法典（人格權編）〉一般規定的體系構建》，《武漢大學學報（哲學社會科學版）》，2020 年第 5 期。

3　孫憲忠：《民法典何以為「典」》，《光明日報》，2020 年 5 月 30 日。

4　林語堂：《吾國吾民》，德華出版社，1980 年版，頁 109。

涵蓋豐富多彩、變動不居的現實生活。傳統語境下的法典被視為絕對理性所構築的聖物，其嚴密體系旨在回應幾乎所有社會問題，而今看來，此理想卻恐有烏托邦之嫌。如何對法典化的程度進行合理定位，可謂是法典編纂的邏輯起點。[1]《中華人民共和國民法典》的立法技術遠未至善，這就要求即便是這部已經成形的民法典，仍然需要立法者與民法學家們保持清醒和謙抑，保持民法典的開放性和可塑性，不能以一種封閉、自得甚至抗拒制度合理變遷的方式阻礙中國法的創新發展。當然，這部民法典畢竟並非完全的「規則化」，而是「原則」與「規則」的結合體，從而為司法解釋與公共政策容留了一定的裁量空間，這是必然的，也是正當的。[2]《中華人民共和國民法典》的世界維度以普適性原理、制度和規則為旨歸，通過理論理性實現；中國維度使《中華人民共和國民法典》與民族生活相互涵蘊和護持，經由實踐理性察知；時代維度使《中華人民共和國民法典》向未來開放，需要先知先覺的智慧。三種維度共存表明，《中華人民共和國民法典》同時蘊含了過去、現在和未來。任何民法典都存在這三種維度，無非質和量存在差異而已。[3]

「任何人都無法預見哪一天是贈給他的，這天哪些瑣碎小事 —— 或是臨河宅牆上映出的粼粼波光，或是一片隨風飛舞的楓葉 —— 會使他永遠銘記心頭。」[4]「落字成暖，且道秋安」，[5]「縱有疾風起，人生不言棄」。[6]法律適用的過程即為模擬，模擬運用關注的是「事物本質」，當法律規範與待決案件之間具有相同的事物本質，產生相似性，即有運用模擬的必要。在此路徑下，無論法律的解釋或模擬，均屬於詮釋。模擬推理乃是表明結

1 李艷芳、田時雨：《比較法視野中的我國環境法法典化》，《中國人民大學學報》，2019 年第 2 期。
2 田飛龍：《民法典、權利時代與規範調適》，《多維 CN》，2020 年 7 月號。
3 謝鴻飛：《民法典中的世界性、中國性和時代性》，《法制與社會發展》，2020 年第 4 期。
4 ［美］納博科夫：《菲雅爾塔的春天》，石枕川譯，浙江文藝出版社，2003 年版，頁 96。
5 轉引自 https://www.sohu.com/a/424835368_801808。
6 瓦雷里：《海濱墓園》。

論的方式，而非獲致結論的方式。[1]

五、冬季在法律的意蘊

　　春夏秋冬，一年四季來回循環地走，那是自古也就這樣的了。風霜雨雪，受得住的就過去了，受不住的，就尋求着自然的結果。那自然的結果不大好，把一個人默默地一聲不響地就拉着離開了這人間的世界了。至於那還沒有被拉去的，就風霜雨雪，仍舊在人間被吹打着。[2]「我總愛一個人默默地踩着絨氈一樣的積雪，在田野裏漫無目的地走動，心中充滿了喜悅的感情。我常常在黃昏裏面對白皚皚的山巒不由自主地微笑；或者故意在村前小河積雪的冰面上徜徉，好讓自己在不知不覺中滑倒，陶醉在一種難言的舒服之中⋯⋯」[3]

　　這是一幅嚴寒的夜景，仿佛可以聽到整個冰封雪凍的地殼深處響起冰裂聲。沒有月亮，抬頭仰望，滿天星斗，多得令人難以置信。星辰閃閃競耀，好像以虛幻的速度慢慢墜落下來似的。繁星移近眼前，把夜空越推越遠，夜色也越來越深沉了。縣界的山巒已經層次不清，顯得更加黑蒼蒼的，沉重地垂在星空的邊際。這是一片清寒靜謐的和諧氣氛。[4]風刮得很緊，雪片像扯破了的棉絮一樣在空中飛舞，沒有目的地四處飄落。左右兩邊牆角各有一條白色的路，好像給中間滿是水泥的石板路鑲了兩道寬邊。[5]大雪儘管覆蓋住了往日的時光，但回憶卻永存着，任何時候都能摸到

---

1 Ronald Dworkin, *Justice in Robes*, 1997, p. 69. 原文為「An analogy is a way of stating a conclusion, not a way of reaching one, and theory must do the real work」。

2 蕭紅：《呼蘭河傳》，中國青年出版社，2008 年版，頁 221。

3 路遙：《在困難的日子裏》，青海人民出版社，1999 年版，頁 77。

4 ［日］川端康成：《雪國》，人民文學出版社，2002 年版，頁 233。

5 巴金：《家》，人民文學出版社，2018 年版，頁 209。

皮下的脈搏怎樣在跳動，得知生命從這裏曾經流過，現時仍在流着，將來還將流下去 …… [1]

冬季契合於行政法的本質屬性 —— 冬季多雪，以冷為基，雪漫天飛舞，遇暖再無影無蹤。

寒冷是地理的一種表達

空間與時間，奠定了法律文化的基本格局。空間決定法律文化的內涵。文化的多樣性催生了法律的多樣性：東方法律的神祕，西方法律的明晰；英美法律的經驗主義，歐陸法律的邏輯主義。面對各自的社會問題，每個文明都有應對方式，法律只是文化的一個鏡像。時間既促成法律傳統的形成，又改變法律傳統的走向。同時，時間還改變了人類空間環境，加速了不同法律文化之間的衝突與融合。任何一個既定的法律文化，都是空間與時間交織而呈現的複合表象。[2]

孟德斯鳩認為氣候、土壤和地域影響着民族的性格、感情、道德、宗教、風俗和法律，甚至決定國家的政體。他說：「酷暑令人形神皆憊，失去勇氣」，「寒冷的地方有一種身體和精神上的力量使人能夠作種種耐久、辛勞、巨大、勇毅的活動。」「土地磽薄能使人勤勉持重，堅忍耐勞，勇敢善戰 …… 土地膏腴則因安樂而使人怠惰，而且貪生畏死。」「因此熱帶民族的怠惰幾乎總是使他們成為奴隸，寒帶民族的勇敢則使他們保持自由。」「海島民族比大陸民族更重視自由。」「艱苦的山區享有的自由，勝於得天獨厚的地區。」「單獨一人的統治最常見於土地肥沃的國度，而若干人的統治則見於不肥沃的國度。」他以普魯泰克的話為例證：「山區的人竭力要求人民的統治；平原的人要求豪門的統治；近海的人則擁護兩者

---

1 ［捷克］博胡米爾‧赫拉巴爾：《我曾侍候過英國國王》，星燦、勞白譯，北京十月文藝出版社，2012 年版，頁 158。

2 徐愛國：《法律文化的空間與時間維度》，《光明日報》，2017 年 5 月 1 日。

混合的統治。」[1]

　　寒冷（氣候）意味着從物理（空間）尺度到社會（空間）尺度，nomos（法律，習慣，規則）的意義由此得到了擴展和轉變並具有世俗性的特徵。如果我們把 nomos 視為一種植根於人為之法律的規範秩序，那麼 nomos 不僅有規範性的特點，還有文化性並具有社會意涵的特點：正是不同文化對規範性所持有的獨特理解，影響了人們對於 nomos 作為一種生活世界根據的認識和遵從。如 Robert Cover 所言，法律不僅僅是一套規則，還是我們生活的整個世界，這些法令和規範性世界 —— 對本文而言就是對法理之揭示 —— 被掌握在規模或大或小、公共或者私人的解釋群體之中。[2] 客觀存在的社會現實除了由行動者構成的客觀內容之外，還包括由思想、信念、知識等主觀過程所進行的社會建構；是一種主觀過程的客觀化和客觀化的主觀過程的互動世界。認為社會不是一個預先給定的客觀現實，而是由社會成員的行動創造的；創造社會的行為必然需要表現出專門的技能；行動者不能自由地選擇如何創造社會，而是受限於他們無法選擇的歷史位置的約束；結構具有制約人類行動和促成人類行動（為其提供資源）的雙重能力，社會學考察的焦點就是結構化過程 —— 通過行動構成結構而行動又被結構性地構成。[3]「從理解的角度看，人類世界經驗的語言性直接將我們置身於加達默爾的所謂詮釋學處境：我們的語言即是我們的前見，它一方面構成我們的視域；為了達到理解，語言是必不可少的，另一方面又是必須超越的對象。」[4]

1　［法］孟德斯鳩：《論法的精神》，張雁深譯，商務印書館，1995 年版，頁 252–279。
2　See Robert Cover, "Foreword: Nomos and Narrative", *Harvard Law Review*, vol. 97, no. 4(Nov. 1983), p. 5.
3　金小紅：《吉登斯結構化理論的邏輯》，華中師範大學出版社，2008 年版，頁 38。
4　梁治平：《梁治平自選集／跨世紀學人文》，廣西師範大學出版社，1997 年版，頁 118。

終南陰嶺秀，積雪浮雲端 [1]

　　「外在體系」是法律形式上的構造，是對（以法律概念為基礎）法律材料的劃分。[2] 法律的內在體系是法的內部構造，是一致的價值判斷體系。[3] 傳統社會，法律文化主要與文化關聯，而在現代社會，它開始與文化脫鈎，與法律制度密切關聯；在傳統社會，法律文化的價值主要是文化賦予的，在現代社會，法律文化的價值主要受到法律制度中的價值引導和型塑的。法律文化一旦脫離了文化基礎，就失去了直接型塑和影響法律制度的整體性內在力量，而被外在的利益所左右。正是由於社會的現代化解構了作為生活意義資源的傳統文化，現代人才有被連根拔起之感。[4] 風險，作為一種未來可能性，從它們可能隨着時間流逝而成為實際的損害來說，是物質的存在。就未來尚未到來的當下而言，什麼是風險，取決於人類作為社群的主觀認知；就是說，風險同時是社會建構的產物。[5] 在工業化以前的時代，當安全受到來自自然的威脅時，人們會將之歸於「天意」或「命運」；到了現代，同樣面臨來自自然的威脅，人們卻更可能將之標記為「自然的報復」，並「向做出風險決策的專家組織、經濟集團或政治派別傾瀉其滿腔怒氣，並且有可能從政治和法律層面對其提出指控和彈劾。」[6]

　　行政法在誕生之初為強調自身獨立性的策略性宣示。與其他部門法相比，行政法的發展更突出地體現「建構性」特徵：

1　[唐]祖咏：《終南望餘雪》，另兩句為「林表明霽色，城中增暮寒」。

2　[奧]恩特斯·A. 克萊默：《法律方法論》，周萬里譯，法律出版社，2019 年版，頁 59。

3　[奧]恩特斯·A. 克萊默：《法律方法論》，周萬里譯，法律出版社，2019 年版，頁 60。

4　高鴻鈞：《法律文化的語義、語境及其中國問題》，《中國法學》，2007 年第 4 期。

5　金自寧：《淺析風險規制與行政法治》，法制網－北大公法網，2013 年 3 月 12 日。

6　[德]烏爾里希·貝克：《從工業社會到風險社會（上篇）——關於人類生存、社會結構和生態啟蒙等問題的思考》，王武龍編譯，《馬克思主義與現實》，2003 年第 3 期，頁 28。

公法主要是社會外部性規則，具有建構性特點，因而它更多地體現了人的意志屬性，即人基於為實現某一目的而創制的法規範。而私法則是偏重於社會內部性規則，具有自發性特點，是人們在長期的交往中自然形成的法規範。[1]

社會政治經濟現實不斷發生滄海桑田的變化，行政法實踐也在不斷隨之調整，但是，還是有一些基本觀念被行政法理論和實踐固執地堅守下來了 —— 儘管這種固守有時被指為應當為行政法「不再能恰當應付現實挑戰」負責。[2]

行政法與民法的關係，從國家治理的視角看，更多的是一致的關係，都在不同的領域用不同的方法規範着社會關係。但也有不相同，甚至存在矛盾和衝突的一面。應當在立法和司法實踐中，有意識地協調這種關係 —— 不能讓一個民法上的有效的行為或者權利建立在違反行政法的基礎之上，同理，也不能讓一個行政行為的效力建立在損害他人合法權利的基礎之上。[3] 公民個人權利的實現，必須依靠包括民法、行政法等在內的公法與私法交融的綜合性法律，而非僅僅依靠單一的私法或者公法規範。在保障個人權利實現、維護社會秩序的過程中，需要行政法主動適應、對接民法典，讓兩者相互銜接，而非各行其道。[4]

小結

雪就是這樣的大公無私，裝點了美好的事物，也遮掩了一切的蕪穢，雖然不能遮掩太久。[5]「同掃雪工毫無二致。每當下雪，我就把雪卓有成效

---

1 章劍生：《現代行政法基本理論（第二版）》，法律出版社，2014 年版，頁 139。

2 ［德］施密特‧阿斯曼等：《德國行政法讀本》，于安等譯，高等教育出版社，2006 年版，頁 17。

3 李永軍：《民法典編纂中的行政法因素》，《行政法學研究》，2019 年第 5 期。

4 馬懷德：《民法典時代行政法的發展與完善》，《光明日報》，2020 年 6 月 3 日。

5 梁實秋：《雪》，載《梁實秋雅舍小品全集》，上海人民出版社，1993 年版，頁 196。

地掃到路旁。既無半點野心，又無一絲期望。來者不拒，並且有條不紊地快速處理妥當。坦率說來，我也並非沒有想法，覺得大約是在浪費人生。不過，既然紙張和墨水遭到如此浪費，那麼自己的人生被浪費一些也是情有可原的。」[1] 人類知識，或是關於外在物質世界的經驗知識，或是關於內在精神世界的道德知識，博弈論是用來處理物質世界經驗知識的一個有力工具，但是它與道德知識的關係相當疏遠。[2] 規範形成的論證過程中，特定的可以量化的利益考慮可以作為論證的因素之一予以考慮，但是並不是唯一的決定性因素，除非我們認為人類只有一種利益、並且往往是物質利益的需要。在規範的運用過程中，由於一定的價值目標已經在規範的論證過程中予以形成，此時量化的分析、無差別模型的建立才能夠也可以名正言順地在這個事先決定的價值目標指引下發揮一定作用。[3]

行政法的公法本質，決定了行政法律規範存在兩種導向，即更強調法律自主性的規範主義與目的導向，以及更強調法律適應性的功能主義。[4] 作為行政法的基本原則，比例原則與成本收益分析原則應當在行政法的理論體系中共存，兩者應當區分適用。比例原則依附於傳統行政行為理論，多適用於秩序行政，尤其在秩序行政中對行政裁量權行使的價值判斷具有優勢地位，但在面對諸如扶貧等新興的給付行政領域則顯得力不從心。成本收益分析原則可適用於行政活動全過程，尤其是在科學化、技術化水平要求高的規制行政領域適用，具有無可替代的優勢。[5]「秋葉的歌聲之內，就含有來春的催眠曲，也有來夏的曲調。在升降的循環的交替中，道的盛衰盈虧兩個力量，也是如此。實際上，夏季的開始並不在春分，而是在冬

1　［日］村上春樹：《舞！舞！舞！》，上海譯文出版社，2007 版，頁 199。

2　［德］黑格爾：《邏輯學》，商務印書館，楊一之譯，1966 年 2 月第 1 版，頁 230。

3　程 邁：《對博弈論與行政法結合問題的再思考》，北大法律信息網，2018 年 3 月 13 日。

4　［英］馬丁·洛克林：《公法與政治理論》，鄭戈譯，商務印書館，2002 年版，頁 171。

5　鄭雅方：《論我國行政法上的成本收益分析原則：理論證成與適用展開》，《中國法學》，2020 年第 2 期。

至。在冬至，白晝漸長，陰的力量開始衰退；冬至的開始在夏至，那時白晝漸短，陽的力量開始衰退，陰氣漸盛。所以人生也是按比理循環而有青春、成長、衰老。」[1]

市民的主體化需要等待法律平等時代的到來，在法律平等的時代，個人自治的理念得以彰顯。如根據「輔助性原則」（the principle of subsidiarity），個人或較小的政治或社會單元在整體結構中擁有行動優先權，政府的決策理應「在最貼近民眾的層級上作出」。[2]同時，作為一個法律概念的城市中圍繞城市的權力流變和公共自由（public freedom）問題闡發了城市的法律內涵，權力問題是作為法律概念的城市的應有內涵，實現公共自由則是賦權城市的目的。[3]空中的雪花已經像棉絮般地飄落下來，雪花其實不是花，它們濕濕地掛在人的棉帽和眉毛上，凝成冰涼的水滴，抹掉了又長出來。[4]

六、雨水是一節候

—— 法律的理性、經驗、實質

雨水，斗指壬，太陽引至黃經 330°。

遠鄉的此日，應該是下雨的。茅簷雨小，溪上青青草。

一棵木香，爬在架上，把院子遮得嚴嚴的。密匝匝的細碎的綠葉，

1　林語堂：《京華煙雲》，湖南文藝出版社，2016 年版，頁 56。

2　[英] 安德魯·海伍德：《政治學核心概念》，吳勇譯，天津人民出版社，2008 年版，頁 322–323。

3　Gerald E.Frug, "The City as a Legal Concept", 93, *Harvard Law Review* 1057, 1979, pp. 1059-1063.

4　蘇童：《三盞燈》，新華出版社，2010 年版，頁 162。

數不清的半開的白花和飽漲的花骨朵，都被雨水淋得濕透了。[1] 田地與莊稼對雨的感受與迫切，和人是不相通的。「梧桐更兼細雨，到黃昏，點點滴滴，這次第，怎一個愁字了得？」[2]「欲黃昏，雨打梨花深閉門。」[3] 每一個人的世界是不同的，離愁與別緒交織，尤如「就憑一把傘，躲過一陣瀟瀟的冷雨，也躲不過整個雨季。連思想也都是潮潤潤的。」[4]「一生中，有些雨必然得下，一些日子必然會黑暗、哀傷、淒涼。」[5]

「少年聽雨歌樓上。紅燭昏羅帳。壯年聽雨客舟中，江闊雲低，斷雁叫西風。而今聽雨僧廬下，鬢已星星也。悲歡離合總無情，一任階前、點滴到天明。」[6] 雖有因時間地域差異而不同的感受沉澱，但情緒大抵也是冷清的。尤如「江南的春雨，本就像離人的愁緒一樣，割也割不斷的。」[7]「滴瀝滴瀝，搭啦搭啦，雨還在下，一陣密，一陣疏，一場空白。」[8]

然而暖色也是有的。「雨如萬條銀絲從天上飄下來，屋簷落下一排排水滴，像美麗的珠簾」，[9]「我想要在茅亭裏看雨、假山邊看螞蟻，看蝴蝶戀愛，看蜘蛛結網，看水，看船，看雲，看瀑布……」，[10] 現代性條件下的物質生產，已經從滿足人類的需求（need），轉向了迎合現代人既無法滿足，又根本上不需要滿足的慾望（want）。根本就不需要，也無法滿足的慾望，成了現代性最隱祕最核心的動力學原則。[11]

1　汪曾祺：《昆明的雨》，長江文藝出版社，2018 年版，頁 107。

2　［宋］李清照：《聲聲慢·尋尋覓覓》。

3　［宋］李重元：《憶王孫·春詞》。

4　余光中：《聽聽那冷雨》，中國友誼出版公司，2019 年版，頁 135。

5　［美］路易莎·梅·奧爾科特：《小婦人》，中譯出版社出版，2010 年 7 月版，頁 115。

6　［宋］蔣捷：《虞美人·聽雨》。

7　古龍：《七種武器》，文匯出版社，2017 年版，頁 90。

8　張愛玲：《被窩》，花城出版社，1997 年版，頁 59。

9　蕭紅：《呼蘭河傳》，江蘇鳳凰文藝出版社，2020 年版，頁 126。

10　朱生豪：《朱生豪情書》，中國青年出版社，2013 年版，頁 355。

11　段從學：《雨巷：古典性的感傷，還是現代性的游蕩？》，《山西大學學報（哲學社會科學版）》，2014 年第 3 期。

理性是人類追求的目標，也是人類交往所追求的理想境界。理性是衡量一個社會民主、文明程度的重要標尺。各種各樣社會規範如法律規範、道德規範、政治規範等的制定與認可，其目的不過都是追求某種程度的理性。理性大體可分為三個層面：第一，說服理性（reason），即為所提出的主張提供支持理由；第二，推理理性（reasonableness），即把理由作為前提要足以推導出作為結論的主張，通常可稱為「合理性」；第三，價值理性（rationality），即在前兩者的基礎追求一種價值平衡。其中，前兩項層次的理性是最後一個層次的前提和基礎。[1]法律既非全然獨立，亦非完全依賴於其他社會生活。法律有其自主性，同時是社會制度之一環，法律發展不可與社會變遷分離，法律與社會密切相連。[2]

　　鑒於法律不具備一套規定其性質和過程的獨特方法，數學、心理學和經濟學等其他學科，仍會不間斷地對法律產生影響。但法律也是一門有其獨特性的獨立學科，其不惟要追尋理性、抽象、統一性和形式正義，也需照應到經驗、具體、差異性和實質正義。[3]

　　關於雨水的理性、經驗、實質正義在《中華人民共和國民法典》（自2021 年 1 月 1 日起施行）第 290 條的呈現如下：

> 　　不動產權利人應當為相鄰權利人用水、排水提供必要的便利。對自然流水的利用，應當在不動產的相鄰權利人之間合理分配。對自然流水的排放，應當尊重自然流向。

在《城鎮排水與污水處理條例》（2014 年）第 13 條表達如下：

1　熊明輝：《法律理性的邏輯辯護》，《學術月刊》，2007 年第 5 期。
2　Trubek, " Wisconsin", *LAW & SOCIETY REVIEW*, at 590; Standford, at 753.
3　陳林林：《法律中的數學理性》，《光明日報》，2008 年 9 月 9 日。

縣級以上地方人民政府應當按照城鎮排澇要求，結合城鎮用地性質和條件，加強雨水管網、泵站以及雨水調蓄、超標雨水徑流排放等設施建設和改造。新建、改建、擴建市政基礎設施工程應當配套建設雨水收集利用設施，增加綠地、砂石地面、可滲透路面和自然地面對雨水的滯滲能力，利用建築物、停車場、廣場、道路等建設雨水收集利用設施，削減雨水徑流，提高城鎮內澇防治能力。新區建設與舊城區改建，應當按照城鎮排水與污水處理規劃確定的雨水徑流控制要求建設相關設施。

在《中華人民共和國水法》（2016 年修訂）第 24 條體現如下：

在水資源短缺的地區，國家鼓勵對雨水和微咸水的收集、開發、利用和對海水的利用、淡化。

同時，各地亦出台了相當數量的地方法律規章，諸如《北京城市雨水利用工程技術規程》《深圳市再生水、雨水利用水質規範》《鄭州市城市雨水利用規程》《江蘇住宅小區雨水收集利用技術規程》《鎮江市新建建設工程城市雨水資源利用管理暫行規定》等。歷史上，蘇軾是喜歡喝雨水，認為其有益於身體。他說：「時雨降，多置器廣庭中，所得甘滑不可名，以瀹茶煮藥，皆美而有益。」[1]

雨水集蓄是我國乾旱缺水地區，特別是西部地區解決水資源缺乏問題的偉大創舉。雨水利用的各個環節存在法律調整的現實必要，應引起相應的重視和探討。[2] 有觀點認為，雨水集蓄行為是以先佔方式獲取雨水所有權

---

1 孫雅彬：《蘇軾喜歡喝雨水 認為「可以長生」》，《北京青年報》，2013 年 12 月 3 日。

2 馬建剛，籍明明：《農村雨水集蓄利用的有關法律問題》，《法制與社會》，2009 年第 29 期。

的物權取得方式，對雨水收集的權利以及對雨水享有的所有權，都應該受到法律承認和保護。雨水集蓄權是一種維持乾旱缺水地區人們基本生存條件和可持續發展的必不可少的首要權利，一種歷史悠久的傳統權利，一種不可剝奪的固有權利，一種得到政府政策支持並贏得了良好的社會效益的權利，一種受到了國家有關法律保護的權利。[1]

《長江保護法》（2020 年）第 24 條規定：

> 國家對長江幹流和重要支流源頭實行嚴格保護，設立國家公園等自然保護地，保護國家生態安全屏障。

處理好人與自然關係是未來生物多樣性保護的關鍵。中國擁有世界頂級的自然和文化資源。建設國家公園體制，有助於保護全球生物多樣性和適應氣候變化，彰顯中國在維護生態系統服務功能、構建人與自然和諧關係的大國風範。[2]

「雨天的屋瓦，浮漾濕濕的流光，昏而溫柔，迎光則微明，背光則幽黯，對於視覺，是一種低沉的安慰。」[3]「明明將你鎖在夢土，上經書日月、粉黛春秋，還允許你閒來寫詩，你卻飛越關嶺，趁着行歲未晚，到我面前說：『半生飄泊，每一次都雨打歸舟。』」[4]

> 自然保護地體系以國家公園為主體，主要是指國家公園是構成自然保護地體系的骨架和最精華的部分，在整個體系中處於統

---

1 賈登勛：《西部乾旱地區雨水蓄利用的法律問題與對策分析 ——〈西部乾旱地區雨水集蓄利用法律問題研究〉成果簡介》，2011 年 5 月 15 日，http://cpc.people.com.cn/GB/219457/219506/219508/219516/14639999.html。

2 李琳海：《國家公園建設助力生態文明發展》，《經濟參考報》，2019 年 11 月 1 日。

3 余光中：《聽聽那冷雨》，九歌出版社，2008 年版，頁 156。

4 簡媜：《四月裂帛》，文化藝術出版社，2011 年版，頁 173。

領的地位，既有質量方面的優勢，也有面積數量優勢。國家公園的個數不一定多，但生態系統更完整，代表性更強，在自然保護地體系中處於首要和主體地位。保護自然生態和自然文化遺產原真性、完整性。[1]

「如果從長遠考慮，我們是自己命運的創造者，那麼，從短期着眼，我們就是我們所創造的觀念的俘虜。」[2] 雨水，是一種文學情緒，更是法律的理性，是一種抽離，有溫度、空間維度的表達，是一種奇妙的固定。

七、書店的離開與法律的相對穩定性

「書店再小還是書店，是網絡時代一座風雨長亭，凝望疲敝的人文古道，難捨劫後的萬卷斜陽。」[3] 去北京看「萬聖」，去南京找「先鋒」，去上海看「季風」，去杭州找「楓林晚」，去廣州看「學而優」，去台北逛「誠品」……好的書店被認為是城市的文化地標，但越來越多的書店正消失在城市的地圖中。[4] 太多的書店開始標示為拆除、拆遷、倒閉和消失，[5] 數

1　張蕾，周夢爽：《中國的國家公園如何體現生態文明》，《光明日報》，第5版，2018年7月7日。

2　王明雨：《不能不讀的哈耶克 —— 通往奴役之路讀後》，http://www.aisixiang.com/data/49153.html。

3　董橋：《今朝風日好》，作家出版社，2008年版，頁95。

4　吳杰：《實體書店倒閉：消失的是一種生活態度和方式》，2011年11月3日，http://www.zhld.com/content/2011-11/03/content_128581.htm。

5　《2.3億新華書店大樓要拆了》，2021年2月6日，https://m.k.sohu.com/d/514869776。紹興市新華書店購書中心，位於勝利東路113號，營業面積3316平方米，2001年開業，擁有10萬餘種圖書，同時經營文化用品、數碼產品、個性文創等商品。這一棟以書為造型的圖書大樓已是紹興人心目中地標性建築。2020年5月18日，位於蕪湖市華強廣場的當當實體書店「當當閱界」正式閉店。這間經營面積達1000平方米的知名品牌書店，在蕪湖存在了兩年後便匆匆退場。2011年7月，擁有17年歷史的，曾被譽為「北京三大民營書店」之一的「風入松」書店也關門停業，儘管經營者一再強調「只是因房租問題等待搬遷」，但至今仍未重新營業。

據顯示，2020 年 2 月全國 90.7% 的書店選擇停業，超過 99% 的書店沒有正常收入，77.62% 的書店將堅持不到三個月。疫情加速了實體書店的倒下，讓書店運營之路更加艱難。西西弗書店、方所書店、老書蟲、庫布里克、單向街書店以及成都言幾又、南京先鋒書店、台灣誠品等，都在不停地關閉旗下門店。

「人的靈魂裏有一團火，卻沒有人去那兒取暖，路過的人只看到上面淡淡薄煙，然後繼續趕他們的路。」[1] 書店是一個城市的文化濃縮之地，蘊藏着巨大的能量，也是人們發現美、探索美的汲取之地。書店，是讀書人流連之所，透出一座城市的文化氣質。日本代官山的蔦屋書店（Tsutaya Books）已經成為許多人去日本旅行必然前往朝聖的一家書店，因為在他們看來，這家書店幾乎代表着一種獨特的生活品味；即便不買書，在裏面逛一逛出來也頓覺神清氣爽。[2] 但現代人閱讀方式的根本性變化——移動互聯網閱讀成為當下多數人獲取精神產品的首選渠道。抓取便捷、內容豐沛、形式靈活，對於不斷玩出花來的新媒體產品，傳統書籍似乎沒有任何抵抗力。[3]

20 世紀 90 年代，在海淀的「風入松」停駐是一件愜意的事情，那時法律修訂步子不大，可以買很多書熬夜來看，也可以買很多書，放在架子上忘了看。忘了看與沒時間看，總是有愧疚的，直到讀到史炎的開導：「不要因為買了很多書沒有讀而產生任何負罪感，正是這些買了沒有讀的書讓很多書店活了下來。買書讀了是讀書人，買書不讀是慈善家，都好。」

香港的誠品書店，也是一種閱讀的享受。「讀完一本書和未讀一本書

1《2019 書店倒閉年，2020 書店絕望年，城市還需無法盈利的書店？》，《七客聯創》，2020 年 7 月 24 日。杭州首家 24 小時營業，著名的獨立書店「烏托邦」，在疫情後發佈了正式的結業通告；服務香港超過四十年的大眾書局，也於 3 月 19 日關閉全港 16 間分店，全線結業。

2《書店紛紛倒閉，但我始終相信尊重人的生意》，聯商網，2019 年 12 月 19 日。

3《每一間書店的倒閉都是令人遺憾的》，https://baijiahao.baidu.com/s?id=1667101234477340299&wfr=spider&for=pc。

的自己是不同的；懂得愛和不懂得愛的自己是不同的；心眼已開和心眼未開的自己又是不同的。」[1] 書中有着堆放着的無奈和惋惜，也有着疊加的愁苦和感傷，「雨浸風蝕的落寞與蒼楚一定是水，靜靜地流過青春奮鬥的日子和觸摸理想的歲月。」[2] 我總相信，在書的更深更廣處，「一定維持着美好的心，欣賞的心。就像是春天想到百合，秋天想到芒花，永遠保持着預約的希望。」[3]

對於法律書店而言，科技的衝擊亦是明顯的。但法律修訂的步子，亦是一重要因素。但法律的工具理性與實務性價值，是法律書店依託的重要基礎。電子閱讀體驗與紙質查驗的感覺是不同的，深刻度亦有本質差異。任何法律的制定均必須面對不斷發展變化的社會需求。成文化法律的穩定性，與應時代步伐的法解釋理論的發展密不可分，也需要由司法判例伴隨左右。同時，成文化法典也必然離不開法律的修改活動，且法典的存續時間越長，修改的幅度也越大。[4] 法律制定出來以後，應具有相對的穩定性，法律的穩定性包括：法律結構的穩定，法律內容的穩定，以及該法律與之配套的法律體系的穩定。其中，法律內容的穩定，是指某個法律所調整的對象和所規定的具體社會關係、具體事項應是相對明確、具體的，不得隨意擴大或縮小其內涵，也不得任意決定其存廢。也就是說，法律內容的穩定性有兩方面含義：一方面，其要求法律規定的具體事項是相對明確和具體的，不能互相混淆，彼此不分；只有立法時法律內容本身穩定，才能保證其穩定的存在。另一方面，要求法律生效後，無必要理由，未經法定程序，不得隨意變更法律的具體內容。同時，法律修改與法律廢止也是有嚴格區別的，不能把兩者等同起來。法律修改是對一個法律的部分進行的修

1　林清玄：《在雲上》，河北教育出版社，2006 年版，頁 71。

2　路遙：《平凡的世界》，人民文學出版社，2005 年版，頁 219。

3　林清玄：《可以預約的雪》，知識出版社，1999 年版，頁 98。

4　耿林：《論法國民法典的演變與發展》，《比較法研究》，2016 年第 4 期。

改，雖然其中也常常採用刪除技術，如對某些原則、內容、條款的刪除，但無論如何，原法律的基本框架、原則或名稱等是可以保留的。從目的上看，法律修改的直接目的是保留、完善法律（被修改對象），法律廢止的直接目的是去掉、消除法律。如果把對法律的廢止（刪去、刪除）作為一種立法技術、立法技巧或立法手段來使用，它就可以為立法修改、法律修改、法律編纂等所用。[1]

　　2021 年 1 月 1 日，我國第一部以法典命名、具有里程碑意義的法律，《中華人民共和國民法典》正式施行。與此同時，最高人民法院已全面完成了 591 件司法解釋及相關規範性文件的清理工作，修改制定了第一批與民法典配套的司法解釋和規範性文件。《最高人民法院關於適用國民法典時間效力的若干規定》《最高人民法院關於修改民事案件案由規定的決定》《最高人民法院關於適用民法典婚姻家庭編的解釋（一）》《最高人民法院關於適用民法典繼承編的解釋（一）》《最高人民法院關於民法典物權編的解釋（一）》《最高人民法院關於審理建設工程施工合同糾紛案件適用法律問題的解釋（一）》《最高人民法院關於審理勞動爭議案件適用法律問題的解釋（一）》同時於 2021 年 1 月 1 日起施行。2021 年 2 月 4 日，《最高人民法院關於適用〈中華人民共和國刑事訴訟法〉的解釋》，共計 26 條，對刑事訴訟法 18 個條文作了修改，同時新增了 18 個條文，主要涉及完善監察與刑事訴訟的衛接機制、建立刑事缺席審判程序、完善認罪認罰從寬制度和增加速裁程序、為與其他法律相協調所作的修改等四方面內容。修改後刑事訴訟法從 290 條增加到 308 條。該解釋自 2021 年 3 月 1 日起施行。法律規範與司法解釋的修訂與廢止，已進入真正的快車道與高節奏 —— 對於書店與法律書店而言，是辯證，也是感受。「沒有一個人進入你生命的時候說好了必須是暖融融一團歡喜，他們都攜帶着心

1　李林：《立法修正案·法律修改和法律廢止》。

碎、愧疚和浪費的鐘點。」[1] 所有的悲歡離合，最後，都不過奉與書店，奉於變化，奉於時間的一維向前。

於書店，「遇見是兩個人的事，離開卻是一個人的決定，遇見是一個開始，離開卻是為了遇見下一個離開。這是一個流行離開的世界，但是我們都不擅長告別。」[2]

八、從教育的本質看法律

雅斯貝爾斯說過：「教育的本質意味着：一棵樹搖動一棵樹，一朵雲推動一朵雲，一個靈魂喚醒一個靈魂。」[3] 教育是社會活動的一個重要組成部分，教育規律是社會活動規律的一種形態。教育作為培養人的社會實踐活動，有四個基本要素：教育主體、教育客體、教育內容、教育形式。社會生產力特別是科學技術的發展，社會組織形態的變化，關於教育功能和教育理想的觀念，關於主客體關係的認識，不斷為這些要素注入新的內涵並影響要素之間的關係。[4] 蘇霍姆林斯基亦言：「世界上沒有才能的人是沒有的。問題在於教育者要去發現每一位學生的稟賦、興趣、愛好和特長，為他們的表現和發展提供充分的條件和正確引導。」教育者的第一門科學，雖然遠非其科學的全部，也許就是心理學。[5]

老子說：「上士聞道，勤而行之；中士聞道，若存若亡；下士聞道，

1　陳以侃：《在別人的句子裏》，上海譯文出版社，2010 年版，頁 107。

2　[捷克] 米蘭·昆德拉：《生活在別處》，袁筱一譯，上海譯文出版社，2004 年版，頁 155。

3　[德] 卡爾·西奧多·雅斯貝爾斯：《什麼是教育》，鄒進譯，生活·讀書·新知三聯書店，1991 年版，頁 130。

4　袁振國：《教育規律與教育規律研究》，《華東師範大學學報（教科版）》，2020 年第 9 期。

5　[德] 赫爾巴特：《普通教育學》，人民教育出版社，2015 年版，頁 6。

大笑之。不笑不足以為道。」[1] 任何訓練如果以財富、身體優勢或者其他技能為目標，而不涉及理智和公正，那它就既粗鄙又狹隘，完全不配被稱為教育。[2] 對當今的課程開發實踐意義最大的是人們普遍接受了這樣一種觀念，即學校能夠開發出使大多數人感興趣，有助於滿足一些學生的需要，同時也為學生在學院裏獲得成功提供必要準備的教育計劃。[3] 教育的基礎是信任，人的尊嚴也是來自信任的，或者反過來說，信任帶來尊嚴。信任也是相互的、無等級的，如若感受不到對方施予的善意，只能是讓不信任感愈發強烈。沒有信任就沒有責任，同樣，沒有責任就沒有教育。[4]

　　人的思想和行為是由其生存的環境和社會演變的歷史造成的，而一切的制度和學說都是在思想和行為的基礎上建立的上層結構。要在已有的基礎上逐漸地、小規模地改變原有的上層結構，大致上並不困難。但是即使如此，也應該對已有的基礎和想要改變的部分具有相當的了解。如果想做的改變較大而所依據的是一個外來的模式或意念，則必須對這模式或意念和已有的基礎取得徹底的認識，並對如此改變的可行性作精準的評估，不可懵懵懂懂貿然從事，以致不僅浪費了時間和各種資源，而且造成若干巨大永久性的損害。[5] 一種關於事實之證據如何被收集並應用在訴訟中的意識在有關程序和證據的課程中已經妥善地處理了而且由像法律援助工作、模擬法庭審判和專門的討論會等類似的選修課程來加以補充。除了這些之外，對事實處理的介紹都是不必要的或者最好留待實踐中去學習。[6]

1　《老子》，第三十五章。

2　陶行知：《教育的真諦》，長江文藝出版社，2013 年版，頁 76。

3　Tyler, R. W., *The Five Most Significant Curriculum Events in the Twentieth Century*, Educational Leadership, 44, 1987, pp. 36–38.

4　尤小立：《沒有信任就沒有教育》，《中國科學報·大學周刊》，2019 年 9 月 18 日。

5　張偉仁：《學習法律的一些問題》，《法制史研究》，創刊號 2000 年版，頁 153–164。

6　［英］威廉·特文寧，吳洪琪：《認真對待事實》，《法律方法》第 12 卷，2012 年。

把法律當作一個物質的實體——實際的法律（actual law），用可以度量、權衡輕重和精確計算的方式來加以分析和研究，從而成就了法理學或法哲學之實證性格。專業法律家的法哲學一定程度上彌縫了法學的實踐 — 技術知識與抽象理論知識之間的裂隙。[1]

法律工具化、法學功利化，正在侵蝕着法學應有的榮耀。[2]法律是一個激勵機制，激勵必須面向未來。已經發生的事故，其損失屬於沉沒成本，法律決策必須看重後果，因為，相對於未來無窮多個潛在事故的損失總額，當下的事故損失再大，在比列上也會趨近於零。正因為如此，法官以及其他法律決策者必須「向前看」。制定法律、執行法律以及解釋法律，都要面向未來，這正是法律作為激勵機制的題中之義。有效的激勵機制需要穩定的激勵信號，混亂模糊的信號會導致激勵失靈，這在客觀上要求判決保持某種程度的穩定性和一致性。[3]

為了降低決策成本，人類在進化過程中逐漸獲得了一些簡化思考的替代性思維，其中最重要的，就是直覺和情感，它們已經通過遺傳固定為人類心智的一個組成部分。認知科學的研究表明，當人們面對一個問題時，直覺和情感會首先做出判斷，然後通過理性思考去檢驗並修正這個判斷，進而做出決策；如果受阻於高昂的信息費用，理性思考無力做出檢驗，人們的決策就會「跟着感覺走」。[4]根據認識論和教育理論的觀點，教育的效果與社會關係有直接關係。教育的影響力是逐漸遞減的：家庭、朋友、鄰

1　舒國瀅：《從方法論看抽象法學理論的發展》，《浙江社會科學》，2004 年第 5 期。

2　沈歸：《法學榮耀的艱難守望》，http://www.aisixiang.com/data/46690.html。

3　桑本謙：《法律人思維是怎樣形成的》，《法律與社會科學》，第 13 卷第 1 輯。

4　See Chun SiongSoon, Marcel Brass, Hans-Jochen Heinze & John-Dylan Haynes, "Unconscious Determinants of Free Decisions in the Human Brain", *Nature Neuroscience*, 11, 2008, pp. 543–545. 相關中文資料，可參見安東尼奧·R. 達馬西奧：《笛卡爾的錯誤：情緒、推理和人腦》，毛彩鳳譯，高等教育出版社，2007 年版，頁 137–139。

里、體育俱樂部、教堂、社區、大眾傳媒，最後才是刑法。[1] 刑法不可能被當作一個有效的教育工具。因此，應當發動所有相關的社會力量來共同解決犯罪問題和教育犯罪人，特別是與犯罪人關係密切的那些人際關係。因為來自家人、朋友或者是有密切關係的社團的懲罰比來自遙遠的法律權威的懲罰要有效果。這是因為對於人們來說，在親人眼裏的形象和名聲要比刑事司法官員對他的一個評價重要得多。[2]

　　法律從來不曾有能力來準確理解什麼對所有人同時是最好與最正義的，也沒有能力來施予他們最好的東西，因為人的差異性、人的行動的差異性以及人事的變易性，不承認任何技藝能對一切事物作一簡單而永恆之斷言。[3] 人類的任何知識都不足以處理如此複雜的信息問題，集中化的決策機制無法克服高昂信息費用的障礙。並且，激勵相容問題也無法在技術上實現，個人有可能傳遞錯誤信息，也會有意不執行有關決策，因為有些行為是不可觀察的。[4] 法律表現為一般化的規則可以阻止統治者的感情用事；富勒則認為，如果統治者就每件事臨時做出個別決定，就會破壞民眾的行為預期；在哈耶克看來，一個社會服從一般性規則治理（而不是服從個別性命令）是法治的基本內涵，規則可以使人們能夠相當有把握地預測政府如何使用強制力，並以這個預見為基礎來規劃其個人事務。這個觀念獲得拉茲的贊同。[5] 法律高等教育最重要的目標，就是確保畢業生能夠辨別「有

1　Dirk Van Zyl Smit, "The Place of Criminal Law in Contemporary Crime Control Strategies", *European Journal of Crime, Criminal Law and Criminal Justice*, vol. 8/4, Netherlands, 2000, p. 3362.

2　John Braithwaite, *Crime, Shame, and Reintegration*, Cambridge University Press, 1989, p. 69.

3　[古希臘] 柏拉圖：《政治家》，洪濤譯，上海世紀出版集團、上海人民出版社，2006 年版，頁 75。

4　參見 [英] 哈耶克：《致命的自負：社會主義的謬誤》，馮克利、胡晉華等譯，中國社會科學出版社，2000 年版，頁 96－100。Friedrich A. vonHayek, *Studies in Philosophy, Politics, and Economics, Routledge and Kegan Paul*, 1967, p. 92.

5　[古希臘] 亞里士多德：《政治學》，吳壽彭譯，商務印書館，1996 年版，頁 163；[美] 朗·富勒：《法律的道德性》，鄭戈譯，商務印書館，2007 年版，頁 41－42；Friedrich A. vonHayek, *The Road to Serfdom*, The University of Chicago Press, 1972, p72; JosephRaz, *The Authority of Law: Essays on Law and Morality*, New York: OxfordUniversity Press, 1979, p210.

人在胡說八道」。[1]

九、從法律角度看「無用的藝術」

「世上有味之事，包括詩，酒，哲學，愛情，往往無用。吟無用之詩，醉無用之酒，讀無用之書，鍾無用之情，終於成一無用之人，卻因此活得有滋有味。」[2] 梁文道曾言：讀一些無用的書，做一些無用的事，花一些無用的時間，都是為了在一切已知之外，保留一個超越自己的機會，人生中一些很了不起的變化，就是來自這種時刻。「為什麼活着，怎樣去活，大多數人並不知道，也不去理會，但日子就是這樣有秩或無序地過着，如草一樣，逢春生綠，冬來變黃。」[3]

世上的事物可歸納為「能立即理解」和「無法立即理解」兩大類，能立即理解的事物，有時只要接觸過後即了然於心。無法立即理解的，往往需要多次交會，才能點點滴滴領會，進而蛻變成嶄新的事物。而每次有更深刻的體悟後，才會發覺自己所見的，不過是整體的片段而已。[4]「凡是美的都沒有家，流星，落花，螢火，最會鳴叫的藍頭紅嘴綠翅膀的王母鳥，也都沒有家的。誰見過人蓄養鳳凰呢？誰能束縛着月光呢？一顆流星自有它來去的方向，我有我的去處。」[5]

真正知道自己在想什麼以及要什麼的人，可以簡潔而坦白地應對外界。他們是鞘中之劍，並不故意露出鋒芒，卻能在瞬間斷除自己與他人的

1　［美］吉爾平·福斯特，https://baijiahao.baidu.com/s?id=1724203602122108381&wfr=spider&for=pc。

2　周國平：《風中的紙屑》，北岳文藝出版社，2006 年版，頁 130。

3　賈平凹：《游戲人間》，百花洲文藝出版社，2017 年版，頁 105。

4　［日］森下典子：《日日是好日》，夏淑怡譯，文化發展出版社，2017 年版，頁 56。

5　沈從文：《致張兆和》，江蘇教育出版社，2005 年版，頁 131。

瓜葛藤盤。[1]雨，像銀灰色黏濡的蛛絲，織成一片輕柔的網，網住了整個秋的世界。園子裏綠翳翳的石榴，桑樹，葡萄藤，都不過代表着過去盛夏的繁榮，現在已成了古羅馬建築的遺蹟一樣，在蕭蕭的雨聲中瑟縮不寧，回憶着光榮的過去。[2]莊子《逍遙遊》中講「無用」的目的，是在特定的歷史情境下追求個體心靈的逍遙自得，從一定意義上說也有反對人的異化、反對將世間萬物一概工具化之意。在詩意的世界裏，萬物不再被技術所設定而成為工具，它自身即是目的。換言之，「讓物物着」—— 它們無須對人「有用」，無須僅僅為了人的存在而存在。[3]

當人們着眼於某物的實際用途時，當人們以實用功利的眼光來看待某物時，亦即當人們着眼於「有用之用」時，人們只看到某物的某種具體的用途，只看到某物的某種具體的使用價值。但是，任何物，作為一種獨立自在的存在，其存在價值、具體的使用價值、功能與用途則是多方面的。當人們着眼於某物的某種具體用途時，此物的其他用途、其他使用價值是被忽視以至於完全掩蓋了；當某一物被當作某一具體物使用或利用時，此物的其他用途、其他使用價值則無法得到體現，甚至完全遭到了破壞。任何物與人一樣，是自在而自足的，是平等的；從人的實用的功利的立場出發，自以為是地以為何者有用、何者無用，是非常狹隘的。[4]所謂「看山水亦有體，以林泉之心臨之則價高，以驕侈之目臨之則價低。」[5]

在法律角度的「無用」，在具體部分法中具有突出研究價值。譬如，在野生動物保護問題上，一直存在兩派觀點。一派把野生動物看成可供人

1　安妮寶貝：《眠空》，北京十月文藝出版社，2015 年版，頁 163。

2　張愛玲：《秋雨》，上海聖瑪利亞女校，《鳳藻》，1936 年刊，書評四篇，《國光》，第 1、6 期。

3　邊家珍：《逍遙遊中的「無用」觀》，《北京日報·理論周刊》，2019 年 1 月 28 日。

4　羅安憲：《「有用之用」「無用之用」以及「無用」》，http://www.360doc.com/content/19/0722/23/128731_850430921.shtml。

5　[宋]郭熙：《林泉高致·山水訓》。

類開發利用的資源，特別是看重他們的經濟價值，當然，他們都號稱是合理利用、科學利用，這種利用不但不損害野生動物資源，反而是有助於野生動物保護呢。在另一派人眼裏，野生動物並不是生來供人類利用的資源，它們也是地球的居民，具有不可替代的生物和生態價值（且不說道德價值），因此，無論是出於人類對地球的責任，還是為人類自身永續發展考慮，野生動物的生存都應該受到尊重和保護。當然，你一定要用資源這個詞也可以，就像你把這個詞用到人類身上一樣。至於對野生動物的利用，科學的、教育的、拯救性的自然沒有問題，商業性的就要慎重，要受到各種限制，慢慢減少。[1] 現代社會的風險與利用功利思想密切關聯，所謂「風險」係在某事務進展過程中，某一狀態或行為將會導致受保護法益遭受損害的情形。風險伴隨着不確定性，包括無法確定或無法知悉是否存在損害的情況。當無法完全明了某事務的作用機理和發展進程時，可認為該事務具有風險性。[2] 以野生動物可能帶來的公共衛生風險為例，此風險具有不可感知性，即使憑藉技術手段，也很難了解野生動物究竟帶來怎樣的公共衛生風險；此風險具有時間性，很難確定野生動物所帶來公共衛生風險發生的時間或階段；此風險具有不可逆轉性，會造成不可逆的損失；此風險具有全球性，有可能帶來全球公共衛生風險。[3] 無論是民法典還是把動物上升人類夥伴生物的動物保護法或者動物福利法，其核心還是要求人類對動物做什麼，不做什麼，都是把動物作為一個人類的恩惠對象對待的，並沒有涉及把動物當成所謂的「類主體」甚至「主體」的問題。[4] 人類對動物

---

1 梁治平：《鸚鵡買賣與虎骨利用 —— 中國野生動物保護的法律困境》，《法律與倫理》，2019 年第 2 期。

2 陳信安：《基因科技風險之立法與基本權利之保障 —— 以德國聯邦憲法法院判決為中心》，《東吳法律學報》，2014 年第 1 期。

3 劉剛編譯：《風險規制：德國的理論與實踐》，法律出版社，2012 年，頁 20。

4 Elisabeth de Fontenay, "Do Animals Have Rights?", *Animal Welfare*, Belgium: Council of Europe Publishing, 2006, pp. 32–37.

應該負有行善的道德和法律義務，動物的感受能力越強、經受苦難的敏感性越大、對其他類的感情越深，人類對它們也就越應負擔行善義務。[1]動物也不應該是純粹為人類利益所服務的一種「實體」，相反，在保護動物福利的人類共識的基礎上，動物應該成為體現了人類價值關懷的特殊客體。人類應該承擔保護動物福利的法定義務。[2]

探求意味着擁有目標。而發現則意味自由、敞開、全無目的。可敬的人，你或許確實是位探索者。但你卻因努力追求目標，而錯過了些眼前的事物。[3]

關於無用，還是喜歡德里克・沃爾科特的詩《夏天的布里克街》：夏天屬於散文和檸檬／屬於裸露和慵懶／屬於關於回歸的想像的永恆閒置／屬於稀見的長笛和赤裸的雙足／還有八月的臥室／臥室中絞結的牀單和周日的鹽。

十、金錢的法律邏輯

世上的喜劇不需要金錢就能產生。世上的悲劇大半和金錢脫不了關係。[4]金錢是我唯利是圖生活的終極目的。[5]「我們最不愛付出代價，卻極愛取得，每件事情上都是這樣。只要把各式各樣的人生幸福都給我們，特別是一點也不要違背我們的脾氣，那我們是能夠性情優良，行為端正的。我們並不貪婪，只要你們給我們錢，多多地給，你們就會看到我們是多麼大

1　［美］H. T. 恩格爾哈特：《生命倫理學基礎》，范瑞平譯，北京大學出版社，2006 年版，頁 146–148。

2　崔拴林：《論動物福利概念的內涵 —— 動物客體論語境下的分析》，《河北法學》，2012 年第 2 期。

3　［德］赫爾曼・黑塞：《悉達多》，楊玉功譯，上海人民出版社，2009 年版，頁 213。

4　三毛：《親愛的三毛》，北京十月文藝出版社，2011 年版，頁 157。

5　https://baijiahao.baidu.com/s?id=1664834808526539504&wfr=spider&for=pc。

方豪爽。這就是我們腐爛的人性。」[1]

為什麼會迷失？正如我所說的那樣，不正確的目標。太渴求名氣、太急着賺大錢。我們都要記得，只有我們拿出心中最好的，只有自己知道的，絕無僅有的真相給這個世界，才能得到金錢和名望。[2] 人的一生，就是在金錢愛恨中痛苦掙扎，沒有人可以遁逃，只能努力忍耐，請你積極地愛這個俗世，恨這個俗世，一生都沉浸享受於其中吧。[3]

在一定意義上，金錢並非固定充當一般等價物的交換工具，而是一種能量的流動，金錢亦非一種安全或勢力的象徵，而是一種信任。人的富足跟金錢具有一定關聯，但並非正比例的關係。實質上，商事規則的產生方式是完全由商事主體自主方式進行的。例如有限責任制度，並不是因為商事規則規定有限責任商事主體再採用，相反正是商人們嘗試不同風險的商事活動時，自發自主地採用的不同責任形式而產生的有限責任這樣一種責任承擔制度。[4] 交易習慣就是商事主體在長期商事交易中形成的規範交易主體之間的行為的規則。商事主體需要通過此行為規則分配權利義務並解決商事糾紛，以保證市場有序可持續發展，最終實現營利目的。其實，也正是因為商事主體能夠自覺遵守並施行自治性規範，行業性慣例才富有生命力。不可否認，我國商事活動的實踐中也存在大量的行業性慣例，這些交易習慣對商事活動的規範和商法的發展起到了重要作用。[5]

貨幣本身即為一種交易習慣，同時亦解決了當事人之間的信任問題，在一個交易中，只要當事人一方取得了貨幣，就意味着其債權得到了實現。貨幣作為交易媒介，能夠大大節約商品和服務的交易時間，從

---

1 ［俄］陀思妥耶夫斯基：《卡拉馬佐夫兄弟》，耿濟之譯，人民文學出版社，1981 年版，頁 195。

2 ［美］雷·布雷德伯里：《寫作的禪機》，巨超譯，江西人民出版社，2019 年版，頁 213。

3 ［日］太宰治：《御伽草紙》，徐建雄譯，天津人民出版社，2017 年 6 月版，頁 77。

4 任先行、周林彬：《比較商法導論》，北京大學出版社，2000 年版，頁 278–279。

5 許中緣：《論商事習慣與我國民法典》，《交大法學》，2017 年第 3 期。

而提高經濟效率。[1] 營利性是商事主體謀求超出投資以上的利益並將其分配於成員的商法屬性，[2] 商事交易中的債權債務關係往往是錯綜複雜的。在一定時間內，商主體間很可能彼此享有對方的多項債權，也相應需要履行多項債務。這不同於多數情況下民事活動單一的、清晰的債權債務關係。[3]

　　貨幣及契約使人們獲得了一個有力的自治手段，而法律的規定又進一步擴展了人們使用契約形式的便利。隨着期票、匯票、提單、經紀、保險、代理等手段的出現，遠距離的交易和信用關係得以擴展。[4] 民法上的權利轉讓規則，一般體現為實物轉讓，而實物轉讓受到諸多限制，如須取得債權人同意。為了提高商事交易的自由程度，商法將投資者權利證券化、將貨幣及支付手段進一步票據化。[5] 票據流通由商品在某個價格下的流通規模來決定，它純粹是一種私人債務工具，既可以同其他的票據憑證相抵消，也可以轉化為貨幣。票據這種私人的東西因此變成了被社會認可的有效的等價物。它是由貨幣的支付手段的職能產生的，是用信用替代貨幣，用交易雙方私人間的契約互信關係替代貨幣，而這種私人契約互信關係的基礎是他們彼此之間對支付能力和社會地位的認可。[6]

　　商業發達的社會往往也是講信用的社會。[7] 即使說迄今為止的全部法律秩序之發達實際上就是作為其前提的人的商事人化的過程，也並非誇張

1　［美］弗雷德里克·S. 米什金：《貨幣金融學》，馬君潞等譯，機械工業出版社，2011 年版，頁 42−43。
2　趙中孚：《商法總論》，中國人民大學出版社，2001 年版，頁 5；王保樹：《中國商事法》，人民法院出版社，2003 年版，頁 7。
3　劉凱湘：《比較法視角下的商事留置權制度》，《暨南學報（哲學社會科學版）》，2015 年第 1 期。
4　［英］彼得·斯坦、［英］約翰·香德：《西方社會的法律價值》，中國法制出版社，2004 年版，頁 170−171。
5　施天濤：《商事關係的重新發現與當今商法的使命》，《清華法學》，2018 年 5 月。
6　［奧］魯道夫·希法亭：《金融資本》，李瓊譯，華夏出版社，2010 年版，頁 46。
7　［英］亞當·斯密：《道德情操論》，蔣自强等譯，商務印書館，1998 年版，頁 106。

之說。[1] 蓋權利之本質，在活動不在靜止，故權利以行使為必要。權利之行使，貨幣之支付、能量之流動，當然不受他人之侵害。凡有私權之個人，必得除去其權利之侵害，以享有實益。不然，則權利將有名無實。[2]

　　商法的演變是一個從貨幣契約、商事習慣到商事習慣法最後到商事制定法的過程，其實這個過程也就是商事主體在市場實踐交易活動中需要的商事習慣，然後將商事習慣整理成為商人習慣法，最後到由主權國家機關制定的商事成文法的過程。商事規則本質上是市場交易的實際操作規則，也是客觀規律表現行為規範，這些規則的精神、原則、制度、程序、商人自治機構，其後形成了商法的實質內容。[3]

　　要記得在庸常的物質生活之上，還有更為迷人的法律邏輯，這個邏輯就像頭頂上夜空中的月亮，它不耀眼，散發着寧靜又平和的光芒。[4]「你可能認為你可以用一些金錢標籤定義我，但你錯了，因為我始終是一件正在加工的作品。我是我自己的自由：不多，也不少。」[5]

　　貨幣的法律邏輯分析，是將經濟學的研究方法融入法學研究之中。[6] 該分析的意義在於：因商業交易是兩個或兩個以上當事人合作創造與價值分配的活動，而其中由商事契約所建立起之交易架構（deal structures）設計的好壞，信任基礎如何，往往會影響交易進行順暢與否。[7] 艾青曾言：這個世界是值得我們信任的，身邊的每個人是值得信賴的。我們應散發陽光和

1　［日］星野英一：《私法中的人》，王闖譯，中國法制出版社，2004 年版，頁 18。

2　［日］松崗義正口述：《民事訴訟法》，熊元襄編，李鳳鳴點校，上海人民出版社，2013 年版，頁 3-4。

3　徐學鹿：《創新是商法的寶貴品格 —— 析從「民商法到現代商法的演進」》，載徐學鹿主編：《商法研究》（第一輯），人民法院出版社，2000 年版，頁 6-7。

4　［英］威廉·薩默塞特·毛姆《月亮和六便士》，蘇福忠譯，中國友誼出版公司，2016 年版，頁 76。

5　［英］莎拉·貝克韋爾：《存在主義咖啡館 —— 自由、存在和杏子雞尾酒》。沈敏一譯，北京聯合出版公司，2017 年版，頁 355。

6　簡資修：《經濟推理與法律》，元照出版公司，2004 年版，頁 1-7。

7　王文宇：《商業交易的智能商業交易智能》，《會計研究月刊》，2009 年第 287 期，頁 76-77。

溫暖，不是駭浪和孤寂。這個世界對我們是公平的，因為你看到的世界都是你內心的投射，一切均緣於你的選擇。人類雖然無法預測未來，但總可以用各種方式在逆境中創造光芒。一切都需要我們內心堅定的信念。內心堅定方能勇往。

現實生活中，商事交易及貨幣流轉中，很多人生活在恐懼中，活在不信任中。可是我們越不信任貨幣固有的信任和邏輯，越不信任貨幣能量偉大的彈性，狀況就會越悽慘。猶如「近年來，一場關於個人隱私的激烈爭論一直在進行。冠狀病毒危機可能是這場爭論的轉折點。因為當人們在隱私和健康之間做選擇時，通常會選擇健康。實際上，讓人們在隱私和健康之間進行選擇是問題的根源。因為這是一道錯誤的選擇題。我們可以並且應該同時享有隱私和健康。」[1] 其實，在轉折中，我們同時可以享有信任、隱私、健康和規則。

十一、鄉土與法律

今日立春，過節氣氛日隆，冷的氣息漸消。

由於疫情，更多的人會將故鄉藏在心中，在舊年新歲更迭中遠眺鄉土。「也許每個人內心深處，故鄉是永遠無法真正逃離的地方，再也無法真正回到過去，始終沒辦法和故鄉的房屋草木、街道磚瓦握手言和，我們試着理解和原諒過去的那個自己，原諒我們並沒有成為自己曾經嚮往成為的那個人。」[2]

「我要給你一本關於植物，關於莊稼的。告訴你稻子和稗子的區別。

1　[以色列]尤瓦爾·赫拉利：《疫情中我們將創造怎樣的世界？》，陳光宇譯，《三聯生活周刊》，2020 年第 13 期。

2　[瑞典]弗雷德里克·巴克曼：《時間的禮物》，孫璐譯，天津人民出版社，2019 年版，頁 116。

告訴你一棵稗子提心吊膽的春天。」[1] 在洗淨塵埃的田園中，「愛是透明的，連惆悵也有了淡淡的暖人的情味。」[2]

在遠鄉，普普通通的家庭，不過種了一些常見的花草樹木。春去秋來，歲月不斷地重複着同樣的變化，而在這些極有規律的變化之中，樹越長越高，平凡的人生裏竟然有着極豐盈的美，取之不盡，用之不竭。[3] 我在平凡中穿行，檢視大雨滂沱，還有不息的驢、兔、飛鳥、螞蟻、蚊子，以及風中的野草和落葉，甚至村東頭以及村西頭的陽光……[4] 圓荷浮小葉，細麥落輕花。」[5] 麥穗空的時候，麥子長得很快，麥穗驕傲地高高昂起，但是，麥穗成熟飽滿時，它們開始謙虛，垂下麥芒。[6]

「土地悠悠升起霧氣，赤腳踩上去很舒服，我們沒說什麼就去幹活。」[7] 高高低低的屋簷，好像並排游泳着的樣子，冬天的陽光在上面舞蹈。[8] 正如《道別》所言：「我對蟬說：他日再見，要待來年；蟬對我說：他日重逢，要等來生。」

法律是社會關係的記載和表述。費孝通在《鄉土中國》中說，那時的「鄉村裏的人口似乎是附着在土上的，一代一代的下去」，「每個孩子都是在人家眼中看着長大的，在孩子眼裏周圍的人也是從小就看慣的」，「在鄉土社會中法律是無從發生的」，人們更多地是遵從習俗。[9] 村祠堂，是公序良俗的陳列地，那裏有「出生、成長、遷移、婚喪、嫁娶

1 余秀華：《我愛你》，載《搖搖晃晃的人間》，湖南文藝出版社，2015 年版，頁 91。

2 沈從文：《邊城》，湖南文藝出版社，2013 年版，頁 55。

3 席慕蓉：《槭樹下的家》，南海出版公司，2003 年版，頁 120。

4 劉亮程：《一個人的村莊》，春風文藝出版社，2006 年版，頁 73。

5 杜甫：《為農》，餘句為「卜宅從茲老，為農去國賒。遠慚勾漏令，不得問丹砂。」

6 〔法〕米歇爾·蒙田：《蒙田隨筆全集》，上海書店出版社，2009 年版，頁 152。

7 〔日〕石川啄木：《石川啄木詩歌集》，周作人譯，北方文藝出版社，2019 年版，頁 39。

8 〔日〕石川啄木：《石川啄木詩歌集》，周作人譯，北方文藝出版社，2019 年版，頁 39。

9 費孝通：《鄉土中國》，生活·讀書·新知三聯書店，1984 年版，頁 6–11。

的記錄，牢固地寄存着同村人共同的記憶。」[1] 在鄉土社會裏，鄉民依靠經驗和由其積累而成的傳統而生產生活，年長的人，似乎更有經驗更懂傳統，要遵從經驗傳統就要遵從年長的人，年長的對年幼的具有強制的權力，形成「長老統治」。這樣一來，「長幼是一個極重要的規則」，[2] 人們根據長幼之序而相互對待。民間法具有極其多樣的形態。它們可以是家族的，也可以是民族的；可能形諸文字，也可能口耳相傳；它們或是人為創造，或是自然生成，相沿成習；或者有明確的規則，或更多表現為富有彈性的規範；其實施可能由特定的一些人負責，也可能依靠公眾輿論和某種微妙的心理機制。[3] 從熟悉裏得來的認識是個別的，並不是抽象的普遍原則。在熟悉的環境裏生長的人，不需要這種原則，他只要在接觸所及的範圍之中知道從手段到目的間的個別關聯。在鄉土社會中生長的人似乎不太追求這籠罩萬有的真理。[4]

> 習慣法乃是這樣的地方性規範，它是在鄉民長期的生活與勞作過程中逐步形成，它被用來分配鄉民之間的權利義務，調整和解決他們之間的利益衝突，並且主要在一套關係網絡中被予以實施。[5]

習慣法是有別於國家法的另一種知識傳統，且多少受制於不同的原則。習慣法本身就是鄉民社會中利益衝突的產物，其確定性的獲得，也部分地因

---

1 袁凌：《在別處》，天地出版社，2021 年版，頁 173。

2 費孝通：《鄉土中國》，生活・讀書・新知三聯書店，1984 年版，頁 67。

3 梁治平：《民間法、習慣和習慣法》，https://www.legal-theory.org/?mod=info&act=view&id=25417。

4 費孝通：《鄉土中國》，生活・讀書・新知三聯書店，1984 年版，頁 11。

5 鄭毅：《論習慣法與軟法的關係及轉化》，《山東大學學報（哲學社會科學版）》，2012 年第 2 期。

為與國家制度之間的長期互動，[1]而商品經濟是一種外向型經濟，它產生和發展的重要條件之一就是「把個人從家庭聯繫中揪出，使家庭成員相互之間變得生疏，並承認他們都是獨立自主的人。」[2]隨着歷史的不斷發展，熟人社會不斷瓦解，中國的社會性質逐步過渡到陌生人社會中。這也使得熟人社會時的社會結構不再適應陌生人社會，其中最大的特點就是人際關係的變化。熟人社會的人際關係形態是，人們生活在一個個熟悉的小圈子裏，對熟人普遍信任，對陌生人則普遍不信任，陌生人要想獲得這個小圈子的認同和信任，必須由圈子中的人進行擔保。[3]契約交易使社會關係大大豐富複雜了，這些社會關係都需要法律加以調整，因此，「充滿交易的社會一定是充滿法律的社會」。[4]基於現代中國有城鄉二元結構，農村是勞動力蓄水池。城市產業資本一旦遭遇危機，大量的勞動力解僱就回流農村，這就是汪輝講的「機會不公平」，不僅是二次分配不公平，能力建設不公平。因為二元結構體制條件下，80% 的人屬於非合同僱傭，處在「灰色地帶」。城市還能夠對鄉村隨意轉嫁成本，勞動法為什麼成了一紙空文，因為只有這種方式才能轉化危機。[5]「在個體的道德觀念中，社會為其自身創造了一個器官，這個器官不僅比法律和習慣更基本地發揮作用，而且還為社會節省了這些制度所涉及的不同類型的費用。因此，社會有這種儘可能便宜地滿足自身需要的傾向，這種傾向導致了對於『良心』的呼喚，通過良心，個人付給自己的是自己的正直，否則的話，就必須以其他方式通過

1　梁治平：《習慣法、社會與國家》，《讀書》，1996 年第 9 期。

2　[德] 黑格爾：《法哲學原理》，商務印書館，1982 年版，頁 241。

3　薛建蘭，趙亮：《山西票號商事習慣法的興衰 —— 以熟人社會為視角》，《法學雜誌》，2013 年第 2 期。

4　[美] 麥克尼爾：《新社會契約論》，雷喜寧、潘勤譯，中國政法大學出版社，1994 年版，頁 5。

5　溫鐵軍：《告別百年激進》，東方出版社，2016 年版，頁 165。

法律或習慣才能保證他正直性。」[1]

小時候也是同一個我，用一個下午的時間看螞蟻搬家，等石頭開花，小時候不期待結果，小時候哭笑都不打折。[2] 余光中說：「世上本沒有故鄉的，只是因為有了他鄉；世上本沒有思念的，只是因為有了離別。」也許「人的故鄉，並不止於一塊特定的土地，而是一種遼闊無比的心情，不受空間和時間的限制；這心情一經喚起，就是你已經回到了故鄉。」[3] 故鄉是一個人的羞澀處，也是一個人最大的隱祕。我把故鄉隱藏在身後，單槍匹馬去闖盪生活。[4]

祠堂與鄉土已遠，惟獨房簷的滴雨聲響仍在。

十二、城市的規則供給

「我所生活的世界很小，每天晚上，我都走同樣的路回家，開同一扇門，睡同張牀，我所生活的城市很大，連結成片的雲也覆蓋不了它。一直有舊房了被推平，一直都有新樓聳立。」[5] 城市源於禮俗社會，建立在共同體之上，實現了個體生活與社群價值規範的綜合、自然與文化的對立統一。而大都市，則基於全面擴張的貨幣經濟及其社會關係，以及當社會矛盾衝突過大時，實施大規模國家管控的產物。關於城市，尼采、新康德主

1　［美］羅伯特‧C. 埃里克森，《無需法律的秩序 ── 鄰人如何解決糾紛》，中國政法大學出版社，2003 年版，頁 302。

2　馬德：《允許自己虛度時光》，江蘇鳳凰文藝出版社，2015 年版，頁 91。

3　史鐵生：《記憶與印象》，湖南文藝出版社，2012 年版，頁 121。

4　劉亮程：《一個人的村莊》，春風文藝出版社，2006 年版，頁 115。

5　安東尼：《爾本城市》，長江文藝出版社，2014 年版，頁 55。

義、本雅明、海德格爾、盧卡奇等均有不同的闡釋。[1]

「黎明，當這個大都市從睡夢中醒來之後，即刻就像平靜的大海掀起風暴，到處充滿了喧囂與紛擾。大街小巷，湧動着人和車流的洪流；十字街口扭結着自行車的漩渦。嘈雜的市聲如同炒爆豆一般令人心煩意亂。」[2]地鐵像一張魔毯。地鐵站則像廣袤無垠的沙漠中的綠洲，只要有一把鎳幣，孩子們都能達到城裏任何地方；沒有這些金屬片，他們就無法乘坐魔毯，寸步難行，他們甚至不知道該往哪個方向去。[3]

對於眼前這座灰濛濛的城市，我的看法是我既可以生活在這裏，也可以生活在別處；可以生活在眼前這座水泥城裏，走在水泥的大道上，呼吸着塵霧；也可以生活在一座石頭城市裏，走在一條龜背似的石頭大街上，呼吸着路邊的紫丁香。在我眼前的，既可以是這層白內障似的磨砂燈泡似的空氣，也可以是黑色透明的像鬼火一樣流動着的空氣。人可以邁開腿走路，也可以乘風而去。[4]對普通人而言，因為恐慌所以反抗，但反抗恰巧成為了遵從。隨着個人希望的破滅，人們驟然撕下面具，盡顯世間百態。人世間的事情莫過於此，用一個瞬間來喜歡一樣東西，然後用多年的時間來慢慢拷問自己為什麼會喜歡這樣東西。[5]

在《看不見的城市》裏，卡爾維諾設立了「城市與符號」「城市與貿易」「城市與天空」以及「城市與死者」等標題，旨在通過描述城市與其他要素之間的關係，來展示不同城市的多樣性和複雜性。[6]土地是城市最重要的基礎，《城市房地產管理法》（2019 年修訂）第 12 條規定：

---

1 ［意］馬西莫‧卡奇亞里：《建築與虛無主義：論現代建築的哲學》，楊文默譯，廣西人民出版社，2020 年 1 月版，頁 119。

2 路遙：《平凡的世界》，人民文學出版社，2005 年版，頁 322。

3 ［美］赫爾曼‧沃克：《少年赫比》，一熙譯，北京聯合出版有限公司，2019 年版，頁 73。

4 王小波：《青銅時代》，陝西師範大學出版社，2009 年版，頁 137。

5 韓寒：《一座城池》，二十一世紀出版社，2006 年版，頁 163。

6 ［意］伊塔洛‧卡爾維諾：《看不見的城市》，張宓譯，譯林出版社，2006 年版，頁 205。

土地使用權出讓，由市、縣人民政府有計劃、有步驟地進行。出讓的每幅地塊、用途、年限和其他條件，由市、縣人民政府土地管理部門會同城市規劃、建設、房產管理部門共同擬定方案，按照國務院規定，報經有批准權的人民政府批准後，由市、縣人民政府土地管理部門實施。直轄市的縣人民政府及其有關部門行使前款規定的權限，由直轄市人民政府規定。

第 13 條補充規定：

　　土地使用權出讓，可以採取拍賣、招標或者雙方協議的方式。商業、旅遊、娛樂和豪華住宅用地，有條件的，必須採取拍賣、招標方式；沒有條件，不能採取拍賣、招標方式的，可以採取雙方協議的方式。

　　城市的法律地位未及明確，便就此泯滅在總體支配關係當中。城市尚未完成概念上的主體化構建，就消失在中央與地方關係的話語之中。在這一話語中，城市概念徹底被地方取代，前者只不過是後者的一種物理表現，地方成為一個法律概念，並與中央一起構成公法體系的一部分，即我們通常熟稔的中央與地方關係話語。而城市，即使是直轄市、省轄市也難以成為一個真正的法律概念。[1]

城市規模的決定是個人、企業和政府互動的過程，其基礎是企業和居民的選址行為，是市場主體權衡利弊的結果。企業選址追求的是利潤（收益）最大化，個人選址反映的是對美好生活的嚮往，人口向着收入更高、

1　張力：《論城市作為一個行政法概念 ——一種組織法的新視角》，《行政法學研究》，2014 年第 4 期。

就業機會更多和綜合生活質量更好的地方遷移。在市場機制下，企業和個人消耗的資源越多，邊際成本越高，所付出的價格也越高。這樣，通過市場價格調節，城市規模必然小於資源與環境容量約束，否則就必須支付一個逼近無窮大的價格，沒有企業或個人願意付出這個價格。[1]

人最需要的是靈魂，城市也是如此。靈魂的塑造，說到底，是一種精神的塑造。因此，「城市精神」，就是城市靈魂的呈現。它所書寫的，應該是城市的底蘊、城市的韻味、城市的品位，也是一個城市對於自己所肩負的歷史使命的高度自覺。當一個城市不滿足於普通的物質繁榮或成就，而是進而想到自己應該承擔的歷史責任的時候，我們就說它有了一種精神，有了一種追求。[2] 詩人余光中說：「上海是張愛玲的，北京是林海音的」。梁鴻曾言：

> 北京不單單是個城市，它其實是我們的家，而這個家對人的塑造非常大，所以我覺得如果我們能夠把我們家的面貌，把一個家的歷史變遷敍述出來，那麼我們可能也會明白我們生活在一個什麼樣的流動裏面，這種流動對於每個人的塑造都是非常關鍵的。

在城市化進程和城市型社會結構中，民法相鄰關係和民事訴訟制度已經很難處理城市建設的秩序和利益分配問題。特別是，建設行為往往不再僅僅是行使所有權的結果，行政以許可的方式提前介入其中。建設行為需要經過許可，在許可程序中審查建設是否符合法定要件，一旦新開發者獲得規劃行政許可，相鄰關係方面的影響就轉化為行政許可決定對第三人的影響。[3] 哪怕在高級奢華的酒店，也能夠在枕巾被單浴巾毛巾上聞到生疏氣

1　陸銘：《城市承載力是個偽命題》，《商業周刊》（中文版），2017 年 12 月 15 日。

2　潘知常：《關於「城市精神」》。

3　葛熔金：《杭州市值 20 億商品房或成違建》，《東方早報》，2012 年 3 月 1 日，第 A17 版。

味，消毒劑漂白劑混合起來的氣味，隱藏其後陌生人皮膚和毛髮反覆印染之後的氣味。所有人來去匆匆，只把此地當作中轉停歇之地。裝飾一模一樣的房間，看起來潔淨寬敞，令人愉悅，每一件擺設和物品卻沒有絲毫感情。人住在其中也沒有愛惜。東西隨意擺放，使用過的毛巾零亂扔擲。行李箱敞開着，隨時準備打包離開。租住場所，再堂皇華麗，內裏卻充滿倉促草率。如同餐廳裏形式精美的飯菜，無法與家裏親手製作的食物相比，因為缺乏真情實感。[1]

　　城市規劃還需要解決城市空間資源到底如何配置的問題。作為城市的共同生活者，公眾可以決定在技術標準設定的最低標準之上，如何分配城市空間。例如，在關於日照時間的設置上，如果城市更為重視土地資源的稀缺性以及土地利用的效益，則可以將技術標準規定以上的空間都儘可能地許可開發建設；而如果城市更為看重生活環境的舒適，則可能在技術標準的規定之上，設定更高的日照標準等規劃技術條件。[2] 自然資源的國家所有權包含憲法上的所有權和民法上的所有權的雙階構造，[3] 處於轉型時期和城市化進程中的中國，建立多階連續的權衡機制非常必要而緊迫。這樣的制度建構將會使「合理利用土地」原則制度化、具體化，也將會從城市治理的角度，極大提升國家治理能力和治理體系現代化的水平。[4]

　　一個人的記憶就是座城市 / 時間腐蝕着一切建築 / 把高樓和道路全部沙化 / 如果你不往前走 / 就會被沙子掩埋 / 所以我們淚流滿面 / 步步回頭 / 可是只能往前走。[5] 懷念一座城市，不是它的美麗和繁華，也許更重要的

1　安妮寶貝：《春宴》，湖南文藝出版社，2011 年版，頁 235。

2　See Gerald E. Frug & David J. Barron, *City Bound: How States Stifle Urban Innovation*, Cornell University Press, 2008. Gerald E. Frug, *City Making: Building Communities without Building Walls*, Princeton University Press, 1999.

3　稅兵：《自然資源國家所有權雙階構造說》，《法學研究》，2013 年第 4 期。

4　陳越峰：《城市空間利益的正當分配》，《法學研究》，2015 年第 1 期。

5　張嘉佳：《從你的全世界路過》，湖南文藝出版社，2019 年版，頁 98。

是，那裏有牽掛所在，那裏有最好的歲月，是心之所在，如同家一般。那裏有你走過的路，有熟悉的街道，有過生命裏最美的笑容。[1]

十三、自己的荊棘

「我們各自心中都有某些不願意摒棄的東西，即使這個東西使我們痛苦得要死。我們就是這樣，就像古老的凱爾特傳說中的荊棘鳥，泣血而啼，嘔出了血淋淋的心而死。我們製造了自己的荊棘，而且從來不計算其代價，我們所做的一切就是忍受痛苦的煎熬，並且告訴自己這非常值得。」[2]「這會成為我以後的人生模式嗎？每份雄心壯志都遭到挫敗，每個夢想都胎死腹中？可略加反思後，我又意識到，我目前經歷的是所有有感知能力、正經受折磨的人都會經歷的，除了極少數、極少數的人：那些才是真正有天賦的人，是奇怪又罕見的天才；當然，還有那些格外幸運的笨蛋。」[3]

人是生而自由的，但卻無往不在枷鎖之中，那麼慾望主體的悲劇則在於「自以為是其他一切主人的人，反而比其他一切更是奴隸。」[4]「他把肉體從鎖鏈中解放出來，但又給人的心靈套上了鎖鏈。」[5]

法學的特點之一在於它是一門規範性學科。存在兩重含義：一方面以規範和價值為對象，在此它是一種理解性的社會科學。另一方面，它是一個有關規範的實用學科，也就是說，它致力於規範的有效適用。它的表述

---

1 里則林：《像狗一樣奔跑》，廣西科學技術出版社，2015年版，頁109。
2 〔澳〕考琳·麥卡洛：《荊棘鳥》，鳳凰出版傳媒集團，2010年版，頁179。
3 〔英〕威廉·博伊德：《凡人之心》，王一凡譯，湖南文藝出版社，2020年版，頁105。
4 〔法〕盧梭：《社會契約論》，何兆武譯，商務印書館，1980年修訂版，頁8。
5 《馬克思恩格斯選集》第1卷，人民出版社，1972年版，頁9。

不僅要真實，而且需要正確。正確性不僅應通過規範性規則合乎邏輯地正確適用去獲得，而且要求認識位於規範背後的法律制度的價值原則（所謂的價值法學）。在法律原則沒有清楚地用實在法予以規範化的地方，法律教義學的任務是將法律規範中所包含的原則精確化。法律思維必須遵循目的和價值的唯理性。其有效性不僅可以通過只要遵守其規則就可以得出相同的結論這一點來證明（這與形式邏輯相反）。在不同的主體之間，法律的唯理性只是通過形成業內公認的確信，即以主體間性的方式產生。通說所持的觀點在法律上通常是合理的。[1]

　　法律的理性化是一個需要通過多種不同層次的手段才能最終實現的過程。「形式理性」是指至少在表面上具有規範化的表現形式，處理法律問題時所依據的至少是表面上形式化的法律規則。「形式非理性」是指使用理智所能控制之外的手段。譬如訴諸神諭或類似的方式，來處理法創制與法發現的問題。「實質理性」則為對於法律問題的處理的準則是具有嚴密的邏輯性的、通則化的特質別具的法律規範，而非個案的評價。「實質非理性」是指全然以個案的具體評價來作為決定的基準，而非一般的規則。韋伯有一個基本的觀點：法律發展是一個理性化的過程。[2]

　　法律傾向於非此即彼的分離式思考，企望所有的法律事件和法律現象均應進行理性的計算和理性的把握，並在一個封閉的體系中可以闡釋；而我們人類生活的現實世界中的事件和現象若從不同的角度來判斷卻並不是非此即彼的，毋寧是亦此亦彼的，不是條分縷析的，毋寧是充滿矛盾、充滿緊張關係、充滿悖論的，其中存在着用理性的計算除不盡的餘數。實在法就像個執拗的裁縫，只用三種尺碼來應付所有的顧客。[3]法律只能依據自

1　［瑞士］菲利普·馬斯托拉蒂：《法律思維》，高家偉譯，載《法哲學與法社會學論叢》，第六輯。

2　［德］馬克思·韋伯：《法律社會學》，康樂、惠美譯，廣西師範大學出版社，2005 年版，頁 117。

3　［德］J. H. 馮·基爾希曼：《作為科學的法學的無價值性 —— 在柏林法學會的演講》，趙陽譯，載《比較法研究》，2004 年第 1 期。

身價值、思維和證據做出判斷，[1] 按照法律所規定的法律責任和權利義務來認定，這在一定程度上體現了法律判斷的專業性、職業性和獨立性。雖然有時候也不能完全忽視「潛規則」的影響，但這僅限於習俗、社會道德等方面的影響，這屬於法官自由裁量的權限。所謂法無可赦、情有可原對法律人來說，是一個經常需要直面的問題。有很多比較棘手的案件，時常能看到有法、情、理蘊含和體現在判決之中，這也就是所謂的兼顧法律效果和社會效果。[2]

思考是一種實踐的真理，而思辨的、理論的思考則不是實踐的，它只是真與假而不造成善與惡 …… 實踐思考的真理要和正確的慾望相一致。[3] 在法學「價值導向的」思考中，尋求法律中的「正確性」要求是至關重要的。這種「正確性」要求所反映的主要價值是公正和正義。所以，法學思考所追求的價值目標與其他學問是有所不同的。比較而言，如果說經濟學思考追求「效益最大化」的價值，倫理學思考追尋「道德之善」，政治學思考尋求「合目的性」「權宜之計」，那麼法學思考則以「正義」「公正」的價值為主要取向。這正是為什麼在立法和司法過程中必須設定嚴格，甚至有些「煩瑣」的程序，甚至不惜犧牲「效率」，以保證法律的「正義」「公正」的價值得到實現。[4]

法律作為一套理性邏輯體系，即理性規則體系和邏輯體系的組合，但法律的實踐卻總是會遇到修辭論辯問題。邏輯優位於修辭，而不是相反，修辭優位於邏輯。一切制度都是修辭，因為一切制度都是預設。[5] 法律自身

1　[美] 盧埃林：《荊棘叢：我們的法律與法學》，明輝譯，北京大學出版社，2017 年版，頁 158。

2　趙奇：《法律人的理性與思維》，中國法院網，2014 年 7 月 25 日。

3　[古希臘] 亞里士多德：《尼各馬科倫理學》，苗力田譯，中國人民大學出版社，2003 年版，頁 120。

4　舒國瀅：《由法律的理性與歷史性考察看法學的思考方式》，http://old. civillaw. com. cn/article/default. asp?id=27646。

5　謝輝：《法治思維的九個向度》，《行政管理改革》，2015 年 4 月 29 日。

的理性化和社會的理性化，均是法律理性化的體現。法律理性化取決於法律思維理性化朝向何方，法律思維的理性化意指法律思想的成熟和法律實踐的合理性。[1] 理論理性是符合自然中的事物以獲得知識，而實踐理性則涉及人類行為的規則和規範。對理論理性來說，給予我們知識的是對象，而實踐理性則規定我們的行為應該是怎樣的。[2]

　　世界讓我遍體鱗傷，但傷口長出的卻是翅膀。向我襲來的黑暗，讓我更加燦亮。孤獨，也是我向光明攀登的一道階梯。詩歌，這座浮橋架設於你不解的自我和你不懂的世界之間。[3] 司法理性既表現為一種法律適用中的形式理性，同時也是體現了司法行為選擇中的實質理性。從外部視角看，司法理性在形式上體現為司法者運用程序技術進行推理和論證的技能。但司法理性並不等同於程序技術，隱含在程序技術背後的則是一種道德視角，是以程序技術為依託和表達形式的由司法職業特有的實踐態度、思維方式、價值取向以及職業經驗等因素綜合構成的、對司法者的判斷和推理產生指引和控制作用的內在視角，是對各種價值、原則、政策進行綜合平衡和擇優選擇的結果。[4]

　　我把荊棘當作鋪滿鮮花的原野，人間便沒有什麼能將我折磨。[5]「我們無法在時間的長河中垂釣，但我們可以將對苦難的詰問化為覓渡的力量。」[6] 一個充分體現司法理性的司法過程既包含了法官對法律條文形式上的嚴格遵守，又包含了法官以其睿智解讀法律條文、法律規範、法律理論

1　張輝：《「秩序正當性」視域下的「法律理性化」》。

2　［挪］奎納爾‧希爾貝克、［挪］尼爾斯‧吉列爾：《西方哲學史：從古希臘到當下》第六章第五節《托馬斯‧阿奎那 —— 調和與綜合》，童世駿、郁振華、劉進譯，上海譯文出版社，2016 年版。

3　［叙利亞］阿里‧艾哈邁德‧賽義德‧阿斯巴：《我的孤獨是一座花園》，薛慶國譯，譯林出版社，2009 年版，頁 179。

4　韓登池：《論法律推理與司法理性》，《光明日報》，2010 年 7 月 20 日。

5　張賢亮：《綠化樹》，花城出版社，2009 年版，頁 127。

6　［法］雨果：《九三年》，鄭永慧譯，人民文學出版社，2004 年版，頁 158。

的邏輯正當性。司法理性只能通過司法實踐得以表現出來。審判中法官運用的方法更多的是實踐的方法，而非單純的科學方法。理性的獲取、提升和實現都離不開實踐活動，司法實踐對於司法理性來說是決定性的。法官在處理具體案件時所積累的包括駕馭庭審、參與調查、展開詢問、主持調解、撰寫判決等司法經驗，都充分體現了司法理性的實踐特徵。[1]「咱們自己製造了自己的荊棘，而且從來不計算其代價，我們所做的一切就是忍受痛苦的煎熬，並且告訴自己這非常值得。」[2]

1　韓登池：《論法律推理與司法理性》，《光明日報》，2010 年 7 月 20 日。

2　［澳］考琳・麥卡洛：《荊棘鳥》，鳳凰出版傳媒集團，2010 年版，頁 189。

第五章

法律的藝術秩序

　　法律在規範意義上就是一種自發秩序，法律本身從來不是像立法那樣被「發明」出來的。早在人類的語言發展到能夠被人們用來發佈一般性命令之前，個體便只有在遵循群體規則的前提下，才會被接納為群體中的成員。所以，法律在立法者制定它以前就已經「自然地」存在了。

—— 哈耶克

一、秩序的藝術性

　　秩序是一種排列和組合，排列與組合互相滲透出來的色彩繽紛，萬物皆在秩序以內。如果沒有一種命定的秩序做出安排，有可能一生都不會相遇。在地球上，在人群中，遇見一個人，與之相愛的可能性能有多少？這概率極低。各自背景、經歷、身份、階層截然不同，地理環境孤立沒有交錯。即使是生活在同一個城市中的人，也有可能終其一生不會在大街上擦肩而過。他所在的地方，她不在；她所在的地方，他不在。像平行軌道上的星球，默默轉動，自成圓滿，了無聲息。[1]秩序是法律規範固有和秉持的一種價值內涵，是「在自然進程和社會進程中都存在的某種程度的一致性、連續性和穩定性」。[2]法律規則體系中基本價值主要包括正義與秩序，其中正義被認為是法律的終極價值，秩序被認為是法律的形式價值。[3]法律作為事實性和有效性之間的社會媒介而存在，它是溝通錯綜複雜的社會事實並使社會秩序有效的「最大公約數」，不能替代也無法涵蓋社會事實的全部，而是一系列價值相互作用的結果。根本上講，作為社會秩序的「調節器」，法律無法生成或證成現實的社會秩序，相反，是社會發展孕育着

1　安妮寶貝：《春宴》，湖南文藝出版社，2011 年版，頁 311。

2　［美］埃德加·博登海默：《法理學 —— 法律哲學與法律方法》，鄧正來譯，中國政法大學出版社，2004 年版。

3　張文顯：《法哲學範疇研究》，中國政法大學出版社，2001 年版，頁 195–197、頁 203–204。

價值並使之顯性化，進而產生了法律。[1]

　　秩序的基本規則存在於時間之外。秩序規則是不變的，隨着時間的變遷可以在任何時刻被發現，就好像定格了一樣。[2] 法律秩序在邏輯形式上是一個由不同規範組成的等級體系。在這個體系中等級較高的規範創造等級較低的規範，而所有不同等級的規範以體系中的一個最高規範為終點，這個終極規範就是「基礎規範」。[3] 法律秩序在邏輯實質上表現為靜態秩序。靜態秩序，是循環時間觀對人類社會自然狀態的假設。並且在描述這一狀態時，循環時間觀表現出三種傾向，即現象化、整體化和永恆化。[4] 秩序是人的自然理性，在受造物中繁忙地上下飛翔的活動中，所獲得的有關受造物的秩序、原因和結果的一份真實報告。因此，哲學作為世界和你自己心靈的產兒，存在於你自身之中。[5]

　　　　無論是社會整體的宏觀視野還是個體微觀的生活圈裏，秩序
　　的意義在於既保持每個個體不失去其原子化的特徵，又使其和諧
　　相處於整個社會生態系統中。[6]
　　　　所謂社會的秩序，在本質上便意味着個人的行動是由成功的預
　　見所指導的，這亦即是說人們不僅可以有效地運用他們的知識，而
　　且還能夠極有信心地預見到他們能從其他人那裏所獲得的合作。[7]

1 ［德］哈貝馬斯：《在事實與規範之間 —— 關於法律和民主國的商談理論》，童世駿譯，生活‧讀書‧新知三聯書店，2003 年第 1 期。

2 參見［英］帕特里克‧貝爾特：《時間、自我與社會存在》，陳生梅等譯，北京師範大學出版社，2009 年版，頁 72。

3 參見［奧］漢斯‧凱爾森：《法與國家的一般理論》，沈宗靈譯，中國大百科全書出版社，1996 年版，頁 1、頁 125–127、頁 141。

4 熊賴虎：《時間觀與法律》，《中外法學》，2011 年第 4 期。

5 ［英］霍布斯：《論物體》，段德智譯，商務印書館，2020 年 5 月版，頁 533。

6 陳燾：《訴訟調解的多維審視 —— 基於司法實踐的實證考察》，華北電力大學，2014 年，頁 63。

7 ［德］哈耶克：《自由秩序原理》，鄧正來譯，生活‧讀書‧新知三聯書店，1997 年版，頁 200。

一種社會秩序就是一個各種要素的體系，其中每一個要素都由它與所有其他要素之間的關係來界定。這些要素就是個人與群體。他們在體系中的位置就是社會地位。[1]

當某一社會行動出現的機會增加或概率增高，社會關係指向某一準則，就出現了「秩序」，當某一秩序被行動者遵守時，該「秩序」便取得了一定效力，但秩序效力的來源是多樣化的。能保證秩序正當性的方式一種是內在的，一種是外在的。內在的方式主要有宗教信仰、情感順從和價值理性，外在的方式主要有傳統風俗和法律。這兩種方式並不是截然分開的，而是相輔相成的。行動者在賦予行動意義時，會考慮秩序的正當性，同時也會顧及秩序正當性的效力。亦即行動者可能服從於傳統風俗、情感或價值信仰，也可能服從於合法性的成文規定。[2]「我們這個時代，因為它所獨有的理性化和理智化，最主要的是因為世界已被除魅，它的命運是，那些終極的、最高貴的價值，已從公共生活中銷聲匿跡，它們或者遁入神祕生活的超驗領域，或者走進了個人之間直接的私人交往的友愛之中。」[3]

社會是一個有機體，人類社會一直在建立法律秩序和延續人類自身生活秩序之間矛盾着。凡祈求天地間的秩序對自己網開一面的皆為邪路，宣揚這樣的學問的人們，即是邪教。大自然的美，從來都是豐盛端莊的，鄭重自持。如同一種秩序，一種道理。[4]

社會秩序是社會基於行為者普遍共享的、可以有效約束交往／互動的一套規範，經由這套規範的制度化以及正常的社會關係的結構化而形成的

1　［美］羅伯托·曼格拉貝·昂格爾：《知識與政治》，支振峰譯，中國政法大學出版社，2009 年版，頁 236。

2　張輝：《「秩序正當性」視域下的「法律理性化」》，https://www.kuaihz.com/tid23/tid43_267463.html。

3　［德］馬克斯·韋伯：《學術與政治》，馮克利譯，生活·讀書·新知三聯書店，1998 年版，頁 156。

4　安妮寶貝：《素年錦時》，作家出版社，2007 年版，頁 131。

社會狀態。而社會混沌則是社會秩序崩潰、社會共享的規範不存或無法有效約束各行為主體的情形下，社會主要作為一個類生物系統的運行狀況，它具有去規範化、弱社會性的基本特徵。[1]現代化過程中個體的興起讓「秩序—自由」關係成了一個充滿歧義和張力的哲學命題，自由價值擁有了獨立於社會整體的正義性。而隨着混沌學的興起，「混沌」在系統運行中的常態性以及混沌與秩序的辯證關係等等被發現，讓現代科學的成就與古典哲學思想中的混沌觀念遙相呼應。新的混沌觀不僅受到追求自由價值和藝術創新的藝術家和建築規劃師等的熱烈擁抱，也被一些社會科學研究者運用到對社會混沌現象的意義再闡釋。[2]

　　自由、平等與秩序三者作為法律的基本價值，對法律發展、社會發展都有着積極而且重要的影響。不可否認，秩序價值是法的基礎價值，也是法的其他價值實現的基礎，沒有它，其他價值就無法實現。法律秩序是由法所確立和維護的，以一定社會主體的權利和義務為基本內容的，表現出確定性、一致性、連續性的，具有特殊強制力的一種社會狀態。法律秩序為社會主體提供安全保障，為社會關係提供依循的界限和規則，使社會可以據以穩定、繁盛和持續發展。[3]

　　對抗是秩序的鏡像 ——

　　　　一個社會中往往存在着兩種人之間的對抗關係。一種是接受法律規則並以此作為指導的人，即自願合作以維護法律規則，並根據這種規則來評價自己或他人行為的人。另一種是拒絕這種法

1　陳映芳：《秩序與混沌：轉型論再考》，《北京大學學報（哲學社會科學版）》，2020 年第 2 期。

2　［日］中村則弘：《両義性と流動性からみるオルタナテイブな社会－グロール化時代への東アジアからの問い一》；中村則弘：《潭沌と社会變動》，中村則弘編：《脱オリエンタリズムと中國文化》，明石書店，2008 年版。

3　周旺生：《論法律的秩序價值》，《法學家》，2003 年第 5 期。

律規則，並僅從外在觀點出發作為可能懲罰的一種標誌才關心這些規則的人。[1]

　　為此，尊重規則秩序，並敬畏這些已知和未知的秩序，並儘量讓自己的生命，去符合這些秩序，才能謂之「自在」。

二、法律主體論綱

　　「人之所以為人，就是因為他有着令人憎恨，也令人熱愛，令人發笑，也令人悲憫的人性。但是人的不可預期，不可靠，以及它的變幻無窮，不乏罪惡，葷腥肉慾，正是魅力所在。」[2]《唐人街探案》中說「純善或者純惡的人是不存在的，就像一張平滑的紙一樣。人都是擁有着很多面的，就像一張對折後的紙，才能穩穩地站立起來。」

　　「人生的概念就是人與人之間的爭鬥（我確信人生就是痛苦的代名詞，出生便是不幸的開端）。爭鬥的空餘，我們盡情享受美味的食物。」[3]西方存在主義語境下的「人」是撤除一切社會關係而剩下的人的本質；而中國傳統儒家語境下的「人」係全部社會關係與角色的總和 —— 即「仁者，人也」。法律不只是世俗政策的工具，它也是終極目的和生活意義的一部分。[4]「人生忽如寄，壽無金石固，不如飲美酒被服紈與素，多餘的儀式，留給願意神聖化的人就好了。」[5]

---

1 沈宗靈：《論哈特的新分析法學》，《法學研究》，1981 年第 6 期。

2 嚴歌苓：《芳華》，人民文學出版社，2017 年版，頁 163。

3 太宰治：《如是我聞》，侯緒梅譯，北京理工大學出版社，2015 年版，頁 125。

4 ［美］伯爾曼：《法律與宗教》，梁治平譯，中國政法大學出版社，2003 年版，頁 18。

5 張佳瑋：《無非求碗熱湯喝》，譯林出版社，2012 年版，頁 79。

　　法律所塑造的人是極為不穩定的：法律的主體性有可能被賦予也有可能被擯除，不能確定「自然」人與法律人會保持一致。[1]

　　人是法律之本。法律源於人、行於人、服務於人。人不僅是法律關係的主體，也是法律活動的目的。正如法學家伯爾曼所說：「法律不只是一整套規則，它是在進行立法、判決、執法和立約的活生生的人。」[2]

法律規制的主體

　　法律是社會的一種反映，或者說，是社會的一面「鏡子」。通過實施那些在社會交往中產生的規則，以及解決糾紛等，法律發揮着維持社會秩序的作用。[3]在實在法上，法律主體存在着多種多樣的形態，不同的法律制度／體系也有着不盡相同的規定。但基本上，凡是地球上的東西幾乎無所不包，從無機物、動植物，直至人類，甚至於純粹思維的構造物，如社團等。[4]

　　主體，指在一定自然條件和社會條件下從事實踐者；客體，指進入主體的實踐範圍內的現實世界。[5]在法理上關於法律主體的定義是法律所規制的行為的發起者。而我們知道，不僅人有行為，動物也有行為，即行為的發起者既可以是人也可以是動物。而行為的發起者只要被法律加以規制，它就是法律主體。這裏的法律規制是指法律加以規定的意思，即只要法律規定它為主體，它就是法律主體。顯然，從定義加以分析，法律主體並非一定要具備哲學上的主體性特徵。法律主體的範疇是一個不斷發展和擴大的過程，法律根據社會物質文化的發展和實際的需要去選擇主體。由於法

---

1 ［英］科斯塔斯·杜茲納：《人權的終結》，郭春發譯，江蘇人民出版社，2002 年版，頁 401。

2 ［美］伯爾曼：《法律與宗教》，梁治平譯，生活·讀書·新知三聯書店，1991 年版，頁 38。

3 ［美］塔瑪納哈：《一般法理學：以法律與社會的關係為視角》，鄭海平譯，中國政法大學出版社，2012 年版，頁 2-3。

4 胡長兵：《法律主體考略》，《東方法學》，2016 年第 8 期。

5 董耀鵬：《人的主體性初探》，北京圖書館出版社，1996 年 12 月第 1 版，頁 129。

的本質是法的利益性，法律制度是利益選擇的結果。人類為了更長久更全面的利益，為了解決目前嚴重的環境危機，保護與人類有着生生不息的聯繫的大自然，自然體和動物就有可能在法律上被賦予主體地位。當動物及自然體被賦予主體地位後，我們可以運用代理制度，使得其得以實現，從而真正保障和維護動物的權利。[1]為此，中國法制史研究中的價值標準的迷惘，在某種程度上類似於人類學的困境。如何處理研究主體與對象的價值意義錯位，是突破西方標準與中國標準的關鍵。作為研究對象的中國法制歷史和作為研究主體的中國法學研究者，價值意義具有公共性。無論是傳統的儒家標準，還是當下的現代化範式，都代表了國人對自己國族法制歷史的價值梳理，從本質上並無根本差異，所謂暗合正是如此。如果研究主體是西方漢學家，他們奉行的西方法治觀念與中國法制歷史研究之間反倒存在嚴重的價值偏差，需要事先的價值調校，難度更大，更應當謹慎從事。可能正是因為這樣，西方漢學家的中國法制史研究反倒顯得比較客觀公允，因為他們極力擺脫價值意識形態的束縛，追求敍述的真實，描寫歷史而非重構歷史。這給我們當前研究一個重要啟示，那就是有必要拋棄大詞的價值誘惑，關注法制史不同歷史階段的微觀文化差別，在公共的中華法律文化傳統中找尋細微的類似於「四種眨眼」那樣的法律意義，邁向法律的歷史深描。惟有如此，中國法制史研究才有走出價值迷惘的希望。[2]

法律主體的差異性

在憲法法域下，法律主體是公民和國家；在行政法法域下，法律主體是行政機關與行政相對人；而私法領域下，則是自然人法人及非法人組

---

1 程平：《從主體性視角看動物的主體地位問題》。

2 黃凱：《價值標準的普遍性與特殊性 —— 對歷史法制得失評價標準的反思》，《法學評論》，2008年第 1 期。

織。從法解釋學上，法律主體的範疇不能超出上述範圍。[1] 傳統私法中「自然人 — 法人」的二元主體體系不能適應現實之需，所以湧現出了各種新型私法主體。如《德國民法典》於 2000 年增加了「消費者」和「經營者」這兩類新型主體（參見《德國民法典》第 13、14 條）。[2]

　　法學家朗・富勒（Lon L. Fuller）指出：「一套使人類行為服從於規則之治的系統所必須具備的首要素質是顯而易見的：必須有規則存在。」[3] 為此，法律上的人並不是在「它的」義務和權利之外的一個分立的本體，而不過是它們的人格化了的統一體，或者由於義務與權利就是法律規範，所以不過是一批法律規範的人格化了的統一體而已。[4] 物本法律觀係一種着眼於物的倫理視角。物本法律觀與商品經濟的發展及對於物質利益最大化的追求相適應，屬人的法律異化為對金錢、商品的崇拜及對人的價值的漠視。物本法律觀秉持法律以物為基礎、為依據、為目的、為動力的觀點，將物的價值凌駕於人的價值之上，正是在這種理論視角裏，資本主義才獲得了其正當性，私有財產權才成為神聖不可侵犯的領域，而法律並不追問財產來源的正當性。而人本法律觀把法還給人自身，其倫理視角是現實的人的存在，把法律放到對於人的解放和自由全面發展的維度加以考察，關注的重點是使人作為個人得到解放，目標是使人從神學從經濟需要的壓迫下解放出來。[5]

　　除個體同生命關聯之外，個體間的關聯所構成的特殊共同體也反映了意義的多元複雜性，因為在社會生活尤其是日常生活中，不同個體通過共

1　趙磊、趙宇：《論人工智能的法律主體地位》，《人工智能法學研究》，2018 年第 1 期。

2　《德國民法典》由於 2000 年 6 月 27 日的法律第 2 條第 1 款（《聯邦法律公報》，2000 年，第一部分，頁 897）增加了這兩條規定。參見《德國民法典》，陳衛佐譯，法律出版社，2004 年版，頁 5，譯注 [13]、[15]。

3　[美] 朗・富勒：《法律的道德性》，鄭戈譯，商務印書館，2005 年版，頁 55。

4　[奧] 凱爾森：《法與國家的一般理論》，中國大百科全書出版社，1996 年版，頁 106。

5　陳壽燦：《人本法律觀的倫理意蘊》，《政法論壇》，2007 年第 10 期。

同影響和工作與他們（其他個體）聯結在一起，理解他們並且他們也理解我們，舒茨在修正韋伯理論的基礎上，為意義的賦予與把握提供了一種互為主體性的視角。總之，意義的本體論色彩使我們更加確信周遭社會生活中不可計算的諸多因素，並反對利用科學手段所建構的世界（或者當今的數碼世界）來取代真實的社會世界。舒茨認為，常識構造由真實世界中的「此在」（here）（在特定情境下的狀態）所形成，「它決定了視角預設的相互性」。[1] 真正的法律凝結着人的自由精神。「正是在這一意義上，人才能像服從自己的自由一樣服從體現和實現自由的法律。」[2]「我總是躲在夢與季節的深處，聽花與黑夜唱盡夢魘，唱盡繁華，唱斷所有記憶的來路。」[3] 此等變遷雖看似甚覺淺薄，卻不妨其奧妙的意味。因為人生就是這些淺薄的現象所構成的，變換了它們，即變換了吾人的人生觀。[4]

法律主體分論

「一場事故，一席談話，一本書，甚至是一個笑容都可能令既定的人生軌跡發生偏移，但這並不代表這些細微的時間可以徹底改變一個人。人本就是頑固不化的生物，不僅如此，人還是一種群居性、特別容易激動的頑固生物。」[5] 猛然間想起了葉賽寧的幾句詩：「不惋惜，不呼喚，我也不啼哭。金黃的落葉堆滿我心間，我已經再不是青春少年。」在作為法律規制對象的人即客體，和作為立法者的人即主體這兩個分析維度上，宏觀的演進軌跡都近似表現為一道上升的螺旋。與彼德·高赫一樣，這裏的法律人像不應解釋為某些擁有血肉之軀的具體經驗的個人，而是一種立基於現

1　Alfred Schütz, *The Problems of Social Reality*, Netherlands: Springer, 1973, p.38.

2　楊昌宇：《自由：法治的核心精神》，法律出版社，2006 年版，頁 49。

3　席慕蓉：《左岸是忘記 右岸是銘記》。

4　林語堂：《吾國吾民》，德華出版社，1980 年版，頁 178。

5　長洱：《犯罪心理 1》，江蘇鳳凰文藝出版社，2018 年版，頁 246。

世中多樣態的人的抽象化、普遍化即「平均人」類型。[1]

在不同法律規範規制下，法律主體可有不同的分類和面向。具體為以下幾種：

第一，自然人。自然人從出生時起到死亡時止，具有民事權利能力，依法享有民事權利，承擔民事義務。自然人的民事權利能力一律平等。依照《中華人民共和國民法典》（2020 年）第 54 條的規定：

> 自然人從事工商業經營，經依法登記，為個體工商戶。個體工商戶可以起字號。

第 55 條的規定：

> 農村集體經濟組織的成員，依法取得農村土地承包經營權，從事家庭承包經營的，為農村承包經營戶。

也即個體工商戶和農村承包經營戶在民法典的場域內，擬制為自然人存在的。

在法律中，自然人是存在人格特徵的，人格並非是人的法律主體地位，當指人負載於人的社會資格、生命、健康、名譽等上的精神存在利益。人享有這些利益的法律技術就是確認人擁有權利，權利指一種旨在獨立實現個人利益的由客觀法授予的意志力，以這類利益為客體的權利就是人格權。人格權可分為靈肉人格權、情感評價人格權、行動人格權和一般人格權（尊嚴權）。人格權的客體具有較強的主觀評價性和某種客觀確定性，人格權既是積極請求權也是消極防禦權，且兼具絕對性和相對性。[2]

1　胡長兵：《法律主體考略》，《東方法學》，2016 年第 8 期。
2　鄭永流：《人格、人格的權利化和人格權的制定法設置》，選自《法哲學與法社會學論叢》，2005年第 8 期。

　　第二，法人。法人係具有民事權利能力和民事行為能力，依法獨立享有民事權利和承擔民事義務的組織。法人應當有自己的名稱、組織機構、住所、財產或者經費。法人成立的具體條件和程序，依照法律、行政法規的規定。法人的民事權利能力和民事行為能力，從法人成立時產生，到法人終止時消滅。法人存在營利法人、非營利法人、特別法人的分野。《中華人民共和國民法典》（2020 年）第 76 條明確規定：

> 以取得利潤並分配給股東等出資人為目的成立的法人，為營利法人。

第 87 條規定：

> 為公益目的或者其他非營利目的成立，不向出資人、設立人或者會員分配所取得利潤的法人，為非營利法人。

第 96 條對特別法人進行了明確規定：

> 機關法人、農村集體經濟組織法人、城鎮農村的合作經濟組織法人、基層群眾性自治組織法人，為特別法人。

營利性法人存在商事人格的規制，所謂商事人格權，是指公民、法人為維護其人格在商事活動中所體現出的包含金錢價值在內的特定人格利益 —— 商事人格利益而享有的一種民（商）事權利。它是人格權的商事化，反映的是自然人和法人在現代市場經濟活動中其人格因素商品化、利益多元化的社會現實，反映了人格權在商品社會中的發展變化。[1]正如一般

1　程合紅：《商事人格權芻議》，《中國法學》，2000 年第 5 期。

民事主體必然要具備維繫其生命的人格權，商主體要作為獨立的法律人格
而存在，也必然要以維繫其法律人格的人格權為前提。商事人格權既不能
為傳統人格權所解釋，也不能為知識產權與財產權所解釋，只能作為一種
獨立的商事權利而存在。[1]

　　第三，非法人組織。《中華人民共和國民法典》（2020 年）第 102 條規定：

　　　　非法人組織是不具有法人資格，但是能夠依法以自己的名
　　義從事民事活動的組織。非法人組織包括個人獨資企業、合夥企
　　業、不具有法人資格的專業服務機構等。

也即個人獨資企業、合夥企業、不具有法人資格的專業服務機構為民事主
體，但係非法人組織。

　　第四，單位。《中華人民共和國刑法》（2020 年修訂）第 30 條明確規定：

　　　　公司、企業、事業單位、機關、團體實施的危害社會的行
　　為，法律規定為單位犯罪的，應當負刑事責任。

《中華人民共和國環境保護法》（2014 年）第 6 條亦存在「單位」的規定：

　　　　一切單位和個人都有保護環境的義務。地方各級人民政府應
　　當對本行政區域的環境質量負責。企業事業單位和其他生產經營
　　者應當防止、減少環境污染和生態破壞，對所造成的損害依法承
　　擔責任。公民應當增強環境保護意識，採取低碳、節儉的生活方
　　式，自覺履行環境保護義務。

1　范健、王建文：《商法基礎理論專題研究》，高等教育出版社，2005 年版，頁 236。

單位，為我國法律主體的特別性規制和構成，具有鮮明的時代特徵，但在約定的時空裏，仍有存在的必要。

第五，國際環境法律主體。《聯合國環境規劃署環境法教程》總結規定：

> 國際法是調整國家間關係的法律體系。在一段時間，國家是唯一的享有國際人格的即依照國際法享有權利並承擔義務的主體。但是在今天，國際組織、非政府團體和個人在一定情況下也被看作具有國際人格。因此，儘管國際法主要地與國家有關，20世紀後期國際法的定義必須反映國際法的範圍已擴大到調整國家與國際組織和個人的關係。

可以看出，個人、單位和非政府組織的國際環境法主體資格目前在聯合國範圍內已經得到廣泛的認可。[1]

第六，電子人。人工智能是一門令機器做那些由人類需要做智慧的事情的科學。[2] 應承認並確立「電子人」主體，有效回應社會主體多元、結構多層、關係多樣、系統有序運行的需求。人工智能的自主性導致不可預見及失控風險，以客體待之，勢必阻礙人工智能發展。就法律主體的本體、能力及道德要素而言，「電子人」皆有存在餘地。從法外視角觀察，我們會驚覺於人工智能現有及潛在的經濟、社會、文化影響，以及對人類倫理、哲學範式的衝擊，在既有結構、模式轉換之時，「電子人」的諸多法外基礎已然或正在生成，並夯實強固。[3] 基於聯結主義下人工智能可以實現理論上求解可能的無限，並在一定領域具有主觀能動性，實現「具體問題具體分析」，雖然仍然受到算法和問題辨識準確性的限制，但是隨着算法

---

1 常紀文：《個人、單位和民間組織的國際環境法律地位問題》。

2 See J. Copeland, *Artificial Intelligence: Philosophical Introduction*, Wiley-Blackwell, 1993, p. 1.

3 郭少飛：《「電子人」法律主體論》，《東方法學》，2018 年第 3 期。

的不斷提高，其具有無限發展的可能。因此賦予「聯結主義」理念的人工智能特殊的法律主體地位符合經濟社會發展的需要，而這毫無疑問地會帶來人工智能系統指數式增長，沙特政府賦予 Sophia[1] 公民身份，其實際的法律價值難以評述，但至少，其象徵意義非常重要。[2]

第七，動物。理性的人類就是完全的道德主體和法律主體。相反，就動物而言，或許除了一些高級猿類之外，所有動物的行為都沒有表現出它們能夠理性地了解道德生活的證據。[3] 動物享有的道德權利是「非獲得性權利」，亦即並非由於權利享有者的自願行為或者其在某種制度安排中的位置所產生的權利，而尊重此等權利的義務也是「非獲得性義務」，亦即並非由於義務承擔者的自願行為或者其在某種制度安排中的位置所產生的義務。[4] 隨着動物權利話語的逐步高漲，一些國家的實證法制度作出了肯定性的回應。如 1990 年 8 月，《德國民法典》增補了第 90 條 a 款：

> 動物不是物。動物應受特別法律的保護，除另有規定外，准用關於物的規定。

類似地，還有 1988 年 3 月奧地利對其民法典的修正。其原《民法典》第 285 條「物的定義」規定：

1　Sophia 是由中國香港的漢森機器人技術公司（Hanson Robotics）開發的類人機器人，是歷史上首個獲得公民身份的機器人。Sophia 看起來就像人類女性，擁有橡膠皮膚，能夠表現出超過 62 種面部表情。Sophia「大腦」中的計算機算法能夠識別面部，並與人進行眼神接觸。2017 年 10 月 26 日，沙特阿拉伯授予 Sophia 公民身份。2018 年 8 月 24 日，在線教育集團 iTutorGroup 聘請 Sophia 擔任人類歷史上首位 AI 教師，開創在線教育新紀元。

2　袁曾：《人工智能有限法律人格審視》，《東方法學》，2017 年第 5 期。

3　［美］H. T. 恩格爾哈特：《生命倫理學基礎》，范瑞平譯，北京大學出版社，2006 年版，頁 146–147。

4　［美］湯姆·雷根：《動物權利研究》，李曦譯，北京大學出版社，2010 年版，頁 231–233。

　　　　一切與人相區別且供人使用者，在法律意義上稱為物。

修訂後新增的第 285 條 a 款如下：

　　　　動物不是物。它們受到特別法的保護。關於物的規定僅於無
　　特別規定的情形適用於動物。

對於法律主體而言，也許應該是「我們都不是天使，都不完美，可我們依
然要喜歡愛護這個缺點多多的自己。」[1]

三、簡易程序的效率

　　「世界上有不可勝數的樹木，不可勝數的小鳥，不可勝數的雨珠，
而我卻連一棵樟樹、一隻小鳥、一個雨珠都好像理解不了，永遠理解不
了。」[2]法律的價值有兩個：秩序與正義，法律旨在創設一種正義的社會秩
序。秩序所關涉的是社會制度和法律制度的形式結構，正義乃是法律規
範和制度性安排的內容、它們對人類的影響以及它們在增進人類幸福與
文明建設方面的價值。從最為廣泛的和最為一般的意義上講，正義的關
注點可以被認為是一個群體的秩序或一個社會的制度是否適合於實現其
基本的目標。[3]

　　價值是法律的靈魂，民事立法堅持以法典為中心，就是要堅持民法

1　桐華：《那些回不去的年少時光》，江蘇文藝出版社，2010 年版，頁 117。

2　[日]村上春樹：《世界盡頭與冷酷仙境》，上海譯文出版社，2014 年版，頁 95。

3　[美]埃德加·博登海默：《法理學 —— 法律哲學與法律方法》，鄧正來譯，中國政法大學出版社，
　 2004 年版，頁 331，頁 261。

典所確立的基本價值理念的中心地位，而單行法應當全面貫徹民法典所體現的基本價值，至少不能與這些價值發生衝突。訴訟程序亦必須框定整個市民社會領域應採取的價值基調，即「確立反映時代精神的價值概念，奠定法律體系的共同倫理基礎」。[1]「公正與效率」是我國司法靈魂，但「公正與效率」之間的辯證關係並非為了公正而不求效率，有句名言講得好，「遲來的公正已非正義」，當事人在高額的訴訟成本之下得到的本就是自己應得的，如也算是公正的話恐怕已經變味，說不定已經沒味了。公正與效率的辯證統一應是在公正的前提下追求最大效率，任何訴訟程序的理性選擇是經濟合理性，即追求最小的成本得到最大的效益。[2]

在法律研究中，相應地存在着定量研究與定性研究兩種不同的探討方式。定性研究是用文字來描述現象，而非用數字和量度；定量研究則與此相反，是用數字和量度來描述，而不是用語言文字。量表測量、問卷調查、結構式訪問、結構式觀察等是定量研究中常見的資料收集方法；參與觀察、無結構訪問等，則是定性研究中主要的資料收集技術。定量研究的結果在概括性、精確性上特徵明顯；定性研究則以其資料的豐富性、細緻性和理解的深入性與定量方法相對照、相補充。[3]對於肩負公正、效率兩大價值擔負的簡易程序，定性與定量分析具有應然基礎。

法律效率

效率是指「以最少的資源消耗取得同樣多的效果，或用同樣的資源消耗取得較大的效果」。[4]但這個最基本的含義只能作為我們認識刑事訴訟的

1 王衛國主編：《荷蘭經驗與民法再法典化》，中國政法大學出版社，2007 年，頁 4。

2 譚亮：《淺談行政訴訟適用簡易程序》，北大法律信息網，2013 年 12 月 16 日。

3 風笑天：《社會學研究方法》（第三版），中國人民大學出版社，2012 年版，頁 11–14。

4 轉引自侯豔芳：《刑罰輕緩化的效益價值及在我國當前的實現》，《華南農業大學學報（社會科學版）》，2010 年 4 月第 2 期。

效率問題的基礎,卻不是認識的終點。訴訟中的效率,其含義要比效率的這種「成本收益比例關係」所能揭示的內容豐富得多。訴訟中的公正包括實體公正和程序公正,而訴訟中的效率是指訴訟以最快的速度、最小的耗費、最大限度地實現刑事司法的公正。[1] 法律制度是否有效率應看其是否能「將個體的努力引導到私人收益接近社會收益的活動上去。」[2]

法律進行權利配置,但法律不惟配置一次權利,亦可以多次配置權利。效率的可接受性涉及初次分配和重新分配及其後果。任何財產權的配置表達了對本人或他人受益或受損的權利,所以總是與外部性聯繫在一起的。[3] 實體公正是指法律分配人們之間的權利和利益的結果是公正的,程序公正是指對權利和利益分配的過程和分配方式是公正的。[4]

司法公正側重於強調司法活動的結果好,司法效率側重於強調實現結果的過程好。司法效率與司法公正的表現特徵也是不同的,司法效率主要表現為設計合理的司法程序使司法資源得到優化配置、充分利用,使司法運作加快、期間縮短,它表現的是司法的經濟合理性,而司法活動期間的長短,國家投入的人力、物力和財力等的多少是可以用一定的標準來衡量的,司法效率具有明確的可比性,[5] 而司法公正主要的體現形式並不是物質性效果,而是包含秩序、自由、權利等多方面因素構成的結果狀態。很明顯,這種結果狀態主要是精神性的,而不能簡單用物質性標準來衡量。[6]

---

1 王敏遠:《公正不能簡化 —— 刑事訴訟中的公正與效率問題分析》,《檢察日報》,2012 年 8 月 7 日。

2 [美] 道格拉斯·諾斯,[美] 羅伯斯·托馬斯:《西方世界的興起》,厲以寧、蔡磊譯,華夏出版社,2009 年版,頁 5。

3 Avery Katz, *Foundations of the Economic Approach to Law*, Oxford University Press, 1998, p. 86.

4 陳曉燕:《簡論司法公正及其實現條件》,《光明日報》,1999 年 10 月 22 日。

5 魏從平:《論司法效率與司法公正的價值規定性》。

6 李文健:《刑事訴訟效率論》,2003 年 6 月 28 日,https://www.baidu.com/link?url=uOCmo7PbaDzf8s-KL2G8scEo4t7ailClLDzgxCJdjJQI6fgTUu2zt6QGD6xphdVXBHttjliOtVGj0KzFEITYi0D6KGUHTMswrwVML-koLBFMg9dNXaXeTnKS0Pk33sVO&wd=&eqid=d4f6d59800087a6b00000002628e944a。

法律制度是一立體結構，最低端的是關於市場交易的私法，中間層次涉及分配的法律，最高層次為憲法。法律制度要實現的目標並不是具體某一個法律要實現的目標。法律的效率性的重要性是以法律的重要性遞增的，作為國家的根本大法，憲法是法律的法律，是元法律，其效率性居於最高層，財富分配的法律居於第二位，其他法律次之。當不同層次法律的效率性發生衝突時，以處於高位階的法律的效率性為主。判斷標準以同意的程度為標準：從私法到稅法再到憲法，越來越需要更大比例的多數同意，直至一致同意。[1]

> 適應性效率純屬一種主觀感受上的經驗範圍，客觀上難以進行數量描述，因而除了在該制度約束下的行為主體能夠直接體驗到適應性效率之外，外部觀察者通常無法直接把握。

因此對於外部觀察者來說，要想進一步判斷制度好壞，則可以對一項制度約束下的人或組織的產出結果進行觀察，再通過比較來發現該制度的資源配置效率如何。這就是說，法律適應性效率最終還是要體現在資源的配置效率上。[2]

制度設計的原則在於，在不影響、減損公正的前提下提高訴訟效率，但也不盲目地追求效率。當公正與效率發生衝突時，一般應優先滿足公正的要求，為了有利於公正的實現，在必要時可以適當增加訴訟成本的支出，只有在效率低下成為影響公正的主要原因時，才可實行效率優先。[3]在正義和效率存在爭議的時候，法律效率至少可以成為一種評價政策效果的

1　柯華慶：《多層次法律效率論》，《中國政法大學學報》，2008 年第 5 期。
2　李懷：《制度生命周期與制度效率遞減：一個從制度經濟學文獻中讀出來的故事》，《管理世界》，1999 年第 3 期，頁 38–77。
3　李浩：《民事訴訟程序權利的保障：問題與對策》，《法商研究》，2007 年第 3 期。

客觀準則，而成本收益標準則為這種準則提供了操作可能性；同時，在制定相應法律制度和政策時，需要區分法律成本和法律收益的構成，從而針對性地進行後續的修訂；在測算具體法律成本和收益之時，同樣需要區分制度因素和非制度因素的作用，否則存在高估或低估具體制度作用的可能性。[1]

簡易程序

簡易程序的適用是公正與效率博弈的結果，是對兩種價值的協調與權衡。簡易程序本身可能更偏重訴訟效率的追求，但不能以犧牲公正為代價。[2] 簡易程序作為一種獨立的程序架構，涉及法院與當事人的關係、證據規則、訴訟費用、訴訟文書的製作、非訟法理的運用等要素，只有在上述這些要素在立法中予以充分的關注並加以規制的前提下，簡易程序才能有效運作。[3]

我國民事訴訟中的簡易程序，是指基層人民法院及其派出法庭審理簡單民商事糾紛案件所適用的一種簡便易行的訴訟程序。[4]《中華人民共和國民事訴訟法》（2017 年修訂）第 159 條規定：

> 基層人民法院和它派出的法庭審理簡單的民事案件，可以用簡便方式傳喚當事人和證人、送達訴訟文書、審理案件，但應當保障當事人陳述意見的權利。

---

1 何文劍、張紅霄：《法律效率量化框架的理論研究》，《現代法學》，2016 年第 3 期。

2 卞建林：《擴大適用簡易程序：追求效率不犧牲公正》，2012 年 3 月 29 日，http://www.npc. gov.cn/zgrdw/huiyi/lfzt/xsssfxg/2012-03/29/content_1717940.htm。

3 王福金：《完善簡易程序的若干思考》，《人民法院報》，2003 年 5 月 8 日。

4 楊榮新主編：《民事訴訟法學》，中國政法大學出版社，1997 年 11 月版，頁 343。

雖然簡易程序是作為普通程序的簡化程序，但其適用並不必然以犧牲公正
為代價。如果一定要把各種簡易程序都看作是對司法公正某種程度的犧
牲，那麼這種犧牲並不是當事人被迫的、單向的、非理性的或沒有利益回
報的犧牲，因而合理設計的簡易程序並不必然以損害司法正當性為代價。
然而，當簡易程序以效率為唯一的價值取向，當簡易程序以緩解法院壓力
而不是以滿足當事人的程序利益為出發點，當簡易程序作為一種強制性適
用而不參與當事人意願時，效率的價值就可能覆蓋、損害和犧牲簡易程序
應當具有的其他價值和功能，程序的簡易化就會以損害程序保障和司法的
正當化為代價。[1]民事簡易程序，由於其爭執的經濟利益不大，故而必須有
一種低成本、簡易化的程序，否則小額債權的訴求就失去了其經濟上的合
理性。[2]降低訴訟成本、節約司法資源、提高民事審判效率。簡易程序案件
送達更為高效，人民法院可以通過捎口信、電話、傳真、電子郵件等便捷
方式傳喚當事人；庭審程序更為簡潔，法庭辯論和法庭調查可以同時進
行；舉證期限更為靈活，當事人申請法院調查收集證據的期限不受舉證期
限屆滿前七日前提出的限制、申請證人出庭作證的期限不受舉證期限屆滿
前十日前提出的限制；簡易程序的裁判文書可以適當簡化。簡易程序是社
會發展的需要，其存在具有很大的優勢和生命力，在我國實施是必然的，但
是在具體適用過程中還需要不斷修正和完善，才能適應社會發展的需要。[3]

《中華人民共和國刑事訴訟法》（2018 年修訂）第 214 條規定：

> 基層人民法院管轄的案件，符合下列條件的，可以適用簡易
> 程序審判：（一）案件事實清楚、證據充分的；（二）被告人承認

1　傅鬱林：《簡易程序的價值取向》，《法制日報》，2002 年 10 月 28 日。
2　陳剛編：《自律型社會與正義的綜合體系 —— 小島武司先生七十華誕紀念文集》，陳剛、林劍鋒、
　　段文波譯，中國法制出版社，2006 年版，頁 326。
3　劉學學：《民事簡易程序完善之我見》，中國法院網，2016 年 10 月 25 日。

自己所犯罪行，對指控的犯罪事實沒有異議的；（三）被告人對適用簡易程序沒有異議的。人民檢察院在提起公訴的時候，可以建議人民法院適用簡易程序。

第 215 條規定：

有下列情形之一的，不適用簡易程序：（一）被告人是盲、聾、啞人，或者是尚未完全喪失辨認或者控制自己行為能力的精神病人的；（二）有重大社會影響的；（三）共同犯罪案件中部分被告人不認罪或者對適用簡易程序有異議的；（四）其他不宜適用簡易程序審理的。

刑事簡易程序適用範圍的擴大、刑事速裁程序的試點、認罪認罰從寬制度的實踐，這些程序性改革所帶來的不僅是制度層面的變化，其對司法理念和執法方式產生的衝擊亦不容小覷。從制度的設計和實踐的運行維度看，改革最重要的目標是節約司法成本，提升訴訟效率，以實現司法資源的優化配置。這些改革也基本上被視為旨在破解當前「案多人少」困局，提升刑事司法效率的舉措。[1]

繁簡分流機制改革是根據案件的實際情況，在充分尊重當事人程序選擇權的基礎上，將案件區分繁簡，對少部分疑難複雜案件，運用集體智慧和力量，實現繁案精審。對大部分相對簡單的案件，運用速裁、簡易等程序，實現簡案快審。這項改革不僅是優化資源配置、緩解「案多人少」矛盾的有效手段，也是落實司法責任制，提升審判質效，滿足人民群眾多元化司法需求的需要。2017 年上半年，河南省民事案件簡易程序適用率達

---

1 左衛民：《認罪認罰何以從寬：誤區與正解》，《法學研究》，2017 年第 3 期。

66.16%，同比上升 17.09%。[1] 民事訴訟和刑事訴訟中簡易程序的實踐，體現了簡便、高效的特點，極大地提高了司法效率，儘可能多地化解了社會矛盾，在以公正保證效率的同時也以效率促進了正義，實踐證明這是一項行之有效的審判制度。[2]

應當指出，刑事程序的簡化應當具有最低限度的正當性保障。程序簡化是可以的，但要以保障最低限度的正當性為前提。正當性的保障主要包括六個方面：被告人認罪認罰的自願性、真實性、明智性；被告方應當在信息充分的情況下，自願作出程序選擇，控訴方應當將有利於被告人的證據和不利於被告人的證據一併開示給被告方；被告人應當獲得辯護律師的有效幫助；法官應當對被告人認罪認罰的真實性、自願性、明智性進行嚴格審查；應當要求案件存在被告人認罪認罰的事實基礎；應當保障被告人的上訴權或有條件的上訴權。[3] 在我國行政訴訟中設立簡易程序，其必要性不僅在於體現訴訟經濟、降低當事人成本以及提高行政訴訟效率，還表現為是行政行為類型化的結果。[4]

簡易程序可選擇性

把簡易程序作為一個模塊供當事人選擇。從目前我國的實際看，當事人的程序選擇權可限制在一審程序中的簡易程序與小額訴訟程序之間。當然，當事人一旦選擇了簡易程序，則意味着案件將由獨任法官審理，法律文書的送達和對當事人的傳喚方式比較簡便，裁判文書可只寫結果而不寫爭點等。[5]

1　劉金輝：《河南超六成民事案件適用簡易程序》，《新華社》，2017 年 9 月 25 日。

2　胡建淼主編：《行政訴訟法修改研究》，浙江大學出版社，2007 年版，頁 436。

3　熊秋紅：《刑事案件繁簡分流背景下的簡易程序》，《人民法院報》，2017 年 1 月 10 日。

4　沈福俊：《行政訴訟簡易程序構建的法治化路徑》，《法學》，2011 年第 4 期。

5　賀小榮、謝阿桑：《完善我國民事簡易程序的法理基礎及改革路徑 —— 2002 年中國訴訟法學年會民事簡易程序論題綜述》，《人民法院報》，2002 年 11 月 28 日。

普通程序由於程序簡化的衝擊，其證明結果確定性的減少是必然結果，適當降低證明要求也是必然選擇，很多國家在立法或司法實踐中已經或多或少地接受了這一現實。但需要注意的是，在證明標準鬆動的同時，必須保障其正當性基礎，其中最為關鍵的是設置確保被告人自願認罪的保障機制，包括為其提供律師幫助，由律師向其解釋認罪的意義，保障其作出理性選擇；法官必須當面詢問被告人，考察其自願認罪的真實性與可靠性等。[1]

> 法律所要求的證明方法，根據程序的階段、審判的種類、應證明的事實的性質不同是多種多樣的。即在可以使用的證據範圍、證據的提出和調查證據的方法、證明的標準這三個方面，是不一致的。[2]

關於簡易程序的發展，公正應為其根本所在，否則，「極端一點來說，我沒有，也不想擁有人際關係。對我而言，最重要的是能擁有一個人靜靜發呆的時間，如此而已。然後在生鮮市場、便利商店那小而安全的購物行為中感受一點微笑的喜悅，不多做無謂的思考，孤獨而忘情地度日。」[3]

四、法律與建築藝術

建築是建築物與構築物的總稱，是人類利用所掌握的物質技術手段，並運用一定的科學規律、風水理念和美學法則創造的人工環境。無論我們

1　張璐：《試論刑事簡易程序中的證明標準問題》，《河南社會科學》，2017 年第 4 期。
2　［日］松尾浩也：《日本刑事訴訟法（下卷）》，張凌譯，中國人民大學出版社，2005 年版，頁 120。
3　［日］森山大道：《邁向另一個國度》，蘇志豪譯，廣西師範大學出版社，2012 年版，頁 193。

是否意識到這一點，建築藝術的確是每個人生命史中不可分的一部分。[1]

　　建築藝術，是記錄人類發展的大型書籍。舞榭歌台，雕梁畫棟，宮殿樓閣，拱橋卧波。粉牆與黛瓦攜手，門窗與飛簷相和，山水與草木互映，勾勒出中國獨有的居住意境。鳥語花香，景隨四時，是和生活相約的悠閒和豁達；暮色四沉，明月星斗，是與天地平分的溫馨和靜好。[2] 廡殿、歇山、懸山、硬山 …… 美輪美奐的傳統建築，是藏在木頭裏的中華文明。一個城鎮之所以成為真正的美的奇蹟，就是因為它的房屋能夠恰當地相互協調。如果沒有這種相互協調，那麼無論有多麼美麗的房屋，城鎮的面貌仍舊會變得散漫雜亂。[3] 宏大的建築源於深厚的文化。理解的過程，解讀的過程，即創造的過程。[4] 在歐洲建築藝術中，20 世紀以前，曾先後出現過希臘式、羅馬式、拜占庭式、哥特式、文藝復興式、巴洛克式、古典主義以及洛可可等各種具有代表性的建築風格。各種建築風格的時代特色非常突出，是特定的時代精神在建築藝術中的鮮明體現。[5]

　　威廉·奈德說：「事實上，只要洞穴一旦換上茅屋或像北美印第安人那樣的小屋，建築作為一種藝術也就開始了。與此同時，美的觀念也就牽涉其中了。」[6] 在有限的建築空間內，人們在保障生活需要的同時，發揮探索精神和創造才能，賦予建築藝術生命，展現着對生活、信仰、審美、文化的理解。[7] 建築不惟是容器、機器或擺設。無論是歷史迷霧中的巴別塔、金宮、津加里貝爾清真寺，還是喬瓦尼的魯切拉府邸、瓦格納的節日劇院、福特的汽車工廠，無論在內容上還是在表現方式上都是地道的象徵

1　[英]帕瑞克·紐金斯：《世界建築藝術史》，安徽科學技術出版社，1990 年版，頁 1。

2　轉自耀玥門窗訂閱號：《建築藝術》，https://zhuanlan.zhihu.com/p/68139627。

3　[美]伊利爾·沙里寧：《城市：它的發展、衰敗與未來》，中國建築工業出版社，1986 年版，頁 46。

4　李文儒：《解讀中國傳統文化與古代建築藝術的關係》，《光明日報》，2017 年 11 月 21 日。

5　彭立勛：《建築藝術的文化內涵與審美特點》，《城市發展研究》，2005 年第 6 期。

6　轉引自朱狄：《藝術的起源》，中國社會科學出版社，1982 年版，頁 199。

7　潘爾龍：《創新方式，保護傳承藏式建築藝術》，《中國民族報》，2020 年 6 月 2 日。

型藝術。建築惟用外在環境中的東西去暗示移植到它裏面去的意義,「創造出一種外在形狀只能以象徵方式去暗示意義的作品」。[1] 其既是建築,又是人性的載體,更是透視鏡,從中可以窺見人類珍貴而複雜的內心世界,和迂迴前行的文明進程。

法律所調整的社會關係都是發生在具體的時間和空間維度下。因此,從時空的角度來觀察法律就是一件正常且重要的事情。如佩雷爾曼所言,古典的思想贊成空間的隱喻,現代的思想則贊成時間的隱喻。[2] 而時間和空間構成法律建築的基本意蘊。建築大師安藤忠雄說過:「人們的生活方式在一定程度上可以由建築來指導。」「醫生們可以掩埋掉他們的錯誤,但建築師不得不和他們的錯誤生活在一起。」[3] 從理性算計和功利角度考量,建築還源於深層的精神因素,除了合法性之外。[4]

「完整的、嚴密的體系的形成也許還是將來的事。但現已露出地表的林立的樁腳都是結實的,多數是經得起考驗的,而且也已初步顯示出宏偉建築的規模。」[5] 所有的文化都可以看作是一個符號系統,文化由符號的外在載體、內在意義、運行過程和媒介傳播三個層次所構成,是人類的生活方式的集中體現。文化的產生與演進包括符號的創造與應用的過程性、符號實體的傳承性等諸方面。其中,外在的物化的過程性、傳承性與其內在的象徵性、價值性同樣重要,都是作為符號體系不可或缺的組成部分。而且,有時其外在過程性比其內在的象徵性更為重要,典型的如建築文化、巫術等宗教儀式和民俗表演文化。建築物,既是建築文化的外在物化載體,也是建築文化的精神本體。而如口傳民俗、宗教儀式,其表演過程,

---

1　[德] 黑格爾:《美學》,朱光潛譯,商務印書館,1979 年版,頁 30。

2　譚俊:《法律地理學研究的方法與困境》,《中國社會科學報》,2021 年 1 月 20 日。

3　[美] 菲利普・朱迪狄歐,[美] 珍妮特・亞當斯・斯特朗主編:《貝聿銘全集》,李佳潔、鄭小東譯,電子工業出版社,2011 年,頁 73。

4　參見季衛東:《中國司法的思維方式及其文化特徵》(講稿),http://law-thinker.com。

5　黃裳:《沈從文和他的新書 —— 讀〈中國古代服飾研究〉》,《讀書》,1982 年第 11 期。

就是其文化的全部物質與精神的融合與體現。[1]

　　法律文化，是隨社會文明發展而產生的法律運行過程的總稱，它包括內部法律文化和外部法律文化兩個組成部分，內部與外部法律文化相互作用，共同促進法律文化的文明進程。而過程性，是法律文化的特質之一。它表明法律文化不是一種靜態的、傳統的文化，而是一種行動的、當下的文化；不是一種觀念性的文化，而是一種價值觀念與司法運行本體相結合，共同實現司法進步的文明形態。其外在的司法制度、司法程序、司法符號等物化的層面，與內在價值觀念的層面，同樣重要，並行不悖；而不是被價值觀念所包容、消解。[2] 法律文化建築過程的分析所得出的就僅僅是這樣一個結論：邏輯、歷史、習慣、效用以及為人們接受的正確行為的標準是一些獨自或共同影響法律進步的力量。[3]

　　儘管所有這些社會過去和現在都肯定是由眾多個體的個人，而不是由其他的什麼構成的，但結群共處的形式從一種到另一種的普換，顯然不是由哪個個人事先計劃好的。[4] 但在所有的法律聯合體中，法律規範構成了內部秩序的支柱；法律規範是它們構造方法的最強有力的支撐。關於構造方法，我們意指聯合體中的那種規則 —— 根據該規則，聯合體中的每一個成員都被分配以相應的地位（不管是統治的還是從屬的）和職責。這一規則不僅處理人和人之間的關係，而且也處理人與物之間的關係。[5]

　　建築作為時間和空間的綜合藝術，與法律存在同質性。該同質性在於：作為經驗性的法律，其必然在具體的時空維度下運行，如果說時間維度意味着法律的過去、現在和未來，那麼空間維度則強調在同一時刻下共

1　林林：《法律文化的社會「過程性」》，《比較法研究》，2010 年第 5 期。

2　林林：《法律文化的社會「過程性」》，《比較法研究》，2010 年第 5 期。

3　［美］本杰明・卡多佐：《司法過程的性質》，蘇力譯，商務印書館，2007 年版，頁 69。

4　［德］諾貝特・埃利亞斯：《個體的社會》，翟三江、陸興華譯，譯林出版社，2003 年版，頁 79。

5　［奧］尤根・埃利希：《法律社會學基本原理》，葉名怡、袁震譯，九州出版社，2007 年版，頁 85。

存性的多元法律狀態。通過空間維度我們可以看到法律在不同地方所呈現出來的複雜態勢。[1]

五、法人類學的面向

「我最愛蒼茫的黃昏，惟有在這種時刻我才會感到有什麼偉大的事情可能要發生，當天色漸暗，黃昏來臨時，萬物就變得美麗起來，所有的街道，所有的廣場，所有在暮色中行走的人，都像蝴蝶花一般美麗。我自己好像也變得年輕了。」[2]

現代社會的複雜性、歷史性以及流動性等特點，僅僅依靠單一學科是無法進行全面深入研究的。所以，人類學需要加強與其他學科的合作，進行跨學科的綜合研究。[3] 人類學者不了解現代經濟是不行的。經濟人類學研究的都是前現代社會的經濟問題，也就是波蘭尼所說的互惠經濟，而不包括現代複雜社會的市場經濟和再分配經濟。[4]

> 社會是由個人組成的。每個人都有自己的損失和收益。在做一件事情時，如果平衡了所有這些損失和收益，並以此作為基礎去追求每個人的福善，那麼，這件事情的唯一目的就通向了社會利益。在這個意義上，一個人只要是既承受了所有的損失也享有

1　譚俊：《法律地理學研究的方法與困境》，《中國社會科學報》，2021 年 1 月 20 日。

2　［捷克］赫拉巴爾：《過於喧囂的孤獨》，楊樂雲譯，北京十月文藝出版社，2011 年版，頁 78。

3　劉仕剛、張繼焦：《中國人類學的學科困境和發展新方向》，《中央民族大學學報（哲學社會科學版）》，2020 年第 2 期。

4　［匈］卡爾・波蘭尼：《巨變：當代政治與經濟的起源》，黃樹民譯，社會科學文獻出版社，2017 年版，頁 181。

了所有的收益，其在總體上依然是一個受益者。[1]

生活的世界因為有了人的參與，已經不再是客觀的自然世界，不同文明的多樣性隱藏在法律人類學之中。在多彩的生活世界中，如何在對有趣的理論、有趣的人的觀察中處理好「依附性」和「超然性」的關係必將是法律人類學研究的重大議題之一。法律人類學學者勢必呈現出多樣的趣味性，而其研究的趣味也必定是多樣的。這便是法律人類學「生活世界」的特殊性所在。法律人類學研究所具有的多學科、多領域交叉特徵，是由人類生活世界的複雜性所決定的，也為法律人類學的發展提供了廣闊的前景。同時，法律人類學的發展也將為其他相關學科提供更多的視角和素材。在部門法學研究中，法律人類學研究對於法理學基礎理論研究以及法學、社會學、人類學等多學科交流溝通更具有重要意義。[2] 事實上，國家法律條文與社會作用之間存在着一種缺口，民眾在缺口下規避國家法律，「用私下協議、犯罪者和受害人之間可以討價還價的調解以及類似的做法來代替政府刑事訴訟，也加劇了『規範侵蝕』（norm erosion）和可疑的『共識取向』趨勢。」[3]

在一定意義上，立法的過程構成了一個分類體系的建構過程。對法律部門進行劃分、對社會關係進行甄別、對法律主體予以確認、對證據進行歸類或排除、對行為進行認定、對情節進行考量等，該分類的過程把立法者認為有必要由法律處理的事實、社會關係等等一切他們認為需要的要素安置在法律之內，法律對管轄範圍內的所有事項都安排了位置，立法者

1　張世明：《「地方性知識」的概念陷阱》，《中華讀書報》，2015 年 4 月 8 日。

2　劉振宇：《求索中國法律人類學的話語體系》，中國社會科學網，2021 年 1 月 13 日，http://news. cssn. cn/zx/bwyc/202101/t20210113_5244406. shtml。

3　[德] 哈貝馬斯：《在事實與規範之間 —— 關於法律和民主法治國的商談理論》，童世駿譯，生活·讀書·新知三聯書店，2003 年版，頁 570。

心日中的理想的法律秩序由此建立。雖然僅是停留在文本中的理想秩序，而這種秩序的建立也是立法者分類觀念在法律中的實現。[1] 人類社會秩序的維持仍有賴於其他社會規範的共同作用，非官方法就是這些社會規範中的重要一元。但是，非官方法在其實施過程中必然存在正面和負面作用，如有觀點所主張的非官方法「對官方法的有效性有某種明顯的影響，換句話說，它們具有這樣一些功能：明顯地補充、反對、修正甚至破壞官方法，甚至國家法。」[2]

在社會的發展過程中，人們對人、社會關係、社會現象等的分類和認識也越來越深入和複雜，這種認識能力的發展體現到法律中，就表現為經由立法者制定或來源於人們的實踐而產生的法律逐漸由簡單到複雜，法律容納了越來越多的細節，這也表明人們把對人、社會關係、社會現象等的分類和認識運用到法律領域。人們生活的環境、文化、心理等等的獨特性，導致了人們的分類觀念的不同，因此，這個世界到處都存在着不同的法律意識，法律以地方性知識的姿態存在並運作着 —— 因為現實中有各種各樣的曼村、花腰傣、彝族社會存在着，人們生活在各自不同的曼村、花腰傣、彝族社區中。[3] 又如當代藏族牧區的秩序運作中，生態習慣法與國家法之間存在協作、衝突、並行三種關係。在藏族牧區的生態法治構建進程中，生態習慣法通過再生與重構實現自身的調適以及與國家法的協作，而國家法一方面要通過增進兩套規範性知識的認知，促進協作，另一方面，應當建立溝通機制和預警機制以合理應對二者之間可能的良性和惡性衝突。[4] 由於民族問題在國家治理方面的重要性，如何分析中國民族的發展

1　王啟梁：《法律 —— 一個安排秩序的分類體系》，《現代法學》，2004 年第 4 期。

2　［日］千葉正士：《法律多元 —— 從日本法律文化邁向一般理論》，強世功等譯，中國政法大學出版社，1997 年版，頁 150。

3　王啟梁：《法律 —— 一個安排秩序的分類體系》，《現代法學》，2004 年第 4 期。

4　常麗霞：《當代藏族牧區生態習慣法的再生與重構 —— 拉卜楞地區個案的法人類學考察》，《甘肅社會科學》，2013 年第 2 期。

歷史和如何解決中國的民族現實問題成為中國民族學、人類學的學科價值
與現實意義所在。[1]

　　一些人群「很少談論法律，即關於侵害這一概念的邊界。取而代之的
是，他們談論事實 —— 關於發生了什麼 —— 而不描述這些事件的法律
重要性。」[2]很多情況下，地方性知識表達為「法律感」的存在。首先，「法
律感」是一個社會關於正義的明確意識，可被視為涂爾幹意義上的「集體
意識」。其次，不同社會可能具有不同的「法律感」，它可以是複數，可
凝結成本土核心概念，而且是比較分析不同社會「法律之文化基礎」的首
要關注對象。再次，「法律感」彌散於各類社會制度和觀念之中，進而影
響社會實踐，所以可通過社會實踐來感知「法律」和闡釋「法律」的意義。
最後，「法律感」具有「地方性」，具有持續影響，這也是多元法律文化
形成的基礎。簡而言之，法律感是一個社會或一種文化共享的有關法律的
集體意識。在現實社會中，「法律感」主要有社會性、地方性、整體性和
相對穩定性等特點。[3]

　　法律作為一套精英階層的知識產物，與地方性規範的最大的區別之
一就在於地方性的分類體系中容納了人們的對人生意義的思考、生活的價
值、對神的態度、對宇宙的想像、鄰里相處之道等等非技術性的意義因
素，就像曼村和短村的「不准入寨的規則」與人們對神的敬意相聯繫，這
條規則的實現意味着村民們完美地表達了對神的敬意。而國家法律則是一
套被認為是理性建構的分類體系，這套體系也包含着價值，如法律文本中
也會標榜的「正義」「人類的幸福」等等。[4]

1　費孝通：《反思‧對話‧文化自覺》，《北京大學學報（哲學社會科學版）》，1997 年第 3 期，頁 15–23。
2　［英］西蒙‧羅伯茨：《秩序與爭議 —— 法律人類學導論》，沈偉、張錚譯，上海交通大學出版社，
　　2012 年版，頁 133。
3　冉利軍：《探尋「法律感」的理論價值》，《中國社會科學報》，2020 年 12 月 30 日。
4　王啟梁：《法律 —— 一個安排秩序的分類體系》，《現代法學》，2004 年第 4 期。

　　為此，法律就是地方性知識；地方性在此處不只是指空間、時間、階級和各種問題，而且也指特色，即把對所發生的事件的本地人士與對可能發生的事件的本地想像聯繫在一起。[1]「如果我們考察地球上各種人的生活和行為，我們會發現，除了消化等所謂動物性活動，人還施行某種真正具有他自己特性的行為，這類行為可以被稱為儀式行為。」[2]地方知識中的「儀式」表達了對更廣大宇宙的參與感，表達了在根本的維繫性力量面前所感覺到的敬畏、尊重和感激。[3]

　　人類秩序的形成應該富有彈性，具有多元目標，「具有悠久歷史的城市可以被稱為深或厚的城市，因為它們是大量的、已經逝去的、來自各種地位的人在長期的歷史中創造出來的。當然也可以建立新的城市和新的村莊，但它們是薄和淺的城市，儘管有各種規則，但是它的居民不得不從零開始使城市運行起來。」[4]

　　總結此前法律人類學研究進路的基本特點，可以概括為「基於少數民族的習慣法而展開的民間法研究，成果在我國主要集中體現在少數民族習慣法和法律民族志文本研究方面。」[5]法學界對人類學研究的關注，必須超越關於少數民族習慣法的研究。在新的歷史條件下，產權、林權、新農村合作社等問題的研究，亦為法學學者和人類學學者提供了可以施展其各自特點的合作空間，前者可以充分利用專業的法學知識，與後者形成互補關係，發揮各自的比較優勢，從而推進法學同人類學的深入溝通與合作。[6]其

1　［美］吉爾茲：《地方性知識——事實與法律的比較透視》，鄧正來編譯：《西方法律哲學文選》（下），法律出版社，2008 年版，頁 214。

2　［英］維特根斯坦：《維特根斯坦讀本》，陳嘉映編譯，新世界出版社，2010 年版，頁 258。

3　［美］謝爾茲：《邏輯與罪》，黃敏譯，華東師範大學出版社，2007 年版，頁 165。

4　［美］斯科特：《國家的視角 —— 那些試圖改善人類狀況的項目是如何失敗的》，王曉毅譯，社會科學文獻出版社，2004 年版，頁 348。

5　祁進玉：《中國法律人類學研究三十年 (1978-2008)》，《西北民族研究》，2009 年第 3 期。

6　王偉臣：《法律人類學的身份困境 —— 英美與荷蘭兩條路徑的對比》，《法學家》，2013 年第 5期，頁 164-174。

中，關於城中村的改造與拆遷、滇池的污染與治理、小村的基層選舉等問題的研究，已有可喜的沉澱。[1]

　　法人類學的價值恰在於：價值不是對事實的描述，而是對行為的指導。價值告訴我們什麼樣的生活是好的生活。但這不是對現實生活情況的描述，如描述雪是白的那樣，而是指出生活的理念或理想的目標。[2]完全與外界隔離的文化，即使有之，也極鮮見。文化，亞文化，小區域文化，它們都時時互相遭遇、交流並修正各自的實踐和態度。社會實踐在施展之際從不曾帶着什麼證書，證明它們屬於一個根本不同的文化因而享有豁免權，免受異類的評判和反應。[3]「有時候我覺得世界正在變成石頭。不同的地方、不同的人都在緩慢地石頭化，程度可能不同，但毫無例外地都在石頭化，仿佛誰都沒能躲開美杜莎那殘酷的目光。」[4]

六、法律與倫理

　　作為調整社會關係基本規範體系的法律，實際上就是對人與人之間關係的調整，這與作為關於人與人之間關係的價值取向、行為規範和道德評價的倫理精神具有內在一致性。法律觀就是人們對於法律的觀念、意識和心理的總和，說到底法律觀還是屬於倫理的範疇。作為倫理的法律觀的嬗變和發展源於社會現實的變化。與社會形態與法律史實相對應，法律觀經歷了從神本法律觀到物本法律觀再到人本法律觀的過程。法律在產生後卻發生了異化，變為異己的力量，成為壓迫人的工具，最後法律擺脫異化，

1　朱曉陽的新浪博客，http://blog.sina.com.cn/zhuxu3443。
2　張慶熊：《自我、主體際性與文化交流》，上海人民出版社，1999 年版，頁 127。
3　［英］B. 威廉斯：《相對主義與反思》，陳嘉映譯，《世界哲學》，2015 年第 5 期，頁 125。
4　［意］伊塔洛·卡爾維諾：《美國講稿》，蕭天佑譯，譯林出版社，2012 年 4 月版，頁 115。

回歸於人。[1]

> 法律是如此重要的社會現象，因而人們不能離開社會的其他方面孤立地分析法律。如果孤立地研究法律，就不可能理解法律的特徵、法律與其他社會現象的關係和法律的複雜性，也不可能理解法律是社會生活的一部分，而不只是專業性業務的一門技術的這種「實在性」。[2]

法律與倫理道德被認為是兩種不同的社會規範。法律具有明確的形式性，以權利義務並重的方式調整人們的行為，並輔之以國家強制力為後盾；倫理規範則具有模糊性，主要存在於人們的共同意識之中，它強調義務的遵守，但通常缺乏強制的力量。從調整對象而言，法律注重人的行為，雖然它也關注行為背後的意志因素，但純粹的意志層面並非法律關注的對象。[3]

傳統法倫理

傳統中國的法律是典型的倫理法。所謂「禮之所去，刑之所取」，「出禮入刑」「禮法合一」，強調倫理道德是立法、司法的指導原則，是法律的正當性的基礎。法律為禮教所支配，法律要維護禮教的基礎性地位，違反倫理綱常的行為要受到法律制裁。[4]中國傳統儒家倫理的本質是把所有的社會關係都擬制為一種溫情脈脈的家庭倫理關係，而法家則要求將傳統的社會、政治基本單位加以解構，使每一個統治下的個體成為直接服從國家、君王與法律的一員。應當注意的是，無論是儒家倫理之

1　陳壽燦：《人本法律觀的倫理意蘊》，《政法論壇》，2007 年第 10 期。

2　［英］科特威爾：《法律社會學導論》，潘大松等譯，華夏出版社，1989 年版，頁 2。

3　梁興國：《法律自治與倫理道德》，《倫理學研究》，2008 年第 3 期。

4　瞿同祖：《法學論著集》，中國政法大學出版社，2004 年版，頁 412。

治還是法家之治都無意對個人權利加以伸張，其區別只是儒家更強調從家族秩序出發，而法家更多是從國家秩序的角度來規定民眾的義務。在皇權政治的背景下，儒家倫理與法家文化經過長期的磨合與交融，最終演化為「陽儒陰法」「霸、王道雜之」的態勢。[1] 儒家傳統在今日大陸不復是一顯性的主導文化，但卻成為一個有力的隱形的抗制文化，在社會、文化、法律領域仍具有重要的功能和價值。[2] 宋儒說心統性情，毋寧可以說，在全部人生中，中國儒學思想則更着重此心之情感部分」，「知情意三者之間，實以情為主。」[3]

　　真正的法律是一種源自「自生自發社會秩序」的規則，它不是「經由主觀琢磨而發明出來的，而是通過漸進的試錯過程，慢慢發展起來的」，依靠「無數代人的經驗才發展成當下這個狀況」的規則。[4] 法律是特定地域人群的生存智慧與生活方式的規則形式，正是一個民族的歷史所凝聚沉積而成的全體民眾的內在的信念與外在行為方式，才決定了其法律的真正的意義和形式。就是說：「法律首先產生於習俗和人民的信仰（popular faith）」，「法律完全是由沉潛於內、默無言聲而孜孜矻矻的偉力，而非法律制定者的專斷（a law-giver）意志所孕就的」。[5] 恰恰是某些東西「已經存在並且『行之有效』，人類常常有意識地尊重他們從過去所繼承來的事物，並因而用以指導自己的行為。」[6]

1　張文波：《法律史視野下的儒家倫理與法家文化》，《人民法院報》，2017 年 10 月 16 日。

2　金耀基：《現代化與中國現代歷史 —— 提供一個理解居於中國百年來現代史的概念架構》，載羅榮渠、牛大勇主編：《中國現代化歷程的探索》，北京大學出版社，1992 年版，頁 7–15。

3　李澤厚：《實用理性與樂感文化》，生活‧讀書‧新知三聯書店，2005 年版，頁 56–57。

4　[英]哈耶克：《自由秩序原理》（上），鄧正來譯，生活‧讀書‧新知三聯書店，1997 年版，頁 196。

5　[德]弗里德里希‧卡爾‧馮‧薩維尼：《論立法與法學的當代使命》，許章潤譯，中國法制出版社，2001 年版，頁 11。

6　[美]愛德華‧希爾斯：《論傳統》，傅鏗、呂樂譯，上海世紀出版集團，2009 年版，頁 20。

倫理與法律的差異

倫理與法律的差別在於，倫理規制於心，法律規制於外在行為，更注重線性的因果關係，是一種決疑論，但這並不是說，法律不關注心志，二者的區別「自然不能着眼於其為『外在的』或『內在的』，而是要從兩者在規範性上的品味高低來着手。」[1] 法律倫理討論的差異，從總體上乃是根源於原則和情景這兩個基本變量。在道德普遍主義者（moral generalists）看來，倫理和道德是有一定的原則基礎的，它們強調道德的話語和評價機制需要基於特定的原則（比如誠實、善意等）而展開。而道德特殊主義者（moral particularists）則強調，道德並沒有具體的標準，而是來源於特定的行動和具體的情景。[2] 基於法律概念與倫理的邏輯分析所產生的規範，就如同「自然法則」（laws of nature）一般，是上帝自己也無法改變，具有拘束力的規則，法律秩序不可與之衝突。這種自然法理論相當程度地影響立法與法律之適用，在形式上，自然法理論強化法律邏輯抽象化的趨勢，以及邏輯在法律思想上的影響力。[3]

斯賓諾莎宣稱：「我將要考察人類的行為和慾望，如同我考察線、面和體積一樣。」[4] 法律既包含理性要素，亦包含一個時間（歷史）要素。每一個具體的實在法都必然經歷一個物理的時間過程。正是在這個過程中，實在法不斷在生成、發展、變更或消滅，同時法律的理性也隨之展現出形態差異的面貌。只有在歷史演進的過程中，我們才會逐漸獲得有關法律之

1　[德] 馬克斯·韋伯：《經濟行動與社會團體》，康樂、簡惠美譯，廣西師範大學出版社，2011 年版，頁 332。

2　See Sean D. McKeever & Michael Ridge, *Principled Ethics: Generalism as a Regulative Ideal*, Oxford:Oxford University Press, 2006, pp. 177-195. Roger Crisp, "Ethics Without Reasons?", in Thom Brooks, ed., *Ethics and Moral Philosophy*, Leiden: Koninklijke Brill NV, 2011, pp. 95-106.

3　David M. Trubek, *Max Weber's Tragic Modernism and the Study of Law in Society*, 20 LAW & SOCIETY REVIEW. 573 583-84, 1986, p. 873.

4　[荷蘭] 斯賓諾莎：《倫理學》，賀麟譯，商務印書館，1983 年版，頁 97。

理性的較為完整清晰的圖景。所以，在這裏由法律的歷史性考察進入法律的理性考察是一個較為適合的路徑選擇。[1]法理是一種具有獨立性質的、內在於法律的根據，且正是這種獨立性使其可能被作為法律淵源而被援引。法理是法律的內在原理和內在規律，為法律的存在、運行及效力提供正當性、合理性根據。[2]法理內在於法律，但法理又不等於法律。當我們主張法理是法律之根據的時候，我們是想從法律內部尋找一種獨立的根據，無須訴諸外部的道理便可以主張其權威性。[3]

法律與倫理之間關係的展開，往往呈現出兩個不同的具體面向：一為法律對倫理的偏好；二為法律對倫理的疏離。作為一種理想，要實現法律與倫理的並行不悖，需要首先處理好法律對倫理無論是「偏好」抑或「疏離」的限度問題，而這一問題卻又是複雜多樣的、情境化的。因此，有必要將這一問題置於具體的問題域和場景中進行考察。[4]

法倫理的具體場景

其一，司法判例和行政處罰領域。法官或行政主管部門應以社會中具有支配力的法倫理、通行的正義觀為其評價行為的標準，「具有支配力的法倫理並非眾多意識過程的總和，而是以許多人的共同意識為內容」，「具有支配力的法倫理之所以可以作為評價標準，乃是因其可以保障最廣泛的同意。」[5]該領域為法律倫理的結合與適用領域。諸如，法律除具有懲罰違法行為或犯罪效力外，還承擔着教育、提醒、敦促、規範、警示、處分自然人或法人的責任。相對於虐待老人的違法犯罪行為，看望老人的精

1　舒國瀅：《由法律的理性與歷史性考察看法學的思考方式》。
2　王奇才：《作為法律之內在根據的法理》，《法制與社會發展》（長春），2019 年第 5 期。
3　費青：《從法律之外到法律之內》，《蘇州大學學報（法學版）》，2014 年第 4 期。
4　張劍源：《法律對倫理的偏好與疏離 —— 以中國艾滋病防治立法中的隱私保護條款為中心》，《法學家》，2013 年第 6 期。
5　［德］拉倫茨：《法律方法論》，陳愛娥譯，商務印書館，2003 年版，頁 7。

神贍養雖然不能作為法律訴訟條款，但可以據它評判家庭是非、調處家庭矛盾，甚至循此追究兒女道德責任，如果子女是國家工作人員，還能作為行政問責的重要原則和參考標準。[1]忽視了法律與倫理的深層張力，忽視了倫理的社會價值和適用，終歸難免出現彭宇案那樣對人對己對社會都造成嚴重創傷的錯誤。

其二，輔助生殖技術、代孕生殖領域。[2]現階段，由於法律嚴禁醫療機構實施代孕技術，所以參與其中的往往是黑診所、黑醫院。在非法運行的市場中，代孕女性容易成為被剝奪、利用和欺騙的受害者，造成身體的嚴重損害而無法維權。作為人工生殖方式的一種，在一定意義上，代孕對於幫助先天或後天沒有子宮或其他原因不能自行懷孕生產的女性，具有極大的精神安撫和身體依賴作用。有人認為：「在嚴格條件下通過人工生殖技術進行的代孕行為，能滿足不孕不育夫妻的生育煩惱，有助於提升家庭幸福指數，增進社會和諧。」[3]該問題存在法律與倫理的嚴重關聯與衝突。因為代孕產生的法律糾紛和官司，也層出不窮。2015 年 10 月，南方日報曾報道，有代孕媽媽生下雙胞胎，親子鑒定結果顯示，孩子與委託代孕的夫妻沒有任何血緣關係，矛頭指向混亂的代孕產業鏈，最終這對雙胞胎「砸」在中介手中，無人認領，命運堪憂。在社會倫理層面，誰才是孩子的母親？這是代孕面臨的諸多質疑中的一個。[4]

其三，器官移植。在法律體系方面，我們出台了《人體器官移植條

---

[1] 尹衛國：《用法律呵護倫理不妨一試》，《四川日報》，2011 年 5 月 26 日。

[2] 相應的倫理討論也因此而來。有人認為，「代孕」是以往「借腹生子」模式的變種，會將人類的生育活動推向市場，使女性的生殖器官變成製造和加工嬰兒的機器，嬰兒也變成產品。他們甚至擔心這會形成一個新的階層，部分人靠提供身體的部分和產物給經濟上富裕的人生育為生。《代孕背後，法律與倫理》，新浪科技，2021 年 1 月 18 日。

[3] 靳昊：《代孕，如何面對法律與倫理》，《光明日報》，2015 年 1 月 26 日。

[4] 海欣：《「代孕」之殤：法律、倫理和社會的疑問》，《齊魯周刊》，2017 年 3 月 6 日，http://news.iqilu.com/qlzk/news/20170306/3428704.shtml。

例》（2007 年 3 月 21 日國務院第 171 次常務會議通過，自 2007 年 5 月 1 日起施行）第 17 條明確規定：

> 人體器官移植技術臨牀應用與倫理委員會不同意摘取人體器官的，醫療機構不得做出摘取人體器官的決定，醫務人員不得摘取人體器官。

第 18 條補充規定：

> 人體器官移植技術臨牀應用與倫理委員會收到摘取人體器官審查申請後，應當對下列事項進行審查，並出具同意或者不同意的書面意見：（一）人體器官捐獻人的捐獻意願是否真實；（二）有無買賣或者變相買賣人體器官的情形；（三）人體器官的配型和接受人的適應症是否符合倫理原則和人體器官移植技術管理規範。經 2/3 以上委員同意，人體器官移植技術臨牀應用與倫理委員會方可出具同意摘取人體器官的書面意見。[1]

衛生部《人體器官移植技術臨牀應用管理暫行規定》（2006 年）第 19 條規定：

> 醫療機構開展人體器官移植，必須嚴格遵守《執業醫師法》《醫療機構管理條例》等法律、法規、部門規章和診療護理規範、常規，嚴格遵守醫學和倫理學原則，嚴格根據患者病情、可

---

1 《人體器官移植條例》第 20 條規定：「從事人體器官移植的醫療機構及其醫務人員應當尊重死者的尊嚴；對摘取器官完畢的屍體，應當進行符合倫理原則的醫學處理。」

選擇的治療方案、患者經濟承受能力等因素綜合判斷治療措施，因病施治，合理治療，嚴格掌握人體器官移植的適應症。對不符合法律、法規和醫學倫理學原則的，不得開展人體器官移植。

第 22 條補充規定：

　　醫療機構應當建立人體器官移植技術臨牀應用與倫理委員會。人體器官移植技術臨牀應用與倫理委員會應當由管理、醫療、護理、藥學、法律、倫理等方面的專家組成，從事人體器官移植的醫務人員人數不得超過委員會委員總人數的四分之一。

　　上述規定及 30 餘件配套文件，為人體器官捐獻與移植工作提供法律保障並依法對其進行嚴格管理。在組織體系方面，我們成立了中國人體器官捐獻與移植委員會，對中國捐獻與器官移植工作進行頂層設計。《腦死亡判定標準與技術規範》明確了腦死亡判定的技術標準。在操作方面，依託移植醫院成立器官獲取組織（OPO），出台了宏觀上保障公平、微觀上調動積極性的器官分配政策，使用中國人體捐獻器官分配與共享計算機系統（COTRS）執行器官分配政策，確保器官獲取專業、高效，器官分配科學公正。[1]

　　其四，人工智能。人工智能包括但不限於自動駕駛、針孔攝像頭[2] 等新技術。現在所有人工智能仍屬於在「圖靈測試」概念下界定的「智能」，

---

[1] 周正海：《在法律和倫理框架下開展器官移植》，《光明日報》，2016 年 8 月 26 日。

[2] 「如果缺乏倫理和法律管束，新技術一旦被不正當應用，用來滿足人們低俗骯髒的目的，那不是人類之福，而是技術墜入黑暗。就像漫威世界中的『無限手套』，滅霸一個響指，消滅了半個宇宙，可是英雄們戴上它，打個響指，就把一半的生命帶了回來。」（陳江：《避免新技術傷人，需要倫理和法律約束》，《錢江晚報》，2019 年 11 月 18 日。）

無論是將要盛行的根據神經網絡算法的翻譯程序，抑或是基於量子計算理論的各種模型，在未來很長時間內都將是從屬於人類的工具。作家韓少功提出了「當機器人成立作家協會」的有趣假設，從文學的角度解釋了自己對於人機對立關係的看法。他認為價值觀才是人類最終的特點和優勢，人工智能的發展，應該促使人們對自身存在的本質進行更加深刻的探索，並堅定人類本身的存在價值。[1] 應建立人工智能法律法規、倫理規範和政策體系，形成人工智能安全評估和管控能力。未來，應通過對人工智能相關法律、倫理和社會問題的深入探討，為智能社會劃出法律和倫理道德的邊界，讓人工智能服務人類社會。這也是世界範圍內的一項共識。[2]

其五，基因編輯。[3] 應從倫理與法律的關係探討人類基因的法律保護。《中華人民共和國刑法修正案（十一）》（2020 年 12 月 26 日）39 條明確規定：在刑法第三百三十六條後增加一條，作為第三百三十六條之一：

> 將基因編輯、克隆的人類胚胎植入人體或者動物體內，或者將基因編輯、克隆的動物胚胎植入人體內，情節嚴重的，處三年以下有期徒刑或者拘役，並處罰金；情節特別嚴重的，處三年以上七年以下有期徒刑，並處罰金。

對科研倫理的尊重應該成為科研人員的職業操守。科學研究容易給人造成一種錯覺，因為科學技術的中性，而與倫理道德分屬兩個世界。但是科學家特別是生命科學家逐漸認識到，他們的研究，比如基因技術研究，很多

1　蔡映潔：《人工智能，以法律和倫理為界》，《人民日報》，2017 年 8 月 23 日 05 版。

2　蔡映潔：《人工智能，以法律和倫理為界》，《人民日報》，2017 年 8 月 23 日 05 版。

3　賀建奎、張仁禮、覃金洲等三名被告人因共同非法實施以生殖為目的的人類胚胎基因編輯和生殖醫療活動，構成非法行醫罪，分別被依法追究刑事責任。（《「基因編輯嬰兒」案宣判：賀建奎等三被告人被追究刑事責任》，《新華社》，2019 年 12 月 30 日。）

時候會影響到人的健康、生命尊嚴、家庭和家族和諧，乃至人類的未來。因此，科學研究也必須接受倫理道德的約束和調整。科研人員進行研究，必須尊重他人的權利，尊重人類的尊嚴，不能危及人的生命健康。當科研領域的倫理討論得不充分，倫理準則不能被科研人員遵守時，科學研究就很可能失控滑向危及人類利益的深淵。倫理道德更多靠個體的自覺遵守和外在的輿論約束。要有效管控基因技術研究失控帶來的風險，必須建立嚴格的科學評估、倫理審查、登記備案制度，並制定嚴格的監管體系，確保基因技術研究安全、有序、可控地進行，必須依靠剛性的法律制度來劃定邊界。[1]

其六，環境、生態保護。環境法誕生的前提就是秉持人類對自然界的行為能夠且一直被道德規範約束着的環境倫理學的假設。[2] 環境、生態保護法符合正義標準的特點決定了其本質包含一定的倫理道德因素，環境法能夠擔負起重構自然倫理的重任，它「把公平、公正賦予整個自然界生態系統，在法律上把人權、平等內在價值復歸於自然。」[3] 傳統倫理學的精華與當代自然哲學、環境科學的精華結合，將自然原理與人道原理連接，將調整人與人關係的理論與調整人與自然關係的理論結合起來，將自然科學與人文科學結合起來，這是當代生態倫理學或環境道德觀的富有特色的新的方法和概念體系。[4]

在一定意義上，有觀點認為法律倫理來源於法律職業的專門邏輯，這種專門邏輯有別於大眾生活邏輯。法的發展是按照法律活動專業化和自治化方向進行的，它所帶來的結果是造就了法律職業的專門邏輯。[5] 人們按照

---

1 鄭博超：《基因技術研究：倫理和法律底線不容突破》，正義網，2018 年 11 月 29 日。

2 ［美］戴斯・賈斯丁：《環境倫理學（第三版）》，林官民、楊愛民譯，北京大學出版社，2002 年版，頁 12。

3 王志平：《生態倫理的自然解讀》，《大連理工大學學報（社會科學版）》，2003 年第 3 期。

4 蔡守秋：《論「人與自然和諧共處」的思想》，《環境導報》，1999 年第 1 期。

5 孫笑俠：《法律倫理的特殊性》，《人民日報》，2007 年 7 月 16 日。

各自的價值觀念來看待事物，不同的價值觀念和立場凝聚成不同的倫理準則，這些倫理準則為我們提供了選擇工具。就法律倫理而言，其本身就是選擇工具。在應用法律倫理時，需要經過明確法律原則、明確倫理爭點、明確行為結果、明確其他選擇和進行選擇等五個步驟。[1]

七、法律的數學理性

　　數學很像尋寶，必須先看清該從哪裏出發，思索通往答案的通道，然後再按照計劃逐步擬定公式，求得解答。如果什麼都沒挖掘到，就要及時更改路線。只要埋頭苦幹，心無旁鶩地勇往直前，就能找到從未被人發掘的寶藏正確解答。[2]「算學這個學問看來有資格被用法律規定下來；我們應當勸說那些將來要在城邦裏身居要津的人學習算術，而且要他們不是馬馬虎虎地學，是深入下去學，直到用自己的純粹理性看到了數的本質，要他們學習算術不是為了做買賣，仿佛在準備做商人或小販似的，而是為了用於戰爭以及便於將靈魂從變化世界轉向真理和實在。」[3]

　　「數學是人類頭腦所能達到的最完善的抽象境界。最高的抽象思維是控制我們對具體事物的思想的真正武器。」[4]畢達哥拉斯學派認為數字 5 代表着公正。在 1 至 9 中，數字 5 居中，是唯一把 1 到 9 分為均等兩半的數，從而成為公正的象徵。此學說對美國政治生活產生了深刻的影響。美國國旗之所以用五角星代表各州，國防部辦公大樓之所以建成「五角大

1　許身健：《生死選擇的法律迷局與倫理困境》，《檢察日報》，2020 年 6 月 17 日。
2　［日］東野圭吾：《嫌疑人 X 的獻身》，劉子倩譯，南海出版公司，2008 年版，頁 76。
3　轉引自法學教材編輯部編：《西方法律思想史資料選編》，北京大學出版社，1983 年版，頁 288。
4　［英］懷特海：《科學與近代世界》，何欽譯，商務印書館，1959 年版，頁 34。

樓」，皆與畢達哥拉斯學派的學說有關。[1]《法國民法典》素以條理分明、邏輯嚴密、概念精確而著稱於世，從中不難看出數學方法之影響。另外，近代法典都設有總則，使法典更加嚴謹，便於進行三段論演繹推理，這也與幾何學的影響不無關係。大陸法系國家由於深受幾何學演繹方法的影響，所以，它的司法程序成為道地的三段論演繹的過程。近代的立法者和司法者從某種角度講，與其說是進行法律活動，不如說是進行數學運算。近代法律的內在精神是與數學聯繫在一起的。數學對推動近代法律的進步起到了不可估量的作用。近代法律最重要的原則都是在接受了數學方法後才確立起來的。[2]

數學，如果正確地看它，則具有 …… 至高無上的美 —— 正像雕刻的美，是一種冷而嚴肅的美，這種美不是投合我們天性的微弱的方面，這種美沒有繪畫或音樂的那些華麗的裝飾，它可以純淨到崇高的地步，能夠達到嚴格的只有最偉大的藝術才能顯示的那種完美的境地。一種真實的喜悅的精神，一種精神上的完備，一種覺得高於人的意識 —— 這些是至善至美的標準，能夠在詩裏得到，也能夠在數學裏得到。[3] 數學是一門講道理的學科，其本質就是用邏輯說話，這種邏輯的價值就在於數理邏輯可以將看似雜亂無章的碎片化知識變得系統有序，可以從紛繁複雜的問題中歸納出簡單清晰的規律，可以讓一系列模糊的現象浮現出問題的本質，所以，有了這樣一種邏輯思維為基礎，在抽象的共性問題和成千上萬種個性中找到最佳平衡位置，探索研究問題的一般規律，學科的發展自然會變得有章可循，系統科學。[4]

---

1 ［法］若－弗・馬泰伊：《畢達哥拉斯和畢達哥拉斯學派》，管震湖譯，商務印書館，1997 年版，頁 123–127。

2 何柏生：《數學對法律文化的影響》，《法律科學》，2000 年第 6 期。

3 ［美］克萊因：《數學與文化 —— 是與非的觀念》，張祖貴譯，鄧東皋編：《數學與文化》，北京大學出版社，1999 年版，頁 40。

4 栗東升：《淺談憲法和數學》，中國社會科學網，2019 年 7 月 23 日。

法律是一種由科學和理性共同指導的意志，應被視為一門依
據幾何模型對第一原理進行演繹的科學，法律推論必須遵循幾何
證明中的推證模型。羅馬法作為數學理性在法律實踐中的投影，
它的體系形態以及對演繹推論的仰仗，都不亞於幾何學。[1]

理解法律各個部分的要義，就能掌握法律的其餘部分。這些要義可稱
為基本公理。對於這些公理進行識別，從中推導出一切法律概念和規則之
間的內在聯繫和確切的結合程度，是法學中最艱深的問題。事實上，正是
這般作業賦予法學以科學的性質。[2]可計算性和精確性著稱的數學，既是近
代法律體系的建構指南，也是現代形式法治的哲學支柱。沃爾夫之見，法
律體系的科學性依據不外乎二：一是處於該體系頂端的法律公理或最高
級命題、概念的正確性；二是法律規範的表達形式、法律體系組織結構
的條理性和無矛盾性，即法律的形式合理性。如此一來，法律體系的宗
教和道德基礎就變得相對次要，法律因而獲得相當程度的自足性。數學
係一門價值無涉的科學，而法律自始至終都無法排斥價值判斷和政策選
擇。其次，與數學公理相反，法律原理是可塑的或曰可變動的。再次，
數學的一致性、精確性和嚴密性是有前提和代價的，那就是用長度、質
量、重量等簡單概念重構、簡化生活世界。法律一味模仿數學，以抽象
的法律命題去剪裁層出不窮的生活事實，惟恐陷入形式主義或機械主義
的泥淖。[3]

1　［德］萊布尼茨：《萊布尼茨自然哲學著作選》，祖慶年譯，中國社會科學出版社，1985 年版，頁
　　141。

2　［德］弗里德里希‧卡爾‧馮‧薩維尼：《立法與法學的時代使命》，許章潤譯，中國法制出版社，
　　2001 年版，頁 205。

3　陳林林：《法律中的數學理性》，《光明日報》，2008 年 9 月 9 日。

> 判決就是將法律概念作為（數學）因數進行計算的結果；自
> 然，因數值愈確定，計算所得出的結論則必定愈可靠 …… 只有
> 通過全面把握法律概念，真正的法律體系，即法律規定的內在相
> 互依存性才可能產生。[1]

但現有的法律和司法解釋無法提供全面精確的數字化模型。簡單的數學運算難以得出公正的量刑結論。在推進量刑規範化工作的進程中，應當強調實體方式和程序方式並重，在嚴格依據量刑指導意見的前提下，堅持定性分析與定量分析相結合的量刑方法，避免出現數字化量刑的傾向，同時更加注重擴大控辯雙方在量刑程序中的參與程度，提高程序的公開性、透明度來規範法官的量刑裁量權，從而提高量刑結論的公正性。[2] 從法律的角度看，算法從幾個方面挑戰了法律的一些基本原則：首先，算法黑箱可能挑戰人類決策的知情權與自主決策。一般認為，在所有重要事務中，做出最終決策的主體應當是人，「人類選擇是私人與公共生活的不可分割與根本性的一部分」。但是在算法社會中，很多時候不透明的算法 —— 而非人 —— 成為決策主體。如果不加檢驗地以機器決策替代人類自主決策，人類的自主性可能面臨嚴峻挑戰和障礙。其次，算法對個體隱私與自由的威脅。算法常常建立於個人數據的收集之上，通過結合大數據運算與個人數據進行個性化推送。但這種對個體偏好的預測與迎合可能損害公民個體的自主性，因為這種個性化推薦可能使個體困於信息繭房（information cocoons）。個體受限於算法的控制，能接受到的信息惟算法根據個體偏好而篩選出來的信息，而非那些更加中立、可能促使個體反思自身覺察的信息，甚至不是隨機性的信息。長期如此，個體真正的自由實質上可能被

---

1 B. Windscheid, *Lehrbuch des Pandektenrechts*, 9. Aufl., Bd.I, Frankfurt a. M. 1906, S.110−111.
2 周穎佳：《量刑規範不是簡單數學運算》，《人民法院報》，2014 年 4 月 17 日。

摧毀。最後，算法可能導致歧視與偏見。平等是一個社會的基本價值，算法的技術特徵使得有人認為，算法有助於解決歧視與偏見問題。但算法也可能常常蘊含歧視與偏見，甚至放大偏見的生成。當人們設計算法與輸入數據時，此類算法或數據可能根本就不具有代表性。諸如一種進行人類臉部識別的算法，如算法所使用的數據均是白人男性的數據，則就可能無法識別黑人、亞裔或女性，對黑人、亞裔或女性實質構成歧視和不公正。算法可能因此固化歧視與偏見，使其更難被發現、更難以矯正。[1]

現象世界中的所有關係都是整體系統中的關係，而整體關係總是複雜到拒絕任何數學描述企圖。[2] 現階段，法律調整在面對複雜數據和複雜現實時，更應平靜於理論研究和實務工作，進行「降維」處理，實務工作中的諸如「抓手」「切入點」等表述可以被視為這種處理方式的一種通俗表達，而人工智能深度學習機制中的處理方式則是高度概念化後的降維處理。法理概念的提出也是如此，即試圖通過法理這一概念，推動並形成法理思維，在有限但又有效的維度上去把握當代中國和當代世界的複雜，提出一種理論上有意義和可操作的方案。[3]

數學規劃是一種尋找最優化的方法。典型的線性規劃基於目標函數和約束條件，尋求目標函數的最大化或最小化的極值。約束條件又可以分為等式約束和不等式約束。目標函數與約束條件的表達分為線性和非線性。[4]

「數火車是多麼消磨時間的方式，唯一的缺點就是沒有辦法驗算。但是何妨呢，惱人的時間在這一刻沒有痛苦地過去了，而且全神貫注。」[5]

1　丁曉東：《論算法的法律規制》，《中國社會科學》，2020 年第 12 期。

2　蔡禹僧：《論世界不可能被表達為數學》，http://blog.sina.com.cn/s/blog_9710b0130101at6e.html。

3　[美] 科爾斯戈德：《規範性的來源》中譯本序言，楊順利譯，上海譯文出版社，2010 年版，頁 5。

4　周小川：《用數學規劃思維看經濟體系》，載《數學規劃與經濟分析》總序言，中國金融出版社，2019 年版，頁 19。

5　韓寒：《1988：我想和這個世界談談》，天津人民出版社，2013 年版，頁 97。

八、法律地理學基礎

　　一定的地理空間是人類社會存在和發展的基礎，任何歷史都是在具體的地理空間當中展開的，不同的空間認知會深刻影響人們的思想觀念和行為模式。全球化概念在其理性本質上仍然是一種地理學。法律地理學意義上的主權邊界已經不再是傳統意義上的線式區隔和領土防衛，而意味着治理和控制，也意味着交通和傳播。[1]一個地域的專業人士群體、行業利益群體能夠保持必要的異質性，很大程度上來自地理條件，包括氣候、降雨、離海岸和河流的距離等，因為這些地理條件決定着人員遷徙的難易程度，以及往來貿易的開展空間。在資源稟賦較好的地區，更可能促成創新、新的經濟形態、產業項目的出現，貧富差距更可能控制在一定範圍內，法律、法治和公共治理更可能代表公眾利益。[2]

　　法律和各種事物所可能有的種種關係，這些事物包括各類政體、風俗、氣候、宗教、商業等等。其中與地理環境相關的氣候、土壤與法律具有密切的關聯。

　　　　如果精神的氣質和內心的感情真正因不同的氣候而有極端差別的話，法律就應當和這些感情的差別以及這些氣質的差別有一定的關係。[3]

　　　　自由在崎嶇難行的多山國家，比在那些得天獨厚的國家，更

1　張紹欣：《全球治理：從「法律地理學」開始》，https://www.sohu.com/a/165409713_232950。

2　鄭渝川：《法律、地理如何影響國家發展經濟》，參考網，2016 年 1 月 29 日。又見［美］伯科威茨，［美］克萊：《法律、地理和國家發展：以美國為例》，李丹莉、韓薇譯，中信出版社，2015 年 10 月版，頁 115。

3　［法］孟德斯鳩：《論法的精神》，張雁深譯，商務印書館，1995 年版，頁 227。

佔有重要的地位。[1]

　　島嶼的人民比大陸的人民愛好自由，島嶼通常是很小的；一部
分的人民不那麼容易被用來壓迫其他部分的人民；海洋使他們和大
的帝國隔絕；暴政不能夠向那裏伸展；征服者被大海止住了；島民
很少受到征略戰爭的影響，他們可以比較容易保持自己的法律。[2]

　　從空間的角度看，法律可以說是調整空間關係的社會規範。[3]地理學思
維和方法已經在經濟學、語言學、社會學、人類學等學科領域獲得廣泛應
用，但在法學研究中鮮有系統性和體系性闡釋，法律上所具有的地理性特
徵，以及法學理論研究中所包含的大量地理學思維，為我們構建法律地理
學提供了理論基礎。[4]法律所調整的社會關係都是發生在具體的時間和空間
維度下。因此，從時空的角度來觀察法律就是一件正常且重要的事情。如
佩雷爾曼所言，古典的思想贊成空間的隱喻，現代的思想則贊成時間的隱
喻。而在諸多空間研究者看來，後現代性思想將再次回到空間的隱喻。從
某種程度上而言，這凸顯了從空間視角來審視當下社會及其內在構造（包
括法律）的重要性。[5]

法律地理

　　從地理的維度來觀察法律，日常生活中的法律發生在具體的時空
之中，沒有空間的法律只是抽象的想像，而沒有時間的法律只是停滯的

1　轉引自譚俊：《法學研究的空間轉向》，《法制與社會發展》，2017 年第 2 期。
2　轉引自譚俊：《法學研究的空間轉向》，《法制與社會發展》，2017 年第 2 期。
3　朱埡梁：《空間理論對法律的闡釋》，《求索》，2014 年第 7 期；朱埡梁：《法律中的空間現象研
　　究》，《湖北社會科學》，2015 年第 8 期；朱埡梁：《法律權力的社會空間闡釋 —— 作為社會空間
　　的法律權利》，《湖北社會科學》，2014 年第 3 期。
4　朱埡梁：《法學研究中的地理學方法》，《學術論壇》，2017 年第 4 期。
5　譚俊：《法律地理學研究的方法與困境》，《中國社會科學報》，2021 年 1 月 20 日。

符號。法律不僅在時間的作用下不斷變化，在空間的作用下也會有所差異。[1] 地理空間是超越了物理空間與認知空間的綜合性維度，是以社會行動和社會關係為基礎的動態過程。空間的構成要素是空間中各個組成部分之間的關係，這一關係同時含括了觀念與事實、行動與結構，具有不斷變化的動態性的特徵，同時空間也是一個實踐性的過程。當將空間引入法律時，空間的複雜性對既有的法律既是挑戰也是機遇，它促使法律不斷地自我超越。所謂挑戰是指空間的複雜性使得法律的穩定性和可預期性特徵受到衝擊，而機遇則是它使法律無法解決的普遍性與特殊性的悖論得以緩解。不過，在重構法律與空間關係的過程中，我們需要改變傳統的法律規範等級結構，構築具有動態循環的網絡結構的法律系統。[2]

法律地理學不是「橫空出世」的研究領域，其根植於哲學研究的空間轉向以及當代社會需要，是在研究人地關係的地理學之基礎上拓展出的對「人 — 法律 — 地」關係研究。在本質上指向法的存在主義與法的多元主義，具有深化和發展我國地方法治研究等多種功能。當代進行法律地理學分析的關鍵範疇是空間正義、城市權利、尺度、身份和邊界，而分析的方法主要在於「行為 — 結構」分析與「雙重想像」。[3] 法律地理學不僅有助於掌握國際秩序定義權，更有助於掌握世界觀和空間觀的定義權。從現代地理學的度量衡基準來說，世界通用的地球零度經線（本初子午線）不像緯度那樣有自然起訖（赤道和南北兩極），而是人為設定的。[4]

法學中對於管轄權的規定就充分展現了法律效力的空間界限以及不同法律之間因為空間所帶來的衝突與調試。不過，法的空間效力只是預設了

1　See NK Blomley, "From 'What' to 'So What?': Law and Geography in Retrospect", in Jane Holder and Carolyn Harrison eds., *Law and Geography*, Oxford University Press, 2003, pp. 67–83.

2　譚俊：《法學研究的空間轉向》，《法制與社會發展》，2017 年第 2 期。

3　謝遹：《法律地理學論綱》，交大法學網，http://lawreview.sjtu.edu.cn/ch/reader/view_abstract.aspx?flag=2&file_no=201910110000003&journal_id=jdfx。

4　張紹欣：《亟需重視法律地理學》，《北京日報》，2017 年 9 月 11 日。

法律內在的普遍性與同質性，對法律的空間異質性缺乏足夠深入的關注。正因如此，法律地理學應運而生。作為經驗性的法律，它必然在具體的時空維度下運行，如果說時間維度意味着法律的過去、現在和未來，那麼空間維度則強調在同一時刻下共存性的多元法律狀態。通過空間維度我們可以看到法律在不同地方所呈現出來的複雜態勢。[1]

具體範疇

從理論層面來看，法與空間的研究或許能夠打破目前中國法學語境中城市與鄉村的二元格局，也能夠打破人類中心主義的法律觀，從而走向一種人與自然和諧發展的法理學。同時，空間視角對法律的觀察為我們認識法律的形態提供了新的路徑，法律不再局限於規範等級結構，而是動態的網絡結構。在一定程度上而言，規範等級結構只是法律空間結構的一種特殊形態而已。[2]

其一，關於法律地理學的範疇，在民族區域自治、城市空間規劃以及土地管理、犯罪行為領域獲得相當突破，先後研究了中國不同典型地域，不同經濟發展水平下犯罪行為的區域差異特徵等問題，法律地理學試圖揭示可能被規則與制度「化約」（de-contextualisation）的法律 — 空間關係及其中的權利 / 權力關係，展現多維空間中人的需要的複雜多樣性與法律實施的效果，從而審視制度之優劣。[3]

其二，環境、生態保護領域。環境生態保護法，已從人類中心主義發展到「生態中心主義」，包括無生命的自然在內的整個大地，都應獲得人類的尊重。即法律空間試圖從「空間位置」與「空間關係」的角度來認識法律，而不是簡單的主體性思維。《中華人民共和國長江保護法》（2021

1　譚俊：《法律地理學研究的方法與困境》，《中國社會科學報》，2021 年 1 月 20 日。

2　譚俊：《法學研究的空間轉向》，《法制與社會發展》，2017 年第 2 期。

3　楊靜哲：《法律地理學的問題意識》，《中國社會科學報》，2021 年 1 月 20 日。

年 3 月 1 日起施行）第一條明確規定：

> 為了加強長江流域生態環境保護和修復，促進資源合理高效
> 利用，保障生態安全，實現人與自然和諧共生、中華民族永續發
> 展，制定本法。

其三，地理標誌保護。《中華人民共和國商標法》（2019 年 4 月 23 日
修訂）第 16 條規定：

> 商標中有商品的地理標誌，而該商品並非來源於該標誌所標
> 示的地區，誤導公眾的，不予註冊並禁止使用；但是，已經善意
> 取得註冊的繼續有效。前款所稱地理標誌，是指標示某商品來源
> 於某地區，該商品的特定質量、信譽或者其他特徵，主要由該地
> 區的自然因素或者人文因素所決定的標誌。

地理標誌是在歷史和社會的長期演變過程中，特定地域的生產者、經營者
在特定的自然環境和人文環境的作用下，經過智慧、誠實和持續的生產經
營活動而形成的，具有一定的集體性和共有性。相對於像國家這種更大範
圍的利益主體而言，地理標誌這種在小範圍的、特定地域中所形成的利益
不應當成為國家公共所有，而應當像集體商標一樣作為一種私權受到法
律保護。將地理標誌作為一種私權來進行保護也是 TRIPS 協定 [1] 在序言中

---

1 TRIPS 協定，是《與貿易有關的知識產權協議》（AGREEMENT ON TRADE-RELATED ASPECTS
OF INTELLECTUAL PROPERTY RIGHTS）的簡稱，這個文件是知識產權保護的國際標準。其宗旨
是期望減少國際貿易中的扭曲和障礙，促進對知識產權充分、有效的保護同時保證知識產權的執法
措施與程序不至於變成合法的障礙。

對各成員的要求。[1]《集體商標、證明商標註冊和管理辦法》（2003 年 6 月 1
日）第六條規定：

> 申請以地理標誌作為集體商標、證明商標註冊的，還應當附
> 送管轄該地理標誌所標示地區的人民政府或者行業主管部門的批
> 准文件。外國人或者外國企業申請以地理標誌作為集體商標、證
> 明商標註冊的，申請人應當提供該地理標誌以其名義在其原屬國
> 受法律保護的證明。

第九條補充規定：

> 多個葡萄酒地理標誌構成同音字或者同形字的，在這些地理
> 標誌能夠彼此區分且不誤導公眾的情況下，每個地理標誌都可以
> 作為集體商標或者證明商標申請註冊。

　　其四，法院審判思維。現代法學理論的空間概念化模式根源於法學
對於體系性、統一性與確定性的追求，同時也彰顯出法律試圖簡化現代社
會複雜性的功能面向。在具體的條文、判決與法典中，一種內部規範性
在「化約」或「抵制」法律／空間的混雜性、多元性與異質性。然而，關
涉空間的一些基本概念、分類標準以及調整對象正在發生變化，這種變化
在法學既有認知框架中並未得到恰當表述，在此意義上，外部的觀察和描
述或許能夠為我們重新理解法律研究與法律實踐中的空間觀念提供一定幫
助。[2] 法院文化事實上具有封閉性和開放性的雙重屬性。但封閉性並不意味

---

1 《中國地理標誌法律制度及成就》，國家知識產權局官網，2012 年 3 月 12 日。
2 楊靜哲：《法律地理學的問題意識》，《中國社會科學報》，2021 年 1 月 20 日。

着價值的一元化，更不意味着法院文化的開放性和封閉性是矛盾的。法院文化的構建須與社會事實和社會意義緊密相連，對於法院文化的系統理解需要解決的正是這一問題。系統的開放性建立在認知的基礎上，認知意味着系統而非個體對系統外部的材料、信息的獲取與解讀，其他社會子系統和公民個體意識是法院文化的環境。不僅社會子系統之間在溝通上互相分離，社會與個體也在系統觀察的視角下產生分離，這就為法院文化的開放屬性提供了正當性。任何具有經濟、道德或政治意義的社會問題，若要納入法院文化就必須通過法律語言來表達，使用熟悉的法律概念和術語，並以司法裁判、司法解釋的方式予以實現。這種開放性印證了系統理論對系統間關係的經典論述 —— 結構耦合現象（structural coupling）。法院文化的開放性是法院文化與其他社會系統、心理系統進行結構耦合的產物，被理解為不同系統間溝通的必然結果。[1]

小結

從世界的範圍內來看，每個國家的法律其實也只是地方性知識的一種 —— 一種規模巨大、效力層次極高的地方性知識。每個國家的法律制度形成過程都是對本國的法律現象的分類過程，都是本國立法者的分類觀念的運用，並體現在法律文本或法律制度中。美國的司法體系則到處烙着「美國製造」的標籤。但是現代的一些國家，尤其是第三世界的發展中國家，粗糙地對外國法律進行了大量的、不加認真考慮的移植，用外國的法律代替本國的法律實踐積累、用外國的分類代替本國人的分類方式，從而導致國家法律制度的地方性特色削弱或喪失。[2]

法是人的行為的一種秩序，是許多的規則的一個體系，體系的統一

1　王濤：《系統分析視角下的法院文化》，《人民法院報》，2016 年 12 月。

2　王啟梁：《法律 —— 一個安排秩序的分類體系》，《現代法學》，2004 年第 4 期。

性的一系列規則；而動態法是指，由有權創造法律的權威所創造的規範，其意思是法律就是在憲法就法律創造所規定的方式下產生的，由某一過程所創造的，以這種方式被創造的都是法律。顯然法律所發生的某些變化，並不是在立法者的理性架構之內能夠完全包含的。其表現出法律的改變，往往並不是立法者的意圖或者設計的結果，而是法律適應社會需要而產生的。因此法律在某個程度上來說，是人民需要的結果；是法官適應人們生活的需要，適時將某些立法者的架構做出了變化的改造以適應社會生活。而社會生活是文化生活的某種「普遍物質化」的形式，因此法律適應社會生活，表現的正是文化在法律變化中的影子和作用。法律作為社會生活的一種組織形式，其包含的地理因素，便是我們進行文化闡釋和翻譯的潛在因素。[1] 法律的空間發現或許是自法律的語言學轉向以來最重要的理論發展，當然，這一空間轉向是以一種徹底解構的方式實現的。[2] 如何應對法律的普遍性與特殊性是法律地理學需要應對的另一課題。法律地理學定義上的不清晰，一定程度上使得即便是世界範圍內的相關研究也呈現出明顯的碎片化。法律地理學也只有在擁有了一個相對明確的論域後，才能夠與其他比較成熟的「文化地理學、歷史地理學」研究一樣，逐漸被認可與接受。[3]

---

[1] ［奧］凱爾森：《法與國家的一般理論》，沈宗靈譯，中國大百科全書出版社，1995 年版，頁 103。

[2] See Andreas Philippopoulos-Mihalopoulos，"Introduction: in the Lawscape"，in Andreas Philippopoulos-Mihalopoulos ed., *Law and the City*, Abingdon, 2007, pp.1-20. Andreas Philippopoulos-Mihalopoulos, "Mapping the Lawscape: Spatial Law and the Body"，in Z. Bankowski, M. Del Mar and P.Maharg eds., *Beyond Text in Legal Education*, Edinburgh University Press, 2012.

[3] 韓寶：《法律地理學研究的知識鏈接》，《中國社會科學報》，2021 年 1 月 20 日。

九、前例遵循

—— the Doctrine of Stare Decisions

　　哈耶克認為，在人類制度創制中存在建構理性和經驗理性兩種，不可知論屬於經驗理性。經驗就是生活中最重要的催化劑，有什麼樣的經驗就會變成什麼樣的人，就像在沙漠裏養不出牡丹一樣。[1]「寫作，是因為內心有痛苦，非要表達不可。偉大的文學，是一個不老的夢，也是一門殘酷的藝術。它逼一個寫作者經過長年的寂寞歲月，啃食自身細密的經驗，啃食愛、痛苦、絕望，啃食一切，然後以想像、以艱苦的努力，凝成獨特的聲音。」[2]

　　物理經驗是由作用於物體並通過對物體的抽象所獲得的有關物體的一些知識所組成的。例如，要想知道這個煙斗比那塊表重一些，兒童就得稱這兩者的質量，找出這兩件物體本身之間的差異。這是經驗這個詞通常的意義，是經驗主義者所使用的意義。但還有第二種類型的經驗，稱為邏輯數學經驗，在這種經驗中，知識不是來自物體本身，而是來自作用於物體的動作。這就不是一碼事了。當人們作用於物體時，這些物體的確在那裏存在，但也存在着一組改變物體的動作。[3]生活總是在到來與離開之間，只是經過而已。但是，什麼樣的生活不是「經過」呢？經過大地，經過四季，經過一生，經過親人和朋友，經過諸多痛苦與歡樂。[4]「我們身上所被擱置的無形而龐大的經驗何其空虛，又何其沉重。」[5]

　　遵循先例（the doctrine of stare decisions）是英美法系國家法官審判

---

1 老舍：《駱駝祥子》，人民文學出版社，1962 年版，頁 167。

2 郭玉潔：《眾聲》，人民文學出版社，2017 年版，頁 108。

3 ［瑞士］皮亞杰：《皮亞杰教育論著選》，盧濬選譯，人民教育出版社，1990 年版，頁 131。

4 李娟：《前山夏牧場》，中信出版集團，2017 年版，頁 225。

5 安妮寶貝：《眠空》，北京十月文藝出版社，2013 年版，頁 92。

活動的規則，是其主要的立法活動。英語世界的人們懷疑任何假定的法律
事實，也討厭過於僵硬和死板的法律規定，他們相信真正的法律是靠觀察
和實踐得來，而非源於合乎邏輯的預先設計。「遵循先例」也就成為這種
認識論指導下的法律實踐所恪守的原則。[1] 採納遵循先例原則的主要意義在
於：增進法律的確定性、安全性和可預測性，限制法官的自由裁量權。使
相同的或大體相同的事實情況，獲得相同的或大體相同的判決，而不會出
現同樣的案情具有不同判決結果的情況。裁判結果的相同性是保持法的確
定性（certainty）和可預測性（predictability）所必需的，是符合人類正義
性要求的。透過裁判結果的相同性，人們能夠對遵循某項法律規則會產生
何種後果、不遵循某項法律規則會產生何種後果產生合理的預期，使人們
自覺地遵循法律。同時在訴訟活動中，裁判結果的相同和大體一致性使人
們能夠對司法公正和正義產生合理的信賴，而律師也可以對其當事人提供
較為準確和客觀的建議。所以建立判例法規則，可以使法的安全價值得以
實現。[2]

　　人性司法判例本身就是具體的法律，也是法律規範體系的重要組成部
分。[3] 法官對個案的分析和判斷，如果被後來的裁判者所遵循，並且不斷地
萃取和類型化，那麼就會形成針對特定領域的規範體系，這就是英國普通
法的形成過程。從司法裁判的本質屬性來說，「案例」產生於糾紛的解決
過程和結果，對當事人具有直接拘束力。一旦一個判決結果做出並加以公
佈，這一案例就具有某種超越案件本身的意義。而一個對個案做出的結論
具有普遍約束力，那麼，這一案例就成了「案例法」── 儘管拘束力的程
度可能有所不同。但是，即使在英美法系中，也並不否定成文法，更不排
斥根據成文法律規範定分止爭。對於法官來說，其在解決糾紛的時候，經

1　封麗霞：《法典化、判例法抑或混合法：一個認識論的立場》，《環球法律評論》，2003 年第 3 期。
2　王利明：《論中國判例制度的創建》，《判解研究》，2000 年第 1 期。
3　H. Kelsen, *Teoria generale delle norme*, Traduzione di Mirella Torre, Torino: Einaudi, 1985.

常面臨的重要任務是如何對既有的規範進行解釋、適用。當法官通過適用成文法作出判決的時候，也同樣會創造出針對個案的案例法，如果承認其既有的效力，那麼，就成為後來裁判的法律淵源。這種對成文法加以適用的案例法，既廣泛存在於英美判例法國家，也同樣存在於大陸成文法國家的司法實踐。前者，如美國最高法院實施聯邦憲法適用的案例；後者在傳統成文法國家如德國、法國、日本等國則比比皆是。[1]

但社會現實與實踐是變動不居、紛繁蕪雜的，嚴格的前例遵循原則是僵化機械的。因此要賦予法官自由裁量權，法官根據不同的價值判斷自然做出不同的判決，正如哈特所言：「即使適用文字制定的一般規則，關於這些規則所要求的行為方式在特定的具體案件中仍可能突然發生不確定的情況。」[2] 拒絕接受法官在審判活動中「造法」的前提是，必須有完整、明確的能夠直接應用到具體案件的法律條文存在。然而，由於現實的複雜性以及法律理性的有限性，「法教義學」所預設的理性立法者、能被發現的唯一意思、法律體系的完整性、邏輯推理的普適性等並不準確。[3]

判例法和制定法作為人類迄今為止能夠選擇的兩種法律形式，它們各自的優點和缺點永遠存在，難以消除。對兩種法律形式的認可、認知，起決定性作用的是對人類自身認識能力的立場。迄今為止，從所有社會制度的設置看，判例法要發揮良好的作用須具備一些基本條件，如有相對穩定的、基本共識的社會價值體系，司法公開、受大眾監督等。[4] 英美法系國家在商事領域，由於崇尚經驗主義，公司法律形態往往以實用為目的，具有極大的靈活性；而在大陸法國家，邏輯理性佔據主導地位，公司法律

1　丁相順：《判例與判例法的機理》，《人民法院報》，2014 年 9 月 24 日。

2　［英］哈特：《法律的概念》，張文顯等譯，中國大百科全書出版社，1996 年版，頁 127。

3　［法］米歇爾‧托貝：《法律哲學：一種現實主義的理論》，張平、崔文倩譯，中國政法大學出版社，2012 年版，頁 51－52。

4　胡興東：《中國傳統判例法與近代普通法系判例法的異同》，《人民法院報》，2016 年 11 月 14 日

形態的架構需要契合嚴密的理論體系，具有相對固定性。通過分析不難發現，公司法律形態的影響因素並非全部都起到促進發展的作用，反而有相當一部分影響因素成為發展的障礙，或者說在某一特定時期阻礙了公司法律形態的發展。雖然歷史上存在的問題已經成為過去，不足以對現今社會造成困擾，但如果一些存有偏差的意識物化為制度之後，將對經濟社會生活產生深遠影響。[1] 我國在成文法體系下，並不具有嚴格的判例遵循原則，但在司法實踐中，存在「同案同判」的原則精神。現階段對於司法判例特別是指導性判例地位的認知、功能的探討往往停留在抽象層面，能夠充分考慮部門法特徵的指導性判例研究並不多見。對於商事法研究而言，實有必要結合商事關係的基本特徵、商事法律的體系結構、商事司法的制度邏輯等因素對各類典型判例加以深入研究，以便更好地發揮司法判例的法源功能。[2]

　　在英美判例法體系中，「遵循先例」「同樣的糾紛同樣處理」，是先例對後來的司法判斷產生影響的內在原因。但是，世界上沒有任何一個糾紛爭訟是絕對相同的，因此，對具有「相似性」的案件識別和適用，是「遵循先例」原則得以實現的關鍵。普通法之下，確保案例得以運行的內在機理包括三個方面：對案件的分析說理、專業性技能的運用以及允許法官在案件結果中闡述反對性意見。判例形成於個案，公正地解決每一個個別糾紛是司法裁判的本質功能，只有針對個案的司法判斷是公正、富有邏輯和說服力的，才能使法律得到準確的適用，使正義得以伸張。同時，判例法得以運行還高度依賴於對判例的公佈、編撰以及整理。將每一個高質量的個案加以系統化的編撰、公佈、整理，不僅方便案例的援引、使用，而且

1　趙吟：《公司法律形態演進的動力機制》，《北方法學》，2015 年第 4 期。

2　韓強：《法教義學在商法上的應用 —— 以最高人民法院指導案例 15 號為研究對象》，《北大法律評論》，2014 年第 15 卷第 1 輯。

有助於漸進地、穩妥地、有理由地、有說服力地發展法律規則。[1]

　　法律樣式是法律實踐活動的宏觀程序，即立法和司法活動的基本工作方式。作為人類文明的成果之一，它不但集中反映了某一社會或國家的法律實踐活動之主要特點，保障着法律價值社會化的實現，維繫着有利於社會整體生存和發展的基本秩序，而且還從某種角度上塑造着人們的行為和思想，有力地促進着社會的變革。[2]

　　「忘掉那些愛情專家和星座指南吧，誰的經驗都不要相信，誰的道理都不要聽。」[3]「自然而正常的本能使他們易於做出泛化、概念和分類，這些都是對經驗世界的過度簡化。」[4]

十、大數據的法律悖論

　　數據是基於一定的使用背景或者事物，在未處理或經過處理後所反映出的對客觀事物的邏輯表達，是信息、密碼等客觀事物組成的最基本元素，可以通過被佔有、使用、傳遞以及共享的方式進行保留與交互。[5]網絡傳播技術的發展與大數據時代的到來為人們的生活提供了前所未有的便利，大數據悄無聲息地記錄着網絡用戶的生活細節，搜索痕跡、網購取向、出游路線等都被數字化整合，人類進入一個真正的大數據時代。而透過這些數據的統計分析可以清晰地勾勒出一個人的性格特徵、社交網絡、家庭關係甚至財務走向，這種無遠弗屆、無處不在的過度數據記錄使個人

1　丁相順：《判例與判例法的機理》，《人民法院報》，2014 年 9 月 24 日。

2　武樹臣：《中國古代法律樣式的理論詮釋》，《中國社會科學》，1997 年第 1 期。

3　盧思浩：《你要去相信，沒有到不了的明天》，湖南文藝出版社，2000 年版，頁 51。

4　［美］戈登・奧爾波特：《偏見的本質》，凌晨譯，九州出版社，2020 年版，頁 133。

5　樓何超：《數據權屬爭議及其分類界定》，《中國社會科學報》，2020 年 10 月 28 日。

信息保護面臨嚴峻挑戰。[1]「每個人都需要在腦海中建立關於這個世界的數據庫，內容未必都要來源於親身經歷。很多時候就是抬眼的一瞬間或者擦身而過的幾秒，陌生人的一個表情和依據零碎的話，足夠讓她饒有興致地咀嚼半天。」[2]隨着大數據分析取代了樣本分析，社會科學不再單純依賴於分析經驗數據。這門學科過去曾非常依賴樣本分析、研究和調查問卷，而現在，我們可以收集過去無法收集到的信息，不管是通過移動電話表現出的關係，還是通過推特信息表現出的感情。更重要的是，現在我們也不再依賴抽樣調查了。[3]

　　數據的價值並不是數據自身的屬性，它是數據與應用環境互動狀態的縮影，數據沒有與生俱來的使用價值，數據的價值與用戶的應用目標及使用能力有關，能幫助目標實現的數據才有價值。用戶能力不足，即使有用的數據也會變得無用。環境價值論提醒我們，數據的價值受服務規模制約，規模越大效益越好，在大城市很成功的，應用在中小城市卻會虧本，數據應用必須要因地制宜。[4]

　　大數據時代的數據挖掘、商業智能、追溯集成等技術給個人信息保護帶來了巨大挑戰，加強個人信息保護在大數據時代顯得尤為迫切。[5]

　　　　社會學的想像力讓擁有此品質的人既能理解一個關乎諸多個
　　體內在生命以及外在生涯意義的、更為廣闊的歷史情景，又能使

1　吳太軒：《大數據時代「過度記憶」的對策研究》，《西北民族大學學報（哲學社會科學版）》，2020 年第 2 期。

2　八月長安：《橘生淮南·暗戀》，吉林出版集團有限責任公司，2011 年版，頁 128。

3　［英］維克托·邁爾 - 舍恩伯格，［英］肯尼思·庫克耶：《大數據時代：生活、工作與思維的大變革》，浙江人民出版社，2013 年版，頁 77。

4　胡小明：《數據價值再討論》，https://new.qq.com/rain/a/20200629A0IAT900。

5　史衛民：《大數據時代個人信息保護的現實困境與路徑選擇》，《情報雜誌》，2013 年 12 月，頁 155-159。

他注意到，在繁雜混亂的日常經歷當中，個體是如何錯誤地意識到他們的社會位置的。[1]

從社會心理學上講，歧視是不同利益群體間發生的一種不平等的情感反應和行為。在傳統的物理社會，歧視比較容易被辨識，而在大數據時代，算法歧視具有較強的隱蔽性，有時甚至是無意識的。包括但不限於偏見代理的算法歧視、特徵選擇的算法歧視、大數據（算法）「殺熟」。[2] 在大數據語境下，個人信息權至關重要。個人信息權是指信息主體對其享有的個人信息能夠以各種方式進行控制，並排除他人非法利用的權利。[3] 從個人數據賦權的角度應對算法問題，與從算法公開與算法可解釋性的角度監管算法具有重疊之處。但個人數據賦權的相關法律更多依賴於個人對數據的控制，更試圖從算法所依賴的對象 —— 數據 —— 的角度切入對算法進行法律規制。個人數據賦權的相關法律首先賦予個體一系列的數據權利，強化個人對個人數據的知情與控制。例如歐美的很多個人數據立法都賦予個人數據收集時的知情選擇權、數據訪問權、數據更正權、數據刪除權、反對自動化處理的權利等一系列權利。個人數據賦權對數據控制者與處理者施加責任，要求數據控制者與處理者滿足個人的一系列數據權利，承擔維護個人數據安全與數據質量等責任。

《中華人民共和國民法典》的人格權編除規定隱私權益受保護外，還規定了個人對自身個人信息的查閱、複製、更正等權利。[4] 以程序制約公權力，保護私權利不僅被絕大多數國家的刑事訴訟法所規定，而且還是各國憲法所確立的基本原則。大數據偵查在行政邏輯方面的發展是領先的，相應的問題

1　Charles W Mills, *The Sociological Imagination*, London: Oxford University Press, 1976, p. 5.

2　鄭智航、徐昭曦：《大數據時代算法歧視的法律規制與司法審查》，《比較法研究》，2019 年第 4 期。

3　齊愛民：《個人信息保護法研究》，《河北法學》，2008 年第 4 期。

4　丁曉東：《論算法的法律規制》，《中國社會科學》2020 年第 12 期。

只是技術層面的梳理和補強，但是在司法邏輯方面的進步卻是緩慢的，有大量的司法理論、司法原則、司法規則需要依據大數據偵查的運作樣態和現實困境進行解釋、補強、改善甚至重建，其實質就是在程序與數據之間架起一道橋梁。如果說大數據偵查的行政邏輯側重於通過數據推進程序進行，通過程序釋放數據活力的話，那麼大數據偵查的司法邏輯則更應當強調二者間的制約關係，通過程序制約數據，通過數據制約程序，以規制為核心的司法邏輯應當作為大數據偵查的應然走向。[1]大數據分析方法讓我們看到了瞬間大批量處理非結構化信息的可能性，同時大數據分析方法能夠彌補人類對龐大數據分析理解上的不足，為事實認定者提供了基於數據的「數據經驗」或者「特殊經驗」，而這就是大數據帶給證據關聯性規則的關鍵性挑戰。[2]

在司法審判層面，諸多工具包括但不限於 Python 在審判數據爬取、判例數據清洗、證據數據整理方面不斷進階。傳統司法審判體制下為了確定法律事實所設計的各種司法審判程序，均是在人類理性的框架中尋找一個最可靠的理性表達點，繼而排除影響客觀事實與法律事實具有同一性關係的主觀因素和價值影響，在事實與價值之間最大限度地獲知認知對象的特徵，避免價值要素對事實狀態的過度介入。證據制度係人類認識客觀事實的武器，缺少證據制度，就無法構建關於人與自然關係的認知框架，亦無法建立可靠的訴訟制度來解決各種人世間的利益糾紛，體現社會公平，伸張社會正義。人臉識別技術、圖像剪輯技術、場景複合技術等新技術的出現，使得傳統司法程序中的證據的證明力遇到前所未有的挑戰。

　　　　法律事實作為一種法律上擬制的虛擬事實有可能只是以客觀
　　事實為基礎存在的虛擬事實作為同一性證明對象，法律事實內在

1　張可：《大數據偵查之程序控制：從行政邏輯邁向司法邏輯》，《中國刑事法雜誌》（京），2019 年第 2 期。

2　劉品新：《論大數據證據》，《環球法律評論》，2019 年第 1 期。

所追求的客觀性就會受到嚴重挑戰。[1]

　　必須指出的是，大並不總意味着更好；當涉及數據集的時候，體量並非那麼重要，大數據並不對偏誤免疫；在研究過程中，無論數據的大小，要根據其取樣框架來審慎推導結論。[2] 依託大數據進行的司法技術創新的範圍是有一定界限的。同類低質的司法判決提供的數據規律有時並不能真正地推動司法制度的進步，要真正提升法律事實與客觀事實之間的相似度與同一性，仍然需要建立更加可靠的證明方法，包括通過大數據來排除某項事實在特定時空的不存在狀況，繼而來縮小證據需要證明的事項的範圍，提高證據的證明力。有鑒於數據時代帶來的人與自然關係的巨大變化，與客觀事實相分離的「虛擬事實」越來越左右了客觀事實的內涵與外延，導致了制度認可的法律事實也越來越受「虛擬事實」的影響和支配，傳統司法制度中的證據制度變得越來越脆弱，司法鑒別能力越來越喪失了自身的優位與優勢。所謂的法律事實與客觀事實，越來越變成數字技術下「虛擬事實」與「虛擬事實」、「虛擬事實」與「客觀事實」之間的能力博弈。為此，要繼續保持原有的司法審判制度對法律事實確認的權威性，必須要對「虛擬事實」的創造者提出更高的道德要求，要在制度上增設「賦能」的義務。[3]

　　社會生活的複雜內在性和外在性內容以及不同個體作為能動者所具有的有意義的行動和策略等終究是大數據所無法替代的。另外，有關社會世界的學科研究需要的並不只是人類對靜態的、充其量反映外在局部特徵的表象採取直觀反應和認識的態度；無論是研究的目的、對象和研究過程，在面對科技對方法學的衝擊時，法律應保持清醒的態度，要理解周遭世界

1　莫紀宏：《論數據時代虛擬事實的法律效力》，《暨南學報（哲學社會科學版）》，2020 年第 7 期。

2　Hargittai E., "Is Bigger Always Better? Potential Biases of Big Data Derived from Social Network Sites", *Annals of the American Academy of Political & Social Science*, 2015(1).

3　莫紀宏：《論數據時代虛擬事實的法律效力》，《暨南學報（哲學社會科學版）》，2020 年第 7 期。

的獨特活躍性和人自身的能力對於他們所創造的知識精神產物的種種突破性。[1]「每個人都是孤獨的，頻率相同的人會感知的。那些頻率是火苗啊，灼傷光陰。在感知疼痛的過程中也感知美妙。」[2]

或許，大數據「需要留白，殘荷缺月也是一種美麗，粗茶淡飯也是一種幸福。生活原本就不是乞討，所以無論日子過得多麼窘迫，都要從容地走下去，不辜負一世韶光。」[3]

十一、期待與可期待的利益

祝福是過年的標籤，期待是一年的開始。尼采有言：最高貴的美，並非一下子把人吸引住，不做暴烈的進攻，而是漸漸滲透，把人不知不覺帶走，使人們的心靈包含期許。「某些希望的破滅其實也是好事，起碼不用再每天帶着傻傻的期望，能夠立刻死心去投入新的開始。」[4]

「我最瞧不起少年時期的我，良善到可恥。」[5] 在一個個樸素的日子裏，這樣良善讓我心裏充滿了喜悅，生命的姿態在這樣的時候格外清晰。當我第一次感覺到它的美好的時候，這熱愛便從來沒有間斷。它一定無數次撫慰了我的悲傷和迷茫，在我不經意的時候；它一定許多次給了我不動聲色的希望。[6] 法國作家羅曼·羅蘭曾說：一個人如能讓自己經常維持像孩子一般純潔的心靈，用樂觀的心情做事，用善良的心腸待人，光明坦白，

1　趙超越：《本體性意義與學科反思：大數據時代社會學研究的回應》，《上海大學學報（社會科學版）》，2019 年第 1 期。

2　雪小禪：《在薄情的世界裏深情地活着》，江蘇文藝出版社，2015 年版，頁 129。

3　白落梅：《你若安好便是晴天》，中國華僑出版社，2011 年版，頁 153。

4　劉同：《向着光亮那方》，中信出版集團，2016 年版，頁 113。

5　木心：《雲雀叫了一整天》，上海三聯書店，2020 年版，頁 57。

6　余秀華：《無端歡喜》，新星出版社，2018 年版，頁 91。

他的一生一定比別人快樂得多。

整個社會制度包括法律制度實際上就是社會生活通過一定的方式在制度層面的規範反映。「如果我們不想對人事失望，唯一的方法就是不要對它寄予任何希望。這不是絕望，這是生存下去的唯一途徑，亦是獲取幸福感的前提。」[1] 由於嚴格的職業性法律邏輯，當事人的期望往往落空。如以法律的抽象命題來裁剪生活現實，一味強調遵循法律科學闡述的「原理」和只有在法學家想像的天地裏才有的「公理」，這種失望也是不可避免的。[2]

《中華人民共和國民法典》（2020 年）第 584 條規定：

> 當事人一方不履行合同義務或者履行合同義務不符合約定，造成對方損失的，損失賠償額應當相當於因違約所造成的損失，包括合同履行後可以獲得的利益；但是，不得超過違約一方訂立合同時預見到或者應當預見到的因違約可能造成的損失。

這裏的預見與文學語言中的「期待」存在同一內涵。期待、失望總與利益存在關聯。所謂期待利益是指當事人在訂立合同時期望從此交易中獲得的各種利益的總和。我國合同解除後的期待利益保護，包括合同履行後可以獲得的利益和因違約而導致的現有財產的減損滅失和費用的支出。[3] 無論違約抑或侵權行為，均會在一定程度或一定範圍內造成經營者生產經營活動的中斷或從事該活動的基礎（即財產）和條件的喪失，從而導致利潤損失。[4]

1　七堇年：《北方》，長江文藝出版社，2008 年版，頁 102。
2　[德] 馬克思・韋伯：《論經濟與社會中的法律》，張乃根譯，中國大百科全書出版社，1998 年版，頁 356。
3　劉麗麗：《合同解除權的行使》，《武漢理工大學學報（社會科學版）》，2004 年第 6 期。
4　E. Allan Farnsworth, *Contracts* 12. 19, 2d ed. 1990.

　　法律上的期待存在一合法與合理標準的考量，但合法預期原則（the principle of legitimate expectations）的有效性不是絕對的（absolute），而是相對的。合法預期原則只是要求行為人儘可能（if at all possible）地保護合理的預期。通常，在決定是否要實施行為時，必須衡量各種衝突的利益。在關涉行政機關行政行為時，還需考察一方面是合法預期得到保護之後的當事人一方的利益，另一方面是可能與此衝突的公共利益（public interest）或者第三方的利益（the interests of third parties）。總體上說，撤銷行政行為而對當事人造成的負面影響（adverse effects），不能與撤銷欲實現的目標（objects）之間不成比例（disproportionate）。[1]合同作為允諾的一種形式，一方處於對相對方之允諾的信賴，相對方違約「改變了他的處境」。

> 我們可以判給原告損害賠償以消除他因信賴被告之允諾而
> 遭受的損害。我們的目的是要使他恢復到與允諾作出前一樣的處
> 境。在這種場合受保護的利益可叫作信賴利益。[2]

當我們轉向知覺的合理性，即轉向一個我們賴以決定某人能否對哪怕最簡單的知覺事實給出一個真的、恰當的和明晰的揭示的隱含的標準和技巧時，我們會看到大量因素起着作用。[3]一個合理謹慎的人處在當事人的位置上會怎樣行事。為確立過失認定中「可以預見」要件的存在，原告有兩種

---

1 See Cf. J. B. J. M. ten Berge & R. J. G. M. Widdershoven, "The Principle of Legitimate Expectations in Dutch Constitutional and Administrative Law", in E. H. Hondius ed., *Netherlands Reports to the Fifteenth International Congress of Comparative Law*, 1998, pp. 422, 442, 447.

2 ［美］L・L・富勒、［美］小威廉 R・帕杜：《合同損害賠償中的信賴利益》，韓世遠譯，中國法制出版社，2004 年 12 月版，頁 6。

3 ［美］希拉里・普特南：《理性、真理與歷史》，童世駿、李光程譯，上海譯文出版社，1997 年版，頁 149。轉引自童德華《刑法中的期待可能性論》，中國政法大學出版社，2004 年版，頁 126。

選擇：證明被告所在領域中的有經驗、謹慎並顧及他人利益的同行完全能夠預見到行為的危險性；或者，在被告所處領域或就被告自身而言，相關行為的危險性要麼已經成為經驗性知識，要麼不需要付出不相稱的成本即可查知。這也是過失認定中的「可預見性」在現實中的應用路徑。[1] 法律上的可期待利益，必須基於形式合理性，即指可以精確計算的合理性，實質合理性與形式合理性相互對應，實質合理性是指倫理的、政治的、功利主義的、享樂主義的、等級的、平均主義的或者某些其他的要求衡量的合理性。[2]

從英國的判例法看，只要是對個人的清晰的、不含糊的意思表示（representation）或者承諾（promise），就足以產生合法預期，不取決於是否存在信賴，或者信賴受損（detrimental reliance）。克雷格就曾說過：「信賴，儘管在多數案件中有潛在關係，但卻不是必不可少的。」[3] 在預計的期限內（expected duration）享有蘊含其中的相關利益，不會被隨意提前終止（ended prematurely）。合法預期原則在這類案件中提供了重要的程序性利益（procedural benefits），對已有利益的撤回（the revocation of an existing benefit），要事先通知當事人，並給予聽證的機會。[4]

期待可能性本身的性質決定其既是法律規範與行為人所處的特殊情境與其當時的心理狀態之間的一種關係，又是從規範的角度對該特殊情境和心理狀態所作的一種評價，既包括對外部環境的規範評價，又包括

---

1 劉文杰：《論侵權法上過失認定中的「可預見性」》，《環球法律評論》，2013 年第 3 期。

2 ［德］馬克思·韋伯：《經濟與社會》（下卷），林榮遠譯，商務印書館，1997 年版，頁 103、104、106。

3 Daphne Barak-Erez, "The Doctrine of Legitimate Expectations and the Distinction between the Reliance and Expectation Interests", *European Public Law*, 2005, volume 11, issue 4, p. 589.

4 Cf. Matthew Groves, "Substantive Legitimate Expectations in Australian Administrative Law", *Melbourne University Law Review*, 2008, pp. 472–473.

對行為人心理的規範評價。[1]可得利益的取得是以合同雙方繼續履行合同為前提的，合同解除，表明守約當事人不願繼續履行合同，自願放棄了可得利益，因此，賠償損失的範圍不應包括可得利益的損失，[2]故而解除合同的損害賠償一般不包括可得利益損失的賠償。[3]如果把守約人本應承擔的經營風險全部轉嫁給違約人，明顯不利於違約人，也不利於促進市場交易發展，保障交易安全。根據可預見規則，只有當違約所造成的損害是可以預見的情況下才能認為損害結果與違約之間具有因果關係，違約人才應承擔期待利益的賠償責任，[4]且可得利益不能超過違約方訂立合同時預見或者應當預見的因其違約而導致的損失。違約人在締結合同時一般不能預見守約人與第三人之間訂立的合同，也不可能知道違約行為導致的對第三方合同相對人造成的各種損害，更不知道守約人利潤盈餘等商業祕密。[5]

　　當一條規則或一套規則因為道德上的抵制而受到威脅時，它的有效性就變成一個毫無意義的外殼。[6]在需要的時候釋放善意，在必要的時候展現強硬。[7]而刑法的可預見性，更強調立足於人性。而人性的基本要求乃是指人類處於良知而在其行為中表現出的善良與仁愛的態度與做法，即把任何一個人都作為人來看待。[8]

1　秦鵬：《期待可能性在我國犯罪構成中的地位及其意義》，《法學雜誌》，2009 年第 4 期。

2　John Edward Murray, Jr., *Murray on Contracts*, 1990.

3　Julian B. McDonnell & Elizabeth J. Coleman, *Commercial and Consumer Warranties* chi. 8, 1990.

4　Douglas Laycock, *Teacher's Manual for Modern American Remedies*, 2d ed, 1994, pp. 147–151.

5　Richard A. Epstein, *Beyond Foreseeability*: *Consequential Damages in the Law of Contract*, 18 J. Legal Stud, 1989, p. 105.

6　［美］埃德加·博登海默：《法理學 —— 法律哲學與法律方法》，鄧正來譯，華夏出版社，1989 年版，頁 463。

7　［瑞典］弗雷德里克·巴克曼：《不要和你媽爭論》，天津人民出版社，2020 年版，頁 51。

8　陳興良：《刑法哲學》，中國政法大學出版社，2000 年版，頁 12。

十二、謊言與法律

　　法律禁絕謊言，但法律亦佈滿謊言。任何虛偽，強裝，虛榮，在時間面前，終究落敗。而能經得起考驗而成為歷史的，必是對少數人的真誠，和對大多數人的平和。活着，不在於鬥爭，而在於在無數的鬥爭中找出與你一樣努力發光的人。[1]

　　謊言猶如人的另一張面具，有些人戴着它就開始所向披靡，而有的人漏洞百出。[2]「普通人不可能徹頭徹尾地撒謊，欺騙總是要露出馬腳的，就像一條極短的厚毛毯，你遮住腳就露出了頭，蓋住頭又露出了腳。人們煞費苦心地尋找藉口，目的是想隱瞞什麼，但卻未曾想到，藉口本身就會暴露出某些令人不快的事實。」[3]「外在觀察者可能以觀察到的規律性為基礎，將偏離和敵視反應聯繫在一起，並能相當準確地預測偏離這一群體的正常行為將受到敵視反應或懲罰，且可估量其可能性。」「外在觀點 …… 所不能複製的是規則在通常是社會多數的人們的生活中作為規則而發生作用的方式。這些人 …… 把它們作為社會生活行為的指南 ……違反一個規則不僅是預測敵視反應將隨之而來的基礎，而且是採取這種敵視態度的理由。」[4]

虛假訴訟

　　事實上，對於惡意訴訟或虛假訴訟的法律責任追究問題，在很大程度上並不是一個立法問題，而是一個執法及法律適用問題。現有的理論、

1　劉同：《誰的青春不迷茫》，中信出版社，2012 年 12 月版，頁 209。

2　意遲遲：《朱門惡女》，http://www.biqujia.com/book/42/42610/ 最後更新：2020-11-07 08: 25: 45。

3　[以色列] 阿摩司·奧茲：《我的米海爾》，鍾志清譯，譯林出版社，2012 年版，頁 156。

4　[英] H.L.A. 哈特：《法律的概念》，張文顯等譯，中國大百科全書出版社，1996 年版，頁 91−92。

立法和司法實踐都已經證明，對於惡意訴訟現象的處理，並不是無法可依，而是有法不依。對惡意訴訟行為不依法予以追究的原因來自多個方面，而前一時期惡意訴訟現象氾濫正是長期放縱的結果。[1]虛假訴訟所描述的前訴法律關係與案外第三人構成的四方關係是紛繁複雜的人類社會關係的一個特殊片段和縮影。雖然雙方當事人在前訴中存在惡意串通、捏造事實以及偽造證據的不當行為，並且他們之間並無實體法律關係或者對此並無爭議，但前訴依舊受民事訴訟法律規範的調整，並因此構成民事訴訟法律關係。[2]

《中華人民共和國民事訴訟法》（2017年修訂）第112條規定：

> 當事人之間惡意串通，企圖通過訴訟、調解等方式侵害他人合法權益的，人民法院應當駁回其請求，並根據情節輕重予以罰款、拘留；構成犯罪的，依法追究其刑事責任。

虛假訴訟一般包含以下要素：（一）以規避法律、法規或國家政策謀取非法利益為目的；（二）雙方當事人存在惡意串通；（三）虛構事實；（四）借用合法的民事程序；（五）侵害國家利益、社會公共利益或者案外人的合法權益。實踐中，要特別注意以下情形：（一）當事人為夫妻、朋友等親近關係或者關聯企業等共同利益關係；（二）原告訴請司法保護的標的額與其自身經濟狀況嚴重不符；（三）原告起訴所依據的事實和理由明顯不符合常理；（四）當事人雙方無實質性民事權益爭議；（五）案件證據不足，但雙方仍然主動迅速達成調解協議，並請求人民法院出具調解書。司法實踐中，公司的清算本為一嚴肅公信的事情，但是有些股東在清算時為

---

1 陳剛：《第三人撤銷判決訴訟的適用範圍 —— 兼論虛假訴訟的責任追究途徑》，《人民法院報》第7版，2012年10月31日。

2 任重：《論虛假訴訟：兼評我國第三人撤銷訴訟實踐》，《中國法學》，2014年第6期。

了逃避責任、轉移財產，或者其他不可告人的目的，通過虛構清算組、編造虛假的清算報告等形式，作虛假清算，註銷企業，以達到逃避公司債務的目的，此種行為嚴重違法，股東要承擔相關法律責任。[1]

《最高人民法院、最高人民檢察院關於辦理虛假訴訟刑事案件適用法律若干問題的解釋》（2018 年 10 月 1 日起施行）第一條明確規定：採取偽造證據、虛假陳述等手段，實施下列行為之一，捏造民事法律關係，虛構民事糾紛，向人民法院提起民事訴訟的，應當認定為刑法第 307 條之一第一款規定的「以捏造的事實提起民事訴訟」：（一）與夫妻一方惡意串通，捏造夫妻共同債務的；（二）與他人惡意串通，捏造債權債務關係和以物抵債協議的；（三）與公司、企業的法定代表人、董事、監事、經理或者其他管理人員惡意串通，捏造公司、企業債務或者擔保義務的；（四）捏造知識產權侵權關係或者不正當競爭關係的；（五）在破產案件審理過程中申報捏造的債權的；（六）與被執行人惡意串通，捏造債權或者對查封、扣押、凍結財產的優先權、擔保物權的；（七）單方或者與他人惡意串通，捏造身份、合同、侵權、繼承等民事法律關係的其他行為。隱瞞債務已經全部清償的事實，向人民法院提起民事訴訟，要求他人履行債務的，以「以捏造的事實提起民事訴訟」論。向人民法院申請執行基於捏造的事實作出的仲裁裁決、公證債權文書，或者在民事執行過程中以捏造的事實對執行標的提出異議、申請參與執行財產分配的，屬於刑法第 307 條之一第一款規定的「以捏造的事實提起民事訴訟。」第六條補充規定：

　　訴訟代理人、證人、鑒定人等訴訟參與人與他人通謀，代理提起虛假民事訴訟、故意作虛假證言或者出具虛假鑒定意見，共同實施刑法第 307 條之一前三款行為的，依照共同犯罪的規定

1　孟凱鋒：《公司虛假清算 股東要擔責》，中國法院網，2016 年 10 月 20 日。

定罪處罰；同時構成妨害作證罪，幫助毀滅、偽造證據罪等犯罪的，依照處罰較重的規定定罪從重處罰。

虛假訴訟必定伴隨着虛假陳述。在虛假訴訟中，虛假陳述主要表現為故意陳述虛假的案件事實與虛假自認。前者是指當事人利用證據不充分等不能證明案件事實的情形，故意陳述虛假的事實，從而達到於己有利的訴訟目的。後者則表現為一方對於對方主張的於己不利的虛假的主要事實予以承認，意欲發生訴訟上自認的效果。[1] 對虛假訴訟的規制，應轉變「先刑後民」的理念，刑事訴訟程序原則上應當在通過民事訴訟程序確認虛假訴訟結束後啟動。如此選擇的優勢在於：一是刑事訴訟對虛假訴訟的認定標準高於一般類型的民事訴訟，有助於刑事案件的審理；二是在民事訴訟程序中法院一旦發現案件涉及虛假訴訟，可採取強制措施制止，如構成犯罪，亦有可能構成妨礙公務等其他罪名而非虛假訴訟罪。[2]

證券虛假陳述

證券是一典型的「信任」商品。「信任」商品即「商品的內在品質難以通過勘查或使用來指示，而只能依賴於出售者提供的信息」。[3] 證券本身並無實質的經濟價值，它只是遠離實際投資、生產和消費的價值符號，其價格只不過是對資本未來收益的貨幣折現，受各種因素的影響，具有濃重的主觀色彩。這種特性，使得證券投資人對證券價值的判斷，必然依賴於

1　王玲：《論當事人真實義務在我國的確立 —— 基於規制民事訴訟當事人虛假陳述的思考》，《甘肅社會科學》，2016 年第 3 期。

2　洪冬英：《論虛假訴訟的釐定與規制 —— 兼談規制虛假訴訟的刑民事程序協調》，《法學》，2016 年第 11 期。

3　于瑩：《證券虛假陳述侵權責任中信賴推定之證成 —— 欺詐市場理論局限性的克服》，《法制與社會發展（雙月刊）》，2011 年，（吉林大學法學院）。

發行人所提供的信息。」[1] 證券虛假陳述侵權責任首先是侵權責任的一種，侵權訴訟賦予私人通過公權力對侵權行為人施加責任的「權力」和「特權」。[2] 因果關係作為聯繫侵權行為與損害之間重要的邏輯紐帶，是侵權損害賠償的核心問題。[3] 證券侵權責任的因果關係包含兩層含義：一是交易因果關係。即上市公司的虛假陳述行為是否足以對原告交易產生錯誤引導，其判斷的關鍵點在於虛假陳述行為所涉及的消息性質。二是損失因果關係。即上市公司行為是導致股民損失的直接原因。[4]

在證券市場上，通常是賣方比買方擁有更多的信息，賣方為了爭取利益最大化往往會利用這種信息不對稱，甚至編造虛假信息誤導投資者作出錯誤的決定。因此各國對證券法上的虛假陳述行為都予以了高度的重視。從實務和法律規範來看，一般認為虛假陳述行為應具有如下共性：重大性、不利性、虛假性。其中，所謂的不利性或損失性都是從結果角度出發的思考方式，實際不是行為性質的認定而是因果關係的認定。所謂的虛假性更多地是強調虛假陳述行為本身的行為瑕疵所在，而這種行為瑕疵更應該在那四種具體行為類型[5] 中加以考量。因此，只有「重大性」才是虛假陳述行為的統合性標準，是所有類型虛假行為認定過程中都需要考量的。[6] 在「弱式有效市場」中，證券價格只能反映過去的信息，對於當下的公開信息並不能準確及時反應。所以，投資者不能以相信價格變動為藉口，來證明自己信賴了上市公司所披露的信息而進行了交易。在「強式有效市場中」，證券價格反映了包括內幕信息在內的所有公開和未公開信息，這顯然是不可

---

1 參見于瑩：《證券法中的民事責任》，中國法制出版社，2004 年版，頁 2－3。

2 Benjamin C. Zipursky, "Rights, Wrongs, and Recourse in the Law of Torts", *Vanderbilt Law Review*, 1998（1），pp. 80－81.

3 葉承芳：《證券市場虛假陳述侵權責任因果關係的認定》，《北京青年政治學院學報》，第 19 卷第 4 期。

4 《人民司法（案例）》，2016 年第 2 期，頁 73。

5 指虛假記載、誤導性陳述、重大遺漏、不正當披露等四種行為類型。

6 廖升：《虛假陳述侵權責任之侵權行為認定》，《法學家》，2017 年第 1 期。

能的。「我們很難相信市場會如此有效，以至於擁有有價值的內幕信息的人都不能從中獲利。實證證據都傾向於不支持這種形式的市場效率。」[1]

《中華人民共和國證券法》（2020 年 3 月 1 日施行）第 181 條規定：

> 發行人在其公告的證券發行文件中隱瞞重要事實或者編造重大虛假內容，尚未發行證券的，處以 200 萬元以上 2000 萬元以下的罰款；已經發行證券的，處以非法所募資金金額 10% 以上一倍以下的罰款。對直接負責的主管人員和其他直接責任人員，處以 100 萬元以上 1000 萬元以下的罰款。發行人的控股股東、實際控制人組織、指使從事前款違法行為的，沒收違法所得，並處以違法所得 10% 以上一倍以下的罰款；沒有違法所得或者違法所得不足 2000 萬元的，處以 200 萬元以上 2000 萬元以下的罰款。對直接負責的主管人員和其他直接責任人員，處以 100 萬元以上 1000 萬元以下的罰款。[2]

同時《中華人民共和國刑法修正案（十一）》（2020 年）第 25 條規定，將刑法第 229 條修改如下：

> 提供與證券發行相關的虛假的資產評估、會計、審計、法律服務、保薦等證明文件，情節特別嚴重的；故意提供虛假證明

1　[美]斯蒂芬·A. 羅斯等：《公司理財：核心原理與應用》（第三版），李常青等譯，中國人民大學出版社，2013 年版，頁 384。

2　《中華人民共和國證券法》（2020 年修訂）第 182 條對保薦人虛假記載規定為「保薦人出具有虛假記載、誤導性陳述或者重大遺漏的保薦書，或者不履行其他法定職責的，責令改正，給予警告，沒收業務收入，並處以業務收入一倍以上十倍以下的罰款；沒有業務收入或者業務收入不足 100 萬元的，處以 100 萬元以上 1000 萬元以下的罰款；情節嚴重的，並處暫停或者撤銷保薦業務許可。對直接負責的主管人員和其他直接責任人員給予警告，並處以 50 萬元以上 500 萬元以下的罰款。」

文件，情節嚴重的，處五年以下有期徒刑或者拘役，並處罰金；有下列情形之一的，處五年以上十年以下有期徒刑，並處罰金：（一）提供與證券發行相關的虛假的資產評估、會計、審計、法律服務、保薦等證明文件，情節特別嚴重的；（二）提供與重大資產交易相關的虛假的資產評估、會計、審計等證明文件，情節特別嚴重的；（三）在涉及公共安全的重大工程、項目中提供虛假的安全評價、環境影響評價等證明文件，致使公共財產、國家和人民利益遭受特別重大損失的。

偽證

虛假訴訟妨害作證行為，除侵害相關利害關係人的合法權益外，還妨害了正常的司法秩序，非法佔用和浪費了寶貴的司法資源，損害了人民法院審判活動的公信力和權威性。對妨害作證行為的處理，《中華人民共和國民事訴訟法》（2017 年修訂）第 13 條規定：「民事訴訟應當遵循誠實信用原則。」第 111 條補充規定：

> 訴訟參與人或者其他人偽造、毀滅重要證據，妨礙人民法院審理案件的；以暴力、威脅、賄買方法阻止證人作證或者指使、賄買、脅迫他人作偽證的；人民法院可以根據情節輕重予以罰款、拘留；構成犯罪的，依法追究刑事責任。

《中華人民共和國行政訴訟法》（2017 年修訂）第 59 條規定：

> 訴訟參與人或者其他人偽造、隱藏、毀滅證據或者提供虛假證明材料，妨礙人民法院審理案件的；指使、賄買、脅迫他人作

偽證或者威脅、阻止證人作證的；人民法院可以根據情節輕重，
予以訓誡、責令具結悔過或者處一萬元以下的罰款、15 日以下
的拘留；構成犯罪的，依法追究刑事責任。[1]

《中華人民共和國刑法》（2020 年修訂）第 306 條規定：

　　　　在刑事訴訟中，辯護人、訴訟代理人毀滅、偽造證據，幫助
當事人毀滅、偽造證據，威脅、引誘證人違背事實改變證言或者
作偽證的，處三年以下有期徒刑或者拘役；情節嚴重的，處三年以
上七年以下有期徒刑。辯護人、訴訟代理人提供、出示、引用的證
人證言或者其他證據失實，不是有意偽造的，不屬於偽造證據。

辯護人、刑事訴訟代理人幫助當事人毀滅、偽造證據的行為一經發生，不
論情節輕重，均可構成犯罪。[2]當行為人以威脅、引誘證人違背事實改變證
言或者作偽證的行為方式犯本罪時，犯罪既遂的標準是只要行為人實施了
威脅、引誘行為即構成犯罪既遂，至於證人是否在威脅、引誘之下已經違
背事實改變了證言或者已經作了偽證，不影響犯罪既遂的成立。[3]
　　「作為萬物靈長的人類，為何要將自己隱藏在脂粉和油彩的後面？」[4]
簡單永遠是最佳方案，這跟儘可能說實話是一個道理，因為實話遠遠比謊
言要容易記住。[5]

---

1 蘇家成：《虛假訴訟中妨害作證罪的認定與處理》，《人民司法》，2012 年第 24 期。

2 王作富主編：《刑法分則實務研究（下）》（第五版），中國方正出版社，2013 年版，頁 1204。

3 吳占英：《妨害司法罪理論與實踐》，中國檢察出版社，2005 年版，頁 48－49。

4 畢淑敏：《素面朝天》，海南出版社，2000 年版，頁 109。

5 ［英］格雷厄姆·格林：《人性的因素》，韋清琦譯，江蘇鳳凰文藝出版社，2018 年版，頁 79。

十三、對話與跨境

案件和法律,「是一場對話的旅途,與自己對話,與周遭對話,與世界對話。」[1] 黑夜不是人們設想的,火的背面,不是白晝的墮落,也不是光的否定,而是製造的遁詞,為了讓我們睜開眼睛,看映得那麼亮卻不曾被揭示的事物。[2]

你必得一個人和日月星辰對話,和江河湖海晤談,和每一棵樹握手,和每一株草耳鬢廝磨,你才會頓悟宇宙之大、生命之微、時間之貴、死亡之近。[3] 法律「作為傳統而存延下來的規則是那些最成功地適應了環境變化的規則;它們顯示了其效益 …… 存延的根據是,遵循這種行為規則所不斷地帶來和積累的效益。」[4]

在一定意義上,法律之理性,其實就是一種效率手段,是追求一貫的效率目標的行為。換言之,理性是由效率決定的人類行為。[5] 理性是世界的靈魂,理性居住在世界中,理性構成世界的內在的、固有的、深邃的本性,或者說,理性是世界的共性。[6]

關於 REDBULL 系列案

2016 年 8 月起,許氏家族以侵害商標權及不正當競爭為由,對華彬集團旗下的三家紅牛工廠和北京銷售公司及其多家分公司提起訴訟。此外,許氏家族還對嚴彬個人在擔任紅牛中國董事長期間,利用其他企業

1　蔣勳:《孤獨六講》,長江文藝出版社,2017 年 4 月版,頁 128。

2　[瑞士]菲利普·雅各泰:《夜晚的消息》,姜丹丹譯,人民文學出版社,2020 年版,頁 153。

3　畢淑敏:《在雪原與星空之間》,湖南文藝出版社,2012 年 11 月版,頁 105。

4　[美]希爾斯:《論傳統》,傅鏗、呂樂譯,上海人民出版社,1992 年版,頁 274。

5　王利民:《人的私法地位》(第二版),法律出版社,2013 年版,頁 39。

6　[德]黑格爾:《小邏輯》,賀麟譯,商務印書館,1980 年版,頁 80。

對紅牛中國和其他股東合法權益造成傷害為由提起訴訟。[1]2018 年，北京市高級人民法院在初審（[2018] 京民初 166 號）時駁回了紅牛中國的相關請求，紅牛中國不服並向最高法提起上訴。2020 年 12 月 21 日，最高人民法院就紅牛維他飲料有限公司與泰國天絲醫藥保健有限公司（T. C. Phanna-ceutical Industries Co., Ltd.）商標權權屬上訴糾紛一案，作出（2020）最高法民終 394 號《民事判決書》。法院認為：

> 在紅牛公司與天絲公司長達二十年之久的商標許可使用關係中，紅牛公司並未對商標權利歸屬提出異議，紅牛反而一再作出尊重天絲公司商標權的保證。此外，紅牛公司不僅曾以商標使用人的名義進行維權，還曾以天絲公司為被告向人民法院提起商標許可使用合同訴訟。
>
> 紅牛公司主張其為涉案商標的實際使用人，為商標商譽提升作出巨大貢獻，為部分商標進行了設計，為商標註冊清除了障礙，應當享有商標權。本案中，天絲公司許可紅牛公司使用商標的同時，還許可紅牛公司同時使用產品配方和生產工藝，紅牛公司為產品宣傳所進行的投入已經得到產品利潤回報。故紅牛公司有關上訴主張不能成立，本院不予支持。

兩家外資企業華彬集團和天絲集團圍繞紅牛商標糾紛已持續幾年。在這場曠日持久的「訴訟戰」和「聲明戰」中，無論哪一方先「發難」都會引起對方的強烈反擊。紅牛商標是誰的？授權期限到底是 20 年還是 50 年？這些問題一直是雙方訴訟中爭論的焦點。[2]而對於紅牛中國口中一切可

---

1 《紅牛之爭還有齣你不知道的羅生門：授權合同有兩個版本，誰在篡改？》，《每日經濟新聞》，2018 年 11 月 30 日。

2 《紅牛商標權屬案終審天絲獲勝，「50 年協議」不予採用》，騰訊網，2021 年 1 月 8 日。

能的法律救濟途徑和其推翻最高法院二審判決的可行性，楊榮寬律師表示，民事再審與抗訴是民事訴訟二審生效判決送達後，法律賦予的兩種救濟路徑。基於本案，二審為最高法終審，最高法判決在我國民事訴訟體例中本身即具有示範效果，同時基於數據統計，對最高法的再審和抗訴，成功率非常低。楊榮寬補充道，按照法律規定，再審和抗訴後的救濟路徑，還包括申訴及法律監督等，但基於本案二審判決，在認定事實和證據方面，以及法律邏輯嚴謹性層面，具有相當堅實的基礎。基於司法實踐，其認為本案被推翻的可能性並不大。[1] 作為私法的知識產權的正當性，取決於它的規範性預期能否匹配於社會的規範性預期，取決於能否回應廣大社會成員的正義訴求。[2]

跨境知識產權

在法律體系中，各種法規範具有不同的性質，「發現個別法規範、規整之間，及其與法秩序主導原則間的意義脈絡」，[3] 恰恰是法學努力的中心。法律是有地域性限制的，世界上有英美法系和大陸法系天然的分野。但跨境投資高度發展的今天，法律的地域性實際上展現出不同的表現形式，諸如在國際商事仲裁、「中興」「華為」事件，以及一系列國際知識產權衝突中，律師的認知和體系必須有足夠的面向，否則被「降維」之虞，將是很可怕的事情。律師應直面跨境法律環境移遷之挑戰，堅守使命感，秉承工匠精神，是時代賦予的責任。

知識產權作為理性與感性平衡的學科，本根在於審美，和對創新的尊重，是一種尊嚴法律關係的調整。審美也是一種品質和修養。審美是一

---

1 《紅牛系列商標終審被判歸泰國天絲 紅牛中國「開杠」或申請再審》，投資理財網，2021 年 1 月 6 日。

2 余成峰：《全球化的籠中之鳥：解析印度知識產權悖論》，《清華法學》，2019 年第 1 期。

3 ［德］卡爾‧拉倫茨：《法學方法論》，陳愛娥譯，商務印書館，2003 年版，頁 16。

種尊嚴意識，是一種自我尊重也是對別人的尊重。隨着國際經濟貿易與交往的發展，法律的地域性原則正日益顯現出其對權利尤其是知識產權保護的缺陷，知識產權的地域性特徵與開放的國際性的運行方式存在衝突，地域性正成為對權利人全面地主張其智慧產權的一種障礙。提供跨境程序來盡可能克服地域性的束縛，甚至建立全球統一制度安排以降低多國保護的成本並最終消除知識產權的地域性疆界，逐漸成為共識。彼得·德霍斯在《知識財產法哲學》中，更是反對知識產權的「私權」屬性，而主張特權說，認為知識產權是國家授予的、「受規則制約的特許權」或者「臨時特權」，是反壟斷規則的例外和「不可避免的壞事」，是壟斷權而非財產權。知識產權的地域性、私權性面臨重大挑戰的情況下，法律工作者應具應然的學習、梳理、整合、感知，為跨境企業提供更具價值的法律解決方案。[1]

　　傳統物權關注「使用價值」的維度，傳統債權關注「交換價值」的維度，當代知識產權則關注「信息價值」的維度。這種信息甚至不再具有傳統意義的「交換價值」—— 它的價值沒有未來只有當下。作為「符號性價值」，它具有「轉瞬即逝性」。[2]諾貝爾物理學獎獲得者康普頓說過：「科學賜予人類的最大禮物，是相信真理的力量。」羅曼·羅蘭在《巨人三傳》中有一句話：「要散佈陽光到別人心裏，先得自己心裏有陽光。」世界萬物無非在現象、規律、原理、價值觀分示，複雜性疊加的案件，無非是現象的疊加，但在原理、價值觀層面並未替更。律師，應屹於法律與技術之石，通過邏輯和堅韌喚念更多的善念，多年來，我們並非拘泥於收費評斷，收穫了更多的尊重，更多的案件在數年、十餘年後，豁然冰消。讓時間更有價值，是律師對責任的承諾和應答。「心裏裝着他人的安樂，受益

1 《立足中國、面向世界，做一個善良的法律人 —— 訪北京市康達律師事務所高級合夥人、法學博士楊榮寬律師》，《法和家》，2018 年 12 月 3 日。

2 ［德］魯曼：《大眾媒體的實在》，胡育祥、陳逸淳譯，台北左岸文化，2006 年版，頁 54。

的不光是他人，還包括我們自己，做一件事，無須宣揚，只管安安靜靜地
去做。」[1] 20 年來，我習慣於多做少說，很多節點甚至於出現誤解、抱怨。
成熟穩健的行事風格和守口如瓶的職業素養，本身也是律師執業的原則。
辦有意義的案件，秉承先賢傳承，時間是最好的證明。就像博爾赫斯所說
的：「我寫作，不是為了名聲，也不是為了特定的讀者，我寫作是為了光
陰流逝使我心安」—— 律師，也不是為了名聲，也是為了光陰流逝使我心
安。對於責任，本根還在於珍惜、尊重。專注是對委託人重託的對價，惟
此時間始有價值。

經濟是研究資源稀缺條件下行為主體如何選擇的學問，而法律是研究
選擇理性與選擇爭議的學問。工商經營強調發揮比較優勢，但在法律爭議
解決中，可能更應該注重比較劣勢。什麼是理性？理性就是知道自己是無
知的，或者說知道自己的不足，即有所敬畏。在 APEC 及 BRICK 等國際
高端會議中，對於法律工作者而言，更在於提高法律的國際觀照視野，以
及認知的厚度和維度。

關於知識產權懲罰性賠償

自然法學派的財產理論來源於古老的羅馬法概念，即基於先佔或加
工而對財產的「自然取得」。根據先佔理論，所有權最終取決於對一件一
直不存在所有人的物的控制。[2] 知識產權與物權存在根本不同，知識產權侵
權案件已經超越傳統民法法律「補償性原則」階段，發展到懲罰性賠償階
段。侵權法通過讓施害人補償受害人來實現成本內部化。當潛在的犯錯者
內部化了他們所造成的傷害的成本時，他們就有動力去在有效率的水平上

---

1 https://www.jianshu.com/p/c88942a07526。
2 ［英］彼得·斯坦、［英］約翰·香德：《西方社會的法律價值》，王獻平、鄭成思譯，中國人民公安
大學出版社，1989 年版，頁 252。

進行安全上的投資。[1] 懲罰性賠償的對象同樣是侵權人造成的實際損失，其理論基礎並沒有超出矯正正義的範疇，其性質仍然是私法上的補償性賠償。因此，懲罰性賠償的一般構成條件也應當與補償性賠償相同；懲罰性賠償的特殊構成條件應為補償性賠償條件下存在「執法落差」的情形。在懲罰性賠償責任的認定上，應當首先確定該案是否符合補償性賠償（侵權責任）的一般構成標準，即依據過錯責任、無過錯責任、特殊侵權行為等的規定。在此基礎上，進一步確定該案適用補償性賠償是否存在「執法落差」——侵權行為是否因同類侵權行為對數人以上造成了損害而僅有部分受害人提出索賠的情形。[2]

2021 年 3 月 2 日，《最高人民法院關於審理侵害知識產權民事案件適用懲罰性賠償的解釋》（法釋 [2021]4 號）頒佈。第一條明確規定：

> 原告主張被告故意侵害其依法享有的知識產權且情節嚴重，請求判令被告承擔懲罰性賠償責任的，人民法院應當依法審查處理。

對於侵害知識產權的故意之認定，人民法院應當綜合考慮被侵害知識產權客體類型、權利狀態和相關產品知名度、被告與原告或者利害關係人之間的關係等因素。具體下列情形，可以初步認定被告具有侵害知識產權的故意：（一）被告經原告或者利害關係人通知、警告後，仍繼續實施侵權行為的；（二）被告或其法定代表人、管理人是原告或者利害關係人的法定代表人、管理人、實際控制人的；（三）被告與原告或者利害關係人之間存在勞動、勞務、合作、許可、經銷、代理、代表等關係，且接觸過被侵害的知識產權的；（四）被告與原告或者利害關係人之間有業務往來或者

---

1 ［美］羅伯特·考特，托馬斯·尤倫：《法和經濟學》，史晉川、董雪兵譯，格致出版社，2010 年版，頁 301。

2 陳聰富：《侵權歸責原則與損害賠償》，北京大學出版社，2005 年版，頁 209。

為達成合同等進行過磋商，且接觸過被侵害的知識產權的；（五）被告實施盜版、假冒註冊商標行為的；（六）其他可以認定為故意的情形。在司法實踐領域，主觀惡意也是各國適用懲罰性賠償條款的前提。比如，美國法上懲罰性賠償的適用一般以侵權人的故意或重大過失作為條件。[1]

當代法律系統的運作不再指向某種線性發展，它不再依循積累性的「啟蒙性時間」，也不再依循市民社會／公共領域的「同質化時間」，而是涉及信息記憶與遺忘的「系統化時間」。[2]信息的本質已經超出正確／錯誤的維度。「必須提供新東西」，這本身就已成為信息資本再生產的內在要求。[3]價值取決於邊際效用，效用量是財產得以滿足消費者的程度，有用性和稀缺性是決定財產價值的終極因素。[4]為此，侵犯知識產權侵權行為中，關於「情節嚴重」的認定，人民法院應當綜合考慮侵權手段、次數，侵權行為的持續時間、地域範圍、規模、後果，侵權人在訴訟中的行為等因素。具體下列情形，可以認定為情節嚴重：（一）因侵權被行政處罰或者法院裁判承擔責任後，再次實施相同或者類似侵權行為；（二）以侵害知識產權為業；（三）偽造、毀壞或者隱匿侵權證據；（四）拒不履行保全裁定；（五）侵權獲利或者權利人受損巨大；（六）侵權行為可能危害國家安全、公共利益或者人身健康；（七）其他可以認定為情節嚴重的情形。[5]

---

1 在美國 2015 年 Tiffany and Co. v. Costco Wholesale Corp 案，Tiffany and Co. v. Costco Wholesale Corp., 127 F. Supp. 3d 241(S. D. N. Y. 2015). 紐約州法律規定，如果被告的行為構成了嚴重的、肆意的、蓄意的欺詐行為或其他道德上的有罪行為，原告就可以獲得懲罰性損害賠償。

2 參見［德］魯曼：《對現代的觀察》，魯貴顯譯，台北左岸文化，2005 年版，頁 55。

3 ［德］魯曼：《大眾媒體的實在》，胡育祥、陳逸淳譯，台北左岸文化，2006 年版，頁 55−57。

4 吳漢東：《知識產權損害賠償的市場價值分析：理論、規則與方法》，《法學評論》，2018 年第 1 期。

5 《最高人民法院關於審理侵害知識產權民事案件適用懲罰性賠償的解釋》（法釋［2021]4 號），第 4 條。

小結

　　對於對話，在一定意義上，每個人「都被束縛在他們的命運當中而欲罷不能，面對命運也無脫身之計，最終只有在人生這齣戲劇的尾聲成為真正的自我，即便是曾經抱有某些幻想。」[1]

　　關於跨境和知識產權，「趁陽光正好，趁微風不噪。趁繁花還未開至荼蘼，趁現在還年輕。還可以走很長很長的路，還能訴說很深很深的思念。去尋找那些曾出現在夢境中的路徑、山巒與田野吧。」[2]

1　［法］妙莉葉・芭貝里：《刺蝟的優雅》，史妍、劉陽譯，南京大學出版社，2010 年版，頁 180。

2　畢淑敏：《人生終要有一場觸及靈魂的旅行》，浙江攝影出版社，2017 年版，頁 161。

後 記

　　時間即使慢，但馳而不息。碼字的辛苦自不待言。「我們無法在時間的長河中垂釣，但我們可以將對苦難的詰問，化為覓渡的力量。」[1] 還有太多的遺憾未能填補，太多的瑕疵有待打磨。缺憾如窗外的小雨，淋漓不休。

　　掩卷撫窗，已是山花爛漫。「給我一個角落，那將是我的天地。沒有歡聲，沒有話語，可是我喜歡這樣的靜寂。在我的角落裏，我做着最真實的自己。不用擔心我會孤寂，我隨心所欲，忙着我的愛好興趣，充實自己，這是我最快樂的事情。」[2] 靜寂時，總能讀懂寫在最遙遠星星上的詩篇。[3]

　　法律的審美價值是哲學體系的有機組成部分，法律與所處的歷史環境和社會現實有着不可分割的關係，或者說，歷史哲學決定了具體法律作品審美價值的高低，歷史哲學決定了法律美學具有不可避免的等級性和層次性；與歷史哲學相對應，法律批評是現代美學的另一重要話語方式，法律批評重視具體法律作品並試圖去總體化，是法律美學發展的另一向度。[4] 我們想得到自由，就要破除所有內在的依賴，我們如果不了解自己為什麼依賴，就不可能革新。除非我們了解並破除所有內心的依賴，否則我們永遠不能自由，因為惟有在這份了解

1　［法］雨果：《九三年》，天津人民美術出版社，1981 年版，頁 162。

2　https://www.kejudati.com/jushow/60ea6c8ae1a67.html。

3　［英］奧斯卡‧王爾德：《自深深處》，葉蔚芳譯，雅眾文化／陝西師範大學出版總社，2016 年 1 月版，頁 138。

4　彭成廣：《美學現代性：阿格妮絲‧赫勒美學思想之軸》，2020 年 6 月 12 日，http://www.cssn.cn/zx/202006/t20200613_5142692.shtml。

中，才有自由。」[1]

　　真正的努力則在於儘可能地堅持，並仔細地觀察遙遠處的奇異植物。執着和洞見，[2] 就像韓寒在《三重門》中所說：「探明主題辛苦得像挖掘古文物，先要去掉厚厚的泥，再拂掉層層的灰，古文物出土後還要加以保護，碰上大一點的更要粉刷修補，累不堪言。」

　　感謝江平先生的教誨和他不辭辛苦地秉燭揮毫，感謝喬佳平先生的諄諄護念和指引，太多的重量凝結在章節中。感謝李磊先生為本書的建議和付出，在我生命迴廊中的太多特殊轉角，總是深沉的期許，佈遍的湧流。

　　感謝本書的編輯、美編，他們的辛勤付出，才是本書獲得呈現的關鍵。感謝助理江莉婕的耐心與堅韌，感謝親人的鼓勵和信任，文字太輕，回憶太重。是他們的扶助讓我更清楚地覺察到每一粒種子每一縷清風，更深刻地體悟到早起播種和禦風而行的重要性。

　　時光知味，歲月沉香。時間的錦繡與貴重，恰在於它的厚純與堅韌。在很多時候，藝術是用來撫慰人心的，法律是用來刻畫心靈的⋯⋯

　　是為後記。

1　［印］克里希那穆提：《人生中不可不想的事》，群言出版社，2004 年版，頁 139。
2　［法］阿爾貝・加繆：《西西弗神話》，沈志明譯，上海譯文出版社，2013 年版。

法律的藝術思維

楊榮寬　著

責任編輯　李夢珂
裝幀設計　鄭喆儀
排　　版　黎　浪
印　　務　劉漢舉

出版　　開明書店
　　　　香港北角英皇道 499 號北角工業大廈一樓 B
　　　　電話：（852）2137 2338　　傳真：（852）2713 8202
　　　　電子郵件：info@chunghwabook.com.hk
　　　　網址：http://www.chunghwabook.com.hk

發行　　香港聯合書刊物流有限公司
　　　　香港新界荃灣德士古道 220-248 號
　　　　荃灣工業中心 16 樓
　　　　電話：（852）2150 2100　　傳真：（852）2407 3062
　　　　電子郵件：info@suplogistics.com.hk

印刷　　美雅印刷製本有限公司
　　　　香港觀塘榮業街 6 號 海濱工業大廈 4 樓 A 室

版次　　2022 年 8 月初版
　　　　© 2022 開明書店

規格　　16 開（240mm×160mm）

ISBN　　978-962-459-259-7